琉球列島の「密貿易」と境界線 1949-51

Koike Yasuhito
小池康仁

森話社

［カバー図版］沖縄本島・石川の商店街（一九五一〜五三年頃、小野田正欣撮影、那覇市歴史博物館所蔵）

［表紙図版］伊良部島・佐良浜港（一九五九年八月二四日、サムエル・H・キタムラ撮影、宮古島市総合博物館所蔵）

［扉図版］池間島・池間港（一九六〇年五月、サムエル・H・キタムラ撮影、宮古島市総合博物館所蔵）

琉球列島の「密貿易」と境界線 1949―51 ＊ 目次

序章　琉球列島における共同体の連携……9
一　問題の所在……9
二　「密貿易」のモデル化……13

第一章　与那国島私貿易ネットワークモデル……37
一　前近代の与那国島、八重山社会……37
二　近代の与那国島における人の移動――台湾との関係を中心に……43
三　沖縄戦と琉球列島の占領、引き揚げ、私貿易の始まり……47
四　与那国島近海の「密貿易」記録――一九五〇、五一年の取り締まり記録……49
五　与那国・八重山の新聞資料にみる国際情勢と私貿易……56
六　与那国島を往来した人々……86
七　与那国島私貿易ネットワークモデル……120

第二章　宮古島の私貿易……135
一　宮古島における貿易と漁業、私貿易の始まり……135

二　宮古─与那国島ルートの私貿易……147
三　宮古─糸満ルートの私貿易……164
四　宮古における私貿易ネットワークの諸相……178

第三章　沖縄本島の私貿易……185
一　糸満漁業者の発展と移動……186
二　裁判所判決にみられる「密貿易」記録……192
三　糸満出身者達の「密航」……213
四　沖縄本島における私貿易ネットワークの諸相……240

第四章　口永良部島の私貿易……247
一　一九四九年の「密貿易」取り締まり……248
二　一九五〇年の「密航」・私貿易取り締まり……274
三　口永良部島における私貿易……280
四　口永良部島における私貿易ネットワークの諸相……300

終　章　私貿易時代の終焉とそのネットワークの形態について……315

*

参考文献・資料一覧……327
あとがき……341
索引……355

九州〜南西諸島〜台湾　本書で扱う私貿易の舞台となった場所を示している

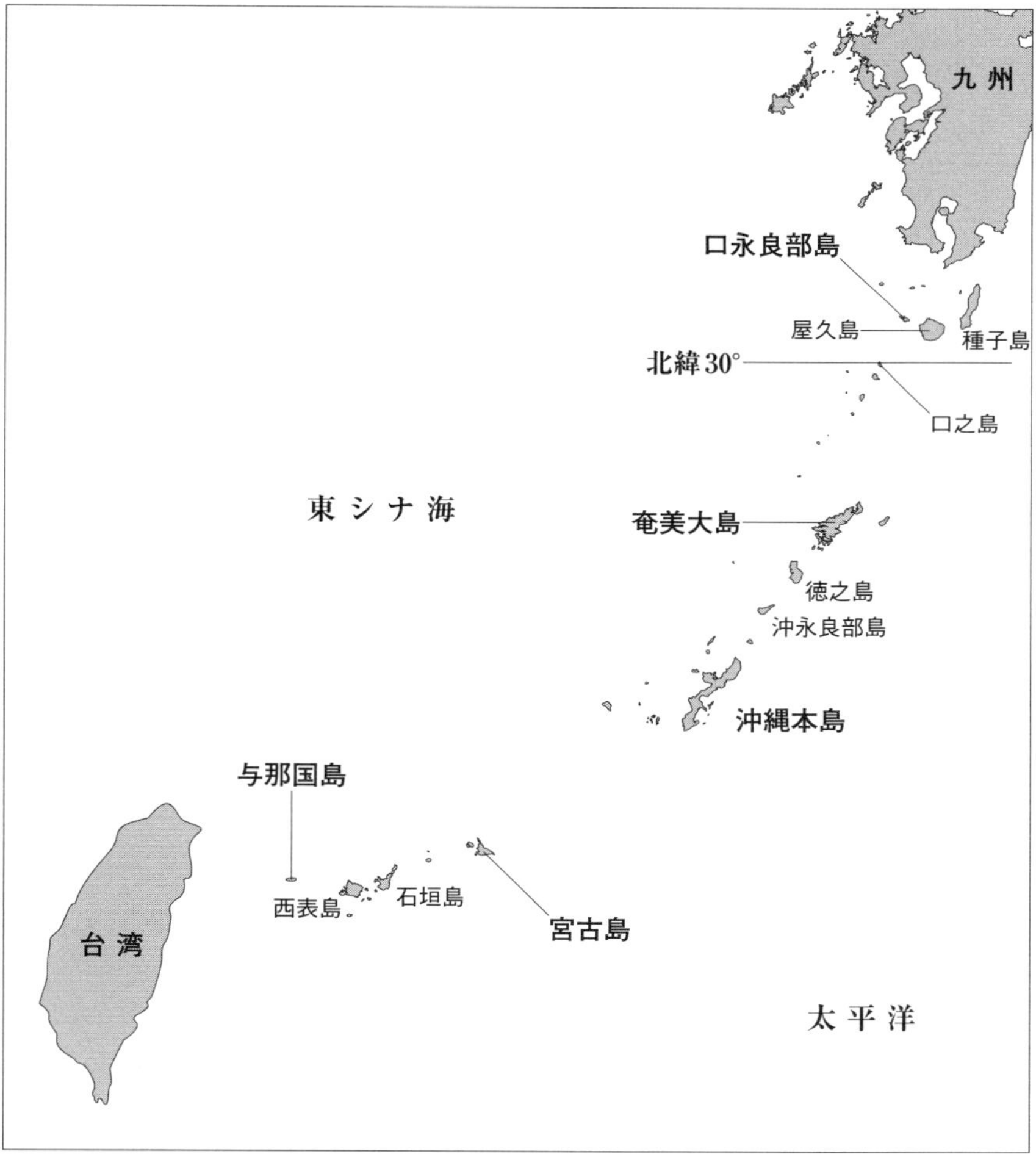

［凡例］

- 本書では文脈に応じ、密貿易という語に代えて私貿易、もしくは「　」を付して「密貿易」という語を使用する。また密航も同様に、文脈に応じて「　」を付して「密航」とする。これは、現在のいわゆる犯罪行為としての密航や密貿易と、本書で対象とする戦後初期の船舶を使用した列島間の人の移動、物資の運搬、商取引行為とを区別する目的からである。
- 本文中に登場する人物の氏名は、全て敬称を略した。
- 本文では「　」を付してインタビュー時の発話を引用した箇所がある。
- インタビューからの長い引用については、地の文から一行空けることで明示した。
- 上述の「　」、及び長い引用部分においては、発話者の意図を補うため（　）を付して補足の言葉を挿入した。引用部分の中略は（中略）と表記した。はっきりと聞き取れなかった部分は……で示した。
- 本書における登場人物は原則として実名で表記しているが、第三章では原史料（裁判記録のレポート）においてイニシャルが使用されているため、そのまま表記した。第四章ではインフォーマントのプライバシーへの配慮から、一部で仮名とイニシャルで表記した。
- 本書での漢字表記は、原史料において旧字体であったものも含め、原則として新字体で統一している。ただし、人名などの固有名詞等で、意図的に旧字体のままにしたものもある。
- 第一章において紹介した新聞資料のうち、原文で読み取れなかった文字については□を当てた。また語句が不自然な場合はルビで（ママ）と表記した。
- 本書で紹介した裁判記録には、原本とそれを元に作られた個人のレポートがある。このうちレポート記載の各記録に付された番号が不ぞろいなのは、元のレポートからそれらを抜粋して使用しているためである。またこの番号は必ずしも時系列に沿ってつけられているわけではないが、そのまま表記した。
- 英文の史料において、日本語に訳す際に漢字を当てられず、片仮名で表記した言葉については（　）を付して元の英文表記を併記した。

序章　# 琉球列島における共同体の連携

一　問題の所在

歴史上、奄美から先島までの琉球列島社会は過去に四度の社会制度の崩壊と再編を経験している。一度目は一六〇九年の薩摩の島津氏による琉球国への侵略。二度目は一八七九年の日本政府による琉球王府の解体と沖縄県の設置、いわゆる琉球処分である。三度目は、沖縄戦と日本の敗戦、そして占領による日本からの切り離しである。そして四度目は一九五一年のトカラ列島返還に始まり、続いて一九五三年の奄美返還、そして一九七二年の沖縄返還へと続いた日本への再帰属である［1］。この四度の経験は共に琉球列島の統治機構が解体、再編されて外からの支配者に従属する過程をたどった。

しかしその過程において、主に重要視されたのは沖縄本島の統治機構の再編であり、先島や奄美といった沖縄から遠く離れた島々は暫くの間放置され、一時的にはその帰属すら曖昧になるという現象がみられた。結局はそれらの離島も含めて薩摩、日本帝国、米軍政府、そして戦後日本へと琉球列島社会は従属させられていくことになったのであるが、この暫く放置された期間は統治者の関心が相対的に低かったため、先島や奄美では再編の後も旧社会の体制が残り、あるいは比較的支配者から自立した社会運営がなされるなど、混沌とした社会状況が出現した。

こうした歴史経過の中でも、一度目と二度目、そして四度目の再編期について共通した特徴としてみられるのは、琉球社会が再編によって薩摩の影響を受けた封建制へ、そして日本という近代国民国家へと、次第に外部への従属を強化されていったことである。それに対して、三度目の戦後占領期は包摂された国民国家の支配から切り離されるという、それまでの再編とは逆方向への動きであったことが特徴的である。琉球・沖縄史の研究において、この四度にわたる再編期は大きな注目を集めてきたが、その他の再編期に比べ、三度目の再編期である戦後の、特に終戦直後の社会状況については研究の蓄積が相対的に少ない状況であるといえる。

しかしながら戦後の琉球列島社会における混沌状況は、グローバル化のもとで民衆の社会が国民国家の境界を越え、あるいは国家の領域から切り離される傾向が強まっている、現代世界の社会潮流に最も呼応する状況であったと考えられる。現在、米軍再編とそれに追随する日本政府によって、沖縄県民の同意なしに普天間基地県内移設の強行に向けた準備が進められ、他方で尖閣問題や与那国島の自衛隊誘致に見られるように、沖縄近海での国境線の存在が注目されている。そしてTPP参加へとなだれ込もうとする日本政府の姿勢からもうかがえるように、こうした過去四度の再編期に並ぶ五度目の再編が現在進行形で進んでおり、琉球列島社会はグローバル化の中でさらなる従属を強いられるか、あるいは自立の方向へと向かうのか、再度岐路に立たされているといえる[2]。

これらの点から、現代政治においても喫緊の課題である、グローバル化の状況において民衆の生活領域と国民国家の境界との相克をどう理解するかという問題（杉田 二〇〇五）について、第二次大戦後の混沌とした社会における民衆の行動が一つの有効な視座を提供できると考えられる。こうした問題関心から、本書では琉球列島における戦後初期の混沌状況について、国家によって引かれた境界線の再編・変動と、その境界線が引かれた地域における民衆の社会、あるいは生活世界との相克を明らかにするという視点から議論を行う。それは言いかえればモダンとポストモダンの相克という現代政治、そして政治学の最も重要な課題への関心に基づいた事例研究である。

グローバリゼーションが世界を覆う現代世界では、南北問題に見られるように一部の中心国家が世界経済の中心として富を集め、その周辺国は従属国家として収奪の対象となっている［3］。こうした資本主義経済の潮流は国内社会においても同様であり、首都圏のような中心地域にその国の富が集中し、周辺地域では富が収奪される状況となっている。このような状況において、周辺化された地域では経済的な側面だけではなく、社会、文化的な側面ですら中心地域の社会や文化を基準に平準化される傾向が強まっている。さらにこのような抑圧移譲の構造［4］においては、中心地域における矛盾が周辺地域に押しつけられることによって、周辺地域が紛争の舞台となってしまうことがある［5］。このようなグローバリゼーションによって引き起こされる中心―周辺問題の解決を見出すためには、周辺化された地域が中心地域から経済的、社会的に自立して中心地域やその他の地域と共存していくための、地域的な共同体間の共生の方法を構想する必要がある。

このような問題に対し、経済的、社会的なネットワークによって歴史的に共同体同士の共存関係を維持してきた事例として、本書では琉球列島の貿易を取り上げる［6］。琉球列島では一〇世紀ごろからそれぞれの島の首長達による東アジアや東南アジアにまで及ぶ広範囲な貿易関係が展開された。従って民衆による私的な貿易はさらにそれ以前から存在したと考えられる。そうした各地の首長による貿易関係を統合した琉球国［7］は中国への朝貢貿易を開始し、その体制は一四世紀から一八七九年の日本による琉球処分まで維持された。この琉球国による琉球列島の統一は、交易による利権の統合を目的としたものであり、領域内の専制的な支配を目的としたものではなかったと考えられる。

琉球国の歴史は、一六〇九年の薩摩による琉球侵攻以前が古琉球、それ以後は近世琉球として区分されている［8］。その古琉球の時代では、王府の財政は主に中国皇帝との朝貢貿易を中心として、中国、日本、朝鮮と東南アジアとを結ぶ交易によって賄われていた。このような経過において琉球国以前の私的な貿易は次第に王府の管理貿易［9］にとって代わられていったが、その間各島では集落の首長を中心とした自治と貿易利益の分配が行われていた。

しかし、第二尚氏王統による中央集権の強化、さらにその後の薩摩支配による人頭税などの農奴制的な収奪によって次第に島ごとの自治は制約を受けていった［10］。また琉球国の財政もいわゆる明末清初の時代において欧州の交易船の東アジア海域への出没、明の海禁政策の緩和［11］による中国商人の海外進出、さらに日本商人の海外進出［12］によって次第に市場を奪われて貿易規模が縮小したことに伴い［13］、薩摩支配以降は貿易から農業依存へと大きく転換したという。そして最終的に琉球処分［14］によって日本の領域へと併合され、東京を中心とした中央政府に従属し、上からの近代化を受けることになった［15］。

しかしこのような歴史過程において、一時的に民衆が従属的支配から解放された時期が存在する。それは第二次大戦終戦直後の占領下の時代である。この時代の先島諸島では米軍の軍政が殆ど行きとどかず、また戦後の物資欠乏に直面した地元住民は経済的、政治的に自存自衛するしかなかった。このような中で展開されたのが、石原昌家によって一九四五年から一九五二年まで興隆したことが指摘された、いわゆる「大密貿易」の時代である（石原 二〇〇〇）。この「密貿易」は当時の警察や占領軍の監視をかいくぐって漁船の往来を通じた、民衆による貿易が展開されたことからその名が付されていると考えられる。しかし、実際には米軍の領域管理は共産主義者への監視を除いてさほど厳しくはなかった［16］。また地元の警察や自治体も「密貿易」を黙認していた。さらに占領当初は米国の沖縄統治方針自体が定まっていなかったことも管理の甘さに繋がっていた（Fisch 1988=2002:64-76）。

このような中で展開された「密貿易」は与那国島の久部良《くぶら》港を中心に台湾、八重山、宮古、沖縄本島、日本本土、香港、マカオなどを物流と人的移動のネットワークによって結び付けることになった（石原 二〇〇〇：三二一―三二三）。与那国島は隣接する台湾まで一一一キロしか離れておらず、与那国島の久部良漁港で戦前カジキ漁に用いられていた焼玉エンジンのいわゆるポンポン船によって、片道一〇時間ほどで往来が可能であった。そのため与那国島は戦後台湾との国境の島となり、台湾や沖縄方面から集まる「密貿易」船の中継地になったのである［17］。

また一方で、与那国島や石垣島では地元住民によって自立性の高い自治が模索された。これらの地域では沖縄戦によって県庁機能が喪失したことにより、一九四五年の一二月に米軍が同地方に上陸するまでは全く上位権力のない状態になり、そのため終戦直後から地元自治体職員や住民有志等によって治安維持や復興が模索されたのである。石垣島では八重山支庁長が空襲によって死亡したため、住民有志による八重山自治会が組織され、事実上の独立状態になった。そのうえ四五年一二月の米軍上陸後も、自治会を構成する人々が主導して八重山支庁が再建されている（大田静男 一九八五：五四―七二）。与那国島では、「密貿易」の拠点港であった久部良漁港に地元住民有志による自警団が組織され、与那国町議会では占領下におかれ先行きのみえない日本よりも、隣で蒋介石の支配する台湾に帰属しようとする議論が興り、実際に中華民国帰属を訴える手紙が作られたという（大浦 二〇〇二）。

二 「密貿易」のモデル化

こうした事実に即して考えれば、「大密貿易」時代は琉球国以前から存在した民衆や集落単位の首長などによって展開された私貿易と自治の時代［18］を想起させる、自由貿易の時代であったといえる。また琉球国そのものも古代から続く私貿易を制度化することによって発展し、その体制を長期間維持できた点から、そうした私貿易を通じたネットワーク化が琉球列島文化圏の民衆による内発的な自治の形成において不可欠の要素であったと考えられる。従って、この「大密貿易」時代における私貿易行為の中に、琉球列島文化圏における民衆の自治と共同体の共存に不可欠なネットワーク形成の一つの典型が現れていると仮定できる。即ち、終戦直後において与那国島を中心に展開された私貿易によるネットワークのパターンが古代社会の交易にも共通する普遍性を有していると仮定し、そのパターンを明らかにすることによって、この地域の民衆による秩序形成の形態を読み取ることができると考えられる。

しかし、この時代のいわゆる「密貿易」に関する先行研究は少なく、その実態を示す公文書資料も乏しい。そのため、本書では公文書の他に新聞資料や当事者への聞き取り調査を重視した。このような方法において、特にクリフォード・ギアツのバリ研究において用いた民族誌的アプローチを参考にしている（Geertz 1980=1990: 1-9）。本書ではこのようなアプローチを用いて戦後の私貿易の実態を精査することにより、琉球列島において琉球国以前に存在し、琉球国成立後も規模は縮小したものの存続したであろう、島嶼間の私貿易に関する琉球文化圏的なパターンを類推し、琉球列島の経済社会における共同体間の連携構造について、モデル構築を行う［19］。

ここで与那国島を中心にモデル化を行うことの理由には、もちろん上記のように戦後の「密貿易」において国際貿易港となり、最も経済的恩恵を享受した島の一つであるという点が挙げられる。しかしさらに重要なことは、与那国島を事例として島嶼間貿易モデルをつくることが、古代より琉球列島に多くみられた島嶼間の交易パターンの一例として最も理解しやすいからである。与那国島は地理的に、この列島の政治の中心であった沖縄本島から最も離れている。その上、住民が移動できる範囲としては、最も近い他の八重山の島々と比べても、島外との交通は突出して不便であった［20］。そのため相対的に一島で完結した社会を保ち、他の島の住人と日常会話において意思疎通が困難なほどの言語の独自性を近年まで保っていた（池間 一九五九）。そしてしばしば琉球世界の境界にある島として、支配者からその境界性を利用した貿易拠点として利用されることもあった［21］。さらに付言すれば、外部からの支配が弱い時代ほど繁栄した島だったともいえる［22］。上記のとおり、沖縄本島が政治的に変容していくにつれ、与那国島はその従属の度合いを強めていったが、こうした地理的な環境や社会文化的独自性によって、歴史的に一様ではないにせよ、中央政府の管理から比較的自由に、境界線を越えた交易活動が可能な島であったといえる。そのため戦後の一時期における社会現象としての「密貿易」から、かつての私貿易時代のパターンを類推するための民族誌的条件が最も整っていると考えられる。

上述のように、本書では与那国島を事例に私貿易ネットワークのモデルをつくり、そのモデルに対応させながら当時の琉球列島における私貿易の状況を、与那国島と同様に私貿易取引の拠点港が存在した地域の事例を対象に検討していく。そのように対象地域を設定した場合、当時の「密貿易」の広がりから考えると、恐らく取引規模の大小を問わなければ琉球列島においてほとんどの漁港が対象になると考えられる。しかし、本書で対象とするのは、宮古諸島、沖縄本島、そして鹿児島県の口永良部島《くちのえらぶ》である。その理由の一つには、本書では聞き取り調査を重要な調査方法としているため、筆者がインフォーマントに接触できた地域を分析対象にしたという、研究を進める上での戦略上の問題が存在する。しかしより重要な点として、与那国島に貿易のために集まった人々には、マジョリティとしていくつかの集団が存在したことに注目する必要がある。それは主に台湾出身、宮古諸島出身、そして沖縄本島糸満出身の人々であった。もちろん与那国島には日本本土出身者も入ってきていたが、当時の本土在住者の場合、与那国島に直接行くよりも琉球列島と日本本土との境界である北緯三〇度線上を往来して行う貿易の方が、より一般的であったと考えられる。そこで、本書では与那国島の貿易拠点港であった久部良魚港の他に、台湾では南方澳《なんぽうおう》、宮古では佐良浜《さらはま》魚港、沖縄本島糸満《いとまん》漁港、そして三〇度線の境界の島である口永良部島を扱う[23]。こうした地域の人々はそれぞれ自分が属する集団の地縁的なネットワークを利用し、取引の効率化を図っていたと考えられる。そのため、糸満、宮古、台湾といった各集団のネットワーク同士の結びつき、そして集団同士の取引の在り方が本書の主な関心である。

私貿易取引の形態は、次のようなものである。まず各地のブローカーとよばれる商人達が自前の漁船を使用し、あるいは一人か複数人のブローカーが共同で漁船をチャーターして貿易を行った。その配当が漁船の船員に渡されると、船員間において船長を頂点とするヒエラルキーの中で分配が行われ、ブローカーの手元に残った利益はその多くが次の貿易のための資金とされた。手に入れられた商品は主に久部良、糸満、宮古、台湾など、各地の漁港を拠点とする地縁集団を通じたネットワークによって流通し、また貿易取引の他、植民地などからの引き揚げや復員、日常生活に関する情報伝達もこれら地縁集団が主な担い手となっていたケースが存在する。商談は手紙、伝言、また直接会える場合には、地元の地理に詳しい者がいる場合は土地の民家、そうでない場合は旅館などを使用して行われた。そうした商談も含め、口コミや手紙などの情報伝達手段は漁船が担った〔24〕。商談では香港出身の中国系ブローカーとの間では英語が使われ（石原 二〇〇〇：一八〇）、それ以外のブローカー同士では主に日本語が使用された。取引は沖合に停泊した漁船の上で、ライトの合図などで行われた。また港で直接取引を行う場合もあった。

この地縁のネットワーク内部では、例えば与那国島では地元名士を中心とした港での自警団が組織され、久部良漁港での貿易取引に一定の秩序が保たれていた。また宮古や糸満の人々においては、女性達もブローカーとして貿易に参加していたことが語り継がれている〔25〕。その中でも代表的な者が糸満出身のブローカー、金城夏子（ナツコ）であろう。ナツコの場合、沖縄本島糸満や本部半島のブローカー達から「親分」として祭り上げられていたが、これは彼女のもつ取引先に関するネットワークをブローカー達が利用し、また彼女がブローカー達の貿易に助言を与える立場であったことに起因する（奥野 二〇〇七）。さらに宮古の漁業者からの聞き取りによれば、「密貿易」にせよ通常の漁労にせよ、どのような仕事をするかはその都度船頭を中心に船員同士の合議によって決められたという〔26〕。こうした漁船がブローカーに雇われ、私貿易に従事したと考えられる。そしてこの地縁的なネットワークによってもたらされた情報や物資がその島の復興に役立てられたばかりではなく、資金的な余裕のあるブローカーの中には役所や学校、さらには地元政治家などへ寄付を行う者もあった（石原 二〇〇〇：一二六―一二九）（奥野 二〇〇七：三八三）。

また異なる地縁集団間においても取引は対等に行われた〔27〕。その取引相手の出自などによって差別がおこることもなく、また私闘や金銭目的の海賊行為、殺人未遂などの犯罪行為があったという記録はあるが（石原 二〇〇〇）、利益を巡ってこれらの取引を行う地縁集団同士で争いがあったという記録は管見の限り見つかっていない。では当時の八重山社会において民族や出身による差別がなかったかというとそうではなかった。特に戦前から八重山に農業移民として入植した台湾人入植者への差別感情や紛争、そして日本本土出身者を頂点に沖縄、八重山、台湾という八重山社会の差別構造は特に農業従事者にとって顕著であったといわれている（金城朝夫 一九八八）。しかし、こうした差別感情やナショナリズムによる紛争は私貿易に関する限りみられなかった。そのため、このような差別感情はたとえあったとしても、取引に影響することはなかったと考えられる。宮古と八重山の対抗意識は民話の時代から存在し、また八重山における与那国島の相対的な自立意識も民話の時代から存在する（川満 二〇〇四）（牧野 一九七二）。そうした各島の自立意識や排他意識にもかかわらず、私貿易において連携する限り相互に干渉することはなかった。

つまり、本書で提示する私貿易ネットワークの特徴は、少なくとも下位の者が上位の者に忠誠を誓い、その見返りを受けるような垂直的な支配関係をもつ組織ではなく、むしろ水平的な組織構造に近いものであった。それらの組織とその代表がゆるやかな口伝てのコミュニケーションや、情報交換と漁船の物資運搬によって形成されたネットワークによって結び付いていたと考えられる。

こうして、与那国の人々は数年ではあるにせよ自ら漁船を用いて貿易に乗り出し、また住民による自警団の結成など、自らの手で島の秩序を創りだした。即ち、こうした各地縁ネットワークの連携としての私貿易ネットワークによって、私貿易の時代は隆盛をみたといえる。このため、国際貿易港となった与那国島の久部良漁港には、各地縁集団のネットワークを利用した与那国、宮古、糸満、そして台湾と日本本土や香港などの漁船が出入りし、あるいは沖合に停泊して取引を行ったと考えられる。これらの漁船を通じて、与那国島はそれぞれの島と結びついた。いわば、与那国島は複数の異なるネットワークの集合をつなぎ合わせたネットワークセンターの役割を果たしていた。

以上のように概略した私貿易ネットワークの特徴について、本書では与那国島を拠点とするネットワークを中心に、宮古を拠点としたネットワーク、沖縄本島糸満を拠点としたネットワーク、口永良部島を拠点としたネットワークを各章ごとに論じ、比較検討を行う。その上で、琉球列島において共通する私貿易ネットワークのモデルを提示する。

まず第一章では、与那国島を中心に台湾、香港、そして八重山などとの間を往来する私貿易に対する軍政府の逮捕記録から当時の私貿易の状況を描き出し、また当時石垣島と与那国島で発行されていた新聞から私貿易や八重山、与那国を取り巻く当時の国際情勢が島の中でどのように報じられていたのかについて記述し、さらに実際に私貿易に従事した人々からの聞き取り資料を使用して、与那国島を中心にした私貿易ネットワークのモデル化を行う。

そこでは、私貿易取引において互恵的な協力関係に基づく信頼によって取引者、仲介者、さらには雇われた船員や担ぎ屋などが結びついていることが一つのネットワークとして把握できることを提示する。そしてこのネットワークの中心は取引者（ときには仲介者）、即ち当時の言葉でいう「ブローカー」であり、より多くの良質なネットワークを抱えているブローカーがその地域の有力者、すなわちネットワークセンターとして機能していたことが明らかになる。このネットワークにおいてブローカーの重要な資源は、他の有力な協力者との信頼関係そのものにあった。こうした有力者同士がさらにネットワークによって相互に結び付いていくことにより、私貿易取引のネットワークは与那国島を中心に連鎖的に拡大していったことを論じる。

続いて第二章では、宮古諸島の主に伊良部島佐良浜の漁民達について、文献資料及び聞き取り資料から彼らが私貿易を行うまでの経緯と、その私貿易の様相について記述する。さらに、主に宮古本島を拠点に物資を取引した、漁民ではなく「ブローカー」と呼ばれた人々が行った取引の様相について、聞き取り資料を交えて記述する。その上でこれらの記述を材料に、第一章で提示した私貿易モデルを適用し、その異同を検討する。

その結果、荷物の運搬と取引というネットワークは与那国島と同様に、ブローカー、漁船、出発地と目的地における地元住民それぞれの信頼関係によって運営されていたこと、それもブローカーや船ごとに取引、運搬方法に違いがみられることが明らかになる。そして宮古のケースにおいては、警察との協力もこのネットワークの中に含まれていたことを論じる。またこのような私貿易取引は、同じ農村出身、あるいは漁船の中ならば船長を頂点にした船員同士の漁師としての信頼関係によって築かれ、地縁のネットワークがこうした私貿易ネットワーク形成の土台になっていたこと、さらに信頼を失った時点でこのネットワークの機能が停止するリスクが同時に存在していたことを描きだす。そしてこれらの点から、与那国島と同様宮古においても、ネットワークセンターとしてのブローカーを中心に私貿易取引のネットワークが展開されており、それは宮古と与那国、宮古と沖縄本島など、異なる地縁ネットワーク同士を結びつけていたことを明らかにする。またこのネットワークの空間的広がりや機能の強度は、その結節点にあたるブローカーや漁船の船員など、関係者相互の信頼関係によって支えられており、そうした信頼のおけるネットワークの束をより多く持つブローカーが、より安全な取引を保証されていたことを論じる。

続いて第三章では、沖縄本島の主に糸満を中心にした私貿易について、沖縄本島での裁判資料を用いてその概要を描き出し、さらに「密航」を通じて商取引を行った経験者からの聞き取り資料をもとに、糸満における与那国島私貿易ネットワークモデルとの異同を検討する。そこでは裁判資料から、クリ舟とバーターで山羊や豚などが交換され、取引そのものが前近代の方法を再現していた事例や、沖縄本島南部の馬天港を中心に喜界島との間で杉と陶器の取引、南大東島との間では非鉄金属の取引が行われていたことなど、先行研究では触れられていない事実が明らかになる。

そして聞き取りによって、当時糸満のもつ地縁集団のネットワークが東京から沖縄、そして鹿児島を結ぶルートに存在しており、「密航者」はそれを利用して移動していた一方で、「密航者」のルートになっていた島々でも地元の漁船によって彼らを運ぶネットワークができていたことを提示する。そしてこれらの点から、糸満という地縁集団のネットワークと、糸満―口之島―硫黄島―鹿児島間の移動を可能にした各地縁集団相互を結び付ける、主に漁船を伝達手段にした相互交渉と協力に基づく信頼関係のネットワークが存在したことが明らかになる。こうして、沖縄本島においても与那国島を中心とするネットワークと同様、各地縁集団内部の信頼関係と、異なる地縁集団出身者同士による相互の交渉と協力による信頼関係のネットワークが構築されており、それを頼りに人々は警備をかいくぐりながら移動を繰り返していたことを論じる。

第四章では、日本本土出身者が琉球との貿易拠点にしたという口永良部島を取り上げる。そこでは主に奄美大島―本土間の私貿易に対する逮捕記録から、当時の取引の様相、およびその地理的広がりについて検討し、さらに口永良部島については上述の逮捕記録、及び聞き取り調査から、前近代からの島の歴史、戦後の鹿児島からの引き揚げの様子、そして私貿易取引と当時の島の様子について概説した上で、与那国島私貿易モデルとの異同について検討する。

特に、口永良部島は従来の戦後「密貿易」に関する先行研究ではほとんど注目されてこなかったが、この島も境界の島として、私貿易において与那国島に近似する社会的特徴を保持していたことが明らかになる。口永良部島において私貿易は確かに隆盛していたが、それは島外から来たブローカーが主に儲け、島内の住民にも参加した人はいたがその数は少なかった。この点が与那国島との大きな違いとして挙げられる。しかし類似点も多くみられる。一つは、前近代にはやはり貿易拠点として栄えた時代を持つという点である。それは倭寇の拠点であったこと、そして薩摩藩による密貿易の拠点であったことなどである。もう一つは、戦後の私貿易時代には島に多くの人が集まったことでパチンコ屋や飲み屋、遊郭などのいわゆる娯楽施設が建てられ、大量の貨幣が使用されたという点である。さらに、なお調査を要するものの、私貿易時代には同時に島の青年会によって当時帰属していた屋久島からの分村運動が展開されるという、自立的な自治を模索する運動があったことである。これらの点から、警官の取り締まり状況や島民の生活形態といった個別的な違いはあるものの、境界線の変動に伴うブローカー達の集まるネットワークセンターとしての機能は、与那国島より小規模ではありながら、類似の形態をもって展開していたと論じる。

また口永良部島を中心とする取引のネットワークも与那国島と同様のネットワークモデルによって説明できること

を論じる。そこでは聞き取りから、口永良部島で取引を行ったブローカー達は九州の久留米では地元のいわば名士であり、彼らは地縁的なネットワークによって戦前から結びついていたこと、そして一九四九年段階には、久留米の地縁的ブローカーネットワークに沖縄のブローカーネットワークが結びついており、その背景には、沖縄―久留米間の頻繁な人の移動が既にあったと看做すことができることを論じる。さらにこの地縁的ブローカーネットワークへの信頼は、久留米のブローカーに私貿易のため、口永良部島に移住することを決意させるほど強固なものであった。そして取引では沖縄系、久留米系双方のブローカー同士が打ち合わせを行い、沖縄系が船を用意し、久留米系が商品である材木を用意するという共働関係が生まれていたことや、九州では警察対策としても久留米系の地縁ネットワークが機能していたことを指摘する。

またそれまでの章でみてきた他のブローカー達のケースと同様、当時の取引相場から、捕まって商品を没収されるリスクよりも、遭難などで命を失うリスクの方が恐れられていたことが、当時のブローカー達の一般的な認識であった可能性があることを論じる。そのため、やはりブローカーにとっては帰属する地縁集団や、地縁集団相互のネットワークへの信頼が取引を保証する上で最も重要なファクターであったことが浮き彫りになる。ただし口永良部島での取引においては、警察の取り締まりが厳しかったために陸上での取引は少なく、それが前章までに論じる琉球側との大きな違いとして確認される。しかしこの点についても、島の旅館あるいは土地勘のあるブローカーは民家に泊まるなどして打ち合わせを行い、少数ながら島の住民も巻き込んで警察の厳しい監視を潜り抜けながら取引を展開していたことから、この島においても与那国島と同様の私貿易ネットワークが機能していたことを論じる。

終章ではこのようにして求められた各島嶼別の事例から、琉球文化圏に普遍的な私貿易ネットワークの特徴を論じる。その上で、このモデルの精密化を図るための課題と、そして境界線をめぐる政治学において本モデルを用いた貢献の方法について記述する。

最後に、本書の書名について付言しておきたい。まず琉球列島の地理的範囲としては、繰り返しになるが米軍によって占領された与那国島からトカラ列島の口之島までを指している。

境界線という言葉については、米軍政府が琉球列島を日本及び当時の植民地台湾から分離したという意味での国境という、上から引かれた境界線という意味と、それに対して住民達がそうした国境線を自ら相対化し、琉球列島各地の地縁共同体を連合させる形で境界線を引きなおしたという、二重の意味で使用している。それとも関連し、先行研究において当時の民衆による貿易を指して密航や密貿易という呼称が用いられていたことと、そうであるにもかかわらず、当時の密航や密貿易が一般的な意味での犯罪行為とは区別されて論じられていたことを受け、そうした犯罪行為ではないという意味を強調するために鍵括弧を付して「密貿易」と呼称している。

さらに本書の対象を一九四九年から一九五一年に絞った理由として、まず資料的な問題として主に使用した公文書、新聞資料、口述資料に関して、一九四九年から五一年が最も整っていたという点が挙げられる。そしてより重要な点として、一九五二年のサンフランシスコ講和条約発効後、米国によって日本本土とは別の社会形成が行われたのに対し[28]、少なくともその前年までに、琉球列島において日本本土とは別の社会を形成していく契機が民衆の中から生まれていたと考えられることから、特にこの時期に注目する必要があると仮定したためである。

また本書では、文脈によって「密貿易」という言葉に対し、私貿易という言葉を当てている。この私貿易という言葉を使用した理由としては、先述したように考古学において琉球国以前の民衆による交易活動を指して使用された言葉であるということ[29]、また民衆が貿易行為を通じて自ら秩序を形成していったという意味で、一九四八年から軍政府によって許可された公貿易である琉球列島間貿易、一九五〇年から許可された外国貿易と区別するために使用している（琉球銀行調査部編　一九八四）。

［1］トカラ列島、及び奄美返還の歴史過程については（エルドリッヂ 二〇〇三a）、沖縄返還については（河野 一九九四）、また、琉球処分と日本復帰を近代における辺境地域の帰属変更というパースペクティブで捉えた議論として、（林 二〇〇五）を参照。

［2］こうした事態はかつて新川明が反復帰論の中で厳しく批判したように、自ら進んで権力への従属を求めていく精神性がグローバル化という文脈において日本社会の中に顕在化していることを思わせる（新川 一九七一）。

［3］この点については、ウォーラーステインの世界システム論をはじめ、従属論に関する数多くの研究が存在する。本書ではグローバル化に対する基本的な認識として、ウォーラーステインの世界システム論における世界経済の中心—周辺構造モデルに多くを依っている（Wallerstein 1974=1981）。

［4］抑圧移譲については、丸山眞男によれば日本政治の構造的な特徴として、中央からより遠くへいくに従って中央からの抑圧がより辺境の立場の弱い者へと移譲されていく過程として説明されている（丸山 一九六四）。ベネディクト・アンダーソンは「想像の共同体」における公定ナショナリズムに関する議論において、丸山を引用しながら列強支配への脅威を感じた日本の支配層が、民衆に国民を想像させると同時に対外膨張主義に転じ、周辺の朝鮮半島などの人々を日本人として国民化し支配の対象にしながら、本国の社会からは締め出す構図を描いている（Anderson 1991=2007: 157-162）。またクリフォード・ギアツは第二次大戦後の新興独立国が国家建設を行う際に、国家領域内に編入された少数者達の社会文化を抑圧してしまう過程を描いている（Geertz 1963）。このように、国民国家化と中央集権化が行われる際、中央が統治する領域の内外に辺境が作りだされ、そこに住む人々が抑圧される構造が生まれるという問題は近代国民国家の形成に大きな影を落としている。

［5］こうした問題の典型だと考えられるのは、第二次大戦後の新興独立国が民族自決や自立を掲げながら国内に民族問題や国境問題を抱え込んでしまう場合である。そして国境線をまたいで存在する民族やその他の政治集団を抱える複数の国家は、しばしばその住民の取り扱いや国境線の画定をめぐって互いに軍事的緊張を高め、時には国際紛争を引き起こしてしまう。こうした事例も枚挙に暇がないが、特にアジアにおいて新興国が国際紛争を抱え込み、それが地域の国際政治において重要なファクターとなる事例に関する先駆的研究として、（鈴木 一九八二）を参照。

［6］こうした地域社会に普遍的な政治体制を検討する方法において、本書ではクリフォード・ギアツの劇場国家論から多くの示唆を得ている。ギアツは一九世紀のバリにおける国家体制を明らかにする過程で、古代から続くバリの政治社会に普遍的なパターンがあることを民族誌や考古学的な資料を駆使して提示することで、この地域独自の政治体制について歴史的な裏付けを与えている。その特徴は民衆にとっての実質的な支配権力となった農村社会の共同体の網の目のような連関の上位に王朝が存在

し、その国家の特徴は権力そのものを演ずることによって求心力を発揮するという、家産制国家とも官僚制国家とも異なる独自の劇場国家論にある。この劇場国家における権力は演劇そのものであったため、王権による垂直的な支配、被支配関係は生まれなかった。また各地の王達は複雑なネットワークによって並存していた。この劇場国家の島外との通商については、港のある交易拠点に君主達に委託された華人などの外国人商人が外国貿易を含む王国内の通商関係を独占していた。しかし、インドネシアの国際交易の中心となったジャワ島とは異なり、商品の価格は慣習によって決められ、市場によって価格がつりあがるようなことはほとんどなかったという（Geertz 1980=1990:100-113）。即ち、バリ社会の通商においては市場原理ではなく文化が交換における主な規定要因であった。こうした文化によって規定される共同体の連携構造と国家像が、琉球列島における共同体の連携構造と国家像について検討する際に、有効な視座を与えるものと考えられる。

ところで琉球列島における貿易を通じた自治の普遍的なパターンを考察する場合、常に外部勢力に従属してきたという問題は無視できない。例えば前近代の琉球国の問題に限ってみても、琉球国はその形成期から常に中国王朝をはじめとする外部勢力の影響下にあった。中国王朝との朝貢貿易を中心とした冊封体制が王国の存立基盤であったからである。特に近世における王国の特徴について、高良倉吉は王国の行政制度の研究から、古琉球の古代的な社会に日本の近世的な行政制度が導入され、次第に近世的な方向に変容していったという点を強調し、「幕藩体制の中の異国」と定義した（高良 一九八七：一二一）。

これに対し、豊見山和行は日中との政治外交的側面から従属国家の一類型として「従属的二重朝貢国」と定義している。ここでの二重構造とは、中国王朝の朝貢国でありながら薩摩の封建支配下にあるという政治的な二重構造と、交易において中国市場と日本市場に大きく依存していたという意味での経済的な二重構造を意味する。豊見山はこうした国際関係における相互規定関係の中で展開された王国外交の主体性に王権の特徴を見出そうとし、高良の定義を批判している（豊見山 二〇〇四：三〇二）。

ただし交易と王権という視点に即して考えれば、両者とも前提となるのは、朝貢貿易が国営貿易、即ち王国外交の一環として行われていたこと、さらに王国の内政もまた、朝貢関係の変容や薩摩支配といった、外部勢力への従属問題に対応する形で展開されてきたという視点である。つまり明朝の冊封を受けて以降、第二尚氏王統がそれまでの部族連合的な政権から中央集権的な王権を確立し、その後は薩摩の封建支配を受けて石高制を導入するなど、琉球国内の政治体制が変化する方向を大きく規定していたのは外部勢力への対応という問題であり、朝貢貿易自体はむしろそうした王国外交の展開の中で規定されていったと考えられる。そのことから、琉球国の朝貢貿易という問題に限ってみれば、貿易そのものが政治体制を変革したのではなく、朝貢を手段とする中国との外交関係や薩摩、幕府との外交関係が政治体制変革の動因となっていったと考えられる。

　しかし、それ以前は後述するように夥しい数の私貿易が行われてきたのであり、その利権の統合が各地の有力者や、さらには琉球国の形成に結び付いていった。また王府主導の朝貢貿易と並行しながら、規模や利益という点においては遥かに小規模ながら私貿易や密貿易も行われてきた。このように民衆レベルでの物流は社会運営に不可欠であり、そのためこうした私貿易をはじめとする物流の形態を検討することは、琉球列島における普遍的な自治の形態を考察するために重要な作業であると考えられる。

　またギアツの議論を参考にすれば、琉球列島においても各共同体において権力の維持や交易の運営に祭祀や儀礼行為が重要な役割を果たしていたことも注目すべき点である。例えば村落共同体のレベルで考えれば、宮古島の共同体におけるシャーマンの祭祀行為が交易を担う海民にとって、交易や航海の安全を担保し海民をオーソライズする求心力を発揮していたことが挙げられる。また琉球列島の中央権力のレベルでみれば、琉球王府が中国から冊封使を迎える儀式を王国の権力基盤として最重要視していたこと、また三司官を頂点とする王国の行政官僚制とは別に、王の妃、あるいは姉妹によって担当される聞得《きこえ》大君《おおきみ》を頂点とする神女体系が王国領域において集落単位にまで組織化され、王権の正当性の背景となる神観念を支えていた点などがある。しかし本書で課題とする民衆による自治の普遍的なパターンの問題に関係づけて儀礼の役割を論ずるには、現在所見を公表できる段階にはないため今後の課題とし、本書ではまずこの地域的な自治とネットワークの問題を考察するために最も重要な貿易関係に議論を絞ることとする。


［7］考古学の安里進によれば、琉球国の形成は文献史学の成果により、沖縄本島における一四二〇年代の尚氏による三山統一にあるが、それ以前は一二世紀ごろからグスク土器の出土によって確認されるグスク時代、さらにそれ以前の沖縄本島は貝塚時代にあたるという。以下、安里の議論から、沖縄本島における交易と王権の関係について概説する（安里 一九九〇：七八）。

　グスクとは、琉球列島各地にみられる城塞的遺跡群のことであり、これは琉球各地に点在した按司《アジ》と呼ばれる地方領主の居城であった。経済社会としては貝塚時代後期に漁労採集が中心であったのに対し、グスク時代には農耕中心社会に移行した。グスク時代には経済社会が飛躍的に発展し、政治社会も新しい発展を遂げたという。その背景には一〇世紀から飛躍的な経済発展を遂げた中国の宋王朝の商人が、同じく新興国家の朝鮮半島の高麗や、東南アジアなどへ交易にでかけ、日本でも一二世紀から平氏の台頭と海外交易促進により、西九州や南九州の商人が海外に交易に赴く等、東アジアの交易体制が再編されていったため、航路にあたる琉球列島においても交易が盛んになっていったことが大きいという。このグスク時代の交易の活発化によって、それまで縄文、弥生文化の影響下にあった奄美、沖縄地方の貝塚文化圏と、南中国、東南アジア、ポリネシアなどの南方系文化の影響下にあった宮古、八重山地方の先島石器文化圏とが統一され、一つの琉球文化圏を形成するようになり、後の琉球国の領域に繋がったという（安里 一九九〇：六五―六八）。

そのため、上述の漁労を中心とした貝塚時代は血縁社会であったのに対し、グスク時代には地縁社会に変化していた。貝塚時代の漁労共同体は、珊瑚に囲まれた内海である礁湖を中心に、一定地域で漁労を行う集団が離合集散を繰り返して形成された、原始血縁共同体である（安里 一九九〇：一二〇―一二一）。それに対して農業共同体は水田経営の利害関係のため、同一水系にある集落が集合して形成されていた。それが琉球国時代の間切り《まぎ》と呼ばれる地方行政単位に継承され、明治以降も沖縄県の市町村単位として引き継がれたという。またこうした地域共同体はいくつかの同族的な関係で統合され、一種の部族共同体を形成していた（安里 一九九〇：一二八―一三〇）。

この部族的関係に基づいた政治領域が一四～一五世紀の「明朝実録」や「李朝実録」に登場する「寨《さい》」と呼ばれる領域であり、その領主を「寨官」と呼び、その居城がグスクであったという。従って、この寨官の政治領域は武力的な侵攻によって確定されたものではなく、共同体内で生産された共通の土器を使用するという、同族意識に基づいて形成されたものであった。この寨は、三山時代から第一尚氏王統の時代まで強固な政治的、武力的独立性を保持していた。逆にいえば、三山時代を構成する沖縄本島の北山、中山、南山といった小王国や、それらを統一したとされる第一尚氏王統はこうした寨官の連合体制であったという。この寨官であるが、世襲などの固定的な権力主体ではなく、寨を構成する各集落の首長達が持ち回りによって就任していた。このように寨官就任は各首長の会議によって決定され、一三～一四世紀にわたって各寨単位で盛んに行われた海外交易によってもたらされた交易品も末端の集落にまで平等に分配されていたことから、一三～一四世紀までの琉球では権力の重心が集落の首長に存在する原始平等社会であったと論じている（安里 一九九〇：一四〇―一四五、一八五）。

三山時代には一三七二年に中山王が明の冊封を受け、朝貢貿易を開始したのを皮切りに、北山と南山も明へ入貢した。いわゆる朝貢貿易の始まりであるが、この頃はまだ並行して寨官による私貿易も行われていたし、王権の貿易品も寨官を通じて各集落に分配されていた。また王権の継承も中山と南山においては寨官達の同意を必要としたという。しかし、中山の第一尚氏は王位の世襲制を実現し、反対する寨官を武力で押さえ、さらには南山や北山を併合して強力な王権である琉球国を打ち立てた。そもそもグスク時代に農耕社会が発展したのは交易の増大による鉄器の安定的供給によるものであり、寨官は権力基盤を交易による鉄器の供給に置いていたため、交易の拡大と効率化のために大規模交易組織としての連合政権を作る必要があった。

そのため、三山の小王国はそれぞれ交易の効率化と規模の拡大を目指した寨官達が連合して形成した王権であったが、第一尚氏王統の時代に入ると、寨官経由で集落に流通する鉄器と、王府を介して直接集落に流通する鉄器の二重流通システムが形成され、流通競争に負けた寨官が次第に没落し、代わって王府の権力が増大したという。さらに、一四六九年に第一尚氏王統の臣下であった金丸がクーデターを起こして第二尚氏王統を打ち立てると、各地の寨官達は王都首里に集住させられ、王国官僚層を形成することになった。こうして形成された中央集権的な王国において、かつての寨官に代わって在地権力を代表するようになったのが按司であったという（安里 一九九〇：一八二―一九〇）。

このように、貝塚時代からグスク時代への移行、さらにグスク時代からそれらの連合政権である三山時代への移行には、一〇世紀ごろから始まった東アジアにおける国際交易の活発化という外発的な流通経済の変化が作用していたといえる。また朝貢貿易を開始した第一尚氏王統が他のグスク権力を抑えることに成功した背景には、朝貢貿易による王府側の利益の大幅な拡大があったのではないか、との推測も可能であると考えられる。朝貢貿易と三山統一、中央集権的な第二尚氏王統形成との関係を論じることは、現時点で筆者には不可能な課題である。しかし外発的であるにせよ、琉球列島をめぐる貿易の活発化が、各集落の連合による部族的なグスク権力の形成と、それらの連合政権による古代的平等社会にみられるような各集落への利益配分を可能にしたという点で、本書では少なくとも三山時代までは流通経済の拡大による内発的な権力形成が行われていたと位置付けている。

ところで安里の議論は主に沖縄本島における考古学的成果によるものである。八重山地域を専門とする民俗学者の牧野清によれば、先島地方は琉球国の形成期において、当初王府には服属していなかったという。宮古諸島は島面積の大部分が平地で比較的大きな山や森がないため、水に乏しく農業には不向きであった。そのため古代より交易によって社会を維持してきたといわれている。逆に八重山諸島は比較的大きな山が多く水に恵まれていたため、古代より農業によって社会を維持することができた。このような違いから、宮古島は琉球国が形成される一四世紀ごろには、既に主に東南アジア方面との貿易を運営していたという。そして、島の伝承によれば八重山を侵略し最西端にある与那国島を服属させ、貿易の中継地としていたというのである（牧野清 一九七二）。

その後宮古は首里王府に朝貢を通じて服属するようになった。そして、沖縄本島で首里王府を形成した三山勢力は福建地方を通じた大陸との貿易によって成り立っていた。このような経緯から、琉球国の主に南方方面との交易は宮古を中心とした勢力が担っていた、と思想家の川満信一は指摘している（川満 二〇〇四）。

また宮古の郷土史家である仲宗根将二によれば、当初同盟関係に近かった首里と宮古の関係は、次第に王府側が宮古の在地役人を取り込むことによって、垂直的な支配関係に移行していったという。特に一六〇九年の薩摩による琉球国への侵入と、相前後する南方交易の衰退によって、王府の支配は人頭税などの収奪をはじめとする過酷なものに変化していった。そうした沖縄本島による支配、その上に日本本土の中央政権を頂くという先島諸島の支配構造が崩壊したのは、一九四五年の終戦によってであったという（二〇一一年二月二七日、宮古島市内にて聞き取り）。

これらの宮古、八重山に関する先行研究の議論に基づき、本書では先島地方においても琉球国形成以前には貿易を通じた各首長達の共存関係が存在し、それが琉球国の経済発展と中央集権化に伴い、次第に王府による垂直的な支配に移行していったとの立場をとっている。

［8］「古琉球」とは沖縄学の創始者・伊波普猷によって名づけられた言葉である。時代的には、一一世紀後半～一二世紀初期のグスク時代の開始から一六〇九年の薩摩による琉球侵略までの五〇〇年余りを指し、日本の中世とほぼ同時期に当たる。しかし高良倉吉は、琉球国は同時代の中世期の日本からは区別されるべき独自の国家であり、日本史研究の枠組みでは「外国史」にあたると論じている。また比嘉実はこの時代の琉球文化について、同時代に編纂された歌集である「おもろさうし」の分析を通じて琉球文化への中国文化の影響を論じている。それぞれ、（伊波　一九一一）（財団法人沖縄県文化振興会史料編集室編　二〇一〇）（高良　一九八九：四六）（比嘉実　一九八二：七―三六）を参照。

安里進によれば、歴史研究における古琉球概念は一九六〇～八〇年代に成立したという。その特徴は、日本本土と同質の先史時代から琉球国の成立、展開によって沖縄の個性が展開されたという点、また一二世紀ごろまでの原始的な社会である貝塚時代に続いて古代的な国家としての琉球国が成立したという点である。これらの定説に対し安里は考古学の立場から、交易型社会である琉球史を農業型社会である本土の歴史に照らして評価しているとして、批判を展開している。その批判の第一は、琉球では先史時代から社会の沖縄化と日本化を繰り返しており、古琉球時代は大きく日本化した時代であったこと、第二に貝塚時代は原始社会ではなく、活発な交易活動によって階級社会が始まった時代であった、という点である。さらに、交易型社会としての琉球国の特徴として、貝塚時代から古琉球時代にかけて日本史にみられるような農業生産力の増大による社会発展には至らなかったこと、琉球国の経済基盤は農業生産物の収奪ではなく、海外交易による富の蓄積と海外交易を支える特産物の貢納であり、王府が民衆に対して収奪の対象としたのは農業生産によって増大した人口そのもの、即ち土木工事などに使役する労働力であったと論じている（財団法人沖縄県文化振興会史料編集室編　二〇一〇：三―四、一八―一九）。

［9］ここでいう王府の管理貿易とは、中国との朝貢貿易のことを指している。朝貢貿易とは、中国近代史の濱下武志によれば、前近代の中国皇帝を中心とした華夷理念に基づいて中国における国内統治システムを対外関係に拡大した、貢納による広域統治のシステムであるという。以下、濱下の議論から、朝貢貿易を中心とした交易ネットワークについて概説する。まず華夷理念とは、儒教思想に基づき皇帝が礼や徳によって世界を統治するという理念であるという。そこで「華」が意味するのは、中華、即ち皇帝がいる場所が世界の文明の中心であり、「夷」は「華」の周辺に位置する未開、野蛮な地域であるとされる。しかし、「夷」は固定化された観念ではなく、異質ではあるが皇帝の恩恵をうける存在と看做され、「夷」に対して皇帝が朝貢使節を送り、王として承認し冊封することで、「華」に包摂されていくと考えられていた、という。次に朝貢の基本的手続きであるが、まず朝貢国側が皇帝の派遣した冊封使によって国王の承認を受け、国王はその恩に報いるために国王の交代時や慶慰謝恩などの折に朝貢使を派遣するという、政権の認知を巡る行事に基づいていたとされる。

そして朝貢関係は、朝貢貿易関係としての交易ネットワークを形成していたが、この交易ネットワークは主に二つの層に分かれるという。一つは、朝貢貿易を頂点に、その使節に同行した特許商人団による北京の会同館での交易、福州等の開港における交易、漂流送還を通じた交易という官によるネットワークである。もう一つはそうした官のネットワークを支える、信仰圏を頂点にした交易圏、移民圏、漂流圏という民間のネットワークであったという。加えて、これら二つのネットワークのさらに下、即ち最下層には、日常的に海民と沿海民とが交易などの交渉を行い、海賊が跳梁するいわば倭寇的世界のネットワークが存在しており、この最下層のネットワークがその上の二層のネットワークを支えていたという。このような交易ネットワークは常に拡大しようとする傾向をもち、それによって官のレベルでも、海域への影響力を拡大させていく傾向があった。ただし「統治」といっても、海域における統治は近代国際関係のそれとは異なり、領域を対象としない属人的なものであったため、近代にみられるような諸国家が相互に排他的な海域支配を行うことはなかったとされる。

こうした交易ネットワークにおいて、琉球は朝貢国として中継貿易を営んでおり、そのネットワークは華僑の移民ネットワークとも結びついて、華南から東南アジアまで広がっていたという。また、このようなネットワークにおける仲介機能を通じて海域統治が行われており、このような機能を果たした場所として、他に対馬、一九世紀以降の香港、シンガポールなどが指摘されている。これらの地域は華夷理念に基づいた統治制度としての位階制によって格付けがなされており、この位階秩序の中で、琉球は朝鮮やベトナム等、他の周辺諸国と対等の外交関係を保持していたという（濱下　一九九〇、二〇〇〇）。

以上のような何層もの交易ネットワークのうち、最下層の「倭寇的世界」のネットワークについては、本書で扱う第二次世界大戦後の私貿易によるネットワークと共通性があると考えられる。それは、島々の住民の生活に密着した交渉や取引であったという点においてである。しかし中国皇帝を中心とするヒエラルキー型の華夷秩序において位置づけられた官営貿易による広域統治の構造と、ここでいう「倭寇的世界」のネットワークにおける統治の形態、即ち本書で扱う私貿易ネットワークと共通する形態とは本質的に異なる、というのが本書の立場である。

[10] 経済史の山本弘文によれば、薩摩の侵入以前から琉球国では農民に対して土地の私有や永続的な所有権を認めておらず、耕作地は定期、あるいは不定期に割り替えが行われていたという。それは一六〇九（慶長一四）年の薩摩による慶長検地を経た後も変わらず、個人の土地所有権が確定するのは明治三〇年代に入ってからのことであった。耕作地は人頭税の割合に応じて分配された。このような地割制に基づく租税や耕作地分配制度が存続した背景には、旱魃や台風などの自然災害が頻繁に起こる気候条件であったため、石高制が発達する条件が整わなかったためであるとしている。そのため琉球の社会組織としては、この地割制に基づいた共同体的結合が生産、消費の様式を大きく規定していたという（山本 一九九九：二六―三一）。

また、一八世紀中葉以降の農村への役人による指揮監督の厳しさから、薩摩、琉球共に貨幣経済の進展によって却って古代農奴制よりも厳しい「再版農奴制」的な色彩が濃かったことが指摘されている（山本 一九九九：四七―四八）。他に、薩摩の検地の方法については、（渡口 一九八二）を参照。

[11] 海禁政策はもともと、中国沿海部の住民が倭寇と結託するのを防ぐために、沿海部の住民に対して海に出ることを禁じた政策であり、その海上交通、貿易、漁業活動など規制の対象は多岐にわたった。しかし、朝貢貿易とセットになることによって、密貿易の規制という面が強くなった。朝貢貿易については、当時の日本が一〇年に一回であったのに比べ、琉球は二年に一回と破格の待遇であった。この背景には、福建など沿岸部の海商を琉球との朝貢貿易に巻き込むことによって密貿易や私貿易を管理しようとする意図があり、そうした流れの中に、福建系住民を那覇の久米村に住まわせ、航海の技術指導や通事に当たらせたことも位置づけられるという。一六世紀後半には海禁政策は緩和され、それと共に琉球の交易上の相対的優位性も低下していった（財団法人沖縄県文化振興会史料編集室編 二〇一〇：二六〇―二七七）。このように、琉球国はその成立から、東アジアレベルの交易網を背景に理解する必要がある。

[12] 近世において日本人が海外に大量に移動したきっかけは、徳川家康による朱印船貿易の開始であった。朱印船とは将軍の朱印が押された渡航免許状を所持する交易船のことであり、一六〇一年を皮切りに、それまでポルトガルとの貿易で栄えていた長崎港から多くの朱印船が出港していった。渡航先は現在の台湾、マカオ、ベトナム、カンボジア、タイ、フィリピンやボルネ

オなど、主に東南アジア地域であり、商品は輸入品が生糸、絹織物、鹿皮、鮫皮、砂糖、香木など、輸出品は銀、銅、鉄などの金属であった。一六〇一年から一六三五年の幕府による海外渡航禁止までの間に、三五〇余隻の船が出港していったという。その内訳はベトナムのホイアン七三隻、タイ五五隻、フィリピン五四隻、ベトナムのハノイ四七隻、と数字上はベトナムが一番多く、ベトナムをはじめいくつかの渡航先に日本人町が形成されていたという（桜井・菊池 二〇〇二：二五三―二五七）。

　日本人によるこうした東南アジア諸国への移住について、渡航船の延数を計算した岩生成一によれば、渡航人数の統計的な記録はほとんど残っていないという。それでも鎖国までの朱印船のみによる海外渡航延人数は七一、二〇〇人にのぼり、日本から帰港する外国船へ乗り込んだ人数を考慮に入れれば、総計一〇〇、〇〇〇人以上に上るのではないかと論じている。そこには船員、商人、海賊、失業などといった職業的な背景の他、幕府による弾圧を逃れたキリスト教徒なども含まれるという。こうした移住者の内、移住先で日本人だけで集落を形成する場合に「日本町」と呼ばれた（岩生 一九六六：一五―一七）。

　日本町は主に商業目的の他、キリスト教徒の相互扶助を目的として形成される場合もあったが、多くはその地域の貿易港に形成され、幕府が鎖国をした後も四、五〇～七〇年ほど存続したという（岩生 一九六六：三二一―三三三）。

[13] 琉球国の対外貿易の最盛期は第一尚氏時代と第二尚氏時代の初期であった。相手国は明、日本、朝鮮、それに現在の東南アジアにあたる諸王朝である。三山時代から朝貢貿易は行われていたが、中山王・尚巴志による統一を経て那覇が国際貿易港として整備されるなど、統一に伴う財政の膨張がその背景にあったとされる。琉球船は胡椒など南方からの物資を調達する上で、明、日本双方にとって重要な貿易相手であった。そのため尚巴志は特に南方との貿易に力を入れ、シャム、スマトラ、ジャワ、マラッカ、パレンバン、パタニ、安南、スンダ、ルソンなどと貿易を行ったという（宮城営昌 一九七七：六六―七〇）。

　しかし、琉球諸島と南方諸国との交通はそれ以前からも存在した。元史には一三一七年に宮古島の人が南方貿易を行った最初の記録があるという。琉球からの輸出品は琉球産の硫黄、芭蕉布に加え、日本産の武器、漆器、扇、銅、砂金、中国産の磁器、絹織物等であり、輸入品は蘇木、胡椒、更紗、鬱金、酒類、砂金、錫などであった。そして一六世紀に入ると明は海禁政策を緩和したため中国人による南方貿易が始まり、同世紀後半には対日貿易も始まった。一五一一年にはポルトガルがマラッカを占領した上、その後日本貿易を開始し、一五七一年にはイスパニアがマニラを占領してマニラを拠点にした中国貿易を開始した。さらにこれら南方諸国へ日本商船も直接進出するようになった。こうした動きに対し、琉球国は資本が小さく、自国の特産物がないために競争に負け、南方、日本貿易の市場を奪われ、中国貿易ですら朝貢貿易を除いて市場を失うことになったという（宮城営昌 一九七七：七二―七三、七五―七六）。

[14] 琉球処分の研究は数多く存在するが、最近では小熊英二が諸研究を整理した上で、中華帝国を中心とする華夷秩序において日中両属状態であった琉球国を日本が台湾出兵事件の処理を巡る対清交渉の中で廃止し、近代国家としての日本の領域を確定させる過程として描いている。そこでは一八六八年に日本政府が明治改元を琉球側に伝えることに始まり、一八七二年に琉球国の体制を維持したまま琉球藩を設置し国王を華族に列した上、一八七九年に警察と軍の武力を背景にした強制的な王制の廃止をもって沖縄県が設置された（小熊英二 一九九八：一九、二三—二七）。ただし小熊は琉球処分の過程を近代日本の周辺地域に対する包接と排除をめぐる政策論の分析から展開しており、琉球（沖縄県）側において琉球処分がどのような歴史的意義をもつのかについては、記述が乏しい。

これに対し沖縄側の代表的な研究としては、まず大田昌秀がそれまでの琉球処分に関する研究を整理し、琉球王府の動向に重点を置く研究が明治政府の琉球処分に対する琉球側の抵抗を強調し、それに対して一般民衆の動向に重点を置く研究では、むしろ琉球処分はそれまでの王府支配からの解放として歓迎された点を強調する傾向があるとしている。大田によれば、この違いはそのまま沖縄の近代化の遅れを琉球国時代の旧支配層の抵抗に帰責する見方と、日和見であった日本政府に帰責する見方に繋がるが、両者とも沖縄側が琉球処分に際して近代化を素早く進めていれば、他府県に比べて近代化が遅れることはなかったという悔恨に繋がり、それがその後の皇民化教育の徹底の遠因となったとしている。それに対し、日本政府側の琉球処分の目的はあくまでも軍事上の防衛地点の確保であり、近代化の遅れの背景として、日本政府は最初から県民の福利厚生よりも警察、軍事力の投入による沖縄社会の秩序維持を第一の目的にしていた点が見落とされているとしている（大田昌秀 一九七二：一〇五、一一〇—一一二）。また我部政男は戦前の伊波普猷らの琉球処分論を紹介し、かつて琉球処分は暴力的であっても民族統一であったという見解が主流であったこと、しかし日本政府側には民族統一という志向とは別に、清国との分島改約案にみられるような国権の主張という対外膨張主義の志向もみられ、矛盾していることを指摘している（我部政男 一九八一）。

このように琉球処分は日本政府の軍事戦略上の必要から行われ、沖縄にとって上からの近代化のきっかけとなった事件であったといえる。本書では外部勢力による支配と上からの近代化に抵抗、あるいは対応する形で沖縄側の政治運動が盛り上がる、というパターンがその後の沖縄戦と占領支配、復帰後の基地問題にも共通するという点で、その後の近代史における沖縄内部の政治変動の方向性を規定する事件であったと位置付けている。

[15] 琉球処分後、沖縄県は日本政府、及び本土資本による上からの近代化政策を受け入れていくことになるが、当初は旧琉球士族層を懐柔するためにとられた旧貫温存策のため、税制や土地制度などが王国時代のままであった。そのため、沖縄に対する明

治政府の近代化政策の実施は本土に比べ大きく遅れることになった。こうした時代状況から謝花昇のような民権活動家の運動や、伊波普猷をはじめとする近代科学的手法による、いわゆる沖縄学の興隆によって沖縄県民に対する啓蒙が始まった。こうした社会運動の一つの帰結は河上肇舌禍事件に見られるように、特に県内の指導者層、知識人を中心とした人々において皇民化の徹底による日本社会での地位向上を図る政治意識の顕現であったといえる。

さらにその後の経過を辿れば、第二次大戦では沖縄を「捨石」にするという凄惨な沖縄戦が戦われ、その沖縄戦での米軍上陸から始まった占領によって日本から切り離され、サンフランシスコ講和後は人権や自治などを制限された形で米軍の統治下に置かれた。そして一九七二年のいわゆる日本復帰後も軍事基地が固定化されたまま人権侵害が続き、また経済構造は脆弱なままであり、依然として自立問題は解決をみていないといえる。この琉球処分から日本復帰までの、日本の沖縄に対する政策議論とそれに対する地元知識人の反応については、(小熊英二 一九九八) を参照。また、いわゆる沖縄問題の経済的側面に焦点を当てた分析として、(百瀬・前泊 二〇〇二) を参照。

[16] 軍政府は「密貿易」の取り締まりをまず琉球警察に行わせたが、海上で行われる「密貿易」に対し、米軍の警備艇などが取り締まりを行うことはあったものの、琉球政府に対して沿岸警備隊を組織させることはなく、海上警備は米軍が直接行うか、琉球警察に米軍の警備艇を使用させる形態をとった。占領初期の海上警備については (我部政明 一九九六:八一—九四) を参照。各群島間での移動には軍政府の許可が必要であり、漁船の出漁も自由ではあったが、漁船を使っての商品取引は当然違法行為となった。しかし沖縄戦によって物資欠乏にあえぐ先島の人々は、自ら漁船などを繰り出して台湾や沖縄、日本本土などとの貿易を行ったことにより、後に「密貿易」と呼ばれることになったと考えられる (石原 二〇〇〇)。

[17] この「密貿易」の物流におけるそれぞれの地域ごとの特徴を簡潔に説明すれば、台湾は食糧供給地、沖縄本島は米軍からの流出品や沖縄戦で残された武器弾薬などのスクラップなどの供給地、さらに香港やマカオはそうした米軍物資の市場であると同時に薬品などの供給地であった。そしてそれらの島に囲まれた八重山、宮古地域は中継貿易港であった与那国島を中心に、食料品の消費地として、また沖縄本島での軍作業員や、台湾、沖縄との「密貿易」に携わる「密貿易」人の送り出し地域としての意味合いも帯びていた。さらにこの「密貿易」による物流の広がりは、沖縄本島から奄美を含む琉球列島に食料品や書籍、生活雑貨、木材などを供給した、日本本土までのルートを形成していた (石原 二〇〇〇:三一六—三一七)。

[18] 本書で扱う「密航」「密貿易」という名称については、当時の社会状況に照らして、その名称がしばしば問題となっている。「密航」「密貿易」という言葉は既に研究史上でも定着していると考えられるが、「密貿易」という用語を定着させた石原昌家は、

当時の「密貿易」をその言葉からイメージされるような、プロが行う犯罪行為とは区別し、素人も参加する民衆の生活にとって必要不可欠な貿易だったと位置付けている。そして、そうした行為が行われたのは一九五二年頃までだったとし、その後は次第に犯罪化していったとしている（石原 二〇〇〇：三〇八―三〇九）。本書でもこのような立場を踏襲し、この時代に行われた密貿易を現代的な意味での犯罪行為と区別するため、私貿易と呼称するか、文脈によっては鍵括弧を付して「密航」「密貿易」と表記している。また、著作のタイトルに密貿易を使用する大浦太郎や奥野修司も、基本的に密貿易を当時の民衆生活や復興に不可欠なものだったと位置付けている（大浦 二〇〇二）（奥野 二〇〇五）。一方で佐野眞一は「密貿易」が持つイメージの犯罪的な側面を強調している（佐野 二〇〇八）。この点から「密貿易」という呼称の使用方法についても注意を払う必要があると考えられる。

さらに、与那国島出身の宮良作は「密貿易」ではなく「復興交易」と呼ぶ方がふさわしい、との議論を展開している（宮良 二〇〇八）。こうした呼称問題の検討に関しては別稿での課題としたい。ただし、第二次大戦直後の「密航」「密貿易」、即ち本書で呼ぶ「私貿易」について、当時の社会における位置づけを本書で再検討することもまた、呼称問題検討への一助となると考えられる。

[19] そのモデル作成の方法においても、ギアツの用いた「家族的類推」概念を参考にした（Geertz 1980=1990: 5-6）。またこのような方法によって琉球文化圏に普遍的なネットワークパターンのモデルを提示することができれば、さらにそのパターンを用いて琉球列島と私貿易の取引関係にあった主に西日本や台湾、中国沿岸部など、東シナ海（東海）を囲む地域の交易パターンのモデルをも構築することが可能となると考えられる。ただし、政治社会における共同体の連携に関する問題については、本書で提示する各地縁共同体についての文化的側面を含めた研究に加え、各地域の行政に関する実証研究も必要なことから別稿での課題とし、本書では経済社会、特に民衆の貿易関係に絞って議論を展開する。

[20] 他の八重山の島々の間では、通耕などの日常的な物資輸送の往来が可能であったのに比べ、与那国島ではそうした往来が困難であったという（得能 二〇〇七）。

[21] 薩摩藩主の島津重豪は、近世期において、与那国島を拠点とした密貿易の構想をもっていたという（知名町教育委員会編 二〇一一）。

[22] 近世史においては得能壽美が示すように、一島で完結した自給自足の社会であったという。また、それ以前においてもサンアイ・イソバや鬼虎の治世において、与那国島は南方との貿易拠点として栄えていたのではないかという見方もある（得能 二〇

〇七）（川満 二〇〇四）。

［23］北緯三〇度線は口永良部島に隣接する口之島の上空を通っており、当時はこの口之島の北端が日本領であったため、口永良部島には日本本土と琉球列島からの「密貿易」船が取引のために集結していた（石原 二〇〇〇）。本書において口之島ではなく口永良部島を対象にするのは、口之島については第二次大戦後「密航」「密貿易」の中継地であったことに言及する先行研究が存在するが、口永良部島についてはこの種の本格的な研究が管見の限り存在しないことと、本書では社会文化的に異なる集団間のネットワークパターンを提示するため、琉球側、本土側双方の船が集まる集結点となった口之島よりも、主に本土側の拠点港になった口永良部島を分析対象にしたことによる。

［24］私貿易にはその移動運搬手段として漁船が必要不可欠であった。石原昌家によれば、当時、戦争のためにまともな商船はこの地域にほとんど残っておらず、海外からの引き揚げや列島間の移動には米軍の運搬船であるＬＳＴなどが使用されていたという（石原 二〇〇〇：一四二）。

そのため、私貿易人達は物資運搬手段として漁船、特にポンポン船と呼ばれる焼玉式エンジンの漁船を主に用いたのである。これらの船は鰹船やカジキマグロの一本釣り漁を行う「突き船」として戦前から台湾や沖縄の漁港で利用されてきた。必然的にこうした魚船の残っていた漁港が私貿易船の出発港になったと考えられる。

特に南方澳、久部良、佐良浜の港は鰹漁の基地として戦前から名を馳せていた。糸満については鰹漁よりむしろ、沿岸海域での追い込み漁、いわゆる「アギヤー漁法」を発明し世界に類を見ない漁業の発展を遂げた地域として知られている。しかしこのアギヤー漁法はその効率の高さのために漁場の資源を壊滅させる危険性をはらんでおり、そのため糸満漁民は広範囲にわたる移住や遠方の漁場での操業を余儀なくされていた（上田 一九九一）（加藤 一九八七、一九九〇）。

このように、漁業のために常に広範囲に移動せざるを得ない人々がその船を交通手段として提供したことによって、戦後多くの人が私貿易を行ったと仮定する。なお、上記の南方澳、久部良、佐良浜における戦前の漁業については、本書第一章、及び第二章を参照。

［25］（石原 二〇〇〇）、及び宮古の女性については、本書第一章を参照。

［26］本書第二章参照。

［27］特に久部良漁民や宮古漁民と台湾漁民との間には植民地時代の往来を通じた信頼関係が存在した。本書第一章参照。

［28］この問題については数多くの研究が存在するが、特に琉球政府時代の社会経済史を扱った基本文献として、（琉球銀行調査部編

一九八四）を参照。

［29］私貿易という用語は、安里進の議論からの引用である。注［7］を参照。

第一章　**与那国島私貿易ネットワークモデル**

一　前近代の与那国島、八重山社会

ここでは先行研究を基に、八重山・与那国島の産業、及び八重山・与那国島島民にとって台湾とはどういう存在であったのかについて整理する。特に近年の八重山と台湾に関する研究［1］を基に、戦前東京や大阪よりも距離的に近く、近代化された台湾の都市部へ就業や進学に行くことが八重山群島や与那国島民にとっての憧れであり、そうした背景から八重山群島や与那国島では日常的に台湾との往来や、台湾への定住が行われていたことを概説する。

1　前近代の八重山における社会経済

与那国島は琉球列島の最西端に位置しており、台湾から一一一キロ、八重山群島の中心都市がある石垣島からは一一七キロとほぼ中間に位置している［2］。また人口は二〇一四年末現在で一五〇四人、七八四世帯が暮らしている［3］。行政上は沖縄県八重山郡に属し、与那国島単独で与那国町を構成している［4］。八重山郡を構成する八重山群島は有人島のみでは石垣島、竹富島、西表島、鳩間島、由布島、小浜島、嘉弥真島、黒島、上地島、下地島、波照間島、与那国島によって構成される。このうち、上述の与那国町の他、地方行政単位としては石垣島が一島で石垣市を構成し、その他の島は全て竹富町を構成している。竹富町の町役場の所在は石垣島である［5］。地理的には与那国島と波照間島以外の島々が全体として石西礁湖と呼ばれる広範囲にわたる一つのサンゴ礁のリーフに囲まれている（得能 二〇〇七：二）。これに対し、与那国島は他の島々から遠く離れているため、石西礁湖に守られることなく外海から来る黒潮の荒波を直接受けるという環境に位置する。このような地理的環境の違いが、八重山群島の中でも与那国島が相対的に独自の歴史的経過をたどる原因となったと考えられている（得能 二〇〇七：八）。主に考古学の成果によれば、与那国島を含む八重山群島、そしてそこに宮古諸島を含む先島諸島は、七世紀ごろまでは東南アジア文化圏に属し、一方、沖縄本島は本土系の縄文文化圏に属していたのだという（安里 一九九〇：四四―五四、六五―六六）。それが七世紀ごろから琉球列島各地の首長同士の貿易が活発になり、トカラ列島から与那国島までの広範囲に及ぶ琉球文化圏が形成されたのだという［6］。

　与那国島は、一五世紀ごろは女酋長サンアイ・イソバが治める、八重山からもほぼ独立状態にある島であった。当時近海を漂流し、与那国島に流れ着いて琉球国の保護を受け、本国に送還された朝鮮人官吏が書いた与那国島に関する最古の文献記録によると、島の人々が独自の生活文化を持っていたことがうかがえる。このサンアイ・イソバの統治時代に、与那国島に危機が訪れる。それは、琉球王府の命を受けた宮古の軍勢［7］による与那国征伐であった。この軍勢をサンアイ・イソバは退けた、と民話では締めくくられている。しかしサンアイ・イソバの時代の後、与那国島は再び宮古の征討軍に襲われる。仲宗根豊見親《なかそねとうゆみや》の軍勢である。当時与那国島を統治していた鬼虎《うにとら》が、琉球国に反旗を翻したため、王命を受けた仲宗根豊見親が遠征したと民話では語られている。鬼虎は宮古島の出身で、少年の頃に与那国島の商人に買われて与那国島に来たという。この討伐のために鬼虎は殺され、与那国島は宮古島の支配下に入った。民俗学者の牧野清によれば、このときから与那国島は宮古島に服属していたのではないかという。何故八重山よりもさらに遠く離れた宮古島に服属することになったのかといえば、宮古島は八重山に比べて大きな山がなく、水資源に乏しかった。そのため土地は農業に不向きであり、結果として島民は海外との貿易に糧をもとめるようになった。そして与那国島がその南方貿易における重要な拠点であったからだというのである（牧野清 一九七二：一二三—一三二）。宮古島出身の思想家である川満信一によれば、この与那国島を経由した南方貿易は主に東南アジア方面に向けたものであり、宮古島民が開拓したものだという。他方、沖縄本島の貿易は主に中国向けであったとのことである。そして、後に与那国島は宮古群島最西端の多良間島と交換されることになり、現在まで続く与那国島の八重山所属、多良間島の宮古所属になったというのである（川満 二〇〇四：二三八—二四〇）［8］。

ここで語られる与那国島の姿は、古代より南方との貿易で栄えた中継貿易港ということになる。そして台湾との関係であるが、与那国島と台湾との関係で特に貿易や、あるいは戦争、征服等の大規模な往来があったという記録はみられない。与那国島の対岸である台湾東部地域は高い山の多い山岳地帯で、そこに居住しているのは華南地域から来た中国系の人々ではなく、主にマレー系の原住民達であった。彼らは部族ごとに生活し、統一王朝は作らなかったため、そのように船を使った大規模な貿易、あるいは対外戦争などとは無縁であった可能性は考えられる。しかし八重山群島の波照間島では、南の海の彼方にパイパティローマ（南波照間）と呼ばれる理想郷があると民話において伝承され、実際にそこを目指し、重税などから逃れるために出奔した島民がいるという記録もある（又吉 一九九〇：二八六—二八七）。そして沖縄—台湾関係研究の泰斗である又吉盛清によれば、台湾東部にパイパティローマと思われる集落があったのではないかという。彼は実際にその場所を歩き、かつて波照間島からの移住民が住んだと思われる集落を訪ねている（又吉 一九九〇：二八八—二八九）。また与那国島の祭祀には、かつて二メートルを超す大草鞋を作って久部良港から海に流すという行事があったという。笹森儀助の『南島探険』では、この祭祀についてこの島に巨人がいることを知らせて台湾から食人族が来るのを防ごうとした、と解説されている。又吉はこの説を紹介し、かつて台湾原住民が与那国島を訪れていたのではないか、との見通しを示している（又吉 一九九〇：二七九―二八二）。しかし、かつて与那国を含む琉球列島を調査し、『海南小記』を著した柳田国男の弟子で、自らも八重山調査経験のある民俗学者の酒井卯作によれば、この大草鞋が台湾原住民に対する侵略抑止のためであったという説は信憑性が薄いという。というのも、大草鞋を流したとしても島の沖を流れる黒潮は与那国の北に向かって流れており、台湾側に大草鞋が流れ着く可能性は低いのだという。またこれに類似した説話として与那国島よりはるか北方の奄美諸島の与論島において、大草鞋が流れ着くという話があり、これは海の彼方に去って行った島人からの知らせとして描かれていることなどから、与那国島の祭祀とも共通して、異境との交渉を象徴する神送り、神迎えの儀式だったのではないかと指摘している。さらにこうした点から与那国の祭祀や脱島伝説、波照間島のパイパティローマ伝説は実際の台湾との交渉の記録を示しているというよりも、琉球列島の島々に普遍的な海上信仰の名残ではないか、としている（酒井 二〇一〇：二八七―二八九）。これに対し、最近では台湾中央研究院の黄智慧が、台湾東部と八重山、フィリピンのルソン島北部に浮かぶ島々は考古学年代において東台湾文化圏を形成していたという説を唱えており、八重山と台湾東部との交渉の存在と文化的共通性を強調している（与那国町史編纂委員会事務局編 二〇一〇：三四―四九）。いずれにせよ、前近代において小規模な交流があった可能性は否定できないが、上述のように大規模な交易や武力衝突などがあったという記録はいまのところ見つかっておらず、台湾と与那国島に関して、両者の交流には不明な部分が多い〔9〕。

八重山群島そのものもまた、沖縄本島の首里にある琉球王府からは遠く離れ、琉球国の成立後もしばらくはその領域に含まれていなかった。やはり琉球王府側についた宮古の軍勢によって一六世紀に波照間島のオヤケアカハチの乱が平定された頃〔10〕から、八重山は琉球王府の支配を受けるようになったといわれており、与那国島に至っては、上述したように宮古の軍勢が侵攻してくるまではそれ自体独立した島社会であった（池間 一九五九：七五―九三）。一六〇九年に薩摩の島津氏による琉球侵攻後、琉球国が島津氏の支配を受けるようになると、八重山においても島津家の役人による検地が行われ、その後は薩摩に納税する義務を負った琉球王府による人頭税の負荷を受けるようになった。そしてその貢物の生産と調達をめぐっても、八重山における島々の一体性は増したという（得能 二〇〇七：四四―五二）。こうした経緯から、琉球国の中でも八重山は比較的独自の社会生活と文化を築いてきた地域といえよう。

そのような八重山における前近代からの社会生活は、基本的に農耕と沿岸での漁労によって構成されていたと、八重山地域を専門とする近世史家の得能は指摘する。その特徴は、石西礁湖に囲まれた内海をサバニと呼ばれる小型の木造船で移動し、居住地のある島から農耕地のある島へと移動して、農作業を行うというものだった（得能 二〇〇七：一三一―一三六）。

何故そのような農業形態をとるようになったかといえば、比較的広大な面積の土地を確保でき、また高い山が存在し、水が豊富で農業に適した島である石垣島と西表島が、マラリアの有病地であったために定住に適さなかった、という事情がある。そのため小浜島や竹富島、黒島といった石西礁湖の内海に浮かぶ山のない島、即ち水資源の乏しい小さな島に人口が集中し、それらの人々が農耕に適した土地を求めて石垣島や西表島に船で通っていたという。これを得能は「通耕」と称してこの地域に独自の農業形態であったことを指摘している（得能 二〇〇七：六―七）。この通耕においては日帰りか、長くとも専用の小屋を建てた上で数日の滞在で農作業をし、行き帰りの航海では釣りもするという、半農半漁の形態であった。このような通耕のネットワークによって結ばれた居住地と農耕地のある島が、それぞれの地域を合わせて一つの村をなすという観念が形成されていたという（得能 二〇〇七：五三―七四）。翻って与那国島については、八重山の他の島から遠く離れ、石西礁湖にも囲まれてはいない。島の中央に比較的高い山が存在するため、水資源が豊富で米の二期作が可能であった。このような地理的条件から、前近代においては島の中で完結した農耕社会が営まれてきたという（池間 一九五九：二―七）。

このように、八重山群島はその地理的条件から、前近代を通じて琉球王府のある沖縄本島とは異なる、比較的独自性の強い社会を形成してきた。その中でもそれぞれの島が孤立していたのではなく、石西礁湖の内海の中でそれぞれの島が通耕のネットワークで結ばれるという、八重山群島の中である種の一体性のある社会を形成していたことがわかる。また逆に、通耕のネットワークから外れてしまっていた与那国島は、八重山群島の中でも相対的に独自の社会文化を形成してきたと言える。さらに宮古島については、仲宗根豊見親の治世において必ずしも琉球王府の支配を受けていたわけではなく、むしろ同盟的な性格の方が強かったのではないかと、上述の川満信一は指摘している。仲宗根豊見親はオヤケアカハチ、鬼虎征伐の後琉球王府に向かい、大量の褒美を得て帰途に就いたといわれる。また仲宗根豊見親の妃、及びその配下にあった宮古島の神女体系も琉球王府の聞得大君を中心とした神女体系の下部に位置づけられ、妃は仲宗根豊見親と共に王府に参内して褒美として宝飾品を受け取ったという（川満 二〇〇四：二四三―二五五）。そしてこの事件の後、仲宗根豊見親は年貢の上納方式を定め、貢租を中心に宮古統治を行う行政庁として蔵元を創設した（宮古島市史編さん委員会 二〇一二：八六）。また子孫も王府の宮古、八重山統治において重要な役職に任命されるなど、王府側からみれば、この事件を機に先島支配の原型を作っていったといえる（財団法人沖縄県文化振興会史料編集室編 二〇一〇：二五五―二五九）。

こうして、それぞれの地域の地理的環境の違いに基づいて歴史的に形成されてきた社会文化の違いは、与那国、八重山、宮古それぞれが、日常会話では互いに意思疎通が困難なほどの言語の違いをもたらした。そしてこうした社会文化的な相違は、本書で論じる私貿易の時代においても、与那国島と他の八重山群島、そして宮古群島それぞれにおける人々の立場の違いを理解する際に重要であると考えられる。例えば、台湾はもっぱら沖縄方面への米、砂糖を中心とした食料供給基地になった。八重山と宮古では台湾からの疎開者引揚船から私貿易が始まるが、与那国の台湾との地理的近接性から、私貿易だけではなく、船舶が健在な台湾へ引き揚げの後に舞い戻って漁労に従事するなど、戦前までの関係が強く影響している。宮古の人々も与那国島、または台湾へ取引にでかけ、中には台湾からの砂糖を沖縄へ運びながら、宮古の黒糖も一緒に持っていくという人もいた。これに対して与那国島以外の八重山では、これまでの証言から私貿易の拠点というほど活発な動きがあったことは確認できていない。この理由として石垣島には簡易裁判所もあり、警備が比較的厳しかったとの話もあった。その点についてはさらなる調査が必要であるが、八重山で主に私貿易に従事したのはやはり糸満や久高、宮古といった地域の漁民が多かったのではないかと考えられる。宮古、八重山共に、運ばれてきた台湾からの食糧を中心とした物資が、終戦直後の飢餓状態において重要な役割を果たしたことは間違いないであろう。

二　近代の与那国島における人の移動——台湾との関係を中心に

1　近代八重山、与那国島と台湾との双方向の労働力移動

前近代を通じ、八重山群島の石垣島と西表島はマラリアの有病地であったため、人の住める集落はごく限られた地域に存在するのみであった。琉球国時代にはマラリア、そして明和の大津波によって何度か廃村に追い込まれた村があり、その度に王府の役人によって、波照間島など八重山群島の他の島からの分村が行われた[11]。近代以降、それらの地域に対して、日本本土、沖縄本島、宮古島などから入植者が入るようになっていった。しかし、マラリアの羅漢率が高いせいもあり、日本本土の大資本が土地の転売目的で土地購入を行う以外、入植者達が八重山に定着することは少なかったという（金城朝生 一九八八：二八—五一）。

第二次大戦中、台湾では比較的順調に発展していた製糖産業を統制し、国策企業を作るという政策が行われた。こ

の時、締め出しを受けた台湾人製糖業者達が、一九三五（昭和一〇）年に石垣島に移住し、製糖業を始めた。彼らは大同拓殖という企業を創設し、石垣島の主に嵩田地区、名蔵地区に入植した（金城朝生 一九八八：三八―三九）。マラリア対策として鶏や豚を社員に支給し、飼育させ、他に鰻漁も行い、当時としては貴重であったたんぱく質の摂取に努めさせた。マラリアに羅漢しても体力があれば発症しない、という考え方に基づいたものであったという。結果、日本本土からの入植者に比べ、台湾人入植者達の集団入植は定着していった（金城朝生 一九八八：四〇―四二）。野焼きをした後の薪の扱いをめぐり、地元の農家との争いが起こり[12]、また台湾から畑作用の労働力として導入しようとした水牛が、検疫の不備を理由に上陸できないといった問題が起こった（三木 二〇一〇：二〇一―一〇三）。当時の八重山社会では、地元住民から日本本土出身入植者が尊敬のまなざしで見られ、台湾出身入植者達は差別されるという構造があったという（金城朝生 一九八八：三八―四二）。しかし、台湾出身入植者達のパイン産業を中心とした八重山農業への貢献は大きく、戦後沖縄県において定着したパイン栽培や、八重山における農業用水牛の導入はこのときに台湾人入植者達によって初めてもたらされたものである[13]。

逆に、一九二〇～一九三〇年代において八重山から都市労働者として台湾への移住が増加する。特に台北や基隆には沖縄出身者のコミュニティができていた。男子の場合、医専や師範学校などの高等教育を受ける場として利用され、女子も女中などの労働に従事した。台湾での労働経験をもって八重山に帰郷した女性達は「台湾さがり」としてもてはやされたという（又吉 一九九〇：一一八―一一九）。

沖縄近代史における台湾への入植者については、特に沖縄出身者を中心に、教員や警察官などへの雇用を通して日本の植民地支配の先兵の役割を果たしたことが又吉盛清をはじめとする研究によって指摘されている（大田静男 一九八五：五一）。しかし八重山出身の台湾入植者の場合、総数は少ないものの、就業傾向としてはそうした職業よりもむしろ台湾人も就業するブルーカラーの職業が多かったといわれ、植民地台湾にそうした就職口、進学先を求めて移住した人々が台湾を一種の憧れの地として回想していることが、星名宏修らの研究によって指摘されている〔14〕。

特に沖縄出身漁業者の移動についていえば、与那国島では久部良港の漁民が近海で採れた魚を基隆や蘇澳南方の市場に降ろしていたことから、市場に降ろしながら日用品を購入し、与那国島に戻る、といった漁船による日常的な往来が行われていた。また台湾の沖縄人集落ではユタも一人おり、沖縄人の生活に結びついていた。戦時中は宮古、八重山から台湾に疎開に来た人々が多く南方澳に上陸し、帰りも闇船をチャーターして南方澳から引き揚げをし、さらに戦後南方澳に戻って生活する沖縄人漁民もいたという（松田良孝 二〇一〇：一八九―一九二）（又吉 一九九〇：三四八）。

さらに、基隆社寮島（現在の和平島）での鰹漁は沖縄県久高島の漁師が移住して伝えたという。このため、台湾人や原住民達も漁業を習得し、次第に定着していった（又吉 一九九〇：三三二―三三五）。このほか花蓮県や台東県でも沖縄人漁民が地元の漢族系台湾人や原住民に漁法を伝えていた。台湾東部の紅頭嶼（現・蘭嶼）や火焼嶼（現・緑嶼）に久高漁民が移住し、鰹漁などを原住民に教えていたという。花蓮では久高島の他、糸満や平安座、八重山等から漁師が来ていた（又吉 一九九〇：三四九、三五六―三五七）。このため、終戦直後の基隆や蘇澳南方では日本人の引き揚げが行われると同時に台湾人船主が多く生まれ、技術移転のために「琉球人」として留用された与那国島や宮古出身の漁師達が台湾人の船主によって原住民と共に雇われ、台湾近海で漁業を行う、といった状況が起こっていた〔15〕。こうした漁船はときには尖閣諸島近海へも出漁し、また留用された沖縄出身の漁師達が台湾を引き揚げた後も、台湾人の漁船は沖縄との国境近海に出漁し、その傍ら沖縄へ「密貿易」に向かう船もあったという（西村 二〇一四：四〇―四一）。

2　八重山における沖縄戦被害と戦後の自治問題

沖縄戦の最中、八重山では地上戦こそなかったものの、沖縄戦の終わる六月ごろから西表島や石垣島の山岳地帯、マラリア有病地への強制疎開が開始され、特に島民全員が罹患した波照間島民は全住民の三人に一人が死亡する事態になった（大田静男 一九八五：三七―四四）。その上、八重山に駐屯していた日本軍は住民をマラリア有病地に強制疎開させた後、波照間島などの元の集落に残っていたほとんどの家畜を屠殺し、軍用に徴用してしまった（大田静男 一九八五：四八―四九）。農作物も接収されていたため、終戦後は極端な食糧不足、マラリアによる人口減、さらに食糧の盗難や現地満期兵による婦女への接近などが問題になったという。さらに、一九四五年の四月五日に八重山を襲った空襲によって当時の沖縄県八重山支庁長大舛久雄は爆死し、沖縄県知事も沖縄戦により死亡していたため、終戦時には八重山の行政機関は完全に機能停止に陥っていた（大田静男 一九八五：五四―五五）。

このような状況下で、八重山、特にその中心地であった石垣島の治安維持のため、青年団が中心となって一九四五年一二月に八重山自治会が結成された。この自治会は治安維持のほかに食糧確保、台湾からの疎開者引き揚げなどの業務を担ったが、上部組織がないため実質的には独立した行政機関となった。俗に言う「八重山共和国」である。この自治会は結成後一週間で進駐してきた軍政府チームによって、宮古島にある南部琉球軍政府の下、八重山支庁に再編され、翌月には解散したが、再編された八重山支庁長には自治会長の宮良長詳が任命されるなど、事実上八重山での独立性の高い自治はその後も維持されたと考えられる（大田静男 一九八五：五五―七一）。

このように、八重山では沖縄戦によってマラリアによる極端な人口減と食糧をはじめとする物資不足に陥り、戦争の終結と共に日本からも切り離された。そうした社会の混乱状況から治安を取り戻すため、島の住民達が自らの手で治安維持と戦後復興を行うべく自治会が結成された。すなわち沖縄戦と終戦の結果として、日本帝国の支配から切り離されてしまったことが、このような自らの手によって自治組織を結成するという行動につながったものと考えられる。こうして、少なくとも終戦直後の数年間は八重山群島の住民が自分達の手で復興を担おうとする中で、自立的な自治が模索されていった。

三　沖縄戦と琉球列島の占領、引き揚げ、私貿易の始まり

1　沖縄戦と軍政統治の開始、引き揚げ

沖縄の占領と分断統治は、一九四五年四月一日に米軍上陸と共に発布された米国海軍軍政布告第一号、いわゆるニミッツ布告によって始まった（月刊沖縄社 一九八三：三四九）。つまり屋嘉比収が「交戦中の占領」（屋嘉比 二〇〇九：二三四）と表現するなど、先行研究によって何度も指摘されてきたように、琉球列島と日本本土を分離する境界線、そして日本の植民地であった台湾と琉球列島を分離する境界線は、まず沖縄戦の真っ最中に米軍によって引かれることとなった。この布告によって引かれた境界線は九月七日に調印された米軍と日本軍との間の降伏条文、一九五一年九月八日に締結された対日講和条約、さらに一九五三年一二月二五日発効の奄美諸島に関する日本協定において日米両国の間で再規定されることとなった（屋嘉比 二〇〇九：二三四）。

その度に境界線の位置が再確認され、あるいは変更されてきた。例えば日本降伏までは実質的な占領地域は沖縄本島とその周辺離島に限られていたが、その後占領の範囲は奄美、宮古、八重山にも及び、一九五一年の講和条約締結の時点では、日琉の境界線は北緯三〇度線、即ち口之島北部の真上となっていた。しかし一九五三年の奄美諸島に関する日本協定によって、即ち同協定が定める奄美群島の復帰によって日琉の境界線は変動し、与論島が境界の島になった。

このように、琉球列島と日本本土、また琉球列島と植民地台湾との境界線は、沖縄戦の最中に軍事戦略的な観点から米軍によって設定され、それがさらに戦後処理の過程において、戦後体制の構築という国際政治をめぐる米国、あ

るいは日米間の政策決定過程（明田川 二〇〇八：一〇二―一五八）の中で固定化し、または変動するという経過をたどった。

しかし占領した側の米国は、当初政府内でも沖縄の地位が定まらず、その結果占領統治の方針も定まらないという状態が続いた（Fisch 1988=2002:64-71）。この終戦直後から始まったのが「密航」「密貿易」であるといわれる［16］。その背景として、上記のように占領統治の方針が定まらないことが住民対策にも影響し、特に食糧を中心とした生活物資の不足に対して有効な手だてが打てなかったことが指摘されている（琉球銀行調査部編 一九八四：三―九、七二―八三）。この「密貿易」や闇商売の影響は琉球列島内のインフレーションを引き起こし、米国軍政府は通貨改定を行ってこれに対応しようとするなど、経済的な影響もみられた［17］。しかし「密貿易」がやむことはなく、一九四九年末に国共内戦の結果中国大陸に中華人民共和国が成立し、翌年朝鮮戦争が勃発すると、米国政府内で沖縄に対する反共の砦としての長期保有、及び大規模な軍事基地化が決定した（屋嘉比 二〇〇九：二四〇―二四三）。それに従って生活物資の補給のため、一九四九年九月には琉球貿易庁が発足し、一九五〇年に民間貿易が許可されるようになると、それまでに比べ生活物資の流通が飛躍的に増えるなど、民政も整備されていった（琉球銀行調査部編 一九八四：二二三―二二五、二一九―二二七）。それと同時に「密貿易」の取り締まりも、主に内戦中の共産主義勢力への軍需物資流出の防止という観点から次第に取り締まりが強化され、一九五二年頃を目途に一般民衆が参加し大規模に行われた「大密貿易の時代」は終わりを告げたと石原昌家は指摘する（石原 二〇〇〇：三〇八―三〇九）。一九五〇年になると、連合国軍最高司令官総司令部（ＧＨＱ）と琉球軍司令部（ＲＹＣＯＭ）の間で沿岸警備隊の創設も検討されているが、既存の琉球警察の機能を拡充する形で沿岸での取り締まりが行われ、実現はしていない（屋嘉比 二〇〇九：二四三―二四五）。しかしながら、その創設を検討するほど、朝鮮戦争以後「密貿易」の取り締まりを軍政府が重視していたのだという（屋嘉比 二〇〇九：二四三―二四五）。

このような時代背景のもと、一九四九年から一九五〇年頃までの「密貿易」はその物流、及び参加者の人数と地理的な規模という点で最盛期を迎えていたと考えられる。そのような状況下で、「密貿易」の取り締まりはどのように行われ、またどのようなものを取引していたのかについて、以降の節で検討を試みる。先行研究では、特に朝鮮戦争勃発後、大陸の共産主義勢力へ沖縄から米軍の軍需物資が流出することを恐れたことが、一九五〇年の与那国島での三日間に及ぶCIC部隊による一斉捜索が行われた背景として説明されている。この捜索の後、与那国島は中継地としての役割を終え、代わって沖縄本島の糸満が香港の、北緯三〇度線が島の北部を通るトカラ列島の口之島が日琉の、それぞれの境界線上の貿易窓口として最盛期を迎えたと指摘されている。以下の節ではこれ等の説明に則り「密航」「密貿易」の様相を描きながら、さらに「密貿易」船を通じ、それに便乗した大陸からの「共産主義者」の琉球列島への侵入を琉球軍司令部が警戒していた点について検討する。CIC部隊による与那国島への一斉捜索についても、与那国島の住民よりも主に台湾や大陸から渡ってきた「密貿易」人を摘発し、強制送還していた事実からもその可能性が推察できる。さらに、一九五〇年代において米軍が沖縄の軍事基地の拡大と恒久化を図った際、沖縄住民の同意を取り付けることに大きな注意を払ったことが指摘されている（平良二〇〇九：五五）が、この点からも「共産主義者」が琉球列島に侵入し、住民の反対運動を先導することを憂慮した可能性は考えられる。

四　与那国島近海の「密貿易」記録――一九五〇、五一年の取り締まり記録

ここでは、一九五〇年から一九五一年にかけての琉球軍政局（Ryukyu Military Government Section）資料［18］を基に、主に与那国―台湾間の「密航」「密貿易」取り締まりと、香港―「琉球」間の「密航」「密貿易」取り締まりについて検討する。まず一九五〇年の琉球軍政局資料［19］から、与那国―台湾間の「密航」「密貿易」とそれに対する米軍や

中華民国による取り締まりの様子について事例を挙げて検討する。次に一九五一年の琉球軍政局資料から、香港近海での「琉球」船籍の「密貿易」船の動向を紹介し、それに対し琉球軍政局、また沖縄の琉球軍司令部（RYCOM）がどう対応しようとしていたのか概説する。

1　与那国島近海の「密貿易」

まず、一九五〇年二月二日の沖縄の琉球軍司令部から極東軍司令官（G−2参謀第二部宛）への書簡[20]では、一九五〇年一月二〇日のCIC部隊による一斉捜索によって、与那国島に現れる「密貿易」船が減少していないと報告されている。以下その報告の内容を紹介したい。

「南部琉球の信頼できる情報提供者」は、CICの調査隊が与那国島で三日間滞在し一九五〇年一月二〇日に出発した後も、与那国島近海の違法な日本船や台湾船は減少していないと報告している。また、台湾領海では国民党の小型砲艦が絶えず哨戒している。台湾の密貿易船員達は危険を冒して海岸から遠く離れるのを恐れている。哨戒海域に侵入しようと試みた与那国の船は銃撃されており、これまでに一名の与那国の船員が軍政府の発砲によって殺されている。恐らくは国民党の小型砲艦によるものである。国民党は台湾人（Formosans）を政府の警備要員として任命することにより、協力を得ようとしていることを報告した。

与那国警察署が与那国に来た台湾人から得た情報を含む、一九五〇年一月三〇日のCICによる「南部琉球における台湾人の侵入及び違法取引情報」の要約によれば、（A）台湾人共産主義者の侵入が増加している。（B）厳重な管理が国民党の沿岸警備隊によって実施されている。（C）台湾人は共産主義者の侵入を望んでいる。（D）国民党陸軍の一部は逃亡し、その残留者と政府の役人達は南部琉球に避難場所を探しに来るだろう。与那国の住民は犠牲者を出しかねない武装難民の到来を恐れている。

ここでは、中華民国側と与那国警察、さらに恐らく民間人と思われる「情報提供者」からの情報を元に、与那国島と台湾での「密貿易」取り締まりの様子が描かれている。与那国島ではCICによる三日間の調査の後も与那国近海における「密貿易」船は減っておらず、逆に台湾近海では与那国出身の船員一名が殺されるなど、警備の厳しさがうかがわれる。また、一月三〇日のCICによる報告では、「共産主義者」が「南部琉球」に侵入してくることへの警戒や、国民党からの亡命者が武装難民となって与那国島に押し寄せてくるのではないかと与那国の住民が恐れていることなど、台湾側からの人の移動に対して警戒している様子がうかがわれる。

次に、今度は逆に中華民国軍の船舶と思われる船が、与那国島へ「密貿易」のために寄港し、米軍の警備船に拿捕され、その後逃亡を試みた事例を紹介する。一九五〇年九月一九日の琉球軍司令部から香港にある米国軍機関（US MILAT）、極東軍司令官宛に出された報告［21］によれば、鋼鉄の発動機船ハイ・フー（Hai Foo）が大陳島（Tachen Island）から基隆に向かう途中、一九五〇年九月三日午前一〇時頃与那国島で「密貿易」の容疑で捜査中の米国の保安巡察によって拿捕されたという記載がある。

ハイ・フーは石垣島に曳航され、処分のため軍政府に引き継がれた。九月一〇日午前八時にハイ・フーは解放され、琉球海域から離れるよう指示された。しかし、ハイ・フーは九月一一日の朝、再び与那国島で琉球軍政府保安巡察に拿捕された。九時一〇分に米国陸軍の輸送船FS179が哨戒任務に就いていたところ、中華民国政府の軍用機「At-6」二機が同輸送船に機銃の照準を合わせながら同船のマストの高さまで近づき、周囲を何度も旋回した。その直後、ハイ・フーは南東方向に逃亡を試みたが追いつかれ、石垣島に曳航された。ハイ・フーは与那国島から三マイル以内の領海に入ったこと、そして一九五〇年八月八日に与那国警察の捜査を逃れた船舶と同一船であることが暫定的に確認された。（中略）乗員は全て中華民国軍の軍人であった。二度拿捕したことになるが、二度とも国旗を掲揚していなかった。積み荷は卵、エビ、豚、敷物、木材、玉葱だった。与那国警察は同船が既に他の荷物を小舟の使用によって陸に上げてしまい、拿捕された時点で支払い、もしくは代価となる荷物を待っていたと確信している。点滅信号灯を使用したハイ・フーと岸との信号伝達が巡回の警察官によって確認されている。中国人や台湾人の与那国島を経由した琉球列島への侵入はこの司令部の関心事項である。与那国島は国際的な違法船の集結地になっている。侵入した一三人の中国人と七人の台湾人は石垣島で拘留されている。加えて未だ逃亡中の中国人と台湾人は与那国警察によって捜索中、とのことである。一九五〇年九月一五日、ハイ・フーは再び解放され、琉球海域の外へ出るよう指示された。

この報告からは、どの程度の規模で行われたのかは定かではないが、与那国島の「密貿易」には中華民国軍も組織的に関与していた可能性が読み取れる。

一九五〇年一〇月三一日の南部琉球宮古臨時政府警察部長から南部琉球宮古軍政府チームへの、台湾での「密貿易」に関する調査要請[22]において、宮古人女性からの請願書が同封されている。そこでは、宮古で失業した彼女の夫が生活の糧を求めて与那国島に渡ったところ、そこでも仕事がなく、たまたま同じ宿に居合わせた日本本土から台湾へ向かう途中のタケダという船主に、自分の船の船員として船に乗らないかと誘われ、即決した。しかし、船は台湾に向かう途中嵐に遭い、火焼島付近で錨を降ろしたところ、台湾の当局に違法取引の罪で逮捕された。台湾当局は彼に台湾花蓮（kwarenko）地区刑務所での禁固二五年の判決を言い渡し、船舶及びシャツ編み機、ヤンマーエンジンが没収され、他の船員は解放された。彼はある程度罪を認めているが「密貿易」の危険な事業のために台湾へ行こうとした意向は彼にではなく船主であるタケダにあるのであり、彼に対する罪は重すぎるとしている。そのため、この件について適切な機関により十分に調査し、再検討されることを切に要望する、と記されている。

一九五〇年一一月二一日付の沖縄の軍政府本部から極東軍司令官宛に送られた報告〔23〕では、台湾における「密貿易」事件の調査を極東軍司令官宛に要請している。沖縄の軍政本部では、外国との関係を取り扱えない、というのがその理由のようである。

一九五〇年一一月二四日の極東軍司令部から沖縄の軍政府に送られた秘密通達〔24〕によれば、一九四九年の一二月に台湾で三隻のモーターエンジン付きのジャンク船が琉球諸島に向け出港したきり行方不明になっている、との情報が極東軍司令部に入っており、恐らく「密貿易」に従事していると判断し、沖縄の軍政府に調査と報告をするよう要請している。

以上の報告からは、総じて「琉球」側よりも台湾側の方が、取り締まりや逮捕された場合の刑罰が厳しい印象を受けるが、逆に中華民国軍の船舶が「密貿易」に訪れるなど、台湾側の混沌とした社会状況が推察できる。他方でCICや琉球軍司令部が「共産主義勢力」や「武装難民」への警戒を報告していることについては、このような対岸の台湾の状況を視野に入れれば全く信憑性のないこととはいえないだろう。

2　一九五一年の「密航」「密貿易」取り締まり

ここでは主に香港近海に出没した「琉球」船籍の「密貿易」船の動向について、一九五一年の書簡に含まれる香港海域に関する琉球軍司令部の報告書を用いて検討する〔25〕。香港近海に出没する「琉球」からの「密貿易」船に関する文書は、一九四九年、一九五〇年のファイルよりも多い。ここでも、先行研究で指摘されてきた「密貿易」品が香港を通じて大陸の共産軍に流出することを沖縄の米軍政府が恐れていた（石原 二〇〇〇：二九三―三〇五）という指摘に加え、「共産主義勢力」が香港ルートの「密貿易」船に同乗して、琉球列島に侵入することを琉球軍司令部は警戒しており、それがこのいわゆる「香港ルートの密貿易」（石原 二〇〇〇：一七八―二〇五）（奥野 二〇〇七：二三一―二六一）船取り締まりの一因となっていたことを確認する。

No.87（secret routine, from: RYCOM to: G-2）では、一九五一年九月二五日付でＲＹＣＯＭ（Ryukyu Command ＝琉球軍司令部。以下、ＲＹＣＯＭは一括して琉球軍司令部と表記）から極東軍司令部のＧ―2に送られた書簡において、香港・マカオ海域に出没する琉球「密貿易」船対策のため、沖縄の琉球軍司令部が沖縄から派遣するＣＩＣ連絡代理人と、香港のＵＳＡＲＭＬＯ（United States Army Liaison Officer ＝米国陸軍連絡将校。以下、ＵＳＡＲＭＬＯは一括して米国陸軍連絡将校と表記）との連携を希望する旨について報告されている。そこでは、代理人が琉球からの利用可能な情報を全て米国陸軍連絡将校に提供すること、香港・マカオ地区に違法に侵入する「琉球船」に関する詳細かつ時宜にかなった情報を提供することが目的とされている。特に以下の三つの項目について香港側に情報提供するという。「(1)違法な琉球密貿易人が琉球に戻ってから直ちに告発ができるような肯定的証拠の提供。(2)香港から発せられる『密貿易』に関する報告や報道発表に誇張やミスリーディングがないようにする。(3)香港・マカオ地区から報告されるように琉球船に乗ってくる共産主義の侵入者を特定し、検挙するための物的な援助となること」である。

No.86（from: CIFE Tokyo Japan to: RYCOM Okinawa 386.5）における軍政局長から琉球軍司令部副参謀宛の書簡によれば、最近の報道によると、米国上院の陸軍への調査により、戦力になりうる軍需物資が沖縄から「密貿易」によって中国共産党に流れていることが明らかになったとし、流出した軍需品について具体的な情報を求めている。それは大きく分けて第二次大戦の後廃棄された物資、及び余剰補給品として米国民政府（ＵＳＣＡＲ）から「琉球人」に供給された米軍に管轄権のないものと、盗まれた在庫や装備品といった琉球列島の米軍に属するものの二種類である。また、それら二種類に加え、そもそもどれだけの量があり、どれだけの量が盗まれたのか、また盗まれた物品の詳細な説明と、盗まれるのを防ぐためにどのような手続きがとられたのかについての情報を求めている。

一九五一年八月一〇日付けで中国香港米国陸軍連絡将校から沖縄の琉球軍司令部宛、また東京の極東軍とワシントンのG－2に送られた№62によれば、香港で「密貿易」により警察に捕まった容疑者の名前が、King Yaではなく実はキンジョウ（Kin Jo）であることが分かったと報告している。彼は日本のムサスイケ村の出身であり、モーター付きのジャンク船Tai Yun Maruの船長であったという。そして彼は七月三〇日に「密貿易」と鉄の違法輸入の罪で裁判にかけられた。船は彼を残して香港を発っている。そして彼は八月七日に英国船籍のモーター付きジャンク船タイキン九号（Tai Kin Nbr 9）に乗船して香港を退去した。この事件によって、香港が「密貿易」船の目的地になっていることが明らかになったという。これと同様の事件が既にいくつか起こっており、香港から「琉球」に向かった船が確認されている。また事件に関する写真も撮られており、香港から琉球軍司令部に送るとしている。

一九五一年八月九日付けの№61によれば、香港の米国陸軍連絡将校から沖縄の琉球軍司令部への報告、及び東京の極東軍とワシントンのG－2への報告として、七月三〇日に鉄の「密輸入」の容疑で逮捕されたケンヤ（Keng Ya）という男が、暫定的に「琉球人」とされたものの、それ以上詳細な身分がその後の海上警備隊の追跡調査にもかかわらずわからなかったとしている。この男は裁判で国外退去処分となり、警察は八月六日に琉球軍司令部に引き渡すため、香港から退去させる旨容疑者に通告した。護送は英国船籍の小型船タイユウマル（Taiyu Maru）によって行われたという。さらに、その後の海上警備隊の捜査でも彼の船が香港に到着した記録、また過去の彼の逮捕記録などは見つからず、その原因として香港警察の捜査記録、及び琉球軍司令部からの通達が円滑に活用できなかったことを述べている。これらの報告から、「密貿易」に関する捜査は香港でも行われており、それらの記録は主に香港警察や海上警備隊から香港にある米国陸軍連絡将校、そして琉球軍司令部へと送られ、琉球軍司令部との連絡のもとで捜査が行われていたことをうかがわせる。

このように、一九五一年の「密貿易」記録に関しても、従来指摘されてきたように沖縄の武器弾薬が香港を通じて「共産軍」に流出することを警戒していることが確認できた。それに加え、香港—「琉球」間の「密航」「密貿易」には、「共産主義者」流入の疑いがかけられ、その点からも取り締まりが要請されていることが確認できた。一九五〇年の記録と同様、この「共産主義者」の移動に対する警戒が当時どの程度の現実味を帯びていたのかについては、引き続き検討を要する。

さらにここで興味深いのは、報告中に、香港警察と米国陸軍連絡将校との連絡がうまくいっていないという指摘がみられることである。石原昌家によれば、元「密貿易」人の証言として、香港の港湾警察は賄賂を渡すと見逃してくれたという（石原 二〇〇〇：一九七—二〇一）。この点から、香港の警察も軍政下琉球の沖縄警察と同様に、「密貿易」人をある程度見逃していた可能性が考えられるが、今後の検討課題としたい。

五　与那国・八重山の新聞資料にみる国際情勢と私貿易

前節まで、琉球列島社会における八重山、与那国島の独自性を貿易や台湾との関係から概説し、さらに戦後の私貿易について米軍の取り締まり記録から、文書に残った貿易の様子、並びに米軍側で私貿易の何が警戒の対象となっていたのかについて検討を試みた。それらを踏まえ、以下では住民にとっての戦後社会と私貿易について検討する。即ち与那国島、八重山においていわゆる国共内線を中心とした東アジアの国際情勢がどのように報じられていたのかについて、他方で当時の住民の経済状況と私貿易の様子について、一九四九〜一九五一年にかけて与那国島で発行された「与那国新聞」、及び石垣島で八重山群島全体を対象にしていた地域紙である「海南時報」を基に概説する。「海南時報」は一九四〇年一二月九日に「先嶋朝日新聞」が廃刊となったため、その後八重山では唯一の新聞となった。

しかし一九四五年三月に戦争の激化によって旧刊に追い込まれ、翌四六年一月二三日に再刊された。後に「旬報」や「南琉日日新聞」はじめ、続々と機関誌や各種新聞が創刊されたが、ここでは戦時中から終戦直後まで八重山での中心的な報道機関であった点を重視し、「海南時報」を使用する（不二出版 二〇〇八c：四―一二）。

「与那国新聞」は特定の新聞社ではなく、島内の有志によって発行されたようである。「与那国新聞」は私貿易に関する資料として、既に屋嘉比収の論稿によって紹介されており、私貿易だけではなく当時の東アジア情勢に関する詳細な報道が島内でなされていたことが知られている（屋嘉比 二〇〇九：二五六―二六一）［26］。

1　八重山における国際情勢報道

ここでは、戦前の一九三五年に発刊され、終戦直前に一時中断しながらも、戦後一九四六年には再刊された八重山群島の新聞である「海南時報」［27］から、当時の八重山群島において発行された新聞紙上における海外情勢、特にいわゆる国共内戦に関する報道について検討する。

「海南時報」は戦後再刊後も、数年間は新聞用紙の不足によって発行が常に危ぶまれ、学校や農協、沖縄本島の「うるま新報」などに用紙の融通を要請する状態であった［28］。ここで検討する一九四九―五〇年の記事ではそのような貴重な紙面を割いて、一面の大見出しで国際情勢に関する記事が多く掲載されている。特に一九四九年は中国大陸での内戦の推移と台湾情勢に関する記事が多く、詳細に報じられている。

前節では、台湾から「南部琉球」へ多数の武装難民が押し寄せてくるのではないかと住民が危惧していることを伝えるCICの報告を紹介した。この報告内容の信憑性について現段階では判断できないが、このCIC報告には与那国警察署からの情報も含まれているという。そのためこの問題を検討するための基礎的作業として、当時の八重山、与那国の住民が中台問題を中心とする東アジアの国際情勢について、どのような内容の情報を摂取していたか、まず明らかにする必要があると考えられる。

なお、これらの新聞記事には、香港などでの「特派員」からの記事など、海外の新聞社の記事も多く引用されている。いわゆる「密航」を除き八重山の外へ自由に渡航できなかった当時としては、どのようにして海外の情報を得ていたのか、疑問が残るところである。この点について当時「海南時報」の記者をしていた南風原英育によれば、中央気象台付属石垣島測候所に地元の新聞記者が集まり、そこで船舶向け無線ラジオを聞いて記事を起こしていたという。南風原によれば、当時の占領下においても気象台は日本政府の管轄下にあった。そこでは観測士や通信士といった職員が東京の中央気象台から派遣され、気象情報などの船舶向けニュースをモールス信号で受信していた。そこで通信士が受信した本土からの情報を基に、記事を起こしていたというのである。さらに、当時そうした「日本人」職員が常駐していたため、本土から新聞、雑誌などが定期船によって運び込まれていたので、それらも利用することができた[29]。このようなニュースソースも含めた当時の八重山への情報、物資の流入と気象台の役割については、さらに調査を要する。以下では、一九四九年五月より、中台両岸問題に関する主だった記事を時系列に沿って紹介していく。

一九四九年五月五日（不二出版 二〇〇八a：二〇〇）「台湾独立に国民投票を　解放同盟要請」と題し、「解放同盟」が台湾独立問題を国連総会で取り上げ、そのために台湾から代表団を送ること、「台湾の将来の地位について国民投票を」行うことを国連事務総長の「リー氏」に要請したことが紹介されている。

六月一四日の記事（不二出版 二〇〇八a：二二五）では一面のほとんどを使用し、「現地にきく中国情勢　チャン〔蒋〕総統果して復活　人心を摑み得ぬ政府側の難点」と題して国共内戦下の国府の状況を伝えている。情報元は「（現地にて特派員談）」となっている。記事においては国府内の「奉化　南京　延安派」という三つの勢力の抗争と、当時下野していた蒋介石総統が復活するのではないかという見通しを述べている。

六月一七日の一面（不二出版 二〇〇八a：二二七）では、小さいながらも「現地にきく中国情勢」と題し一四日の記事に続き国府の情勢を伝えている。ここでは情報元は記されていないが、国府の和平工作を大まかに分析しているほか、中国国内での「金や外貨の移動禁止令が出ている」、といった経済政策についても記述されている。

七月五日の記事（不二出版 二〇〇八a：二四〇）では、二面において「中国　南京上空に宣伝ビラ撒く」と題し、「（南京四日発ユーピー協同）」からの情報として、国府軍の飛行機が南京上空で工場や鉱山への爆撃を予告するビラを撒いたとの情報を伝えている。

七月八日の記事（不二出版 二〇〇八a：二四二）では、「中国　平和を脅す共産軍と飽くまで闘う決意声明」と題し、「（広東七日発ロイター共同）」からの記事として、「蔣総統並李総統代理及び中国政府各要路の二〇〇名」が七月七日に「中共」とあくまで闘うとの声明を発したことを伝えている。また、隣の記事では「（ワシントン七日発エーエフピー）」からのニュースとして「米　中国の援助要請を受諾」として、米国が「蔣総統」からの「経済軍事要請」を受諾したとの報を伝えている。

七月一一日の記事（不二出版 二〇〇八a：二四四）では、二面で「亜細亜情勢　太平洋条約結成への胎動　反共結盟へ蔣総統動く」と題し、「【東京十日発】」として、蔣介石総統が「共産軍」に対抗するために「太平洋地域の代表」と会見をし、太平洋条約を提唱しようとしていること、これに対し東京のマッカーサーは代表を送らないと断言したことを伝えている。

七月一四日（不二出版 二〇〇八a：二四六）の記事では「中国　蔣総統中国運命の再生図る」と題し、「（香港十三日発ロイター）」の「消息筋」からの情報として、蔣介石総統が「中共軍の南進を喰い止める」ためにフィリピン大統領と会見したことについて、下野していた蔣介石総統が再び軍事指導権を握る前触れである、との分析を報じている。

七月二〇日（不二出版 二〇〇八a：二四九）には、「中国」と題し、「（香港十九日発ユーピー）」からの情報として、蔣介石と「国民党首脳部」が会見し、この年の九月にフィリピンのバキオでアジア八カ国の代表を集め反共同盟を結成するとの構想を伝えている。

八月二日（不二出版 二〇〇八a：二五七）には「台湾で反共戦線会談」という題で、「（ロンドン一日発ラジオプレス）」の「台湾中国政府筋」からの情報として、フィリピン大統領キーリングがワシントンを訪問後、「反共戦線」のための会談を台湾で開く予定だと報じている。また「国共戦」という小さな見出しでは、人民解放軍が湖南省の要衝や「どう庭湖西側」などに侵入したと、当時の戦況を伝えている。この太平洋同盟構想に関しては、八月一一日（不二出版 二〇〇八a：二六三）「太平洋同盟の構想 キ比島大統領米上院で演説」という「（ワシントン発ユーエスアイエス）」からの情報として、キリノ大統領が太平洋同盟の実現を米国の上院で訴えたことを報じている。

一九四九年八月一四日（不二出版 二〇〇八a：二六五）には「香港が攻撃されれば米は英軍に協力 ア長官中共に対し暗黙の警告」と題し、「（ワシントン発十三日エエ《ママ》スピー）」による、アチソン国務長官の記者会見として「中共」軍が香港を攻撃した場合、英国軍を援助するとして中国共産党への「暗黙の警告」を発したと報じている。「中国情勢 広東を放棄重慶行か」という見出しでは、「【ワシントン十三日発ユーピー】」として、帰米したランクート少将が聞いたという「中国の信ずべき筋の情報」として、「中国政府軍は二―三日中に広東を放棄するだろう」との見通しを報じている。また「一般官吏や政府要人」は台湾に移るとのことである。

八月二九日の一面（不二出版 二〇〇八a：二七五）では「（ロンドン廿八日発ＡＰ）」による「台湾 国連の管理下へ？」という記事で、香港の「大公報」からの引用によって米国が台湾を接収する提案を中華民国政府に対して行ったこと、また英国の「ザ デイタイムス特派員」も米国が中華民国に対し台湾を国連管理下におくことを提案したというが、米国国務省のスポークスマンはこれを否定しており、これに対して蒋介石総統はこの提案の存在を否定している、といった経緯を報じている。

九月二日一面（不二出版 二〇〇八a：二七七）の「広東が最後の防衛線 中国政府軍首脳蔣総統に約す」という記事

では、国共内戦中の中華民国政府の動きについて伝えている。それは「(広東にてトブレ特派員記ＡＦＰ)」からの情報として、「消息筋」によると、当初山岳地帯に防衛線を張る予定だった中華民国政府の首脳に対し、フィリピン訪問から帰国した蔣介石総統がアジアの「反共戦線」が固まりつつあること、さらに「米国の世論の一部が中国政府援助の可能性について考慮している」ことから、「華南の要部」である広東を放棄してはならないとの説得に成功した旨を伝えている。また「各国外交官引き揚げ準備」という見出しの記事では、「(南京一日発ＡＰ)」からの情報として、南京に駐在する各国の外交官達が引き揚げの準備を始めたことを伝えている。

九月八日(不二出版 二〇〇八ａ:二八一)の「米　亜細亜同盟に積極化」「(マニラ発エーＰ《(ママ)》)」という記事では、キリノフィリピン大統領が提唱した太平洋同盟について、「マニラの外交消息筋」からの情報として、太平洋同盟の構築に消極的であった米国国務省が構想を支持する方向に方針転換したと報じている。但し、この報道における太平洋同盟から、中国と韓国は外されている。

九月一四日(不二出版 二〇〇八ａ:二八五)「対日貿易　要□　台湾業者が」という見出しでは、台北にある「中央社」という新聞からの引用として、国共内戦によって南京、上海が陥落したため、台湾は「石炭　砂糖　青果など」の販路を失い、また台湾内の綿製品などの生活必需品の輸入においても「物価不安」を招いていることから、台湾の業者が対日貿易を緩和させるように要請していると報じている。

一〇月五日(不二出版 二〇〇八ａ:二九七)「ソ　中華人民共和政府承認」では、「(ロンドン発)」の「モスクリー《(ママ)》」放送からの情報として、ソ連政府が当時広東にいた中国政府と国交断絶し、新たに中華人民共和国を中国政府として承認したと発表したことを報じている。また「中国戦況　中共　台湾海岸へ」という見出しでは、「(香港発ロイター)」による「香港の消息筋」からの情報として、中国政府の臨時首都となっていた広東も間もなく陥落するであろうとの見通しに加え、中国政府の基地がある台湾の対岸地帯まで共産党軍が確保しようとしているという戦況が伝えられている。「米英仏三国対応協議」という見出しでは、「(ロンドン四日発)」の情報として、ソ連が「中国共産政府」を承認したことを受け、中国政府の承認問題について英、米、仏三国が協議に入ることになったと報じている。

一〇月一一日の一面(不二出版 二〇〇八a:三〇二)で、「中国の情勢　広東政府重慶へ移動開始」という見出しでは「(オーストラリヤ発ASP)」からの記事として、中国の広東にいた政府を重慶に移すため、外交団と政府要人三〇〇人が輸送機に乗り、この日重慶に向かったと報じている。一面の中段には「中共　冬までに台湾攻撃か」という見出しで「【上海十日発AP】」からの記事として、上海駐在の「外国武官筋」からの情報を報じている。それによれば、「中共軍」がこの年の冬までには台湾を攻撃するであろうこと、また「中立側」からの情報として、数か月以内に重慶と台湾の両方を攻撃するだろう、といった内戦の推移に関する予測が述べられている。その左にある「〝最後の勝利確信す〟　蔣総統双十節声明」という記事では「(香港十日発)」として、蔣介石が一〇日にアモイで「双十節に臨み」、中国共産党を非難する声明を発したことが報じられている。その声明の内容として、国共内戦が既に第三次世界大戦と見做し得ること、「中共軍」が「国際共産主義」の手先として「満州」に攻め込むであろうこと、またそれは「ヤルタ協定違反」である、といった蔣介石の見解を紹介している。

一〇月一四日一面(不二出版 二〇〇八a:三〇三)の「広東政府総統命令で首都重慶へ」という見出しでは「(広東十二日発中央社)」からの記事として、広東の中華民国政府が一二日に「総統命令」を受けて一五日から首都を重慶に移すと発表したと報じている。また「(広東十二日発ASP)」からの記事として、「共産軍」が一三日の朝に広東の北方四〇キロの地点まで進攻してきたとしている。

そして一〇月一七日(不二出版 二〇〇八a:三〇五)には、一面の「中国情勢　中共広東接収」という見出しで、「(香港十六日発)」の情報として広東を中国共産党軍が「接収」したこと、さらに香港との国境線にまで進出したと報じている。また、香港内では多くの避難民が混乱していることも報じられており、共産党軍が香港に侵入することによる、香港への戦火の拡大を香港の民衆レベルでも恐れていたことが報じられている。

一〇月二三日（不二出版 二〇〇八a：三〇九）には、「中国　中共軍南下」という見出しで「(広東二十日発中央社)」からの情報として、「中共軍」が広東から西南方向に占領地を拡大し、一八日に「カオミン」、一九日に広東から西南方一一〇キロにある「シンシン」、西方八〇キロにある「カオヤン」を占領したと報じている。

一〇月二九日の記事（不二出版 二〇〇八a：三一三）では、「中共は未だ承認せず　トルーマン大統領言明」と題し、「ワシントン二八日発UP」からの情報として、トルーマン大統領が二九日に記者団と会見し、「中共政府」を承認することについては未定であると述べたことを伝えている。また同記事中では「コナリー上院議員」の言葉として、この問題をめぐって議会で議論が行われるだろうとの見通しを示している。さらに同日の記事中に「中共軍の手　台湾方向へ」として、「パリー廿八日発ASP」からの情報として、二八日夜七時半に「中共軍」が台湾を攻撃したという情報が、金門島への攻撃の誤りであったとしている。さらに「中共三ヶ連隊」が二五日から金門島を攻撃しているという、戦況の推移に関する情報を報じている。

一一月二日の記事（不二出版 二〇〇八a：三二五）では、「ワシントン発UP」からの情報として「台湾の取り扱い検討　米政府中共進出に備う」と題し、「ワシントンの外交軍事専門家」の談として、米国にとって戦略的に重要な台湾が「中共の手に落ちるのを防止するため」、何らかの対策を採るべきかどうかについて間もなく決定するとの見通しを伝えている。同記事中ではこの議論が秘密裏に、かつ「白熱」して行われたというが、「ある高官」が語ったこととして、「中国が中共の手に落ちたものとして見捨てた今日」として、このとき既に米国が国共内戦は共産党軍の勝利に終わる見通しをもっていたことを伝えている。米国政府内の「強硬派」はもし台湾が占領された場合、「日本　フィリピン　東南アジアを結ぶ米国の国防線を遮断することになる」と主張し、それに対して国務省は米国が台湾に対して直接軍事行動をとれば、米国が避けてきた国共内戦に干渉することになり、これまで努力してきた領土的野心がないという表明を否定することになるとして慎重論を展開しているという。この記事では米国の「対華白書」を引用し、台湾では「台湾人」の間で「国民業政府」の評判が大変悪く、「中共」軍が進攻しなくても内乱等によって、台湾が「中共の手に落ちる」ことを懸念している、と報じている。さらに同日の記事には、「(ロンドン発AFP)デーリーテレグラフ　香港特電」からの引用として「中共　台湾攻略目指す　英紙報道」との見出しで「中共軍」が台湾上陸作戦を計画中であると報じている。「中共」軍の艦隊は南京を占領した際に降伏した「小艦艇部隊」であるとして、その戦力についての言及も見られる。

一一月五日の記事（不二出版 二〇〇八a：三一七）では「海外短信」と題し、「ワシントン四日発AFP」からの配信として「消息筋」が四日に、「米英両国」が「中共」に対し石油の輸出を中止したと語ったと報じており、その目的は「中共」を通じてソ連に石油が渡るのを防ぐためだとしている。

一一月八日の「海外短信」（不二出版 二〇〇八a：三一九）では、「ニューヨーク放送」からの引用として、「重慶にある中国政府スポークスマン」からの発表によれば「コナン西部」の二七キロ地点まで「中共」軍が迫っていると伝えている。また「シドニー放送」も同様の報道をしているという。このことから、同記事では「中共」軍が重慶にいよいよ迫ってきたと結んでいる。

また一二月二日の記事（不二出版 二〇〇八a：三三五）では、「中共　台湾上陸を企図」と題し「(ロンドン特電)デイリーテレグラフ香港特電」からの引用記事として、「中共」軍が台湾上陸作戦を企図し、その指揮官を準備していることを報じている。

一二月一一日の記事（不二出版 二〇〇八a：三四二）では、一面で「ワシントン十日発ASP―モリス記者記」からの引用として、「米　台湾占領せずか　太平洋防衛に影響なし」と題した記事を載せている。この記事では、当時のトルーマン大統領やアチソン国務長官といった「米最高首脳」によって開かれた国家安全保障会議において、米国が

「中共」に対抗して台湾を占領することに反対するという意見でまとまったことを報じている。ここでも、米国が台湾を占領することに対しては「政治的にも相当影響する」という懸念が述べられている。加えて、「日本の講和が締結されるまで　台湾は実質上日本の領土であり　又台湾が中共下におかれることは国際連合の領土保全に反すること だと考えられている」との見解を伝えている。さらにこの問題について、この記事では国務省と統合参謀本部の見解はまだ発表されていないという。日本からの分離を含む台湾の帰属について、国際的にはこの時期曖昧な状態になっていると八重山で報道されていたことが分かる。

さらに一二月二三日の一面（不二出版 二〇〇八a：三四九）では、「東京発」の記事として「国際展望　転換期の米極東政策」と題し、紙面の大半を割いている。その内容は、上述の「対華白書」発表後の米国の極東政策立案に際し、ジェサップ委員会の中間報告書が間もなく公表されると伝えている。その報告書の内容については「対日講和　中共承認問題　太平洋同盟結成乃至は米国の対アジア経済援助問題など」を取り扱っているとの予想を示すと共に、そこに書かれている内容は「いろいろのニュースを通じてわれわれの憶測したところと大差はない」との見通しを記述している。その「憶測」とは、講和条約へのソ連不参加、「中共」への否承認、太平洋における集団防衛条約よりは経済援助を優先させるだろうとの見通しであると記述しており、さらに問題はこの構想が実現するための具体的な政策にあるとしている。特に、「中共承認問題」において米国と英国の対立が避けられないと結んでいる。このように講和条約を中心とした米国の当時の極東政策についての情報や、中台関係における中国の承認問題についても八重山では報道されており、大きな関心が払われていたことが窺える。

明けて一九五〇年一月八日の一面（不二出版 二〇〇八b：七）では国共内戦の戦況について「香港□九日発AP」からの配信として「中共小部隊台湾に潜入」と題した記事を載せている。そこでは「当地」即ち香港の「国軍筋」からの情報として、ジャンク船に乗った「中共」軍の小部隊が台湾の「海岸線」に「分散上陸」し、今後「ゲリラ活動」

を行うだろうとの見通しを伝えている。

一月一一日の記事（不二出版 二〇〇八b：九）では、「米軍首脳来月訪日　マ元帥と台湾問題協議」と題し、「ワシントン特電ＩＮＳ」からの配信として、「統合参謀本部首脳」が東京のマッカーサー元帥のもとを訪問して台湾問題について協議すると伝えている。またこの一団は台湾には訪問しないという。

一月一七日の記事（不二出版 二〇〇八b：一三）によれば、「ワシントン一六日発ＵＰ」配信の「米国民の中共地区引揚勧告　官吏一三五名は全員引揚命令」という見出しで国務省が「中国本土」に居住する米国政府関係者一三五名の全員引き揚げと、さらに米国民三〇〇〇人の引き揚げを勧告したと報じている。また、「ワシントン発ＡＰ」配信の「台湾問題に対す□動き」と題する記事では、米国政府内で中華民国政府の要請に応じて台湾に軍事顧問団を送るかどうかで意見がわかれていることを報じている。

さらに「台北特電ＡＰ」配信の「国府　機雷敷設」という記事では「国府海軍当局」からの情報として、中国大陸の沿岸に機雷の敷設が完了したとの報道がなされている。また、「香港特電ＡＰ」配信の「中共海南島攻撃準備」では、「中国紙」の報道の引用として「中共軍」が海南島攻撃を準備し、三〇万の兵力を動員したことが報じられ、それに対し海南島を守る「国府軍」は「防衛態勢」が整っておらず、海南島防衛には海軍兵力に頼らざるを得ないことや、海南島の「国府空軍」が中国大陸への爆撃を続けている、といった戦況が報じられている。

一月二〇日（不二出版 二〇〇八b：一五）には、「ＡＰ東京（ラッセルプラインス註）」配信の「―台湾、放棄の影響は？―重要視される沖縄の前進基地」という題の記事において、台湾がもし「中共」の支配下に入った場合、「アラスカ　日本　沖縄　比島」の米軍基地によって構成される米国の「防衛ライン」にとっての脅威となる、との「米国軍事当局者」の見解を伝えている。そこでは、最悪の場合「防衛ライン」を「アリューシャン　ハワイまで撤退させることになるかもしれない」と述べられており、懸念の強さがうかがわれる。また同日の「ワシントン十九日発ＡＳ

P」配信の「米中共承認当面不能」という記事では、特に「中共」が米国領事に「虐待」を加え、領事館を「しめ出している」との理由を挙げ、当分の間「中共」を承認しないとのアチソン国務長官の見解を伝えている。

一月二三日（不二出版 二〇〇八b：一七）には、「ワシントン発UP」配信の「不干渉策を堅持!! ト大統領台湾問題声明」と題し、トルーマン大統領が新聞記者との記者会見で、台湾防衛のために軍事的な干渉をしないことを言明したと報じた。しかし台湾に対する経済援助は継続し、さらに「中共政府承認の可能性については言明を避けた」と伝えている。

また二月八日（不二出版 二〇〇八b：二七）「ワシントン発UP」配信の「米の対台湾政策国務国防両長官一致」という記事でも、上述の記事と同様、当時のジョンソン国防長官とブラッドレー統合参謀本部議長が上院外交委員会において、台湾が「敵の手中に落ちる」ことに対しては「戦略上重大な問題」であるとしつつも、米国の台湾占領については「正当化するものではない」として否定しているとしている。また同日の同じ一面には、「香港発ロイター」からの配信として「台湾 海南島同時攻撃?」という見出しで「中共」軍が台湾と海南島を同時攻撃する為に一〇〇万人以上の部隊が「中国西部」から「南部海岸」に移動していることが「海南島から香港に達した信頼すべき筋の情報」として報じられている。ここでは台湾攻撃、海南島攻撃それぞれに使用される人数の見通しまで述べられているが、攻撃時期までは明記されていない。

二月一四日の記事（不二出版 二〇〇八b：三二）では一面の半分以上を使用し、「焦点台湾の近状 防衛には強い自信」と題し、当時の毎日新聞社の記者がUP台北支局の記者に、台湾の状況について電話インタビューした記事を載せている。そこでは米国からの軍事援助が望めず、なおかつ間もなく「中共」軍の上陸があると考えられている台湾の状況について語られている。そこでは、一般島民の間では台湾防衛に対する見通しは楽観的であることや、建築ブームに伴う好景気が始まっていることが語られ、さらに「国民政府」側の軍備についても言及がある。その中で、

「毎日新聞」記者が日本では「国民政府」が台湾防衛のために日本人を募兵しているとの噂が日本に存在し、その噂の真偽について問いただす記事が存在する。ＵＰ側の記者はその可能性を否定しているが、この台湾に派遣された旧日本軍の将兵については、与那国島の私貿易について回想録を残した大浦太郎も言及している。大浦によれば、彼らは「密貿易」船に乗って与那国を経由し、台湾に渡ったという（大浦 二〇〇二：一七八―一八一）。さらに、「毎日新聞」記者が台湾島民の対日感情について尋ねたところ、輸出市場としての日本に期待をかけていると述べられている。

四月五日（不二出版 二〇〇八ｂ：六三）には、「基隆三日発中央社」配信の記事において「台湾　日本人居留民送還」と題し、日本人と結婚した台湾人女性や台湾人と結婚した日本人、及びその子供による「日本人居留民」二〇名が三日に送還されるとの情報を伝えている。

四月一一日（不二出版 二〇〇八ｂ：六七）には「香港十日発ロイター」配信の記事において「中共五月台湾攻撃か」との見出しで「中共」軍の動向を伝えている。そこでは、「中共」軍がこの年の五月中に台湾を攻撃するという情報が香港に入ってきているという。その情報源は上海からの旅行者や「太平ロイター」からのものであり、旅行者は、「国民政府」の支配する「シーザー列島」が攻撃されるだろうといい、「太平ロイター」によれば「中共」軍の飛行機二〇〇機による攻撃が行われるだろうと述べている。

四月二〇日（不二出版 二〇〇八ｂ：七二）には「香港十九日発」配信の「海南島戦」という見出しで、「香港に到着した商業飛行師団」からの情報として「中共」軍が一七日に海南島に上陸し、また一九日にも五〇〇〇人が再上陸したが、「国府軍」の「飛行師団」がそれを撃退したとして、戦況を報じている。五月二九日（不二出版 二〇〇八ｂ：八九）には、「香港二七日Uピ《（ママ）》」からの配信として「国府軍満山撤退」と題し、香港の英国海軍からの情報により、香港から西南方向に六五キロにある「満山群島」の「国府軍」が二七日の朝に撤退したことを伝えている。

六月二九日（不二出版 二〇〇八ｂ：九七）には「ワシントン廿四ＳＵＰ」配信の「米　台湾軍事援助か　廿六日に国

防首脳会議」と題した見出しで、「ワシントンの高官筋の情報」として、「ジョンソン長官」が「国府不干渉政策」を変更し、「国府に対し至急武器を送る」旨勧告を行うとの見通しである、との情報を伝えている。

七月五日（不二出版　二〇〇八b：一〇三）の一面では、「（解説）複雑化す台湾問題」と題し、一連の中台問題報道に関する、「海南時報」による解説と見通しが述べられている。そこでは朝鮮戦争の勃発を受けて、トルーマン大統領が台湾防衛を表明した結果、中台問題の当時の状況に関する分析と、将来についての予測が述べられている。ここで、トルーマンによる台湾防衛の決定とそれに伴う第七艦隊への台湾防衛命令、さらに蒋介石総統による米国に対する朝鮮戦争への軍隊派遣の申し入れについて触れ、「中共対国府の複雑な問題を更に複雑化した」と述べている。その上で「中共とアメリカ　イギリスの混合艦隊の台湾をめぐる敵対行動は　大きな戦争の端緒とならないだろうか」との懸念を表明している。また「アメリカの地上部隊が朝鮮に投入された」ことから、朝鮮戦争は「西欧側」の勝利に終わることを予測しており、さらに「勝った場合は次はどうなる」、「台湾については　何が起こるか」というように、朝鮮戦争後の中台問題の複雑化についての懸念を述べている。さらに「アメリカの一部外交筋」の情報として、台湾問題とトルーマン大統領による台湾防衛の政策は朝鮮戦争後には「ちょうせんの問題よりも大きな世界的な厄介な問題となる」との予想を伝えている。また同日の二面においても、「ワシントン発」配信の「米　台湾防衛を決意」との見出し記事において「米議会筋」の情報として、米国政府が従来の台湾政策を変更し「台湾を中共の手中に絶対に渡さぬ気構えを固めた」と記述し、米国の政策変更を伝えている。

七月八日（不二出版　二〇〇八b：一〇五）には、「東京九日発」配信の「台湾侵略せば断乎防衛　米第七艦隊司令長官談」という見出しで、朝鮮戦争への「戦斗支援」と「台湾防衛」任務をもつ、第七艦隊の司令長官が六日に行った東京での記者会見において、台湾に侵略があった場合には「断乎これを防衛する態勢を整えている」と語ったことが伝えられている。さらに同じ二面において、「ロンドン六日発ＵＰ」配信の「英　台湾防衛には不介入」と題し、英国海軍は朝鮮戦争の支援は行うが、台湾有事の際に米国の第七艦隊への支援は行わないとの立場を表明している、と伝えている。

七月一一日（不二出版　二〇〇八b：一〇七）には、一面において「香港十日発ロイター」配信の「中共年内の台湾攻撃は難　国民政府海軍司令官談」と題し、「香港にある中国紙」の情報として、「国民政府軍海軍司令官」と米国第七艦隊司令長官との会談の後、「国民政府軍海軍司令官」が「中共」による台湾攻撃はないだろうと語ったことを伝えている。また同一面においては「ワシントン発ＡＦＰ」配信の「台湾は最重要拠点　極東の米軍基地問題」と題する記事も掲載されている。そこでは、「タフト共和党上院議員」の語ったところとして、核攻撃に弱い沖縄に比べ、台湾は米国の持つ日本からフィリピンにかけての「極東防衛線」の拠点として最重要であると記述している。

八月二五日（不二出版　二〇〇八b：一四五）には、「台湾密行未遂事件　背後関係追及」と題した事件報道がなされている。それによると、この月の一六日未明に神奈川県三崎町の道路上で起きた船員同士による殺人未遂事件、そして同日の午後に、恐らくこの事件の関連での捜査と考えられる、静岡県「前崎」で捕えた漁船の取り調べから、「大がかりな台湾向け義勇軍密行事件が発覚」したと報じている。海上保安庁から手配された結果、和歌山県串本町でも漁船が同容疑で摘発され、和歌山県警が取り調べたところ、この前年に「台湾向け義勇兵募集で台湾に渡ったといわれる根本博」も関係しているとして、全国手配を行い、「全貌究明にのりだした」という。この記事も先述の二月一四日の記事と同様、日本人の中華民国による「募兵」に関連するものである。大浦太郎によればこの根本博は元陸軍中将で、台湾に軍事顧問団として渡ったという［30］。

八月二七日（不二出版　二〇〇八b：一四九）には、一面の「ワシントン二五発ＵＰ」配信の「台湾信託統治案　米英両国で検討」という見出しで、「英連邦□国連代表側」の「言明」として、米英両国が台湾の国連による信託統治化を検討中であると伝えている。そのために、「加盟国の大部分が台湾を手続的にはなお日本に属しているものとみなすならば」国連総会での台湾信託統治化に関する勧告に支持が得られるとしている。もしくは蒋介石自身が信託統治の要請を国連に対して行う可能性など、複数の方法が検討されていると報じられている。この時期国連においても、台湾の国際的な地位は不確定であったことがうかがえる。

九月八日（不二出版 二〇〇八b：一六七）には、「ロンドンＡＦＰ」配信の「台湾の将来　人民投票」という記事において、二〇日の「保系英国サンデータイムス」からの引用として、台湾の将来を決定するための人民投票の提案を米国が計画していると報じている。その人民投票は中国の大陸側との合併、国連による信託統治化、「国府統治」の続行、の三点をめぐって行われると報じられている。

九月一〇日（不二出版 二〇〇八b：一七二）には、「シカゴＡＰ」からの配信として「台湾の重要性　撤回された元帥声明」との見出しで、二八日にシカゴで開催された「米帰還軍人大会」にマッカーサー元帥が台湾の米国の防衛線における重要性を強調したメッセージを送ったところ、それがトルーマン大統領の判断で削除され、このことをめぐって米国内で政治問題化する可能性があると報じられている。

九月一二日（不二出版 二〇〇八b：一七六）には、二面において「香港発」の配信として「中共軍　満州国境移動」が報じられている。そこでは「中共軍約九十万」が「満州国境」に向かって移動中であり、そのためこの年の年内の台湾攻撃は行われないだろうとの見通しが述べられている。

九月一九日には、「ニューデリー放送十六日ＲＰ」配信の記事として、「英北京政府と外交関係樹立」との見出しで、英国はこの年の一月に「北京政府」を承認し、二月から外交関係樹立交渉を始め、四月以降中止状態になっていたが、「北京政府」との間で外交関係樹立で意見が一致したと報じている。

九月二四日（不二出版 二〇〇八b：一九八）には、二面の「ワシントンエーＦＰ《（ママ）》」配信の「国府代表承認」という見出しで、二三日に行われた国連総会において「中共側」が「中国代表」となることが否決され、「当分の間国府代表を参加させる」ことに決定したと報じられている。

九月二八日（不二出版 二〇〇八b：二〇一）には、「ニューヨーク廿七日発」の「国連の議題 韓国台湾問題」と題し、この時期開催中であった国連総会において「朝鮮問題」「台湾問題」が議題に上ったことが報じられている。

一〇月二日（不二出版 二〇〇八b：二〇五）には、「台湾問題対日講和後」と題し、この日の「一昨日」、国連安保理において「台湾問題」は「対日講和後」に決定されることになったと報じている。

一〇月七日（不二出版 二〇〇八b：二一三）には、「ニューヨーク五日発表」配信の「台湾問題総会上提 国連運営委員会可決」という見出しで、「国連運営委員会」が米国からの提案によって台湾問題を国連総会で審議することを可決し、総会に送ったことが報じられている。

一〇月九日（不二出版 二〇〇八b：二一七）には、「ロンドンＵＰ」配信の「台湾問題解決 対日講和より重要」と題する記事において、「英有力紙タイムス」が台湾の問題は極東において対日講和条約よりも重要であると社説で見解を示したことを紹介している。

以上のように「海南時報」では多くの紙面を割いて中国大陸での国共内戦の進行状況や、台湾の国際的な地位などについて詳細に報じられている。中でも国共内戦や朝鮮戦争の影響を受けた台湾の不安定な状況について高い関心が払われ、その中で「募兵事件」も取り上げらていると考えられる。これらの記事は新聞用紙や情報源の限られた中で取り上げられているため、それだけ「海南時報」における国共内戦への関心の高さがうかがわれる。

2 与那国島における国際情勢報道

「与那国新聞」においても、「海南時報」と同様に中台関係や朝鮮戦争などの国際情勢について詳細に報じられていることから、国共内戦や台湾の地位について高い関心を払っていることがうかがわれる。中でも台北放送からの引用は、恐らく放送を島で直接受信することによって可能になっていると考えられ、それほど台湾が身近な存在であったことをうかがわせる。

一九四九年一二月五日（第九号）の記事では、「重慶陥落成都危うし―台湾に職員軍隊終結　国府最後の拠点か」、一九四九年一二月一二日の記事（第一〇号）には、国府軍が成都から台北に遷都した「国府台湾に移動　大陸全土中共の手中へ」、米国の国家安全保障会議が台湾の占領を断念した「台湾占不可」、「英国中共承認決定」など、一面で中華民国の台湾遷都に関する記事が大きく扱われている。

一二月二〇日（第一一号）の記事では、国府がソ連圏以外で初めて「中共」を承認した「ビルマ政府」との国交を断絶し、「中共地区港湾」を封鎖するため、「支那沿岸」、つまり中国大陸沿岸に機雷を施設したことが書かれている。

一九五〇年七月二四日（第二四号）の記事では、「中共軍金門島攻撃」という見出しで、「二十三日台北放送」によれば「昨二十二日中共軍は約一千の船舶を動員して金門島攻撃を開始した」とあり、「中共軍」と国府軍の戦闘について報じている。台北放送で流れたニュースを引用しているところから、台北放送のニュースが与那国島で受信でき、なおかつ定期的に内容をチェックしていた可能性が考えられる。

八月七日（第二六号）の記事では、一面の見出しで「マ元帥幕僚同伴台湾へ　蔣総統と協議を遂ぐ」と題し、マッカーサーが七月三〇日に台湾を訪問し、蔣介石と朝鮮戦争への国府軍の援助について会談したことが報じられている。

八月二一日（第二八号）の記事では、一面で共同通信からの引用による国府情報として、「ソ連福州に潜水艦基地」や、同じく共同通信の引用による香港からの報道として「広東省主席攻撃命令　本土上空の敵機及沿岸の敵船舶へ」と題し、両岸問題に関連する中国大陸での軍事状況に注意を払っていることがうかがえる。

一一月一三日（第三九号）の記事では、一面に主に朝鮮戦争の推移を伝える見出しとして、「国連軍大挙　新義州方面を猛襲」「中共産軍装備劣弱」などがみられる。前者では、一二日発のＵＰ電として、国連軍が北朝鮮の新義州に初めて大規模な爆撃を行ったこと、後者の記事では一二日発のＡＰ電として、北朝鮮に侵入している「中共軍」は「旧国民政府軍」であり、その装備は貧弱であると、米軍「北部戦線」の指揮官の言として報じている。

以上のように、「海南時報」と「与那国新聞」から、国共内戦や台湾情勢を中心とした国際情勢に関する報道を概観してきた。これらの記事から、この時期は台湾の帰属も国際政治の上では沖縄と同様に未確定であり、国共内戦や朝鮮戦争の影響を受けて政治的に不安定な状況にあったこと、そしてそのことを八重山や与那国では新聞報道によって知り得た人々が少なからずいたであろうことが分かる。付言すれば、私貿易によって台湾と与那国、八重山の間で行き来する人々の間ではそうした台湾や大陸に関する情勢についての情報が口伝てや、噂のレベルでは流れていたと考えられるが、これに加えて新聞報道でもそうした状況を知る人々はいたということになる。前節でのＣＩＣによる「共産主義者」や「武装難民」の「南部琉球」への侵入を警戒する報告がなされた背景として、日常的にこのような国際情勢に関する情報が島の中で知られていたことは指摘しておいてよいだろう。

３　八重山の経済と私貿易

以下では、「海南時報」において当時の「密貿易」の様子と、それに関連して八重山経済の状況がどのように報じられていたのかについてみていく。

一九四九年一月一七日の記事（不二出版 二〇〇八ａ：一三二）において、「日本への引揚に関する件」と題し、南部琉球軍政府本部野戦砲兵大佐ダブリュー・シー・ゲーリングが沖縄軍政府本部からの通達を伝える形で、一九四九年三月一五日より「琉球人」の日本への引き揚げが実施されること、及び「琉球人」の日本旅行は軍政府の許可がなければならないこと、無許可の渡航の場合は検挙され、裁判費用を自己負担させられた上、「琉球」へ送還されると述べている。また、三月一五日以降は日本本土在住の「琉球人」も「同情すべき理由によってのみ」日本本土から琉球への渡航を許可されるという。「□□□□□司令官及沖縄軍政府司令官」の許可が必要だとしている。

一月二九日の記事（不二出版 二〇〇八a：一四〇）では、読者からの投稿として八重山では一九四八年の通貨切り替えをピークとして通貨が沖縄本島や宮古へ流出してしまい、通貨不足になった結果、魚の値段が高騰し家計を圧迫しているので、「組合」による価格統制をしてほしいという要望が掲載されている。

三月二六日の記事（不二出版 二〇〇八a：一七四）では、「琉銀物価調査票」に基づいて沖縄の物価が一九四八年六月段階に比べ徐々に下落しており、砂糖、米、大豆、甘藷、豚肉等が安くなってきたと述べている。

四月二日の記事（不二出版 二〇〇八a：一七七）では「台湾朝鮮等に貿易団派遣　軍の漁船は全部民へ移管」と題し、「第二回琉球経済会議」において「軍当局」の経済政策が三月一九日に決定したことを報じている。それによれば、「琉球代表　貿易団を日本　支那　台湾　朝鮮に派遣し取引準備を進める」としており、特に日本からの二〇万ドル分の衣服などの日用品の輸入が実現するとしている。また「マシュース総務部長」の発言として「四地区間の船舶航行を自由にする」旨を紹介している。さらに「アッシュモア水産課長」の発言として「珊瑚採取船」や「冷凍船」といった軍政府所有の漁船を全て民間へ移管させ、同会議がこれらの政策で戦後の復興を計画していることを述べている。また、「シダノ貿易係」は今後の「琉球」からの輸出品として「ふかひれ　まぐろ　かつを　牛馬皮　真珠貝　ボタン海綿　百合□　海人草　チツ葉　アダン葉帽　その他手芸品」を挙げている。

四月二六日の記事（不二出版 二〇〇八a：一九四）では「沖縄軍政府経済部マーチン中佐」の発言として、「琉球の経済を戦前の水準に復興する」計画が順調に進んでおり、米国からの「肥料　種子　魚網」などの「生産資材」の輸入も進めていると述べられている。

六月一七日の記事（不二出版 二〇〇八a：二二八）では、「躍進する水産　有史以来の輸出高!!」として、水産物の輸出額が昨年に比べて「十倍にハネ上がっている」と報じている。その主な輸出品として海人草と貝殻が挙げられており、この当時海人草の需要が非常に高かったことがわかる。

七月五日の記事（不二出版 二〇〇八a：二三九）では、一面で紙面の三分の二を使用し「GHQ司令部琉球局長ウェッカリング准将」が琉球の復興について記者会見したコメントが掲載されている。それによると琉球の帰属について未決定であるものの、台風被害のため、建築資材を約二五〇万ドル分送ることや、民間での対日自由貿易のための準備を進めていることが述べられている。

七月八日の記事（不二出版 二〇〇八a：二四二）では、「二百万円の海人草出荷」と題し、「歴史的輸出量」だとして、海人草の出荷量の多さを報じている。

八月一四日二面（不二出版 二〇〇八a：二六六）の「米国は手をひく父親だが息子は自立へ努めよ　米極東業務部商工課長フ氏談」という記事では、六月二九日に「ワシントン陸軍本部次官極東業務部商工課長オーキッドフエル氏」と「東京マ司令部琉球局長ジョンウェリカング（ママ）准将」による沖縄の記者団との会見において、琉球日本間の自由貿易が講和条約成立前に実現するか、という趣旨の質問に対して、「ウェリカング准将」は「輸出輸入両面の琉球貿易を推進することが主眼目標である」として既に軍政府内に貿易庁が成立しており、東京に琉球貿易団が成立していると し、琉球貿易団は「琉球人自体のものである」と答えて近く民間自由貿易が確立する見通しであることを述べている。また同記者会見において、世界情勢に関するニュースを提供して「情報機関」を活発化させること、また大学の設置も復興事業に含まれていると述べている。

九月一四日（不二出版 二〇〇八a：二八六）の記事では、「対日貿易要□台湾業者が」と題し、「台北発　中央社電」によるニュースを伝えている。そこでは「南京上海の陥落」により、台湾側が「石炭　砂糖　青果など」の市場を失い、さらに「綿製品」や「生活必需品」の輸入についても「物価不安」が生じており、台湾の業者が「対日貿易」を緩和させるよう要請していると伝えている。ここで台湾の業者が具体的にどの機関に対して要請をしたのかは記述されていない。

一一月二日の記事（不二出版 二〇〇八a：三一六）では、「南の海幸目指し海人草採取船団壮途につく」と題し、海人草の「秋漁」に際して「去夏」出漁した三隻にさらに一隻加わり、「夏に沖縄方面からの三隻も加わって」七隻の漁船が一日に出漁したことが述べられている。ここでは海人草を「八重山貿易界の花形〝海人草〟」とし、また「海草が持ち帰られれば八重山経済もうるおうこととなろう」と報じて輸出品としての海人草の八重山経済における重要性が強調されている。

なお、「去夏」出漁した「共栄□建昌開幸」のうち「開幸」丸は恐らく私貿易で活躍した金城夏子（ナツコ）の持ち船の可能性が考えられる。奥野修司によれば、ナツコは一九四六年に開幸丸という漁船を購入し、その後その船で香港沖合三〇〇キロに位置するプラタス諸島に海人草を採りにいくという事業を始めた（奥野 二〇〇七：八九―九四）。そしてナツコが海人草の販売に香港へ向かった際、香港との薬莢などの非鉄金属の取引を持ち掛けられたという。このナツコの取引がきっかけとなり、私貿易時代の沖縄―香港ルートの取引が始まったといわれている（奥野 二〇〇七：二三一―二三五）。

一一月一一日（不二出版 二〇〇八a：三二二）の記事においては、「漫然渡航して金網へ 沖縄刑務所統計の示す警告」と題し、沖縄の刑務所において離島出身の受刑者が「一九□％」もいることから、「沖縄民政府」において「沖縄への渡航□打ち合わせ」を行い、「漫然渡航」する者に対し警告を発することになったという。そこでは「沖縄民政府」から「各民政府」への要望として出された事項の他に、「他の地域より来た人々の沖縄における受刑者調」と題した犯罪罪名と出身地域別の内訳が表になっている。それによると、「大島」出身受刑者九一名、「宮古」出身受刑者一〇七名、「八重山」出身受刑者計三七名で合計二三五名、そのうち罪名別では「軍需品窃盗」が「大島」出身者一六名、「宮古」出身者三一名、「八重山」出身者八名、計五六名で最も多い。次に多いのが「窃盗」で「大島」出身者が二一名、「宮古」出身者が二二名、「八重山」出身者は八名、計五〇名となっている。次いで「軍需品不法所持」では「大島」出身者が一八名、宮古出身者が二四名、「八重山」出身者が四名で計四六名。その次が「密渡航」で「大島」出身者は二〇名、「宮古」出身者が一六名、「八重山」出身者が九名の計四五名となっている。その他の項目では「詐欺」が計一五名、「傷害」が計七名、「米貨不法所持」が計二名、「銃器不法所持」が計一名、「軍施設立入」が計一名、「その他」が計三名である。このことから、離島出身の受刑者において、いかに「戦果」(軍需物資の窃盗)、および「密航」によって収監された割合が高いかを物語っていると考えられる。

一一月一四日(不二出版 二〇〇八a:三二三)の記事では、「うるま新報」からの引用として「二百万円の偽造ビー軍票日本から沖縄に流入」という題で、B型軍票の偽造紙五万円分を所持した日本人二名が大東島で検挙されたとある。この記事では彼らの自供から、「日本方面」から「同一偽造紙幣二百万円を携行した者が」別ルートで沖縄に向かったとの情報が入ったとし、これを受けて「軍保安部から沖縄警察部」へ取り締まりの強化を命じたとある。

海人草採りの続きとしては、一二月八日(不二出版 二〇〇八a:三四〇)に「海人草中間輸送」と題し、沖縄から合流した「栄丸」が四日午前二時に石垣港に入港し、一〇万斤の積載量で一六〇〇万円分の荷揚げをしたという。この船はその後沖縄に戻った。八重山から参加した他の採取船団は正月頃に帰港するという。そして年が明けて一九五〇年一月一四日(不二出版 二〇〇八b:一二)には、「続々帰る海人草船」と題し、その前の年の秋に出港した八重山の海人草採取船団がこの日全船団帰港すると報じられている。水揚げ量は十万斤とのことである。

一月一七日(不二出版 二〇〇八b:一四)の二面では、「与那国で防犯協会発足」と題し、与那国警察署が「指導中堅層」を招き防犯協会を設立したことが記載されている。防犯協会は「防犯思想の普及犯罪ノ未然防止」、「捜査検挙に助力する」ことを目的としている。後述するように、この記事には大浦太郎ら私貿易経験者を含む、島の指導者層が名を連ねていた。

一九五一年三月二二日（不二出版 二〇〇八b：三八六）の二面では、「琉台貿易契約一年　資本高六十八万七千ドル」という記事で、「民情報部発表」の「極東軍琉球指令局長ロバート・グレイン大佐」のコメントの引用として、「昨週」に「琉台貿易協定」が一年契約で締結されたことを報じている。それによると、同協定により琉球と台湾はお互いに輸出をすることができるとされている。その協定の目的は「琉台間貿易の発展」であり、「琉球」側からの輸出品は「魚類枕木、□山支柱、□皮、石炭、薬用草木」となっている。この協定の「技術上の詳細」については、「りゅう球知事代表」、及び「台湾州政府代表」の交渉によって決定されるとのことである。

八重山においてもインフレなどが指摘されるように、一九四九年段階での経済的な困窮の様子がうかがえる。そのような状況下で、海人草の輸出や、民間貿易の自由化に期待をかけるなどの傾向が見られた。逆に「密貿易」については、「沖縄タイムス」からの引用などで、沖縄本島などで起こっている犯罪として紹介されており、「密貿易」それ自体を特別視するような記述は特にみられなかった。次に同様の視点から、「与那国新聞」での島内経済、及び私貿易に関する記述をみていく。

4　与那国島経済と私貿易

ここでは与那国島の経済と、私貿易の島への社会経済的な影響について、一九四九～五〇年にかけての「与那国新聞」の記事、及び私貿易で賑わっていた久部良漁港を実際に目の当たりにしたことのある、先述の南風原英育、並びに与那国島出身の池間苗の証言から概説する。

一九四九年一二月五日（第九号）の記事では、「常に新しいものを求めよ　消費文化より生産文化を‼　先輩を囲む座談会」と題して与那国島を訪問した同島出身の「西銘、比嘉両氏」を囲む座談会での発言として「久部良は小学校一年迄育った土地でもとは漁村しかも寒村であったが一変して活気づいたのに驚きましたものの、その裏に何かしら人情味が少なくなったのを感じました。何でも金、金を追うて精一杯なのを悲観しましたがそうならなければならない現状を見て理ないことと考えています。祖内は別に変らないような感じです」とこの訪問者達が与那国島を訪問しての感想を紹介している。ここでは元々寒村であった久部良がこの時期一変して大変な賑わいをみせていたこと、そして祖内部落は戦前と変わらない様子であったと述べていることから、恐らく密貿易での賑わいのことを指していると考えられる。中でも「人情味が少なくなった」「金、金を追うて精一杯」という表現からは、当時の賑わいに伴い、久部良では社会状況が変化していたことをうかがわせる。また、この発言の続きとして「習慣は新しい時代の流れによって変えられていくことを実感し、新しい人間形成ができつつあることを感じました」とあり、久部良において戦前とは異なる人間関係が築かれつつあることを示唆している。その上で、「久部良の経済は安定していない。新しい企業を求めて落ち着いたものを持たなくては久部良の経済は没落するだらう」との発言を紹介し、彼らが久部良の景気が長続きしないとみていることを紹介している。ここから、先行研究によれば「密貿易」の衰退の主要因は米軍による取り締まりとされているものの、その構造からいっても長続きする性質のものではなかった可能性も考えられる。

また同日の記事中には「久部良市場落成　金毘羅祭に祝賀行事」との見出しにおいて、二九日に漁業会が久部良市場落成と金毘羅宮社の再建の祝賀行事を行ったとの記述がある。ここでは、新しい市場建築物の落成に際し、当時の久部良港のことを「久部良が与那国第一の玄関口となっている」とし、さらに「島を訪れる人がまず足を印する荷揚げ場」とあり、久部良港が私貿易によって与那国島の主要な玄関口になっていたことをうかがわせる。そのような港において「衛生的な設備を与え更に日用雑貨類の秩序正しい売り場をもうける事は与那国の面目を一新する計画であった」とし、私貿易取引において久部良の人々が自らの手で港における市場の秩序を模索していた可能性をうかがわせる。

同日の記事において、「拳銃の不法所持逮捕押収さる」と題し、久部良で「日本製拳銃一丁弾二十八発」を四五〇〇円で売ろうとして買い手を探していた男が、二日に内偵中の警察によって逮捕されたことが記されている。この男は宮古島の出身で、宮古から八重山を経由して与那国島に同年一一月二五日にやってきたということから、私貿易人が宮古からやってくるルートの一つが示されている。また、拳銃は宮古で日本軍将校から「貰った」との供述が記載されているが、これについては戦時中宮古島に駐留し、終戦後引き揚げた日本軍人の可能性が考えられる。また、私貿易が最盛期であったと考えられるこの時期に、このような事件が島の知識人によって発行された「与那国新聞」において犯罪として報じられたことから、私貿易の取引においても拳銃取引は島の中で危険視されていたと思われる。

一九四九年一二月一二日（第一〇号）には「防犯協会設立へ」と題し、防犯協会の設立準備が始まったことが報じられている。この防犯協会は警察の外郭団体として協力するといったことが目的とされている。「防犯協会」は先述の通り、「海南時報」でも取り上げられている。また治安問題に関連して、同日の記事では「与那国の人情はこうだった筈」と題し、財布を拾った人が交番に届けた、という話を称賛している。また「道義頽廃に伴い人情ははなはだ薄くなっている」とし、島の状況を憂いている。

一二月二〇日（第一一号）の記事では、「拳銃所持に罰金刑」と題し、先述の記事において宮古から密航し、拳銃を与那国で売りさばこうとして逮捕された男に、一二日に「罰金五百円拳銃弾薬没収」の判決が下されたことが書かれている。

また同じく一二月二〇日の記事では、防犯協会が発足したことも報じられている。それによると「与那国警察署設立二周年記念日の十二月十六日指導中堅人士を招待して」設立総会が行われたことを報じている。「防犯思想の普及、犯罪の未然防止に努め捜査、検挙に助力する」、そのために「懇談、展覧演劇講演、ポスター募集、防犯週間実施、雑誌発行業」を行い、事務所も警察署内に設けるとのことである。会長に池間栄三、二名いる副会長の一人に、後に

「密貿易」時代の回想録を出版する大浦太郎の名前もある。「松田町長」や前職の「浦崎前町長」の名前も入っている。

翌一九五〇年二月一三日（第一八号）の記事では、社説欄に「自由経済」と題し、「自由価格」が生産者や価格の決定者に利益をもたらし、社会全体が経済的に潤っていくという現象を「ここ数年で我々が最も味わった事」とし、「与那国の経済がどんなに流通性を含んだものであり生活が安定して豊かであったことを認めざるを得ない」として、全体的に自由経済における価格の高騰を批判する文脈でありながら、戦後数年間で流通を中心とする自由経済によって島が潤っていたことを示唆している。

三月六日（第一九号）の記事では、当時与那国警察署所長であった仲本宗裕の「投稿」として、「久部良の治安維持について」と題した論説が掲載されている。そこでは旧正月二日に久部良において傷害事件が起こったこと、また「最近久部良に於いて飲酒の上刃物を携行して治安を紊す者」がいるとして、治安の悪化を懸念し、防犯協会の協力を得て「防犯思想」の普及に努めていくとしている。ここでは、久部良部落の治安が悪化していることを警察が懸念していることが読み取れるが、それは「密貿易」のことを指しているというより、むしろそれも含めて久部良に多くの人が集まり、活況を呈したことに伴って治安が悪化したことを指していると考えられる。

同年一〇月九日（第三五号）の記事では、一面に「便利になった配給品」と題し、「建安丸」によって運ばれてきた食料品が、それまで役場から各家庭に配られていたのを改め、祖内、久部良、比川それぞれ一店ずつ各商店に配給されるようになったため、便利になったと報じている。食料品の内実は、「米、□小麦粉、食油」などであるという。二面では、広告欄に「今度から各売店で広告致します」とある。

一〇月一六日（第三六号）の記事では、二面の右上に「軍政長官警告　密貿易　不法入国に対し」と題し、当時の「琉球軍政長官R・B・マクローア少将」による「密航」や「密貿易」に対する警告が掲載されている。その内容は、「琉球列島に対し密貿易並びに不法入国を成す船舶に従事する船並びに運転者は地方当局に依り逮捕された上軍政府に依りその船舶並びに積荷は没収される旨琉球軍政長官Ｒ・Ｂ・マクローア少将は警告を発した　この逮捕並びに没収政策に関連して軍政府は早急に数隻の高速警備艇を配置し沿岸取り締まりは強化されつつあると発表した。以上密貿易及不法入国に関し軍政府は斯かる全ての不法行為を排除する為の軍政布告第一号□条文に依り権能を行使する―」と、軍政府側からの発表を引用している。それに対する「与那国新聞」側の反応として「以上であるが一般の注意を要す」とある。

一一月一三日（第三九号）の二面では、「久部良港初の鰹業　生盛氏順調に圣営」と題し、「終戦後久部良港における初の試みである」「生盛氏」の鰹漁業が順調に行われていることを報じている。戦前久部良において盛んであった鰹漁業が、この時点でようやく本格的に復興しようとしている状態になったことをうかがわせる。また記事において「生盛氏」の事業に期待を寄せつつ、その中で「戦後暗の浮かれ景気から一転して着実な鰹漁業に転向」とあり、私貿易による経済の興隆を一過性の景気として捉えていたことがうかがえる。

このように、「与那国新聞」の場合、島の経済状態については一九四九年段階の「海南時報」とは異なり、むしろ景気の良さをほのめかしながら、島民が拝金主義に陥っているのではないかなど、人心の荒廃を懸念する記事が目立った。また拳銃を扱う犯罪者や、防犯協会の設立について報道するなど、島の中での治安維持について関心を払っていることがうかがわれた。このように、私貿易の存在を直接には公言していないものの、それが与那国島の経済社会に変化を促した重要な現象であったことの一端が、同新聞記事から読み取れる。また、私貿易の隆盛が行き過ぎた犯罪に陥らないようにするための啓蒙といった役割を果たそうとしていたことも、同新聞の報道傾向からうかがい知ることができた。

先述した「海南時報」の記者、南風原英育は当時不足していた新聞発行に必要な紙を手に入れるため、一九四七年の七～八月頃台湾へ「密航」し、その途上、与那国島に立ち寄っている。当時の与那国島の景気について南風原の回想録に詳述されているため、以下に紹介する。南風原は石垣島で台湾との私貿易をした商人から与那国島の景気についての話を聞いた。その話によれば、取引がうまくいけば、船一隻分の取引で家一軒がたつほどの儲けがあるということだった。

その後南風原が船をチャーターするために与那国島に立ち寄ると、戦前には島に二、三軒しかなかった飲料店が四八軒に増えていたことにまず驚かされたという。ただその多くは母屋を改造したにわか作りの店構えであり、中には座敷に簾を垂れただけで、飲み屋の看板だけ大きく掲げたものもあった。その後南風原一行は台湾の「蘇澳」、つまり後述する南方澳に向かったものの、現地で取引に失敗し、与那国島に戻っている。その際、夜の与那国島沖合には船が十数隻も集まっており、それらの船の明かりによって、あたかも不夜城のような明るさを放っていた。また港は船員や商人達で賑わい、旅館や飲み屋が繁盛していた。そこで南風原は小学校の教員から当時の月給が三〇〇～六〇〇円であり、船から港に積み荷を運ぶ運び屋をすると、一回に二〇円の報酬があるため、生活のために運び屋をせざるをえない、という話を聞いている。また麻袋にB円軍票、日本円、台湾紙幣をごちゃまぜに入れ、大国主命《おおくにぬしのみこと》のように肩に掛けて威張る商人もいたという（南風原 未発表：一―二）。こうした経験談からも、台湾との私貿易の有無が島の経済状況を大きく左右していたことがうかがわれる。

なお、軍政府の取り締まりが厳しくなると、私貿易人からの収賄が発覚する警察官も出たとのことである（南風原 未発表：二）。警察官の私貿易への対応については、次節にて後述するとおり、この頃にはある程度目をつむる条件が出来ていたようである。しかし捕まれば軍事裁判にかけられ、懲役三年の上船も没収され、公売に掛けられたという（南風原 未発表：二）。

さらに、与那国島の中心集落である祖内《そない》に当時から居住し、「景気時代」の賑わいを一目見ようと久部良集落に出かけた経験のある池間苗も、当時の賑わいを鮮明に記憶していた。池間の私信より、以下に紹介する［31］。池間が伝え聞いたところでは、戦後台湾から日本人の引き揚げが行われた後には、基隆や高雄の港に行き場を失った米や砂糖の山が積まれていた。また商店などにも残された品が多くあり、それらを与那国に運んできたところから、私貿易が始まったのだという。

久部良漁港の沖に停泊した「闇船」から、久部良の漁船が米俵や砂糖の大袋などを港に運び込み、久部良漁港に山積みされるようになると、その噂は祖内にいた池間の耳にも入った。そこで好奇心に駆られた池間は、一目見ようと荷物を積みに行くトラックに便乗させてもらい、久部良に向かった。そこで久部良が「人だらけ」であったことにまず驚き、さらに空襲を受けた発田鰹工場の焼け跡に米俵が積み上げられていたことに驚いたという。また先述の南風原英育と同様、小学校の男性教員が久部良で米俵の担ぎ屋をしていたところも目撃している。驚いた池間が「どうしたんですか」とその教員に尋ねたところ、「物価が上がって、給料だけでは生活できない……とにっこりして言われた」のが忘れられないという。そしてこうした米や砂糖は、那覇や神戸に送られたと聞いたそうである。さらに、池間も久部良には食堂が二八軒もあったことに驚いている。そうした状況が、戦後三年間は続いたという。

このように池間の体験からも南風原英育と同様、久部良が大変な賑わいであったことがうかがえるが、小学校教員の笑顔は、やはり「密貿易」という言葉の持つ暗いイメージとは程遠く、むしろ島の「景気」や「賑わい」がもたらしたある種の明るさを感じさせる。さらに池間は当時の状況を振り返り、「密貿易で栄えましたら、闇時代から景気時代に変わりました」と評している。これらの点から、「与那国新聞」には直接の言及は少なかったものの、私貿易は島に「景気」をもたらした、いわば島内社会における劇的な変化として、新聞紙上、ひいては島民からも公然と受け止められていたことが推察できる。

六　与那国島を往来した人々

ここでは、筆者がインタビューした私貿易経験者のうち、与那国島を中心に南方澳、基隆、沖縄本島糸満、馬天、そして台湾から奄美大島と、主に台湾―沖縄ルートを往来していた人々の私貿易取引を始めた経緯、及びその取引方法に関する証言を紹介し、その証言に現れた私貿易、及びそれぞれが経験した越境において「境界線」をどう認識していたかを分析する。ここでは、「境界線」の設定そのものは敗戦という経験から甘受するものの、新しくできた「境界線」についてはその存在を認めつつも、「密貿易」、即ち私貿易は生きるための当たり前の行為として認識していたことが明らかになった。また当人達も自分達の行為をいわゆる犯罪とは認識していなかったことが共通して語られていた。特に久部良港では島の青年達が自警団を組織するなど、港での治安維持にも努めていたことが語られた。

1　「密航」「密貿易」に関する諸研究

戦後初期の琉球列島と域外との、いわゆる「密航」「密貿易」に関する研究としては、「密貿易」という名称を定着させた点も含め、最初の学術的な研究は石原昌家に遡る（石原　一九八二）[32]。

石原は「密貿易」が起こるきっかけを戦後台湾からの引き揚げ、及び国境に当たる与那国島久部良漁民の戦前と変わらない漁業と台湾の市場への卸売りという活動に位置づけ、そこから沖縄、宮古、口之島を中心に台湾、香港、日本本土等との「密貿易」の展開とその終息過程を明らかにしている。石原は沖縄民衆の社会史を明らかにするという視点から、主に膨大な数の当事者へのインタビューと、当時の新聞記事によって調査を行っている。その後、屋嘉比収は石原の研究成果を基に、境界線上に暮らす人々の意識における国境線設定の影響を明らかにするという視点から、当時の新聞や琉球警察に関する公文書資料を使用した研究を行っている。そこでは、当時の台湾や朝鮮戦争といった東アジア情勢を視野に入れた米軍政府の取り締まりによって、与那国島の「密貿易」が衰退し、結果として与那国島民の生活において台湾との国境を意識させることになったと論じている（屋嘉比 二〇〇九：二三三―二六四）[33]。

この戦後に引かれた与那国島、あるいはそれを含む先島諸島と台湾との国境線に対する両岸の住民達の認識に注目した研究には、近年大きな進展がみられる。八重山毎日新聞の松田良孝は、近代において与那国島と対岸の「蘇澳南方」を中心とする台湾の港とを往来する人々によって両岸を包含する生活圏が築かれていった過程を当事者のライフヒストリーを軸に詳述している。その文脈において戦後の「密貿易」もまた、当事者にとってはそれまで築かれてきた生活圏における営みの延長として捉えられていたことが描かれている（松田良孝 二〇一三）。そして終戦直後の与那国―台湾間の国境はそうした往来を可能にする緩やかなものであり、それが東アジアにおける国際環境の変化によって閉ざされたとする指摘は屋嘉比と同様であるが、その歴史過程については中華民国の「密貿易」取り締まり記録を使用して論じており、新たな視点を提供するものである（松田良孝 二〇一三：三一一―三一九）。

また、近代における沖縄出身漁民から台湾東部漁民への漁労技術伝播について造詣の深い西村一之は、戦後盛んに行われた台湾東部漁民と八重山漁民双方による「密貿易」はやはり一九四〇年代後半からの取り締まり強化によって衰退するが、海上での双方の漁船による取引はその後もしばらく続いたことを指摘している（西村 二〇一四：四八―四九）。そのうえで、このような台湾東部漁民の国境を越えた往来の経験は、双方の住民が国境を越えて相互に繋がりを保ち続ける「境域」を生み出す可能性を孕んでいるという（西村 二〇一四：五一―五二）。その他漁業者へのインタビューに基づいた記述としては、先述の（松田良孝 二〇一三）に加え、本書にも登場する久部良出身の元漁師、長浜一男の取引方法について、尖閣諸島への出漁経験者を調査している尖閣諸島文献資料編纂会の研究書にも記述がみられる（尖閣諸島文献資料編纂会 二〇一三：三八二―三八四）。

ところで、この「密航」「密貿易」という呼称自体にも、その是非をめぐる議論がある。自身も「密航」の経験者である与那国出身の元県議会議員宮良作は「密貿易」という言葉を当時の与那国島の交易に使用することについて、当時の与那国島民、自治体はおろか軍政府も認めていたため不適当であり、生活再建のための「復興交易」と呼ぶべきである、と述べている（宮良 二〇〇八：一八七―一九六）。奄美諸島を中心に、戦後占領下における住民の自立的な経済活動という視点から調査を行っている三上絢子もまた、「密航」「密貿易」という呼称は当時の実態に照らして不適切であるとし、これに代えて「非正規渡航」「非正規交易」という呼称を使用している。三上は経済復興という視点から「非正規交易」と奄美大島における「市場」や「商業圏」形成との関連について正面から論じており、この視点からの本格的な研究としては初の試みと考えられる（三上 二〇一三：八、四三〇）。なお、三上によれば奄美大島、徳之島、与論島、喜界島などにおける各市町村誌にもその島における「非正規交易」体験談の記述があるという［34］。三上が提示した「非正規交易」と「市場」形成の関係性に関する議論をするうえで欠かせないのが、こうした取引における相場がどのようにして決定されていたかという問題である。この点について、与那国島についても当時の取引における決済方法と相場に関して、町史編纂委員の米城恵による「密貿易」経験者、大浦太郎へのインタビュー記録が公開されており、興味深い（与那国町史編纂委員会事務局編 二〇一三：四八一―四八九）。

その他「密貿易」に関する回顧録も含めた、当時の実態を明らかにすることを試みた著作には、以下のようなものが挙げられる。まず郷土史的な関心から、奄美大島―日本本土間の「密航」「密貿易」を島の人々が活躍した時代として位置付ける、地元誌編集者の佐竹京子の聞き取りによる研究成果がある（佐竹 二〇〇三）。また学術的な関心からではないが、石原昌家が記述した戦後初期の時代において「女親分」と呼ばれるなど、石垣島、与那国島、沖縄本島糸満を拠点に台湾、香港、日本本土との「密貿易」で活躍した糸満出身の金城夏子の伝記を、作家の奥野修司が発表している（奥野 二〇〇七）。奥野は金城夏子のご息女を中心とした数多くのインタビューと、新聞記事を中心とした膨大な文献調査によって夏子の生涯だけでなく、当時の与那国島、沖縄本島の糸満や本部といった琉球列島各地、また神戸や和歌山などでの「密貿易」の状況も描き出している。脚本家の高木凛もまた、金城夏子と同時期に「密貿易」で活躍したといわれる同じ糸満出身の照屋敏子の生涯を、やはりご子息をはじめとする関係者へのインタビューや書簡、文献の渉猟によって、戦後の福岡や沖縄の様子を交えて描いている（高木 二〇〇七）[35]。作家の作品としては他に、佐野眞一の著作にも、与那国島の「密貿易」について、その後の沖縄の裏社会の形成に繋がるものであったという視点からの記述がある（佐野 二〇〇八）。

戦後初期の「密貿易」に携わった当事者の回想録としては唯一、与那国島出身の大浦太郎による、戦後初期の与那国島の社会状況と「密貿易」との関わりを描いた著作がある（大浦 二〇〇二）。

このように、いわゆる戦後初期の「密航」「密貿易」については研究者の他にもジャーナリストや作家など、様々な論者がそれぞれの関心からその当時の状況を調査し、発表している状況である。回想録を除き、その多くがインタビューや個人書簡、新聞記事などによる調査が中心となっている。これは当時の状況を記した公的資料の少なさによるものと考えられる。筆者も当時の状況を知る手掛かりを得るため、二〇〇八～二〇一一年にかけて与那国島、石垣島、沖縄本島、東京、台湾、宮古群島、鹿児島で一〇人の経験者とその関係者の方に聞き取りを試みた。本書での調査に当たり、生存されている経験者がかなり少なくなっていることは印象として感じられた。先行研究に記載されているインフォーマントの中にも、筆者がフィールドに行った際、既に亡くなられたと伺った方もいる。既に体験者のお話を聞く機会がかなり減ってきていると考えられ、その点からも貴重な証言が得られたといえるだろう。

ここでの関心は、先述のように、私貿易経験者が当時の権力によって設定された境界をどう認識していたかにある。そのため、本書のインタビューでは「密航」や私貿易体験そのものだけでなく、戦前の生活や私貿易を辞めた後に就いた職業などについて記述した部分がある。その狙いは、その当時の彼らの生活状況を記述することを通して、「密航」、私貿易を含めた当時の時代状況を、当人達がどのように捉えていたかを知る手掛かりとするためである。そこから、本書の主眼である、「密航」者、私貿易人達が当時の境界線をどうとらえていたのか、また自らが行った「密航」、私貿易をどう捉えていたのかについて検討していく。

2　与那国島久部良港—南方澳・基隆・糸満

ここでは黄春生《こうはるお》〔36〕、大城正次〔37〕、長浜一男〔38〕、三名の証言から与那国島久部良港を中継地とする私貿易の始まりと終わりを概説し、それぞれの私貿易経験及び、それを「密貿易」たらしめた与那国島久部良と台湾の南方澳、さらに八重山、宮古、沖縄、奄美各諸島を分断した「境界線」への認識を描く。また当時与那国島久部良部落で自警団の指導者的立場であったといわれる大浦太郎の自伝（大浦 二〇〇二）、さらに私貿易時代の与那国島久部良港に関する先行研究から、私貿易人達の国境線への認識を描く。黄春生は与那国島の対岸に位置する台湾の南方澳《なんぽうおう》という港の出身で、戦後南方澳と久部良港を行き来していた。長浜一男は戦後台湾の基隆にいた兄を訪ねて行ったことがきっかけで、戦前から台湾にいる友人・知人と協力し、久部良港と南方澳との往復を始めた。大城正次は、与那国島久部良港から糸満港及び与那原の馬天港との間を往復していたという。三人とも自らの行為を一般的な意味で言う密貿易とは違うとし、また久部良港では警察も大目にみており、大きな犯罪などもなかったという。

3　久部良—南方澳間の往来

(1)戦前の南方澳における漁業

黄春生は一九二九（昭和四）年、現在の宜蘭県《ぎらんけん》蘇澳鎮《すおうちん》にある、南方澳〔39〕という港町で生まれた。戦争中に一時期「廣田」という日本姓を名乗っていたことがあるという。沖縄との私貿易の時代、春生の父は二五馬力、二〇トンの漁船を三隻持っていた。そのうち二隻が南方澳と与那国島久部良港の往復に使われた。主に与那国、宮古出身の船員を雇っていたという。

春生が小学校一年生（七、八歳）の頃に彼の祖母から聞いた話によると、春生の父は一九〇五（明治三八）年生まれだという。黄家では祖父の代から自宅近くの池を干拓し、田んぼにして農業を営んでいた。大正三（一九一四）年、父が九歳の時、祖母と一緒に農業に出ていたところ、「工定師《こうていし》」の「三木さん」という日本人に見込まれて、南方澳の港を建設するための「実候《じつこう》」、つまり測量を手伝うことになった。その「実候」の手伝いには一四歳まで従事した。五年間の測量であった。測量と同時に、南方澳の港の工事もその頃始まっていた。南方澳の測量を終えた後、今度は一四歳のときに基隆に連れられて行った。そこでは「八尺門港《はつしやくもんこう》」という漁港の測量を行った。ここでは二年間測量をした。それが終わって、南方澳に帰ってきたのが一九二一（大正一〇）年、一六歳の時だった。その頃には南方澳の港も九〇％は出来上がっていた。また内地から移民の船が入るようになり、日本人移民がたくさん入ってきていた[40]。そして一六歳の時、父は日本人の漁業船にコックの見習いとして乗り込み、そこで六年間使われた。一九二三（大正一二）年には南方澳の港が完成したという。

二二歳の時、中古の二〇馬力の日本船を一隻、初めて購入した。それは日本本土から来た船で、台湾で操業した後、船主が船を売って帰るところであった。当時、冬には長崎や宮崎からカジキを獲りに南方澳へ一時的に寄港する船があり、夏には帰って行った。カジキは値段が良かったためである。そうして突き船の船長になった。その船は「協榮丸」と名付けられた。そして一九二九（昭和四）年、二四歳のときに春生が生まれた。

父は冬には蘇澳の西方沖でカジキを獲り、「夏」、つまり三月以降になると、四月、五月は紅頭嶼《こうとうしょ》や、台東の新港方面などの南に「下がって」マグロ釣りを行い、その後南の火焼島《かしようとう》方面まで再びカジキの一種である「バレン」を獲りに行った。そのような操業を何年か行っていたが、マグロ釣りに出漁した際、暴風雨に遭って岩礁にぶつかり、船を打ち割ってしまった。船員は泳いで避難し、全員無事だった。どこかの港の中に避難できれば、船は壊れるだけで沈むことはなかったのだが、事故に遭った当時、近くの新港や花蓮にはまだ港がなく、港の中に避難することはできなかった。事故後、日本人が所有していた中古船を買い取り、「協榮丸」が「南でしくじった」ので、南に栄えるという意味で、「南榮丸」と名付けられた〔41〕。船が大きくなったので、今度は台湾の北にある「無人島」、「アジンコウ」方面へ漁に行くようになった。

(2)徴用と引き揚げ

一九三七（昭和一二）年に「シナ事変」〔42〕が勃発すると、父は翌年には漁船ごと徴用され、長江での食糧運搬に携わった。父が船長で、父の弟が機関長であり、他に三名の船員がいた。計五人で行ったという。船員は皆、地元南方澳で父が雇っていた人達であった。そのとき徴用された船は「二號南榮丸」といい、春生が四、五歳の頃、一九三三（昭和八）年頃に南方澳の「高畑《たかばたけ》造船所」で建造された二五馬力の新船であった〔43〕。当時、台湾で二五馬力以上ある漁船は皆徴用されていたという。

上海から重慶を攻めるというので、重慶まで軍の荷物を運んだ。そこまで運ぶだけの道路が整備されていないらしかった。しかし重慶に向かう途中、多くの船が上流から流された機雷によって沈められていた。徴用船が機雷にぶつかると、木造船なので何もなくなってしまったという。父と仲間達は重慶の近くまで行って食料や弾薬を運んだが、そこで引き揚げといわれて、一九四〇（昭和一五）年に上海に引き揚げてきた。重慶の近くまで行ったのに、皆「おかしいな」と思っていたという。上海に着いた後、部隊は軍令で解散した。そして基隆に戻った際には、従軍記章を授与されている。

台湾に帰ってきてから、父は「大東亜戦争」〔44〕が始まるとの噂を聞いた。今度は南洋に徴用されるのを恐れ、船を全て売り払った。「シナ事変」では、南方澳で徴用された船のうち、一〇隻中八隻は帰ってきたが、二隻は機雷によって犠牲になったという。

「大東亜戦争」中は日本人所有の、徴用対象から外れている二〇馬力の船の船長を務めた。港では二〇馬力の船が徴用を免れ、残っていたのである。そのとき船員が足りなかったため、父は船長になることを頼まれた。「西喜丸」という船であった。当時は春生も子供だったので、南方澳にある船主の家に遊びに行っている。当時の南方澳には日本人移民がたくさんいたという。商売をする人、洋服を売る人、魚の仲買人、魚を日本に送る人などであった。そこに、台湾人も商売をしにどんどん入ってきていた。

戦後になると、南方澳には台湾人の漁師がたくさん入ってくるようになった。サバ釣りのためであった。台湾人漁師は戦前にもいたが、戦後になってからの方がずっと多かった。戦前、台湾人漁師は南方澳よりも、主に海軍基地のある「北方澳《ほっぽうおう》」という漁業部落におり、そこを延縄漁船の基地にしていたためであった。従って、南方澳で最も早く漁師を始めた台湾人は春生の父であったという。

(3) 私貿易のきっかけ

戦前・戦中を通じて、父は漁業で成功し、字名で「阿毛《アモウ》」と呼ばれていた[45]。戦前・戦中は日本人の船には日本人船員しかいなかったが、父は一六歳の頃から漁船での経験があるので、特別な存在だった。南方澳の外から来た日本人とケンカをしても、「阿毛さんが腹が立ったら大変だ」といわれていた。父は悪いことはしなかったが、短気で動きの速い、頑固な男であった。有名な空手家でもあり、当時南方澳で台湾人をいじめた日本本土出身者を徹底的にやっつけたこともあるが、弱い者をいじめるようなことはしなかったという。

戦前に南方澳で最初に鰹漁を始めたのも父であった。また台湾の「阿毛」といえば、漁業関係者の間では日本本土でも宮崎、土佐、清水の港で知らぬ者はいないほどであったという。さらに、漁業によって比較的豊かな生活を営むことができたため、普通の台湾人の農家では米酒といわれる地元の安いお酒も飲めない状況であったが、春生の家では、ビールや日本本土産の清酒を飲んでいた。また、父は「蕃社《ばんしゃ》」〔46〕の人達とも日本語で会話し、船員として使っていた。ただし、蘇澳の部落では移住者である日本人が圧倒的に多く、日本人と地元の台湾人が入り混じって歩いているような状況であった。春生自身、小学校の頃に学校からの帰り道で日本人の子供と喧嘩したこともあったという。

春生が戦後に与那国島との私貿易を始めたのは、この父がきっかけであった。当時の南方澳の港は基隆や高雄と同様、戦争中に空襲を受けていたが、主に輸送船を狙ったものであったため、港口以外にたいした被害はなかった。ただし、春生が空襲のときに丘に上がって蘇澳の港を見ていたところ、港の日本軍は爆撃によって全滅してしまった。さらに、眼に入る輸送船は全て破壊されてしまっていた。

そうした状況であったため、台湾には終戦当時、高雄などから南方へ送る予定であった「日本軍二〇万人分の食料二年分」が、輸送できずに行き場をなくして留まっていたという〔47〕。一方で日本人が引き揚げた後も、沖縄人漁師は中華民国政府に認められて台湾に残っていたが、一九四七（昭和二二）年二月に始まったいわゆる二・二八事件を機に、南方澳の沖縄人達はほとんど引き揚げていった。しかし彼らは沖縄に戻った後も、漁のついでに南方澳に米を買い付けに来るようになった。彼らは沖縄には米がない、と話したという。そこで、台湾にある米を沖縄に持っていこうという話が持ち上がり、父が私貿易を始めたという。つまり以下に記述する貿易は、春生にとって現在言われるような密貿易ではなく、いわば沖縄への食糧供給であった〔48〕。

春生も一八歳頃、つまり一九四七（昭和二二）年頃に父に連れられ、初めて与那国島の久部良港を訪れた。春生はその頃、就職先として小学校の教員を勧められていた。しかし当時の物価からいって、教員の給料は「いくらにもならなかった」という。それで仕事をどうしようかと家で考えていたところ、父が与那国島との間で私貿易をしていることを知った。そこで父に頼み、父の船に乗って初めて与那国島に上陸したのであった。

与那国島に来た春生は、父の仕事を見てやり方を覚えた。父の取引の様子を見てみたら簡単そうに思えた。そして二回目からは自らが荷主として私貿易を行うようになった。久部良に集まる私貿易人の中で春生が一番若かったという。春生はこの頃、久部良の人達から字名で「阿生《アセン》」と呼ばれていた。久部良での荷揚げ作業は昼間から堂々と行っていた。また、当時台北から沖縄との私貿易をしようとする台湾人は皆父のところに挨拶に来ていた。さらに久部良部落の私貿易従事者も挨拶に来ていたという。

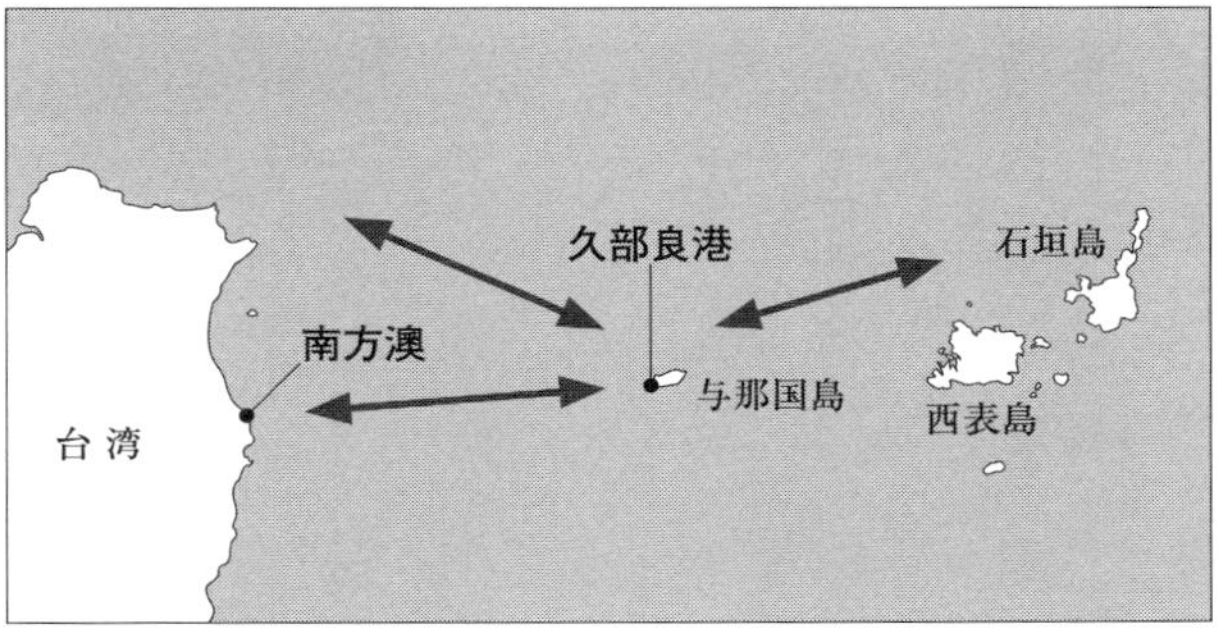

図① 与那国島久部良港と、南方澳・石垣島の位置関係。

貿易において、父は父の船を使い、春生は別の船を使った〔49〕。春生の船では、「安里徳次郎」という久部良出身の人が船長を務めていた〔50〕。船員には八重山や宮古の人もいた。主に与那国と宮古出身者が多かった〔51〕。入港はせず、浜に置いたサンパンで荷物を陸に積み出していた。港に入る船はその際、「○○號」とか「○○丸」のように、船名を書かなければならなかったためである。しかし、そのときはまだ海上の警備も厳しくはなかった。久部良港では、国籍やどこの港から来たか、などで船を区別するようなこともなく、皆平等に扱われた。さらに、米軍は台湾人を捕まえても直ぐ帰れ、といったような状態で、処罰の対象にはしなかった。また与那国へ行くのに米軍が煩いということもなく、台湾の沿岸警備隊には賄賂を渡せば見逃してくれた。

久部良には商売上手な宮古の女性達がいた。春生が取引した沖縄側の人々は、そうした宮古の業者が多かった。どうやって持ってきたかは春生にも分からなかったが、彼女達が米軍の物資を持ってきてくれた。そうした宮古の業者が八重山や与那国島に物資を運んでいた。与那国島を基地にした糸満の人々もいるにはいたが、春生自身はあまり面識がなかった[52]。加えて、与那国島以外の八重山の人々は、主にそうした貿易を行っていた業者達と陸で商品のやりとりをしていたという。

当初は米やビーフンなどの食料品を主に運んだが、そのうち雑貨類やドラム缶なども運び、やがてポマードなどの化粧品類も多く運ぶようになった。他には自動車のタイヤ、機械類などを運搬し、一回の航海で五〇〜一〇〇俵分の品を運んだ。南方澳から久部良港まで、当時の焼玉エンジンの漁船で片道一〇時間ほどかけて到着し、久部良港に入るとサバニで「上《ウエ》」[53]に上げてもらった。こうして私貿易で得た資産については、船や漁の道具を買うなどして事業に使ったという[54]。

(4)台湾での荷揚げ

砂糖を南方澳の浜辺に荷揚げする際は、村人に手伝ってもらった。一軒いくらという形でマージンを渡した。村の人達も喜んで、男も女も総出で手伝いに来た。しかし台北から時々警察の応援部隊が来るなど、警察官も浜辺で警戒していた[55]。警察官は木の陰に隠れるなどして見張っていたが、春生は彼らの寝る時間を見計らって運び込んだ。大抵は深夜の「一時、二時、三時」と待って、夜明け前に運び込んでいた。船は沖合に停泊し、そこに村人がサンパンで受け取りに来た。受け取ったサンパンは浜辺に上陸し、村人が荷物を担ぎ防波堤を越えて契約してある民家に運び込んだ。上陸してから民家に運び入れるまで五、六分程度でできたという。そうして運び込んだ荷物は、台北に売りに行った。このような上陸拠点には、あらかじめ三つの場所をとっておき、「ぱぱっと」三回荷揚げをしては場所を変えた。当時はほとんどの人が失敗して捕まったことがあるが、春生が逮捕されることはなかった。捕まれば罰金か、「何か月かぶちこまれる」ことになった。

当時の警察もまた、元々の警察官というより、日本人警官の下で働いていた台湾人が警察官になるという状況だった。そのため、警察官としての正規の教育は受けていないような人が警察官をしていたという[56]。蘇澳の警察も煩いことは煩かった。捕まえて「密貿易」だという人もいたが、お金を渡せば大方見逃してくれたそうである。この「密貿易」という言葉について、春生は以下のような見解を示している。

あの品物は今まで共同して作った。それをいえば密貿易とはいえない。国境が分かれて、密貿易と呼ばれた。でも僕は、密貿易ではない。

（二〇一〇年六月二一日、沖縄県内にて聞き取り）

図②　与那国島の久部良漁港。当時のことを伝え聞いている石垣島の台湾系住民の方によれば、この港の入口は狭く、「密貿易」が盛んな頃は波に乗らないと上手く入港できなかったという。

図③　久部良漁港の北西の丘、クブラバリの付近から海を眺める。左手奥が久部良漁港。右手方向を直進すると台湾の南方澳にたどり着く。（石原 2000）によれば、冬場の天候の良い日にはここから台湾東部の山脈が見えるという。（図②③とも2010年6月、筆者撮影）

この「密貿易」という呼び方には、当然違法行為という意味合いが含まれていると考えられる。そこで、当時台湾と与那国島の間に、法的には存在したであろう国境線が春生にとってどのように認識されていたのか明らかにするため、私貿易をする際、国境線が引かれ、与那国と自由な往来ができなくなったという何らかの情報を春生が持っていたのかについて尋ねた。これについては以下のように答えている。

春生：いや、それはない。いや結局台湾が中華民国になって、国が違ってしまった。蔣介石が入ってきてから、戸を閉めなければいけないような時代になってしまった。戦争中は、誰も盗むような人はいなかったのに。日本は台湾を賠償金の代わりに捨てた。だから日本は賠償金を払っていない。それでおさまったわけだ。中国と

図④　南方澳の外にある海岸。右手方向の沖合に111キロ進むと与那国島に至る。

図⑤　南方澳の外側に広がる浜辺。正面の沖に与那国島がある。黄春生によると、与那国島は低い島であるため、天候如何にかかわらず与那国島の島影をこの海岸から見ることはできないという。

図⑥　南方澳港の全景を、港の奥にある媽祖廟より望む。（図④⑤⑥とも2011年1月9日、筆者撮影）

の争いが。

筆者：与那国との国境線は関係なかったのですか？

春生：与那国との国境線は、関係あるとも言えるし、ないともいえるさ（笑）。そこは難しい点があるんだ。もう渡したんだから、台湾を。（既に）蔣介石に渡したんだ。

筆者：少なくとも、春生さんご自身にとっては、（当時の国境線は）あんまり関係ない？

春生：そう、関係ない。それは、（台湾人と日本人）皆で作った食料だから。それを運んでくるのが、何処が悪いんですか（笑）。

（二〇一〇年六月二一日、沖縄県内にて聞き取り）

また春生によれば、沖縄に米軍が上陸してからの戦争の凄まじさを想像するだけでも、戦後沖縄に食糧が足りなくなっているだろうことは想像がついたという。戦争中、春生の家の裏手の方向にある「宜蘭飛行場」からも四機、五機の日本軍の特攻隊の飛行機が飛んで行ったが、帰ってきたのは一機だけだった。春生は家の上を飛んでいくので、海図で方向をはかっていたという。また、沖縄に食料が足りないというのは、戦後に「密貿易」を始めた時も彼の船の沖縄人船員から聞いていた。家に米がないと言っていたという。

台湾で荷物を集める時は牛車やリヤカーを利用した。沿道では兵隊が立って見張っていたという。その他に、村人が集まって船をチャーターし、沖縄に運ぶこともあった。大抵は二〇～三〇人のグループを組み、人数分の荷物を運んでもらった。春生の船では一名幾らという割合で計算し、荷主達から運賃をとっていた。

(5)奄美との私貿易

戦前に「内地」で生活していたことがある高雄の「王《おう》さん」という人に頼まれ、「大島」まで精製された砂糖を運んだこともあった。そのときは、例えば「王さん」は船の係、「大島」の受け取り主は何々の係と、あらかじめ役割を決めて運んだ。「王さん」が仕入れ、春生のところへ持参した砂糖はザラメで、白糖ではなかった。荷物の取引相手は「王さん」の伝手で手配されていた。南方澳を出港する際、「大島」に電話を入れ、途中石垣でも電話を入れて、待ち合わせ場所や時間などを打ち合わせた〔57〕。

そして、徳之島の伊仙町付近の沖合で待ち合わせた。すぐに隠れられるよう、岬の付近の沖合であった。夜、懐中電灯で互いに合図をし、沖合で「大島」側のサバニに渡した。タイヤを真ん中に挟んで船を横付けし、荷物をサバニへ「バンバン」投げたという。砂糖を一〇〇俵ほど受け渡しするのにさほど時間はかからなかった。当時一俵は六〇キロほどであったという。受け渡し場所が徳之島の沖合であったことから、春生が語った「大島」というのは奄美大島のことを指すと考えられる。

値段としては、一〇〇万円の品物が二〇〇万円になって売れるなど、倍の値段で売れた。「大島」に行ったとき、向こうの人に誘われて日本に住もうかとも思ったが、一旦台湾に戻った後、台湾側の警備が厳しくなってしまい、断念したという。

(6) 私貿易の終わり

元々終戦直後の台湾では、漁のための新船をすぐに作ることができたため、漁の再開には不自由しない状況であった。しかし二・二八事件では蘇澳でも二〇名がスパイ容疑で殺され、その前後から港における国府の警戒が徐々に厳しくなっていったという〔58〕。

例えば出漁して何かあればすぐに船の電報員が密告をするようになった。それを認めなければ、操業許可が下りなくなってしまった。また、漁船がちょうど出港の準備で忙しい夜明け前に漁港へ立ち入り検査に来ることがあり、漁船が出港できなくなってしまう、ということがよくあった。

さらに出港する際に船員同士で一人につき七名の連帯保証をつけなければならなくなり、一人捕まれば連帯責任で船の全員が捕まるという状況が生まれた。七名の連帯で判を押し、「船員手帳」というものを作った。それがなければ、漁に出られなかった。春生によれば、大陸との間でスパイ行為を行うのではないかとの懸念も当時の政府にはあっただろうという。また、それまでは「無人島」近海への出漁許可を得て、一週間から一〇日ほど出漁し、そのついでに沖縄側と私貿易ができていたのが、申請しても一日しか出漁できないようになってしまった。

このように、私貿易をやめたのは台湾側の取り締まりが厳しくなっていったからであった。沖縄よりも台湾の政治の方が「厳しかった」という。

その時台湾の政治が強かった。沖縄はそうでもなかった。台湾でも、住民が反抗して追っ払われはしないかといわれて。（二〇一〇年六月二四日、沖縄県内にて聞き取り）

逆に米軍政府は私貿易に対して、取り締まりにそこまで熱心ではなかったという。

アメリカ人はそういうの（取り締まり）は関係しなかった。食料はないから、台湾から運んでくるのは、別に悪いこともないのに。だからアメリカもそういう関係はない。（二〇一〇年六月二四日、沖縄県内にて聞き取り）

こうして、春生が従事した沖縄への「食糧供給」は、沖縄の人達が引き揚げた後の一九四八（昭和二三）年頃から五、六年ほどだった。しかしその間、与那国島との行き来において特に危険な目に遭ったこともなかった。私貿易をやめるまでは、沖縄側へは主に与那国島の久部良港にほぼ二日に一回の割合で往復していた。一か月に何トン運んだかわからないほどであったという。

(7)その後の往来

しかし私貿易をやめてからも、しょっちゅう与那国島へは追い込み漁など、漁をするために来ていた。沖縄が日本に復帰してからは取り締まりが厳しくなって行けなくなってしまったが、それまでは「自分の国のように仲良くしていた」という。台湾の船が沖縄の近海で魚を獲っていても捕まることはなかった。上陸して、またそれで警察に捕ったとしても、アメリカ軍政府に送られ、その後すぐに返されるだけであったという。

上陸するのは主に与那国島であった。春生の船が港の近海に来ると、合図してサバニで上陸させてもらう、ということが復帰前まではできた。同じようにして、宮古などにも上陸していた。そして上陸しながらカジキ突きに使用する銛竿や先端に取り付ける「ツバクロ」、鰹釣りの「エバ」（赤、白、黒）や「ホロ」なども台湾から持参し、久部良に提供していたという。

与那国島の船が台湾との中間にあたる「蘇澳の瀬」というところで冬場の時化に遭った際も、燃料がないので近くの台湾の港に寄港して助かった例がたくさんあるという。「蘇澳の瀬」はカジキなどの豊富な漁場であった。そこからの帰途、大時化に遭って与那国島の島影が見えなくなり、エンジンも止まってしまった場合、台湾へ流れに任せて「すべって」行った方が簡単だったという。その当時、位置関係を確認するにはコンパスと目視しかなく、山影を見ないと自船が風に流されていることすら分からなかった。そのため台湾側の港を目指せば、台湾の山を見ながら自船の位置を確認することができ、蘇澳、南方澳、花蓮港など、港の位置も確認して港に入ることができたからである。南方澳では春生の父が帰りの燃料を調達し、避難してきた船に提供していた。その頃は「蔣介石軍」も港に入ることを黙認していた[59]。しかし、それも沖縄が日本に復帰してからはほとんどなくなった。復帰後は特に、漁船も魚群探知機や無線、GPSなどの機器が導入されるようになっていたため、目視確認をしながら近くの台湾に船を向ける必要がなくなったからであった。

また復帰後、沖縄の近海は「領海」と呼ばれ、その中で魚を獲ると捕まってしまうようになった。沿岸警備も厳しくなり、以前のような漁はできなくなった。現在、私貿易の時代から米国施政権下の時代を知る与那国島の友人達はずいぶん亡くなってしまったが、まだ健在の方もいる。彼らとの個人的な交流は続いているという。

(8) 私貿易における国境認識

私貿易をしていた当時、春生にとって国境線は「ある」ともいえたし、「ない」ともいえた、という。現在、彼の行った貿易が「密貿易」と呼ばれることについては、筆者に「あれは密貿易じゃないよ」と述べており、その言葉の使用は当時の状況に照らして不適切であると考えているようであった。さらに、台湾が日本に統治されていた時代に日本人も含め、「皆で作った食料」を沖縄へ運んで何が悪い、と思っていたと語った。当時、船員達には一航海いくらという形で月給が支払われており、売り上げも計画的に運用されていた。また取り締まる側の警察官も、当時与那国の警察官は久部良に一人、役場のあった祖内部落にも二人しかいなかったとのことであり、取り締まりが厳しいということもなかったという。

こうした経緯から、終戦後台湾が植民地から解放され、自分達は日本人ではなくなった、即ち隣接する与那国島とは別々の国になった、ということは情報として認識していたが、春生の私貿易や漁業といった仕事において、与那国島との国境線それ自体が重要な意味をもっていたとは考えにくい。

春生が私貿易をやめたのは主に台湾側の港における警備強化であり、そして漁業のついでに与那国や宮古に遊びに行くことをやめたのは日本側の領海警備と出入国管理の強化によるものであった。そしてこのインタビューにおいて記述されている通り、私貿易に対する取り締まりは必ずしも、春生にとって、八重山の人々と「同じ国のように仲よくする」という認識を変えることはなかったといえる。

4　久部良―基隆間の往来

長浜一男は鹿児島県枕崎出身の両親のもと、久部良で生まれた。久部良では父の代から事業を営んでいたが、長浜自身も二一歳頃から船を三隻持って突き棒漁業を営むほか、鰹加工場や酒屋などを手掛けるなど、様々な事業を営んできた。その後町会議員を五期二〇年務め、その間には議長も経験している。

(1)私貿易のきっかけ

終戦の年、長浜は一六歳だった。そのとき台湾の基隆に住んでいた義兄夫婦を訪ね、台湾に遊びにいった〔60〕。そこで台湾でも物がないことを知り、私貿易を始めた。そして一七、八歳～二二歳ぐらいまで久部良と台湾の間を往復していた。商品は自宅で準備し、台湾では基隆港に船を入れていた。自身の所有する八トンの船だった。段取りのために取引相手とよく話し合い、合図をして取引をした。当時は二二、三歳だったが、度胸があったという。戦前、台湾には沖縄県出身の女工等もいた。本土出身の女工もいたが、面識はなかった。

基隆の「浜町《はまちょう》」には国府軍の警備隊が多かったという。また「浜町」や蘇澳南方には沖縄出身の漁協の従業員がおり、「県人会」を組織していた。県人会長は「喜友名《きゆな》」という人〔61〕であり、役員がたくさんいたという。終戦直後、沖縄の船乗りは指導員として留用され、県人会が身分証を発行していた。

(2)台湾での取引方法

当時、与那国島では那覇から米軍の戦果品が久部良に運ばれてきていた。また台湾からも船が来ており、中継地となっていた。その頃の人口は三万、四万ともいわれていた。商品は台湾側から米、砂糖、食料品、サッカリンなど、沖縄側からは生地、軍服、ラシャ、カーキラシャ、薬莢、紙幣などを物々交換していた。

当時長浜のポケットには、毎日、「一万円札」が一〇枚や二〇枚は入っていた。他にも、久部良で儲けて貯金した人は、那覇に出ていったという。そのくらいの大変な景気であったため、沖縄本島、宮古、八重山、奄美大島、本土などからも人が集まっていた。その結果久部良に料亭が七、八軒は建っていたという。

長浜の家に来て取引をした船は五、六隻ほどであり、それが長浜の管轄する取引相手だった。その船の中には必ず台湾の少年がおり、そうした少年達の中には必ず友達がいた。長浜が行った取引の方法では、そうした少年、例えばAさんに、台湾にいるBさんにこのように伝えてくれ、と頼んでいた。Aさんは正直に長浜を信頼しないと商売にならないため、正しく伝えてくれたという。その言伝は例えば、「何月何日の何時に基隆あたりで、どういう風にして合図をするから、ちゃんと出てくるように」、というような内容であった。そうして人づてで日時、待ち合わせ場所まで指定していた。またこうした内密の話を通しておかなければ、確実な商売ができず、そのため「密貿易」は難しい商売であったという。長浜は当時、台湾の様々なところに行って、台湾のことを「わかりきっていた」から貿易ができた。その中でも、特によく知っている基隆の港を台湾の拠点港にして貿易を行っていた。そのように連絡が十分にとれていたため、失敗することはなかった。逆に、台湾のことが全く分からなければできなかったであろうという。

しかし、守備隊は常時警戒していたため、撃たれる危険があった。実際、沖縄からの私貿易人で撃たれて死んだ人もいたという。そのぐらい危険だったため、奥さんからは台湾に行かないでほしいと泣いて止められたが、「背に腹は代えられない」、また当時生まれた子供にも食べさせなくてはならない、といった切迫した理由から計画を練って台湾へ通い続けた。一九歳のときに結婚し、二〇歳の頃には子供ももうけていた。また父母の他に兄弟が六人いたので、家族を養わなくてはならなかった。そうやって稼いだ結果、兄弟をみな高校や大学に行かせることができた。また父が病気で一年ほど入院したため、そのためのお金も大変だったという。

しかし当時一七、八歳で商売をしていた長浜に対し、周囲の大人の中には「生意気だ」、「死ぬのが怖くないのか、バカじゃないか」などと言う人もいたそうである。それでも「食わんがため、背に腹は代えられないから、飢えから逃れるため」に私貿易を続けた。

長浜の船の船員は久部良だけでなく、石垣や那覇の出身者などから構成されていた。基隆港へ入港する際は、「パクられる」危険があったため、特に信用できる人を漁船の船員の中から一人ひとり選抜したという。もし捕まったら荷物は全て没収され、船もとられてしまうからであった。台湾側の私貿易人の中には、台湾で捕まって銃殺された人もいたという。

基隆ではライトなどで合図をし、受け渡しは海上で行った。台湾では荷揚げは夜にしかできなかった。それでも台湾側の取引相手は全員戦前からの漁を通じた知り合いだった。戦前、与那国から台湾へ漁に出かけていた漁師達を通じて知り合い、私貿易を行えるだけの信頼関係ができていたからである。また、台湾の人も与那国の人も、生活のために貿易をする、という事情は一緒であった。そうやって「闇貿易の親分」をしていた、若かったので「意地があったのだろう」、また死ぬことも恐れなかったという。

逆に、久部良では米軍の目を盗みさえすれば、昼間から積み込みができた。自分の船に伝馬船で荷物を一個ずつ運んでもらい、こっそり積み込んだという。いずれにせよ、警備をくぐらなければ商売はできなかったようである。

(3)私貿易に対する取り締まり

長浜によれば、米軍は私貿易そのものには興味がなかったのではないかという。主に武器や軍需物資の流出への警戒から、警備が厳しかったというわけである。また久部良の警察は、放任しなければ島の人達が治まらないため、「密貿易」に同情的な態度をとる、といった状況であった。もし取り締まれば、自警団という当時の青年団組織が警察をやり込めてしまうからであった〔62〕。そうしたいわゆる「暴動」を、警察は怖がってもいたという。自警団は島民の生活を守るために存在し、警察があまり見張ると、「我々はどうやって生きていったらいいのか」と警官を殴るなどして逆にやり込めていた。当時、警察官は久部良に四、五名しかいなかったので、捕まえて殴っていたという。警察官が台湾人をいじめても、すぐに捕まえた。そういった形で、商売相手のことも守っていた。また長浜が自警団に入っていたときに警察官を殴るという事件が起こったが〔63〕、長浜は当時若かったため無罪となり、他の人は五〇〇円の罰金刑で済んだという。当時の久部良では自警団の方が立場は上であり、そうした「暴動」も「背に腹は代えられない、生活の一つの知恵」であったという。

また長浜を捜索していた警察官に対しては、逆に捕まえていたという。友達がたくさんいたので、捜査情報も頻繁に入ってきていた。刑事が近くに来るとすぐ電話などで「おい、警察が来て、あんたのことをいっとるよ」と教えてくれた。そうやって自分を捕まえに来たのが分かると、逆に警察官を捕まえ、「どこに証拠があるか」と迫ったという。そのくらい、警察は怖くなかった。そういう勇気がなければ、「商売」はできなかったという。

台湾側は、国府軍が沿道で警戒をする程度だった。しかし警備は厳しかったという。国府軍の兵士達は、海岸で鉄条網を張り、銃を向けながら立哨していた。彼らには身分証を見せて頭を下げたという。というのも、国府軍の接収後も特別な技術者と船乗りは指導員として台湾に渡ることができ、その人達には先述の喜友名嗣正が会長を務める、在台の「沖縄県人会」〔64〕から身分証が発行されていたのである。守備隊の兵士に街中で呼び止められたときに、携帯していなければ逮捕されてしまうため、当時台湾に居住していた沖縄出身者はみな身分証を持っていたという。長浜はさらに、親分を連れて行って挨拶をした。当時、台湾で力のある「親方」は兵士達に賄賂を渡していたため、その「親方」のもとで働く人は逮捕を免れることができたという。また兵士に逮捕された場合にも、身を守るために直ぐに金を出さなければならなかった。

長浜の場合、身分証をもっていたことと、上述の義兄夫婦を雇っていた基隆の「號禮《ごうれい》」が船を六、七隻持つ大金持であり、彼の庇護があったことから、台湾にいても「パクられ」ずに済んだという。

しかし二・二八事件が起こると沖縄の人でも撃たれて犠牲者が出た。与那国島の出身者でも、機銃で撃たれて七、八名が亡くなったという。そうした人達は「パクられ」て、逃げようとして撃たれて亡くなり、あるいは五年間の強制労働を課せられる場合もあった。そして生き残った人は船をチャーターして逃げてきたという。

ただし、このように台湾の警備が厳しくなっても、私貿易はできなくはなかった。私貿易ができなくなった原因は久部良での米軍による取り締まりが厳しくなったからであった。米軍は久部良で、どこの家にどんな荷物が運び込まれているか、という情報まで入手し、家宅捜索に来て検挙していった。彼らは家に入ると、通訳を通じ「すぐ、何出せ」、「誰入って、(荷物が)あるでしょう、出せ」と要求した。長浜の自宅の裏にもガソリンを隠してあったが、米軍はつきとめたという。そのとき米軍は「これは誰のものか」と問いただしたが、長浜の父が応対し、「これは人のものだ、わからない、私は何も関係ない」と答えた。そうすると米軍は品物を持ち去っただけで、長浜が捕まることはなかったという。また台湾の船も、警察ではなく米軍に逮捕されるようになると、品物を船ごと没収されるようになったため、逮捕を恐れるようになった。そのため、与那国の人達も合図をして、帰したという。

そのように久部良での取り締まりが厳しくなってから、日本からの生活物資がたくさん入るようになったので、生活ができるようになった。しかし、米軍からの戦果品も久部良に入ってこなくなり、その結果台湾との貿易はできなくなった。日本の物資だけでは「たかが知れていた」という。台湾からは米や砂糖など、多くの物資が入ってきたが、日本からはせいぜい素麺くらいのものだったそうである。

こうして私貿易ができなくなった後は、ついにパスポートがないと往来ができなくなってしまったという。「商売」もできないし、ただ遊びに行くぐらいの理由で高価なパスポートは取れないから、行き来はできなくなってしまったのである〔65〕。

(4)「密貿易」への認識

長浜が私貿易をしていた当時、国境が引かれていたのは知っていたという。守備隊が巡回していたし、戦前のようには働きにも行けない状況だったからである。またあの時代を振り返り、「密貿易」とはいえないという〔66〕。久部良では昼も夜も荷揚げをしていたし、警察もそれを放任していたからであった。米軍の警戒が厳しくなって、消えていったというだけの話であり、滅多にない時代だったという。現在は日本も台湾も国境管理がしっかりしているため、そうした「世の中」は、二度とは来ないだろうという。

このように、長浜の場合、台湾との間に国境線が引かれていたことは認識していたものの、その当時の島や自身の生活状況から、「食わんがため」というように、生活のためにその国境線を越え、与那国、台湾双方の警備をかいくぐって行ったものであることを述べていた。

(5)復帰後の花蓮市との交流事業

長浜は戦後与那国島の人口が減っていくにつれ、漁を続けていくのも難しくなり、町会議員へと転身した。そして復帰後に行われた台湾の花蓮との姉妹都市提携は、長浜が議長時代に先導して行ったものであったという。それは、花蓮で産出される大理石を与那国に運び、大理石工場を作ろうという計画からだった。

長浜は花蓮と姉妹都市提携をする際、先に南方澳に赴き、春生の父である阿毛に会っていた。南方澳との方が付き合いは深かったが、当時南方澳は貧しい漁港だったので、経済的に豊かな花蓮と提携することにしたのだという。交流による経済的な利益を見越してのことだった。とはいえ、南方澳などにいる戦前からの知り合いと協力しながら進めた。姉妹都市の式典の際には春生も南方澳から訪ねてきてくれたという。

長浜はこのように、私貿易も、また議長時代の姉妹都市事業も、戦前からの知人や人脈を利用して成功させている。こうした事業を進めるにあたり、特に「人を知る」ことが大事だと強調していた。子供達にも「人を知ること、仕事をするには人を知って、人との付き合いをよくしない限りには仕事はできないよ」と言い聞かせてきたという。現在、ご子息の一人が与那国町役場で八重山郡の広域圏を担当していた実績を買われ、台湾との交流も担当するようになったが、ご子息が仕事で台湾に行けば、長浜の息子だと皆すぐにわかるのだという。

こうした長浜の経験は、戦前からの人間関係が私貿易後も形を変え存続していた一つの証左であったと考えられる。

5　久部良—基隆・糸満・馬天間の往来

(1) 植民地台湾での就業

大城正次は与那国島久部良部落の出身である。戦前は植民地台湾でマグロ漁船の船員をしていた。マグロ漁船に乗ったきっかけは、小学校の高等科に入った際に一か月怪我で休んだところ、先生から進学ができない（留年が決定した）と言われたためである。その当時兄が既に台湾のマグロ漁船に乗っており、学費を出すから台湾に来ないかと誘われた。つまり台湾の学校への進学の誘いであった。そこで翌年の四月に台湾に渡り、受験までマグロ船の見習いを始めた。一五歳の頃だった。給与は配当制で、普通一〇〇円のところ見習いは二〇〜三〇円だったという。与那国沖で昼に漁をし、夜航海して朝、一番近い蘇澳に卸したという。当時は基隆の社寮町《しゃりょうちょう》（現在の和平島）にも沖縄の人が住んでいた。

大城のマグロ漁船は、一九三五（昭和一〇）年には赤道付近で操業していた。しかし日米戦争が始まってからは、バシー海峡以南は行くなという通達が政府からきたため、近海での操業に切り替えたという。

(2)戦争体験

大城は台湾でマグロ漁船に乗っていたが、戦争が始まると招集され、戦艦榛名《はるな》の乗組員となって南方に行った。その後榛名が佐世保にドック入りしたため駆逐艦に配置替えとなり、そのため輸送船の護衛艦での勤務となった。一九四五（昭和二〇）年の四～五月頃、旅順、黄海の先にあるタアクというところから岩塩と石炭を三隻の輸送船が小樽まで運んでくるのを護衛し、そこで終戦を迎えた。大城のような階級が下の兵は、輸送船がどこに行くかは聞かされていなかったという。しかしカムチャッカ方面に行くということは聞いていた。恐らく樺太に向かい、塩漬けの鮭を作るつもりだったのではないかという。

(3)戦後の与那国島への引き揚げ

大城は一九四五（昭和二〇）年、小樽で終戦を迎えた。その後富山に寄り、琉球列島が軍政下におかれたため、与那国に帰れないので鹿児島の戦友の家に誘われ、鹿児島の「別府シラザ」に向かった。そのとき約一〇か月間鹿児島の連隊と共に収容所に入れられていた。その後志布志の飛行場に四、五名の沖縄人がいると聞き、そこに行って仲間に入れてくれと頼んだ。志布志の飛行場では五、六か月分の食糧が配られた。そこで一九四六（昭和二一）年の正月を迎え、二月に先島への引き揚げ船が出ると新聞に載ったので、鹿児島の収容所に行き、二月の中旬に鹿児島湾から出港する駆逐艦に乗って八重山まで引き揚げてきた。石垣島の親戚宅に一週間滞在し、与那国行きの運搬船が出るのを待って与那国島の久部良に帰ってきたという。

帰ってみると、久部良の家は焼かれていた。聞けば、終戦の四、五か月前に米軍の飛行機がガソリンを撒いて、その上から焼夷弾を落として行ったのだという。戦前、久部良には発田氏が経営する鰹工場（大浦 二〇〇二：六六―六九）があり、久部良沖では夏と冬に鰹がとれ、久部良は鰹漁の基地であった。また、南方に行く輸送船団の船も時折時化や機関故障などで停泊していた。そのため軍事基地と間違われたらしく、米軍の攻撃目標となってしまったそうである。ガソリンが撒かれた時、久部良の多くの人は山の中に避難小屋を造って避難していたが、部落内に残った人もいたため、その人達は焼け死んでしまったという。二、三件の家族が一家全滅し、学校も焼かれてなくなってしまった。そして大城の妹も、その時防空壕で友達と一緒に亡くなった。学校が焼失したため、子供も学校に行かなくなった。そのため一九四六、四七（昭和二一、二二）年頃までは学校はなかった。当時教員の数が少なく、インフレ下では月給一五〇〇円は安すぎたため、教員のなり手もなかったという。戦後はそのような焼け跡の状況であったため、集落を復興させなくてはならなかった。復員後、大城は集落復興のため仲間四、五名と共に山に木の切り出しに行き、掘立小屋を建てた。また部落民総出で茅葺の学校を作った。小学校は祖内、久部良両集落に一つずつ作ったものの、中学校は祖内と久部良の中間に作ることになったという。

さらに空襲で亡くなった人の埋葬作業も行った。お墓は石で造った。一家全滅した家の墓を、石を積んで作ったりしたという。ちなみに現在、それらの無縁仏の遺骨は平和祈念資料館のある摩文仁の丘の納骨堂に安置されているとのことである。

大城は一九四一（昭和一六）年に軍隊に行く際、それまで台湾で漁船の船員をしていたときに貯めたお金で、自分の生命保険に四〇〇〇円、家に一〇〇〇円の保険をかけて行ったという。しかし、復員後、一九五二（昭和二七）年に郵便局の窓口に行ったところ、生命保険は四〇〇円しか下りないと言われた。抗議しても軍政府の命令だからと取り合ってもらえなかったという。後で聞いたところでは、海外からの引き揚げ者は一人一五〇〇円までしか持ち帰ることができなかったそうである。海外から莫大な海外資産を紙幣で持ち帰ってしまったら、大インフレになってしまうというので、軍政府によるインフレ防止策であったという。当時は既に紙幣が紙切れ同然だったために、後述する私貿易も当初バーターであった。ドル紙幣が手に入るようになってから、紙幣の値打ちが出てきたという。

大城の兄は郵便局の通信士を頼まれたが、月給一五〇〇円と聞いて断ったそうである。タバコもなく、自分で畑に栽培したものを刻み、キセルで吸っていたという。

(4)私貿易の始まり

一九四六（昭和二一）年中は台湾からの引き揚げ船に乗ってきた人がタバコを持ってきたくらいだったが、一九四七（昭和二二）年ごろから、台湾の少年らがやってくるようになった。そこで、防空壕に残った日本製のタイヤと台湾から運んできた食糧を交換するところから台湾との私貿易が始まったという。大城が二四歳の頃だった。物資が途絶え、物価も存在しない状態だったので、必然的に物々交換になった。

大城は仲間と自警団を作り、取り締まりをしないでくれと警察官に頼んだ。当時、久部良には警察官が一人しかいなかった。そこで昼間堂々とやったりしない、という条件で大目にみてもらえることになった。しかしそのうち慣れてしまったので、一部の人達が昼間から堂々と取引を始めたという。その当時は台湾からの米、メリケン粉、砂糖、そして与那国からのカーキ服、タバコ、薬莢などが浜に堂々と積まれていた。香港から久部良に来た船もあったという。そのうち一九四九、五〇（昭和二四、二五）年頃から米国の警備艇が来るようになり、それら現物の写真を撮り、動かすなと命じた。品物が誰のものか特定しようとしていたようである。この取り締まりを恐れ、与那国から八重山に逃げた人もいたという。

メリケン粉や砂糖を持っていた人が一四、五名ほど米国の警備艇に捕まり、八重山に連れていかれて裁判にかけられることがあった。しかし闇商売、及び「密航」行為をやらない旨の始末書を書いてすぐに釈放された。その際久部良の闇物資は海に捨てられ、とたんに警察もやかましくなったという。こうして警備艇が何度も来るようになってから、その後私貿易はバタッと止まった、とのことである。

こうして大城は一九四七（昭和二二）年あたりから闇商売を始め、一九五〇（昭和二五）年ごろまでの三年ほど久部良と糸満を往復する形で商売を続けた。基本的に途中他の島には寄らず、直行で往復していた。台湾との国境線については、それが引かれたことすら当時は知らなかったという。

(5)私貿易最盛期の久部良

当時、糸満や那覇には私貿易で儲けた人達も現れたという。特に、与那国では林発やナツコなどが堂々とやっていた［67］。久部良では台湾からの船の荷物を与那国にいる商人が買い取る方式だったが、ナツコは一隻の商品をまるごと購入してしまい、船一隻分の荷物をナツコの船にそっくり移し替えたという。

一九四八、四九（昭和二三、二四）年頃、台湾から中国の軍艦が一隻入港し、司令官か大佐と思しき人が率いて堂々と私貿易をしにきたこともあった。それを見て大城は「中国もでたらめだなあ」と思ったという。中国の兵隊は背中に傘を挿したへんてこな恰好だったので、最初兵隊だとは信じられなかった。復員兵だった大城は彼らの格好を見て「日本はアメリカに負けたんであって、こいつらなんかに負けたんじゃない」と思ったそうである。その中には大尉という人もいたので、大城は「あなたなんかに負けたんじゃない、連合国に負けたんだ」と言ったという。久部良では、島の人で旅館を経営する者も現れた。旅館といってもあばら家であった。

林発は「やり手」であったという。私貿易で儲け、海の近くに大きな家を建てていた［68］。林発やナツコは沖縄行きの私貿易船を船一杯借り切っていた。また、沖縄の那覇などで卸商を営んでいる業者にも元々私貿易人だった人が今も二、三軒はあるという。照屋敏子も当時与那国に来ていた〔69〕。大浦太郎は当時久部良部落の指導者的存在で、湯浅商事という大きな会社の会計をしていた。この湯浅商事は大きな船を所有しており、大城ら私貿易取引をする人達の品物を運搬していたという。久部良港には私貿易船が堂々と入っていた。警察は「大げさにやるな、やるな」といっていたが、当時は部落会長もいない状況だった。

一九四九（昭和二四）年頃から、久部良に集まる私貿易船に対応するため、兵隊帰りの青年を一二～三名集めて自警団を組織したという〔70〕。揉めそうになったこともあったが、事件などは起こらなかった。巡査も馬鹿にされており、警察は怖くなかったという。終戦直後、久部良には警察官は一人しかいなかったが、その警官がうるさく言ったことがあり、そのときは自警団五、六名に叩かれたことがあった。しかしそういうことがあっても、誰も口外しなかった。後に警察官は二名に増えた。

そういった事情があり、久部良の治安維持には警察もいらず、また私貿易に警察も関心をもたなかったという。また、役所も関心はなかっただろう、とのことである。むしろ役所が火災で焼失した際、本土と私貿易をしていた島人の出資によって役所が再建された。その際、警部補にも役場の再建を説得されたという。また当時、町長は声高に日本復帰を叫んでいたが、それは当時の状況では全く見通しが立たなかった。そのため、非現実的な日本復帰より、与那国は台湾に復帰した方が良い、という旨のヤジが飛び、「台湾復帰」というのも冗談のレベルではあるが、言われていたことがあるという。当時町長が日本への復帰を盛んに主張したのは、特に島の教育の問題が深刻であったため、ということである。

(6)二・二八事件

大城は戦後一九四六（昭和二一）年頃から私貿易をはじめていたが、二・二八事件の前になると久部良港と台湾間の私貿易が既に衰退していたので、留用者として台湾の船主の漁船で働くことにした。伊江島の「シマ」という知人に誘われ、社寮町の「號禮」という人のところで働いていた。號禮は三隻の船を所有しており、そのうちの光隆號という船に乗り、基隆の港を拠点に漁をしていた。他に、四、五名の仲間がいた。大城の留用証明書は「合作社」といわれる漁協を通じて號禮が市役所に届け出を出し、許可をもらえた。そのときは社寮町に住んでいたという。戦前から住んでいた沖縄出身者の空き家がたくさんあり、市役所に申請すれば家賃無料で借りることができた。

一九四七（昭和二二）年に二・二八事件が起き、二週間ほど基隆で捜索が続き、沿岸で多くの人が銃殺になった。祖内の人も二人亡くなったという。二・二八事件発生後、社寮町に人が誰もいなくなっていた。そこで船長に蘇澳の商店と電話で話をつけてもらい、蘇澳に魚を卸し、そこで食料を調達して急いで与那国島に避難することになった。米や醤油を積みこんだが、そのとき二名の台湾人を一緒に逃がしてくれと頼まれた。よく見るとそれはいわゆる「ゴロツキ」であった。大城は驚いたが、二人を船の倉庫に隠し、与那国に向かった。久部良では、他に一〇隻の船が避難していた。警察も手続きをとって承認したという。

二・二八事件以後は台湾にも行かなくなった。また留用もしなくなった。軍作業もあったし、沖縄に行けば稼げるようになったから、とのことである。

(7)糸満・馬天港での取引

大城は、一九四七（昭和二二）年頃から久部良から糸満へ鰹節を売りに行き始めた。久部良と糸満の間は月一、二回のペースで、何十回と往復したという。

また沖縄本島与那原の馬天港は、当時米軍の物資を保管する巨大な倉庫地帯となっており、石油や煙草などが大量に手に入った。大城は通訳と当時「パンパン」と呼ばれた売春婦を二、三名連れて行き、警備をしていた米軍の番兵に彼女達と遊ばせる代わりに、物資をくれるよう交渉した。すると、大抵は「ＯＫ、何でも持っていけ」ということになり、持ち出すことに成功した。通訳は軍作業をしている人の中から見つけた。船を馬天港の横につけ、一航海につき「今回は石油」などと運ぶものを決めて、米軍からジープも借り、船一杯に積んで明け方に出港した。「パンパン」の女性達や通訳への報酬は私貿易で儲けた金のほか、鰹節を渡していた。当時鰹節は貴重品であったという。

そのうち米軍も警備が厳しくなり、上陸しようとすると喜屋武岬から銃を発砲するので、慶良間諸島に逃げて上陸した。夜こっそり番兵のところに行き、一人の番兵に五〇～一〇〇ドル渡し、女性を二、三人つけた。女性達にも一人につき一〇〇～二〇〇ドルくらい渡した。そのとき、私貿易品はドルで取引していた。

図⑦　馬天港に停泊する山原船。(『オキナワグラフ』2006・11：45)(1951～53年頃、小野田正欣撮影。図⑧⑨も同じ)［71］

一般的には、大城が沖縄と私貿易をしていた頃は米軍の軍票が流通しており、それから三、四年後にはＢ円になり、日本円とＢ円の比率が一Ｂ円＝三六〇円で交換されるようになった。番兵も形だけであり、通訳を通じ、女性をあてがうことで話をつけた。そこでタバコ（ラッキーストライク＝赤玉）五〇～六〇ボール（一ボール＝一〇〇個）ほどを手に入れた。その当時「米軍は物資があるんだなあ」、と感心したそうである。

当時、祖内港に仲嵩《なかたけ》鰹工場が焼け残っており、そこが船を二隻ほどもっていたため、鰹節生産が可能であった。また、久部良でも個人的に鰹節の生産を再開する家も現れた。大城はそういったところから鰹節を入手し、バーターに使った。

また、久部良で台湾船から入手した米を糸満に運び、夜こっそり取引をしたこともあった。折角米を運んでも、その時々で相場が変動し、だぶついたり、値上がりしたりすることがあり、取引は難しかったという。カーキ服やタバコなどは浜にそのまま野積みすることもあった。当時、糸満の集落の人はだいたい皆私貿易に関係していたという。糸満の商売人の半分くらいは女性だった。五、六名でグループになって買い取り、二、三名で包んで買っていった。宮古の女性達も与那国に来ていた。しかし、八重山には取り締まりが厳しいので行かなかったという。八重山の治安は安定していた。

糸満での取引の方法は、まず私貿易の商売をしている女に紹介料を払って、紹介を頼んだ。港で商品の見本を見せ

図⑧　山天毛という丘（墓地）から見た糸満ロータリー。奥の海では、糸満ハーリーが行われた。当時、盛大なハーリーが行えたのは糸満と泊ぐらいであったという。（『オキナワグラフ』2007・1：44）

図⑨　山天毛から那覇方面を眺める。中央の道は現在の国道331号線だと考えられる。（『オキナワグラフ』2006・12：42）

てもらい、その現物を注文するとカッパに包んで持ってきてくれた。また宿の人に手数料を払い、そうした仲介者を探してもらうよう頼んだ。宿ともどこに荷物を降ろすか相談し、浜などの場所を指定された。糸満の警察は、荷物を野積みしても大目に見ていたという。船を沖に泊めて、エンジン付きの伝馬船で浜に引き上げた。ただし昼間堂々とはできず、夜間に行っていたという。

糸満では九州、四国の中古船が買われて、停泊していた。一〇隻ほどの船が来ており、それらは大分、鹿児島、高知などからであった。また香港に薬莢を「密輸」する船もあった。台湾から来た船を買ったケースもあった。台中の人の船で、一〇〇〇～二〇〇〇ドル持っている人もいた。雑貨は日本、台湾からのものが集まった。メリケン粉、タオル、生地類などが大陸から運ばれてきた。米三〇俵、タバコは何箱もトラックで那覇に持って行ったという。

私貿易で儲けたお金はその後、船や家を作り、また店を作って二、三人を雇い、商売をする際の資金になった。反物、焼き物、雑貨などを扱ったという。この時すでに、店に卸す物資は正規の輸入品になっていたという。

私貿易の最盛期には、大城によれば与那国島の人口は一万五、六千人ほどいたのではないかという。遊郭が五、六軒建つなど大変な景気時代であった。そして与那国島の私貿易が衰退した後、その後は糸満が「密航」の中心地になったという。糸満から薬莢などを香港に運び、砂糖、メリケン粉、油などと交換する者がいた。その商売で「成金」も生まれた。沖縄戦の直後だったため、薬莢は日本軍、米軍双方の物が山積していた。それらを拾い、信管を抜いたものを持ってきたという。薬莢を防空壕や石川、本部の山に隠しておいて、香港に持っていった者もいたようである。香港からの米などは何時から何時と時間を決めて、夜運搬船に載せて陸揚げした。糸満の人はカバヤと呼ばれる小屋を建て、倉庫貸し業も行ったという。

⑻米軍の取り締まりと私貿易衰退の原因

大城の経験では、海上では米軍の取り締まりもなかったという。宮古で海上に浮かぶ米軍の飛行艇を見たことや、他でも軍艦が泊まっていたところを見たことがあるが、なんともなかったそうである。大城の認識では「『密貿易』は久部良の復興にとって良かったと思う」という。米軍からは交渉して手に入れてきたのであり、別に盗んできたわけでもなかった。米軍も物品を持て余していたのだろうと思う、とのことである。当時は「景気時代」と言われ、鶏も地面に落ちた米をついばまなかったという。また祖内、比川の集落の人も荷役や大工などで久部良に多く集まるようになっていたとのことである。

しかし一九五〇(昭和二五)年頃から取り締まりが厳しくなり始め、治安も回復し、軍政府ができたという。取り締まりが厳しくなってから日琉間の信用状取引による民間貿易、いわゆるLC貿易が始まった。こうして本土と貿易するようになったので台湾の船との取引も引き合わなくなった。しかし、そもそも米国も物資を戦争に使うために持ち込んだのだから、余ってしまって困っていたのではないかという。しかし、LCになっても物資は足りなかったそうで、需要が満たされたから、というよりもやはり取り締まりが厳しくなったから、というのが与那国私貿易衰退の一番の要因ではないか、とのことである。

しかし日本との貿易が正式に認められても、米軍は共産主義者の疑いなど、怪しい人にはパスポートを発行しなかった。また復帰以後も二年間は本土への渡航に米軍発行のパスポートが必要であったという。占領時代、米軍からの通達は常に一方通行で意見などできなかったという。

七　与那国島私貿易ネットワークモデル

以上の軍政による取り締まりに関する報告、与那国島と石垣島で発行された新聞記事、そして当事者からの聞き取りによって、与那国島における私貿易取引の実態がある程度明らかになった。これらの点を踏まえ、私貿易のネットワークがどのような性質を持っていたのかについて、取引をする「ブローカー」、そして彼らの中からそうした人々を仲介する役割となった「有力者」を中心に、その権力構造を整理する。

私貿易の取引においては、物的な担保が存在しなかった。取引が成功すれば、仕入れ金額の二倍以上の利益が得られるため、たとえ一度失敗しても、損失分を次の取引によって埋めることができた。しかし、取引のために船に乗った場合、時化や嵐などに見舞われれば命を失う危険すら存在した。これらの点から考えて、私貿易の取引が取引従事者にとって、総じてハイリスク・ハイリターンであったことは間違いない。そうした物的担保のない貿易に乗り出す場合、何よりも取引の確実性を保証するものは当事者間の信頼関係であったと考えられる。

ここでいう信頼の根拠は、取引をより確実にするために提供される情報量とその正確さに基づくものであると考えられる。即ち取引を確実にするためには取引を行う当事者同士がお互いに正確な情報を交換し合い、警備や悪天候をかいくぐるのに最適な日時と場所を決めて待ち合わせ、取引を行う必要があった。また取引を成功させるためには台湾であれば地元の有力者にあらかじめコンタクトをとって犯罪やその他のトラブルを未然に防いで取引の円滑化を図り、場合によっては台湾の沿岸警備隊に賄賂を渡す必要があった。船舶にしても、レーダーや天気予報のない当時、中古の漁船で外洋を安全に航海するためには船長の経験と勘に頼らざるをえず、そうした船長、あるいは船員の優劣もまた取引の安全性を左右する要因であったはずである。さらに取引によって手に入れた荷物を沖から引き上げる際には人出が必要であり、台湾の場合は近隣の村人を雇い、また与那国では専門の担ぎ屋が他島から港に集結していた。取引を成功させるためには、これらの人々の協力も得なくてはならない。そうした場合に、より正確な情報を集め、より優秀な船長、あるいは船員を雇い、そして地元の有力者や村人の協力を取り付けられるだけの「顔が利く」ことが取引者にとっての信頼のバロメーターであったはずである。もちろんそうした信頼を築くため、あらかじめ資金力の豊かなことが一つの資源として有利であったことは間違いないが、それよりも、より多くの「顔の利く」人物、即ち周囲からの協力を取り付けられる人物との協力関係を築いているかどうかが取引者の信頼性に決定的な影響を及ぼしたと考えられる。つまり、どれだけ「顔の利く」人物に「顔が利く」かが、取引の安定性にとって重要であった。

そしてすべてが人づてで伝えられるため、悪評がたってしまってはその人物の信用を落とすことにも繋がる。たとえ取引自体が取り勝負、取った者勝ちの競争的な取引であったとしても、防犯協会などが設立されていた経緯から、取引そのものに犯罪が関係するようなケースは一般的ではなかったと考えられる。即ち、より「有力な」取引者であればあるほど、取引相手からは信用される人物であったといえる。また現在まで「密貿易人」として名を残している故人が、多くの場合その後に高い社会的地位を得、あるいは地元の人々からその人物に対しての賞賛の声が多く聞かれることは、こうした「顔が利く」人物が持つ人望の高さによるものと考えられる。言い換えれば、互恵的な協力関係に基づく信頼によって取引者、仲介者、さらには雇われた船員や担ぎ屋などが結びついていることが一つのネットワークとして理解できる。そしてこのネットワークの中心は取引者（ときには仲介者）であり、より多くの良質なネットワークを抱えている取引者がその地域の「有力者」、すなわちネットワークセンターとして機能していたと考えられる。こうした有力者同士がさらにネットワークによって相互に結び付いていくことにより、私貿易取引のネットワークは連鎖的に拡大していったと考えられる。

与那国島の私貿易は、戦前植民地であった台湾の南方澳の漁師との、日常的な往来と市場での取引や漁船での協働などによって築かれた信頼関係に基づいて始まり、そこに宮古や沖縄本島の糸満、香港、日本本土出身者などが参加していった。このような形で取引の規模が拡大していった原理は、ネットワークの水平に広がる構造にあったのではないだろうか。そしてこのネットワークの拡大は漁船の往来による情報伝達によってもたらされたものと考えられる。

次章からは宮古、沖縄本島糸満、そして日本本土側の貿易拠点であった口永良部島において貿易取引の在り方を分析することにより、このネットワークモデルの各島における検証、及び与那国島から延びるネットワークの延長が各島でどのように機能、または変容し、どのような構造を作りだしていたのか、その全体像について検討する。

［1］近代史の松田ヒロ子によれば、近代の八重山は日本における周辺としてよりも、都市化された植民地台湾の周辺としての農村地帯であったと位置づけることができ、台湾への出稼ぎ経験者へのインタビューから、彼らにとって台湾へ就労・進学した経験の語りは台湾の近代都市に憧れる周辺地域の農民としての主体を構築しているという（松田ヒロ子 二〇〇八：五四四―五五一）（Hiroko Matsda December 2008:511-531）。

［2］『与那国町第4次総合計画――参考資料編』http://www.town.yonaguni.okinawa.jp/section/soumu/sogokeikakushiryo.pdf（二〇一四年一二月二二日）

［3］与那国町ＨＰ。http://www.town.yonaguni.okinawa.jp/（二〇一四年一二月二二日）

［4］八重山広域市町村圏事務組合ＨＰ。http://www.y-kouiki.com/kousei_yonaguni.html（二〇一四年一二月二二日）

［5］八重山広域市町村圏事務組合ＨＰ。http://www.y-kouiki.com/info_keniki.html（二〇一四年一二月二四日）竹富町ＨＰ。http://www.town.taketomi.lg.jp（二〇一四年一二月二四日）

［6］琉球文化圏と本土文化圏との境界は、一四世紀には「トカラ列島の臥蛇島周辺から奄美大島及び喜界島の間にあった」という（財団法人沖縄県文化振興会編 二〇一〇：一二九―一三〇）。

［7］現在の沖縄県宮古島市。宮古島市ＨＰ。http://www.city.miyakojima.lg.jp（二〇一一年八月二五日）

［8］ただし、この牧野清の与那国―多良間交換説については、宮古の郷土史家である仲宗根将二は否定的な見解をとっている。その理由は、島々を領土として捉える観念そのものが近代以降に入ってきたものであるからである。むしろ一五世紀の与那国に漂着した朝鮮通信史の送還ルートからわかるように、宮古を含めた琉球の島々はそれぞれが独立し、並列した関係にあったと指摘している。二〇一二年八月二四日、沖縄県内にて聞き取り。

［9］この点について、実現はしなかったものの、近世期に薩摩藩主島津重豪は与那国島を拠点にした中国との密貿易を計画してい

た。この構想はやがて幕末における島津斉彬の琉球を通じた密貿易や大島を拠点にした密貿易の計画へと形を変えて受け継がれていったという（知名町教育委員会編 二〇一一：八四）。このように、与那国島の中国、台湾への地理的近接性は早くから薩摩においても認識されていたものと考えられる。

[10] オヤケアカハチホンガワラは、一五〇〇年、石垣島の大浜を拠点に、王府に反抗したとして討たれた。原因は貢租を納めなかったからだとされている（得能 二〇〇七：四四―四五）。

[11] 分村は村内の一定の範囲を指定して強制的に行われた。分村され、村建てされた新しい村には一定期間の免税や食料、住居供給などの一定の優遇があったが、マラリアなどのために再び廃村になった村も多いという（金城朝夫 一九八八：一二―一五）。

[12] 台湾人入植者達が焼き畑をするために伐採した雑木を、地元の農民達が持ち去ろうとしたことに端を発した。地元農民からすれば、雑木は不要の産物であり、薪に使用するので、持ち去っても問題ないという考え方であったが、台湾人入植者達は焼き畑の作業に支障がでるためトラブルになったのである。この問題で台湾人と石垣町の青年達が一触即発状態になった際、大同拓殖の幹部であった林発は、社員と地元農民の間に立ち、台湾人と八重山の人々は同じ「天皇の赤子」である、と言って説得に当たったという（三木 二〇一〇：一〇七―一〇九）。

[13] 特に石垣島などの八重山地方にとって、この時期台湾と八重山地方の双方への人の移動が地元の産業発展と経済にとって大変重要であった。特に糖業のほか、台湾の蓬萊米の導入による収穫量の増大、パイン栽培の開始などに、台湾人入植者が大きな役割を果たしていたという（松島 二〇〇二）。

さらに沖縄最西端の与那国島は、「台湾銀行券も流通しており、台湾と与那国島との間に一種の経済圏が形成されていた」（松島 二〇〇二：一六六）ようである。この時期の与那国島の経済に関して、松島泰勝は「与那国島は沖縄本島または日本列島の辺境という位置づけから大市場に最も近い場所となり、島の経済にも大きな刺激が与えられた」（松島 二〇〇二：一六六）と述べている。このように、沖縄県と台湾との経済的結びつきは強く、特に八重山地方と与那国島は台湾の経済的影響が強かったことがうかがえる。

[14] （星名 二〇〇三：一七〇―一七八）（松田ヒロ子 二〇〇八：五三〇―五三五、五四四―五五〇）（水田 二〇〇三）（松田良孝 一九九八）などがある。

[15] 黄春生へのインタビュー、二〇一〇年六月一九日、沖縄県内にて聞き取り。大城正次へのインタビュー、二〇一〇年六月二〇日、沖縄県内にて聞き取り。

［16］石原昌家によれば、一九四五年八月一五日以降も変わらずに続いた与那国島久部良漁民による、台湾の市場への卸売りという漁業形態が「密貿易」の始まりとしており、終戦直後から始まっていたという（石原 二〇〇〇：三〇―三一）。筆者がインタビューした大城正次によれば、一九四五年頃は台湾からの引き揚げ船の乗員が台湾の物資を携帯してくるだけであったが、一九四六年頃から、商売目的の船がやってくるようになったという（大城正次、二〇一〇年六月二〇日、沖縄県内にて聞き取り）。

［17］軍政府による一九四六年の第二次通貨改定時に、法定通貨を新日本円としたため、本土からの引揚者が持ち込む新日本円と共に、物資の不足する琉球列島内に本土との密貿易によって大量に新日本円が持ち込まれ、即悪性インフレを引き起こした。また軍政府は琉球列島に持ち込んだガリオア援助物資の密貿易による日本本土への流出を警戒したという。その後軍政府は日本本土との密貿易を遮断するため、一九四七年に過渡的措置として沖縄群島を対象にB型軍票を新日本円と共に法定通貨に指定し（第三次通貨改定）、一九四八年に第四次通貨改定を実施して琉球列島内に流通する通貨量の正確な把握に努め、以後B型軍票を法定通貨として厳格な通貨管理に移行したといわれる（琉球銀行調査部編 一九八四：五六―七一、一三四―一四一）。

［18］本書で使用する一九四九年、一九五一年のＧＨＱ／ＳＣＡＰの密貿易記録は、長崎大学多文化社会学部准教授のコンペル・ラドミールより提供を受けた米国国立公文書館（ＮＡＲＡ）所蔵の極東軍、連合国総司令部並びに国連軍記録群（RG554）に含まれる琉球民政局（Ryukyu Military Government Section）資料のうち、一九四九年の「密貿易」に関する簿冊（RG554 164A FEC RMGS B06 F07 smuggling）、一九五一年の「密貿易」に関する簿冊 RG554 FEC RMGS B31（TS631）PARTIAL-Contraband である。なお、同資料は沖縄県公文書館にも所蔵されている（Entry 164A〔A1〕: General Correspondence, 1949-1951.／一般書簡、一九四九―一九五一年、0000008029「密輸報告、一九四九年#1」、0000008030「密輸報告、一九四九年#2」）が、個人情報保護の観点から未だに閲覧の許可が下りていない。そのため、コンペルが二〇〇八年にＮＡＲＡで収集した資料のうち、これらに該当するものを複写して頂いた。記して感謝する。なお、琉球民政局（Ryukyu Civil Affairs Section）は一九四八年九月八日に連合国総司令部（ＧＨＱ／ＳＣＡＰ）に設置された琉球軍政局が一九五〇年一二月に改称されたものである。以下、本文中では一括して琉球軍政局と表記する。沖縄県公文書館ＨＰ http://www.archives.pref.okinawa.jp（二〇一〇年九月二六日）

［19］Entry 164B（A1）: General Correspondence, 1949-1951.／一般書簡、一九四九年―一九五一年、沖縄県公文書館〔00014-009〕

［20］Entry 164B（A1）: General Correspondence, 1949-1951. 沖縄県公文書館〔00014-009〕

［21］同上。

［22］同上。

[23] 同上。

[24] 同上。

[25] 以下、本項では次の資料からの出典を基に検討を行う。RG554 FEC RMGS B31 (TS631) PARTIAL-Contraband, National Archives, College Park. 本文中にページ№を付した。

[26] 「与那国新聞」は二〇一〇年に沖縄県公文書館職員（当時）の久部良和子から複写させて頂いた。記して感謝する。さらに同資料はマイクロフィルムで沖縄県立図書館、沖縄県公文書館、琉球大学図書館に所蔵されている。

[27] （南風原 一九八八：一四六―一四七）を参照。本書ではこの「海南時報」について（不二出版 二〇〇八ａ）（不二出版 二〇〇八ｂ）所収の復刻版を使用する。

[28] （南風原 一九八八：一九〇―一九一）を参照。なお、著者の南風原英育は本書で分析対象としている「海南時報」の当時の記者であった。南風原の見解によると、新聞に使用する紙不足解消のため、当時台湾との「密貿易」を計画し、紙と交換するためのバーター品として川平湾でナマコを調達した上で台湾に「密航」したことがあったという。しかし、この取引は台湾側との事前連絡がうまくいかずに失敗している。紙不足の深刻さをうかがわせると共に、八重山の人にとってそれほど台湾への「密航」が当時現実的な選択肢であったことをうかがわせる（二〇一〇年三月二一日、東京八重山文化研究会にて聞き取り）。当時の取引の様子について、南風原本人が詳細な回想録を書いているので、以下に紹介する。当時「海南時報」記者であった南風原は、上述のように戦後の物資不足の中、ようやく新聞の再発行にこぎつけたところで、新聞用紙の不足に見舞われた。その際、台湾に「密航」して石垣島に戻ってきた商人が用紙を持っているという情報を聞きつけ、その商人の住居を訪ねた。しかし、その商人は画用紙を買い込んできたものの新聞用紙は持っていなかった。商人から台湾との貿易で賑わう与那国島の景気についての話を聞き、新聞社関係の同士五人で台湾に渡航し貿易によって用紙を入手することを決意した。彼らはまず与那国島に向かい、そこで鰹漁業に使われる「突き船」をチャーターした。突き船は焼玉式エンジンの二〇馬力、およそ一〇トンの、いわゆる小型船であった。与那国島から台湾の蘇澳に向かった南風原一行を乗せた船は荒波に舳先を突っ込みながら進んだ。甲板上では何度も海水を被るため、生きた心地がしなかったという。しかし、漁船の船長と機関長だけは、お互い声を掛け合い、元気にしている様子であった。蘇澳の岸壁に近づく際は、夜陰に乗じてエンジンの回転をスローにし、ゆっくりと近づいた。それは、岸壁に「ローマー」という見張りの人間がいるため、その人に見つからないようにするのが目的であった。しかしながら、南風原一行の船は運悪く「ローマー」に見つかってしまい、船と積み荷を没収されてしまった。なお、南風原

一行が用意していた貿易品は上述のように川平湾で採取し、燻製にしたナマコ、フカヒレ、米国の配給衣類であった。これらを台湾製の米や煙草、そして新聞用紙と交換するつもりであったという。「ローマー」に捕まった南風原一行はその後、「残留琉球会館」に引き渡され、与那国島に帰ることができた。南風原が「密航」したときは、接岸して取引に成功した例は既になく、台湾船と洋上で舳先を付き合い、そこで商談をして積み荷を確認した後に交換して取引を終えるのが常識となっていたという（南風原　一九八八：一―二）。この蘇澳にあった「残留琉球会館」では、戦後引き揚げのために同地を訪れていた弁護士の安里積千代の世話になったという（二〇一一年一〇月一六日、東京八重山文化研究会にて聞き取り）。

［29］二〇一〇年一〇月一七日、東京八重山文化研究会にて聞き取り。石垣島測候所を利用した情報のやりとりとしては他にも、一九四六年一二月一四日に、LST七四号で基隆港を出発し、翌一五日に石垣島へ帰還した第三次台湾引揚総隊が、船舶の運航日程を八重山支庁長に連絡する際、LSTの無線や一般電信、郵便などの通信手段が使用できなかったため、台北測候所の放送を利用し、東京の中央気象台を経由して石垣島測候所に帰還の連絡を入れたという。この方法は引揚総隊に参加していた台湾の旧郵政関係者によって発案され、彼らの知人であった台北測候所の台湾人技術者の手で中央気象台向け天気予報の末尾に、石垣島測候所及び八重山支庁長吉野高善宛のメッセージとして放送するというものであった。このような放送は当然台湾人技術者にとっては権限外であったが、快く引き受けてくれた上、中央気象台もこれを無事に受信し、石垣測候所を経由して吉野支庁長に伝えられたという（牧野清　一九九五・六・一〇―一三）。

さらに測候所と私貿易の関係について、宮古、八重山において上述の測候所補給船を利用し、教科書や紙類を本土から輸入していたという事例が、仲宗根将二らの研究によって明らかにされている（石原　二〇〇〇：一三九―一四一）。なお、宮古のケースについては、本書第二章でも後述する。

このように、軍政下で琉球列島間の移動が著しく制限される中、測候所は漁船などと並び、人、モノ、情報の伝達手段として重要な役割を果たしていたと考えられる。このような八重山社会における気象台の役割についても、今後の研究課題としたい。

［30］大浦がこの回想録の中で参照している文献に、（中村　二〇〇六）があるが、大浦の指摘する通り、ここには彼らが与那国島に立ち寄ったという記述はない。しかし、大浦は根本博一行と思しき人々が与那国島に立ち寄った際、彼らに会ってほしいと、やはり当時私貿易をしていた林発に頼まれた経緯などから、彼らが与那国島に立ち寄ったのは間違いないと結論付けている（大浦　二〇〇二：一七八―一八一）。

[31] 池間苗から筆者宛の私信より引用（二〇〇八年九月二三日付）。
[32] 本書で引用している（石原 二〇〇〇）は、（石原 一九八二）の改題、再版である。
[33] なお、屋嘉比収によれば、以下の資料にも「密貿易」に関する記録が確認できる（沖縄タイムス社編 一九七一）（沖縄タイムス社編 一九九八）（那覇市企画部市史編集室編 一九八一）（琉球新報社編 一九九二）。
[34] （三上 二〇〇九）によれば、以下に「密貿易」の記録が存在するとのことである。（天城町役場編 一九七八）（伊仙町誌編纂委員会編 一九七八）（喜界町史編纂委員会編 二〇〇〇）（瀬戸内町誌歴史編編纂委員会編 二〇〇〇）（知名町誌編纂委員会編 一九八二）（徳之島町誌編纂委員会編 一九七〇）（名瀬市誌編纂委員会編 一九七三）（与論町誌編集委員会編 一九八八）（和泊町誌編集委員会編 一九八五）。
　その他にも、直接「密航」「密貿易」を扱ったものではないが、一九六八年に行われた初の琉球政府行政主席選挙において琉球独立を訴えた与那国島出身の野底武彦も終戦後台湾から与那国の漁船で「密航」して帰郷し、さらに大学進学のため沖縄、長崎へと「密航」し、東京に出て法政大学経済学部に入学したという記述がある（比嘉康文 二〇〇四：一〇八―一一〇）。さらに、松田良孝は戦前に台湾から石垣に入植した人々が戦時中に台湾へ疎開し、戦後「密航」で戻ってきたというエピソードや、台湾の二・二八事件で身の危険を感じた台湾の本省人が、「密航」して与那国を経由し、石垣に定着したというエピソードを紹介している（松田良孝 二〇〇四：七一―七三）。
[35] 照屋敏子が「密貿易」をしていたという記述は奥野修司の著作（奥野 二〇〇七）にみられるが、高木の著作には照屋敏子の漁船団が長崎で密漁をしたという記述はあるものの、沖縄との「密貿易」を行っていたという具体的な記述はみられない。しかし照屋敏子の夫である照屋林蔚は元陸軍中将根本博と共に一九四九年に「密航」船で台湾に渡ったとの記述がある（高木 二〇〇七）。根本元中将については大浦太郎も自著において与那国経由で台湾に渡った、と述べている（大浦 二〇〇二）。
[36] 二〇一〇年六月一九日、沖縄県内にて聞き取り。
[37] 二〇一〇年六月二〇日、沖縄県内にて聞き取り。
[38] 二〇一〇年六月二三日、沖縄県内にて聞き取り。
[39] 春生は南方澳について「蘇澳南方《すおうなんぽう》」と呼んでいた。終戦後、台湾に疎開していた沖縄人引揚者達も南方澳を指して「蘇澳南方」と呼んでいたことが（松田良孝 二〇〇九）において指摘されている。ここでは同書に倣い、基本的に現在台湾で使用されている「南方澳」の呼称で記述することとした。なお、同書では多くの沖縄人引揚者が、いわゆる闇船に乗って南方澳から引

き揚げていった様子が詳細に記述されている。

[40] 漁民が移民に来るときには、親子二人などで来ていた。そこには、政府による台湾開発のための援助があったという（二〇一一年一月二日、台湾宜蘭県内にて聞き取り）。

[41] 漁船の名称には、日本統治時代は「丸」という文字を語尾に使用したが、戦後からは「號」を使用するようになったという（二〇一一年一月二日、台湾宜蘭県内にて聞き取り）。

[42] いわゆる日中戦争のことであるが、ここでは語りにおけるインフォーマントの視角を重視しているため、春生の語った言葉をそのまま使用する。

[43] この小造船所は「大東亜戦争」が始まると、軍に接収されて「蘇澳造船所」と呼ばれるようになった。他にも「福島造船所」などがあったが、それらも軍に接収されたという。「二號南榮丸」は「高畑造船所」で一九三三（昭和八）年に建造され、一九三五（昭和一〇）年から使われ始めた。当時造船用の部品は皆リヤカーや牛車で運んだという。エンジンは当時最新式の焼玉エンジンで、二五馬力あった。それまでは一五馬力程度が主であったという（二〇一一年一月二日、台湾宜蘭県内にて聞き取り）。

もともと焼玉エンジンは「有水式」といって、水で冷やす必要があった。一九〇六（明治三九）年に製造され、最初の頃は六馬力、七馬力ほどしかなかった。そのため、最初に蘇澳に来た日本人移民が乗ってきたものは一二馬力程度で、二、三人乗りの船が多かった。それらの船は鹿児島から島伝いに水を調達しながら来ていた。大型になると八名ぐらいの船員を使うようになった。一九二九、三〇（昭和四、五）年頃に、それらの有水式焼玉エンジンは無水式焼玉エンジンに変わった。二〇馬力以上、三〇、四〇馬力ぐらい出るようになった。その後、四〇〜五〇馬力のエンジンが生まれたという（二〇一一年一月七日、電話にて聞き取り）。なお、そのように船が大型化し、多くの船員が必要になっても、日本人の船で台湾人は使わなかった。

[44] 第二次大戦において日本が参戦したいわゆる太平洋戦争のことであるが、ここではインフォーマントの視角を重視し、春生が「なんだかおかしいな」と思ったが、言葉の問題もあっただろうという（二〇一一年一月二日、台湾宜蘭県内にて聞き取り）。語った呼称を使用する。

[45] 父の本名は黄来成という（八重山毎日新聞 二〇〇七・一〇・二九）。

[46] 台湾の原住民をさす。春生はやはり、戦前に使われていた呼称を使用していた。語りにおけるインフォーマントの視角を重視し、ここではそのまま使用した。

[47] 春生によればその他、南方へ送る予定であった弾薬なども、空襲を避けて防空壕に隠してあったが、それらは終戦後接収される前に英国の捕虜を使って埋められたという（二〇一〇年六月一九日、沖縄県内にて聞き取り）。

[48] そうした余った食料を、皆「どんどん運べ」、というような状況であったという。その当時の与那国との往来が現在密貿易と呼ばれていることに対し、春生は「あそこ（与那国島）で密貿易とかなんとかって（笑）。密貿易じゃないよ。おんなじ、自分の国。台湾は捨てられて、こうしてやってるけど。（現在では）普通の人は、わからないさ。僕らみたいに徹底的な教育をこうして、受けてきていないから」（二〇一〇年六月二四日、沖縄県内にて聞き取り）と述べており、犯罪行為などではなく、密貿易という呼び方も相応しくない、との見解を示していた。台湾の農村では戦争中でも食糧生産が滞ることはなかったため、それらの食料を送り出しても台湾人は食べるものに困らなかったという。逆に、与那国島では食べ物が乏しかったそうである。

例えば春生が最初に父の船で与那国島に来た際、島で一番のお金持ちの家に滞在したが、そこでの食事は毎日芋であった。当初は春生も美味しいと言って食べていたが、そのうち胸やけがするようになった。島でいくらお金をだしても、食料が自由に手に入る状況ではなかったという。しかし石垣島に上陸した際、伊勢エビが安くて、たくさん食べたことがあった。それは八重山の漁民が採ってきたものだったという（二〇一三年一月三日、台湾宜蘭県にて聞き取り）。

[49] その頃の台湾では、日本統治時代に切り倒した檜の木がやはり余っていたのでそれを使い、船を作った。高くもなく、ありふれていたという。そのため、戦争で船が多く沈められていたとしても、「密貿易」に使うような漁船には困らなかったようである（二〇一一年一月三日、台湾宜蘭県内にて聞き取り）。

[50] 父が使用したのは、父が船長を務めた「八號南榮」、春生が使用したのは「安里徳次郎」が船長を務めた「十二號南榮」だったという。春生はその当時、自らのことは「商売人だった」と述べている。（二〇一一年一月三日、台湾宜蘭県にて聞き取り）。この「安里徳次郎」だが、松田良孝によって正確には与那国島出身の漁師で、戦後に台湾で操業していた西浜門徳次郎であることが明らかにされている（松田良孝 二〇一三：二三七―二四二）。

[51] 戦後、船が増え船長が不足していたため、沖縄県出身者は台湾人の船に船長、機関長として雇われていた。台湾人が機関長になることもあった。船員は台湾人ばかりであった。船長はすぐにはなれない。しかし船長としての経験があまりなくても、沖縄県出身者は機関長などをして、慣れている人が多かったという。また魚が多かったので船長としての務めは果たせた。当時、日本人は引き揚げさせられたが、沖縄県出身者は「残ってもよろしい」ということだった。そうしていわゆる「琉僑」になった。台北にあったという「琉僑」の会長は「仲間さん」といった。また、春生の船の船長であった「安里徳次郎」は蘇澳の

「琉僑」の会長であったという。「琉僑」の拠点は高雄、蘇澳、基隆社寮町がメインで、特に基隆と蘇澳が中心であった。そのため「仲間さん」が蘇澳に来ることもあった。「琉僑」は皆、基本的に漁師であったという（二〇一一年一月二日、台湾宜蘭県にて聞き取り）。

[52] 糸満を中心にした「密航」「密貿易」の様子については、既に多くの著作において言及されているが、代表的な研究としては（石原 二〇〇〇）が挙げられる。さらに「密貿易」をテーマにしたものではないが、糸満漁民社会の生活史をテーマとするする加藤久子による研究（加藤 一九九〇）にも糸満女性達の終戦直後の様子として「密貿易」といわゆる闇市に関する証言が取り上げられている。また、そうした闇市や「密貿易」で活躍した糸満女性を描いたルポルタージュには（奥野 二〇〇五）（高木 二〇〇七）がある。

[53] インタビュー中、陸のことを春生は「上《ウエ》」と呼んでいた。即ち上陸することは「上にあがる」という（二〇一〇年六月二一日、沖縄県内にて聞き取り）。

[54] 二〇一〇年六月二一日、沖縄県内にて聞き取り。また、儲けたお金は「みんなお母さんにあげた」とも話している。少なくとも「自分のお金にする気持ちもなかった」という（二〇一一年一月三日、台湾宜蘭県内にて聞き取り）。

[55] 当時、蘇澳に派出所、宜蘭に警察署があったという（二〇一一年一月三日、台湾宜蘭県内にて聞き取り）。

[56] さらに、沖縄側の食糧不足をうかがわせるエピソードとして、春生はこんな体験もしている。私貿易をしていた頃、春生は与那国で石垣に食糧を運ぶ話を持ちかけられた。そこで台湾から食糧を運んだ際、ある湾で引き潮の際に船から降り、商売人との連絡のために歩いて町に向かったところ、満潮になってしまった。おなかがすいて困った春生と友人は岩伝いに泳いで夜になってから上陸し、近くの農家に泊めてもらった。その時、お金を出してその家のご飯を炊いてもらったところ、いつ購入したのかすら分からない古いお米を大事にとってあり、それを炊いたために虫がたくさんついていた。友人は米についた虫が人間には無害だとわかっていたので食べた。春生は当時二〇歳頃で、その日は歩けないくらいに空腹だったが、それでもとても食べきれなかった。その時の記憶は今でも忘れられないという。

　春生はこの場所を、引き潮のときは歩いていけるが、満潮になると歩いては戻れない場所、と述べている。帰りにはお金を払い、サバニで船まで送ってもらったという。地図を書いてもらったところ、石垣島嵩田の付近に見えたが、さらに具体的な地名までは語られなかった。この場所についても追加の調査を要する（二〇一一年一月三日、台湾宜蘭県内にて聞き取り）。

[57] この点に関しては筆者が二〇一〇年六月二三日に与那国島で行った調査において、私貿易経験者の長浜一男から、当時電話は

通じていなかったという証言を得ている。従って、ここでは船舶無線などであった可能性も考慮しなくてはならない。今後の調査課題としたい。

[58] 春生の隣家にいた「与那嶺」という人は、戦後三〇年経ってから沖縄に帰っていった。蘇澳では「裏南方」で伊勢エビなどの潜り漁を得意としていた人だった。相当な利益を上げていたという。しかし、やはり彼以外の沖縄県出身者は、二・二八事件をきっかけに身の危険を案じて沖縄に帰っていった。二・二八事件がなければ、今も台湾に沖縄県出身者は多く住んでいただろう、と春生は語る（二〇一一年一月三日、台湾宜蘭県内にて聞き取り）。

[59] ただし、台湾への避難が全てうまくいくわけではなかった。春生によれば、一九五二（昭和二七）年頃、台湾に避難してきた与那国の漁船で、与那国出身の機関長が亡くなっているという。彼の乗る漁船が台湾近海の「蘇澳の瀬」に来た時、正月明けで酒を飲んでいたため頭を打ち、怪我をした。その傷が元で、焼玉エンジンの熱の影響もあり、破傷風にかかってしまった。そのとき船長は、与那国には医者がおらず、沖縄本島に連れて行ったのでは病気の進行に間に合わないことが分かっていたので、台湾に入港することにしたという。

ところが対応した警備の兵隊は、入国検査のために外国人対応の「外事警察」を呼んでくるといいだし、急患の搬送を入国検査に優先することはなかった。通常なら漁船の出入港時に検査を行っていたのは兵隊だったが、与那国の漁船のため「外事警察」に任せたのだという。兵隊は「外事警察」に急患のことを伝えず、「外事警察」も昼食を済ませてから来るとして、直ぐには来なかった。結局検査に来たのは午後二～三時頃だった。検査の後病院に搬送することを許可されたが、破傷風の治療は一刻を争うため、治療が間に合わずに亡くなられたのだという（二〇一一年一月三日、台湾宜蘭県内にて聞き取り）。

[60] この義兄とは即ち、後述する大城正次のことである。当時大城は長浜の実姉と結婚し、台湾へ渡っていた。大城が当時、基隆で漁業を営んでいた「號禮」という人の船で漁師として働いていたことは本人へのインタビューを基に後述するが、長浜によれば、大城は当時の基隆において、つきんぼ漁で最も信頼された技術者であったという。

[61] 喜友名嗣正は戦後、台湾に残り沖縄独立、あるいは中華民国への帰属を掲げて運動をしていた人物としての側面がある。喜友名の伝記として（比嘉康文　二〇〇四：一九二―二一四）、また戦後の中華民国政府と喜友名との結びつきを概説したものとして、（八尾　二〇一〇：六六―六九）を参照。

[62] 「自警団」とは、時期的に、先述した「防犯協会」のことではないかと考えられる。本章第五節を参照。

[63] この点も、後述する大城正次の証言と重なる。

[64] 「沖縄県人会」という呼称が当時在台沖縄出身者の間で一般的であったかどうかについては疑問が残るが、本書ではインフォーマントの言葉をそのまま引用した。喜友名嗣正の戦後の足跡と在台沖縄出身者の社会組織については、今後の調査課題としたい。なお、一九五七年に与那国島沖で時化に遭って遭難し、国府軍の軍艦に救助され、その後台北にあった喜友名嗣正の自宅で介抱された経験をもつ伊良皆高吉は、同会を「琉球人協会」と記録している（伊良皆 二〇〇四：一一八）。

[65] 先述したように南方澳の春生は私貿易ができなくなった後も、出漁後に海が荒れて台湾に戻れない場合、宮古や与那国に船を付けて上陸していたという。この点について筆者が長浜に質問したところ、当時海が荒れて台湾の漁船が与那国などの島影に船を付けて避難するということはあったものの、その際上陸することは普通できなかったという。長浜によれば、春生の場合、父の代から与那国島などをよく知っていたため、島に友達がたくさんいたから上陸できた、つまり春生の体験は特別なケースだったという。

[66] 先行研究では、特に宮良作が当時の与那国島について「密貿易」という呼び方はふさわしくなく、「復興交易」と呼称すべきだとの論を展開している（宮良 二〇〇八：一八五―一九六）。長浜によれば宮良は長浜の妻の従兄に当たり、著書執筆の際に長浜の体験談を参考にしているという。

[67] ナツコと林発の私貿易については、（奥野 二〇〇七：一四七―一八二）に詳しい。

[68] 林発は久部良部落に建坪三〇坪ほどの家を構えていた。そこは専ら倉庫として使用していたが、倉庫といっても当時としては台湾産の檜を用いた豪壮なつくりであったという。また、ナツコも久部良に倉庫を持っていた（奥野 二〇〇七：五四）。

[69] （高木 二〇〇七）には、照屋敏子が与那国島に行っていたこと、及び「密貿易」を行っていたことについての記述はない。（奥野 二〇〇七）に若干記述があるのみである。

[70] 大浦太郎については、自身の回想録である、（大浦 二〇〇二）に詳しい。大浦は当時台湾への与那国合併を陳情する陳情委員会の署名にサインし、また島の守旧派を批判して軍国主義を排除し、デモクラシーを啓蒙する「民主クラブ」の結成に携わっている。さらに、久部良港では警察が介入できない私貿易船の交易上のトラブルを解決するため、防犯協会が結成された際、副会長に就任している。こうしたことから、久部良の指導者的存在であったことは十分考えられる。本文中の「自警団」についても、組織の機能上防犯協会のことであろう。しかし、大浦が当時「湯浅商事」という会社に勤めていたという記録はこの本には記載がなく、今後の調査を要する（大浦 二〇〇二：七六、一二四―一二五）。

[71] 小野田正欣によれば、この写真を撮影したのは一九五一～五三年頃で、当時の馬天港は浅く、一〇〇～一五〇トン程度の浅帆

船でも満潮時に出入港したとのことである。写真に写っているのは山原船と呼ばれ、当時薪作りが唯一の現金収入であった沖縄本島北部の山原からの薪を載せ、辺野古、灯間などから馬天港へ頻繁に行き来していたという。掲載写真は撮影者の小野田よりご提供いただいた『オキナワグラフ』より転載した（同じく小野田撮影の図⑧⑨⑯⑱⑲も同じ）。

なお、『オキナワグラフ』に寄稿された記事によれば、小野田は戦後、大日本土木株式会社の社員として一九五一年から三年間米軍基地建設のために沖縄に滞在している。本書で掲載する写真は当時撮影されたものである。小野田は基地建設のために沖縄に向かった理由として、朝鮮戦争の勃発により日本の業者にも基地建設の協力要請があったためであると述べている。個人的には、地上戦のあった沖縄がどうなっていたのか知りたかったためでもあるという。小野田が関係したのは天願基地における四万バレルの地下タンク、嘉手納基地の海側における地上タンクの建設などであった。当時「日本人」と「琉球人」は区別されていたこともあり、作業が終わって帰郷すれば二度と沖縄に来ることはできないと思い、業務の合間を縫って、一人沖縄本島各地を撮影して歩いた。小野田が撮影した写真の中には当時としては高価なカラーフィルムで撮影されたものも含まれている。現像にはハワイまでフィルムを送る必要があり、送料込みで一五〇〇円かかった。大卒初任給が五〇〇〇〜六〇〇〇円の時代であった。しかし住居と食事が無償提供され、大卒初任給程度の手当てをB円で支給されていたため、遊蕩を控えれば撮影が可能であったという。当時は一ドル＝一二〇B円であった。このような約半世紀前の沖縄を写した写真は少ないという（『オキナワグラフ』二〇〇七・一：五五―五六）。当時の社会生活を画像で知る貴重な手がかりである。小野田が撮影した写真の原本は、現在那覇市歴史博物館に収蔵されている。

第二章

宮古島の私貿易

一　宮古島における貿易と漁業、私貿易の始まり

1　前近代の宮古島——貿易を中心に

八重山の郷土史家である牧野清によれば、一三九〇年には宮古島も八重山と共に沖縄本島の中山王、即ち後の琉球国王に対して朝貢していたことが、琉球王府の歴史書『球陽』に記載されているという。当時の宮古は八重山と共に独立した酋長国であった。入貢当時、宮古島の酋長は与那覇勢頭《よなはせど》豊見親《とうゆみや》という人物であり、豪族達の勢力争いで乱れていた宮古島を統一し、その後琉球王府に入貢の使節を派遣した人物だという（牧野清 一九七二：七八—七九）。宮古と八重山の関わりのなかでは、王府軍の先方となった仲宗根豊見親による八重山のオヤケアカハチ征伐、そして与那国島の鬼虎征伐によって八重山が王府の従属的支配に入ったことがよく知られている。

現在では与那国島は八重山群島に属しているが、上述の牧野によれば、与那国島はかつて宮古島に帰属しており、

後に現在宮古群島に属している多良間島と交換されたことを示す口碑が与那国島に残っているというのである。牧野はこの説を支持するにあたり、以下のような根拠を挙げている。まず、多良間島は石垣島から東に三五キロと宮古島よりも近く、肉眼でも確認できる距離にある。そのため古来より多良間島の住民は肥沃な石垣島の土地で水田を営むため、船で耕作に通っていた。また八重山の新城島の古い言葉や古謡が多良間島のものとよく似ていること、他方で多良間島の地名や人名などが八重山のものとよく似ていることから、多良間から八重山への集団移住やその他双方の人的交流があったのではないかと結論付けている。また与那国島については、かつて宮古島城辺集落周辺の住民が集団脱島し、与那国島に移住したために、宮古島との結びつきが強くなって以来、宮古との交流が始まったのではないかという。また与那国島には宮古系統の姓氏があることもその根拠として挙げられている。そして宮古の仲宗根豊見親による、一五〇〇年に行われた石垣島のオヤケアカハチ討伐の際には多良間島民が征伐軍の水先案内人をつとめたことなどから、この頃には既に宮古と多良間の間で政治的な関係が緊密になっていたとしている。その結果として琉球国の尚真王により、仲宗根豊見親の水先案内人を務めた土原春源が多良間島の島主に任ぜられた。このことをもって多良間島は宮古諸島に帰属することになったという。対して与那国島は宮古に所属していたといっても、一五〇〇年当時は女酋長サンアイ・イソバの統治時代で独立を保ち、実質的には交流があった程度だろうとしている。その一〇〇年後、西表島の慶来慶田城《けらいけだぐすく》祖納当《すないあたり》が琉球王府より与那国島の当地責任者に任命されているため、これを根拠にこの時期には、与那国島が完全に八重山へ帰属することになったとしている（牧野清 一九七二：一二三―一三一）。

　宮古出身の詩人で思想家の川満信一は、この与那国・多良間交換説について、下記のような自説を展開している。もともと宮古島は仲宗根豊見親が首里王府へ朝貢を開始し、琉球国に服属する以前から、ルソン島やシンガポールなど南方地域との交易を展開しており、その交易を行う中で与那国島は一二世紀以前から南方貿易のための交易拠点として宮古島の人々に利用されていた。つまり与那国島は南方へ行き交う船にとって、その航路における重要な給水、食料補給基地であり、商船や倭寇などが無人島に近い頃から寄港地として利用していた。そうした主な寄港船が宮古の船であったために、宮古直属になっていたのではないかという解釈である。その結びつきを示す根拠の一つとして、上述の与那国島を支配した鬼虎はもともと宮古島の出身であり、彼が幼少の頃に与那国島の商人によって与那国島へ買われてきたという出自を挙げ、そうしたことが示すように商業上の緊密な関係が与那国と宮古の間に存在したのだという。そして多良間島は南方交易の航路からはやや外れており直轄の必要がないため八重山に帰属していたが、次第に宮古の南方貿易が衰退し、宮古への王府からの支配が強化されるに従って与那国島の重要性が下がり、逆に宮古に隣接する多良間島を宮古に帰属させたという解釈がなされている（川満 二〇〇四：二三八―二四〇）。この宮古直属の要因について、川満は宮古島民の集団脱島、移住よりも海外交易を重要視している点で、牧野とはやや異なる見解を示している。こうした与那国・多良間交換説に対する川満の解釈は、なお推論の域を出ていないと考えられるが、宮古島にとって南方貿易航路の要所として与那国島が位置づけられるという状況は、後述する戦後私貿易時代の両島の関係と近似しており、そのためこうした視点はこの地域における人々の海上移動について普遍的なパターンを構築する際の一つの手がかりになると考えられる。

2 鰹漁と人の移動――佐良浜を中心に

上述のように琉球国の初期まで、宮古諸島に住む人々は広く交易活動を行い、宮古は自立性の高い酋長国であった。そしてそうした人々の交易、移動の中に与那国島が位置づけられる可能性についてみてきた。これまで論じたように、そうした地域における人々の自由な海上移動と貿易活動は次第にその機会を失っていった。しかし終戦直後に私貿易が復活した際、その先鞭をつけたのはまず船を持つ漁師達であった。宮古でも与那国と同様に、この私貿易の運営においては特に鰹漁を中心とした漁船と漁夫達の活躍が不可欠であった。詳細は後述するが、ここではまず、戦後の私

図⑩　宮古島・猪俣（手前）と池間島。（「（1961年3月）狩俣・池間」宮古島市総合博物館所蔵、サムエル・H・キタムラ撮影）

貿易において重要な役割を果たした宮古における漁業がどのような発展をとげ、広範囲にわたる人の移動を可能にしたのかについて、佐良浜における鰹漁を中心に概説する。

佐良浜における漁業は一三二〇年ごろ、宮古本島野崎から移住した人々によって磯漁や魚垣漁が始まった。佐良浜漁港は一七二〇年ごろに池間島から人が移り住み、クリ舟帆船の溜地や宮古本島と伊良部島とを往復する帆船の港として利用された。この池間島から移り住んだ人々によってクリ舟を使用した網漁、突き漁、一本釣り、磯漁などが始められたという。池間島から人が移り住んだいきさつは、池間島は面積が小さく、やせ地も多いために人々は漁業によって生計を立てていたところ、一六三七年以降人頭税が始まり、粟と上布を納めなければならなくなったため、隣の伊良部島に舟で出作り耕作に出かけたのがきっかけであった。そして一七二〇年に佐良浜の耕作地が有望であると判断した琉球王府の政策によって、池間島の住民一四戸が強制移住させられたのが始まりであった（仲間 二〇〇〇：一五、一七―二三）。

築港されたのは明治年間であるが、当時の港内は狭く、水深も浅く、日常の漁船の出入りには不便を来した。また防波堤もなく、台風時には漁船に多くの損害が出たという。そのため、一九三五年の防波堤工事を皮切りに一九五八年、一九七三年、一九七七年、一九八二年と港の整備拡張が行われている（仲間 二〇〇〇：一五―一六）。

そして宮古での鰹漁業の始まりは、一九〇六年に当時の宮古本島平良《ひらら》村に住んでいた鹿児島県出身の鮫島幸兵衛が帆船二隻を借り、鹿児島県、宮崎県の漁夫と池間島の漁業者を船員にして試験操業を始めたのがきっかけであるとされている。三年後の一九〇九年に池間島の島民だけで鰹組が結成された。佐良浜では、一九〇九年に上述の鮫島幸兵衛が宮崎県から漁船四艘を回航し、二艘を池間島、他の二艘は佐良浜を根拠地として好成績をあげたことを受け、同年さらにもう一隻宮崎県から買い、鹿児島県人、宮崎県人に加え佐良浜の漁業者を乗せて鰹漁を開始したのが始まりであるとされている（仲間 二〇〇〇：四四―四五）。

漁船経営の組織は一漁船に一つの組が存在し、各組ごとに鰹節製造工場をもっており、各組二八〜三〇人の組員がいた。組員は出資金を出し、漁業者か、鰹節製造人のどちらか（実際にはほとんどが漁業者）を提供した。そして入金の都度、あるいは漁期の終了後に利益が組員間で平等に分配されるというシステムをとっていた（仲間 二〇〇〇：四五）。一九一〇年から一九一二年までの佐良浜における鰹漁の漁獲高は、佐良浜の総漁獲高の五七・六％を占め、鰹船の乗組員数は八八人に上るなど、高い割合を示している。こうして、鰹漁は佐良浜において黒糖、宮古上布と並ぶ高い収入源となったが、帆船では鰹魚群を追いかけるのに不利であったため、発動機式エンジン、即ち戦後の私貿易時代において活躍する焼玉式エンジンの漁船が一九一五年頃から導入されるようになった。この結果漁獲量も増え、第一次世界大戦の影響で鰹漁は好景気に沸いたという（仲間 二〇〇〇：四六―五〇）。

第一次大戦後、不況のあおりを受けて鰹漁船の運営はそれまでの組合制から親方制へと変わっていった。親方制は、純利益のうち四割を親方がとり、残りの六割を他の船員で分配するというシステムである（仲間 二〇〇〇：五〇）。このシステムは後述する聞き取りにおいてみていくように、そのまま私貿易におけるチャーター料金の分配にもあてはめられている。

一九三一年には、南洋への鰹漁業進出が始まった。佐良浜漁協組合の本村善が、日本水産株式会社と契約して二隻の漁船でパラオへ回航し鰹漁を開始した。その後一九三三年頃から南洋群島への渡航が急激に増えた。その背景には鰹漁の不振に加え、上述の組合の解散により、組織の束縛のなくなった漁夫が南洋諸島に家族や縁者を呼び寄せる形で増えていったという。後述する仲間定雄も戦前にパラオに渡っているが、こうした佐良浜からの出稼ぎ者の流れに沿ったものと考えられる。また、東京のボルネオ水産会社も同年、池間島、佐良浜の漁師達を船ごと、さらに鰹節削り女工も雇い入れる形で、当時の英領北ボルネオにこうした漁民を送り込んだ（仲間 二〇〇〇：六三―六四）［1］。

このように、佐良浜における鰹漁はその経済的利益の増大と共に機械化、大規模化を進め、戦前は南洋群島への出漁を行うなど、次第にその行動範囲を広げていったことがうかがえる。そしてこうした広範囲な地域への移動経験が、そのまま私貿易の時代における移動に応用されていくことになるのである。

3　宮古における私貿易の開始

宮古島での私貿易の開始は八重山と同様、戦時中に台湾へ疎開していた人々の帰還のための漁船往来から始まった。宮古、八重山からの台湾疎開者は縁故疎開も多く、こうした人々の親類縁者が個人単位で漁船をチャーターし、引き揚げを行った他、宮古、八重山の行政レベルでも引揚船団が組まれている（石原 二〇〇〇：七四―七八）。そしてこれらの漁船による帰還が一段落した後、宮古の漁師は与那国島や台湾の蘇澳に食料品を手に入れるためのバーター取引に向かい、さらに一九四六年以降、台湾へ「密航」で出稼ぎに行き、台湾船主の漁船に乗り込んで漁労を行い、生活資金を稼いで帰るなどの往来を始めた（石原 二〇〇〇：三一―三八）。

この引き揚げに関する宮古側の動きを、八重山毎日新聞の松田良孝が簡潔にまとめているので紹介する。宮古では一九四五年九月初旬に民間で台湾疎開者の引き揚げ支援を行う民間組織「疎開者引上組合」が結成され、同年一一月一日には平良町議会が疎開者の困窮や治安等の悪化に対応すべく「疎開者援護会」を結成した。さらに同年一二月二一日には八重山と共同で疎開者支援を行うための「疎開民引揚救済協議会」が宮古、八重山双方の引き揚げ関係団体による合同で結成されている。また終戦時平良町長であった石原雅太郎は同年一二月にその職を辞して渡台し、台湾各地を回って宮古出身の疎開者に宮古側で引き揚げ船が出港する基隆港への集結を呼び掛けている。そして一九四六年五月一八日の帰還船「台湾第五五号」の出港によって宮古への引き揚げはほぼ完了したという（松田良孝 二〇一〇：一七七―一八五）［2］。

上述のように、縁故疎開者を中心とする宮古出身疎開者の引き揚げや戦後の私貿易を可能にしたのは鰹漁船による宮古と台湾間の往来であった。こうした漁船、特に佐良浜の漁船がどのように私貿易に関わっていったのかについて、以下に概説する。

『伊良部町漁業史』には、一九四七年頃に与那国島が「密貿易」で賑わっており、台湾商人が台湾米や白砂糖を同島に持ちこんで米国製ジャケットやタイヤなどとバーター取引していたとある。そして当時、佐良浜の鰹船、八宝丸、宝得丸といった漁船が「密航船」としてチャーターされ、与那国島への航海を行っていた。航海ごとに配当が支払われ、現金や米が乗組員の家庭に増えていき、大変に儲かったという。一方で、大々的な「密貿易」が警察の目に余り逮捕された場合、売り上げや商品、さらに船舶は没収され、そのうえ本人は留置されることになるなど、取り締まりが次第に厳しくなった。こうして警察が強硬手段にでたため、与那国への佐良浜からの「密航船」は影を潜めたという（仲間 二〇〇〇：六六）。

そうした与那国島へのチャーター船としての航海以外にも、佐良浜の漁船は戦後私貿易時代に直接台湾へ渡り、米などの食料品を佐良浜へ運んでいた。この背景には戦災による土地の荒廃と復員者によって人口が膨れ上がったために食料事情が逼迫していたこと、また台湾へは戦前から宮古や八重山から三月から七月までの間出稼ぎ漁が行われていたことが挙げられる。佐良浜では伊良部船籍の西喜丸はじめ数隻が台湾に「密航」していたという。さらに、生活の糧を得るため、この戦後私貿易時代に台湾に「密航」し、基隆や南方澳でカジキマグロをとる突き船に乗って、現金を稼いで米に換え、また「密航」して佐良浜に持ち帰っていた。彼らの中には、その後一〇年以上にわたり台湾でカジキ漁に携わり、戦後沖縄県人会の会長を務めた喜友名嗣正と共に、渡台する同郷人の面倒や就職の斡旋などをした者もいたという（仲間 二〇〇〇：六八―七九）[3]。

海人草が八重山では重要な「輸出品」となっていたことは第一章でみたとおりである。海人草採りには宮古からも採取船が出されていた。一九三八年ごろから多良間島出身の通称〝ミンナガニク〟という漁師が台湾で数隻の漁船を所有しており、佐良浜の漁夫を雇ってプラタス諸島に出漁していた（仲間 二〇〇〇：七四）。このミンナガニクは戦後、私貿易によって宮古の復興に貢献している[4]。その後、海人草採りは戦争のために一時中断していたが、終戦直後から佐良浜の船主達によって再開された。やはり春と秋の年二回、一回三～四か月の航海であった。採取した海人草は商人に売り渡し、その利益を船員同士で分配していたようである（仲間 二〇〇〇：七四）。

当時のプラタス諸島は中華民国海軍の支配下にあり、海人草の採取権は中国系商人が保持していたといわれる（奥野 二〇〇七：八九―九〇）。従って海人草取りには、採取権をもつ中国系商人の許可が必要だったはずであるが、恐らくその許可はとっていたと考えられる。というのも、一九五一年二月一二日、宮古刑務所に拘禁されていたプラタス島での採取権を持った台湾人商人が現職の刑務官と共に脱走するという事件が起こっており、宮古にもそうした採取権をもった中国系商人がやってきていたことがわかるからである。事件のあらましは、一九五〇年の一二月にこの台湾人商人陳書生の会社、志利公司が所有する志利三号が佐良浜に回航して漁師を募集し、二〇人余りの漁夫を集めていた。このときの船長は仲間茂という佐良浜の漁師であり、陳の厚い信頼を受けていたという。そして志利三号の出港準備が整った頃、宮古に来ていた陳は「密航」の罪で逮捕され、宮古刑務所に拘禁されていた。当時、台湾から宮古に来るだけで「密航」になってしまうのはこれまで見てきたとおりである。船員達はこのままでは海人草取りができない、と憂慮していたところ、五一年二月一七日の夜遅くに小型漁船をチャーターした陳他三名が志利三号に到着し、そのまま出港したという。志利三号は香港に「密航」し、陳と刑務官達を降ろした後、プラタス島へ向かった。

刑務官は別の船で沖縄に帰ったという。志利三号は海人草採集の後香港に入港、それから船をチャーターして海人草を那覇に運んで売却した。五一年以降はプラタス島での採取権は別の会社に渡ったが、引き続き佐良浜漁夫の入漁は歓迎されたという。この志利三号の船員達はその後佐良浜の村長が身元引受人となって無事帰郷したとのことである（仲間 二〇〇〇：七四—七六）。このように陳は佐良浜の漁師と協力し、また自らも宮古に滞在するなどして緊密に連絡を取り合っていたことがうかがえる。なお、この陳について、『伊良部町漁業史』では彼のプラタス島近海への入漁許可によって宮古、八重山に海人草ブームを巻き起こし、両地域の経済を潤した人物として有名だという旨の記載がある。このことから、第一章でみたように終戦後、「海南時報」で報じられた八重山の海人草ブームにも深くかかわり、開幸丸を所有するナツコと知り合って彼女に入漁許可を与えたのは陳であった可能性が考えられる。なお、このプラタス島への出漁は、佐良浜では台風によって漁船が沈没し、多くの犠牲者を出した他、浸水のため高雄に回航しようとしたところ台湾の浅瀬で船が座礁する事故がおこるなど、私貿易の航海同様常に危険を伴うものであった（仲間 二〇〇〇：七六—七八）。

次に、私貿易取引が宮古の行政にとってどのような存在であったのか、戦後一九四七年から一九五〇年まで宮古民政府知事を務め、後にオリオンビール株式会社を創業した具志堅宗精の回想を基に検討する。端的にいえば、宮古民政府、また時には宮古軍政府も当時目をつぶる形で、民衆の私貿易を認めていたことがわかる。

具志堅は宮古ではなく沖縄本島の出身であり、沖縄戦の最中まで那覇警察署長の地位にあったが、戦争中に米軍の捕虜となった後、戦後一九四七年二月に軍政府の要請を受けて沖縄民政府宮古支庁長（同年三月二一日付で宮古民政府知事と改称）に就任し、一九五〇年一〇月までその地位にあった。彼は就任時に、人事権の自由裁量、産業振興、公務員の待遇改善などの三つの条件を軍政府側に認めさせている。その理由は、宮古民政府の自治権拡大と住民の福祉向上にあったという（具志堅 一九七七：八三—八八）。

彼の就任後三か月目で、私貿易をめぐり、宮古軍政府との間に問題が起こった。それは、一九四七年五月、宮古軍政府経済担当官のローズ中尉が闇物資を取引した容疑で商人四十数人を一斉に逮捕し、違反者は禁固と罰金の併合刑にした。その上、「密貿易」の責任を取らせるとして、島民に対して一人当たり一日九〇〇キロカロリーであった食料配給を、半分の四五〇キロカロリーに減らすという強硬措置をとった。与那国島での闇市の盛況を受けて、宮古では特に取り締まりが厳しかったという。しかし配給を減らされては死活問題のため、具志堅は宮古郡をあげて「アメリカ製品転売防止運動」と銘打った闇での売買防止運動を展開し、郡民へ軍政府への協力を呼び掛け、その上でローズ中尉を説得して一か月後に元に戻している［5］。特にローズ中尉は行政側の取り締まりが手ぬるいとして、警察署や知事官舎の前で拳銃を威嚇射撃し、宮古本島久松部落で「密貿易人」を狙撃するなど、取り締まりに厳しい人であったという［6］。なお、宮古島在住の郷土史家である友利恵勇によれば、宮古本島でも同様に、米軍兵士が海岸から上陸してきたブローカーを待ち伏せて狙撃し、重傷を負わせる事件が起こったという（図⑪⑫）［7］。このように、宮古における米軍の取り締まり自体はかなり厳しかったことがうかがえる。

具志堅自身は、上述したように住民の福利向上を図る視点から、「密貿易」の取り締まりには気が進まなかったという。むしろ当時宮古島には戦争の影響で船舶が不足していたため、島の経済振興を図るために、むしろ「密貿易」取引に使われた「闇船」を軍政府に登録するよう働きかけている。具志堅によれば、この当時、宮古の人々の中には日本本土から闇船を購入して「密貿易」をした者もおり、この船を所有していること自体が摘発をまねく恐れがあるため、船舶の登録をしたいと相談に来る者がいたようである。そこで船を集める必要性を感じていた具志堅は、戦争中海中に沈んだ船を引き上げて登録したことにし、闇船を登録すれば問題ないと軍政府のヘイズ中佐を説得し、了承を得た。そして実際に三隻の登録に成功した。これらのことから、群島政府知事である具志堅はもとより、軍政府の関係者ですら、限定的ではあるものの「闇商売」によって手に入れられた商品（船舶）を追認することになったのである。なお、一九五〇年八月までに沖縄警察が検挙した船舶は一一〇隻、人員は九〇〇余人に上るという（具志堅 一九七七：一一一—一一五）。

このように行政府も経済復興という点から私貿易を黙認していたのであるが、さらに教育復興、文化復興という点からより積極的に私貿易取引を利用していた人々がいた。郷土史家の仲宗根将二によれば、一九四七年当時、宮古民政府の宮古文教部長であった砂川恵敷が当時東京大学に在学していた子息と連絡をとり、本土の中央気象台の宮古測候所に来ていた補給船の船長に託して、本土で施行されていた憲法や教育基本法の記載された法律書や教科書を一緒に運んでもらったというのである。これはもちろん当時としては違法行為であった。東京では子息に荷物の積み込みの段取りをとってもらった。そうして運ばれた本土の教育基本法の法律書を基に、ガリ版刷りで宮古教育基本法を制

図⑪　宮古本島小浦。友利恵勇によれば、ここが狙撃事件の際、荷物を引き揚げるためにブローカーが上陸した場所だという。

図⑫　小浦（上流方向）。この奥まで船が入っていったと考えられる。（図⑪⑫とも2011年3月、筆者撮影）

定したというのである〔8〕。これについて砂川恵敷の伝記によれば、当時占領下で本土との連絡手段は閉ざされていたものの、宮古測候所だけは戦前と同様日本政府の管轄下におかれており、その管理は日本政府が行っていた。そして測候所職員の俸給、食料、日用品、備品、消耗品などの諸物資を輸送する補給船が、宮古測候所と東京の中央気象台との間を年に四回ほど往復していたという。そして砂川は軍政府の通訳担当であった松本の仲介で補給船の船員に依頼し、東京の子息と連絡を取った。子息は東京の中央気象台に本土の法律書や参考書などを運び込み、船員に託して宮古へと運んでいた。砂川は当時、琉球が将来日本に復帰することを見越して、宮古における学制を戦後の本土と同様六・三・三制に改め、教育法規も本土と同様のものを使用して復帰に備えるべきだと考えていた。そして本土の教育基本法や学校基本法に記載されている「国」などの字句を修正した上で宮古群島議会に提出、満場一致で可決され一九四八年四月一日付で公布された。この六・三・三制の学制改革は占領下であった琉球列島の中で最も早く、沖縄群島や八重山群島の学制が変更されたのは一九五〇年、さらに教育基本法の議決に至っては一九五五年まで待たねばならなかったという〔9〕。こうした砂川の行動について、先述の仲宗根は、当時島の人々の間で米国帰属論などさまざまな議論が噴出し、先の見通しが立たない状況にありながら、いずれ日本に返還されるため、本土に近い教育を施さねばならない、という砂川の見解は当時としては大変冷静な状況分析であったと評している。

さらに仲宗根によれば、戦後台湾から引き揚げてきた文化人の中には、一九四七年という戦後の混乱期の中でも、自分達で文芸サークルを作り、島の文芸復興に努めた人々がいたという。その中には「密航」によって会報の発行に必要な用紙を手に入れた人がいた。戦後宮古で初めての文芸サークルを立ち上げたメンバーの一人である平本実一は、文芸誌発行のための紙を沖縄本島へ取りに行く際、警察を通して米軍の許可を得る必要があった。申請の際、彼は渡航目的について、本島に行って宮古にはない観劇記を書き、新聞に載せるためである、としたところ、即許可がおりたという。軍政が厳しい、などといわれていたが、米国とは不思議なもので、「ニュースペーパーの仕事」といってしまえば割とすぐにＯＫがでた、と彼は周囲に語ったそうである。彼はこの「ニュースペーパーの仕事」のために何度も宮古と沖縄を往復した。紙を手に入れる際、物々交換のために宮古に戦前からストックしてあった鰹節を持っていった。これらは戦争で海上交通が途絶えたために倉庫にしまわれていたものだそうである。彼は鰹節を生活用品と交換した。そのうちそれが面白くなり、文芸誌の発行は仲間達に任せてしまい、自らは沖縄との商売に精を出すようになってしまった。もちろん「ニュースペーパーの仕事」としてである。そのニュースペーパーは「文芸旬刊」（「旬刊」は十日に一回という意味である）といった。平本が文芸サークルを始めたきっかけは、俳句であった。戦争中香港で特攻隊の訓練を受けていたが、終戦後中国広東の収容所にいたとき、近くの居留民収容所で開催された句会で最高得点を出したことから、その後魯迅を参考にし櫓秋という俳号をもって俳句を始めたという。その後彼は一九四六年に宮古へ引き揚げてきた。そして同じ四六年に台湾で教師をしていた平本の小学校時代の同級生が復員し、家の前に宮古俳句会という看板を掲げていたところ、平本が通りかかり、その看板を目にして意気投合したという。それが文芸サークルの始まりであった[10]。こうして終戦直後の生活すら困難な時代に、俳句を通じて文芸復興を図った人々がいたこと自体驚くべきことであるが、そうした人々もまた具志堅と同様金銭目的ではなく、文化活動のために「密航船」を利用し、私貿易を行っていた。こうした行為は、第一章でみたように当時八重山の地元新聞社「海南時報」の記者であり、新聞発行に使う印刷用紙を手に入れるために台湾へ「密航」した南風原英育の活動と同様、特に社会文化的な側面における戦後復興への貢献であったといえる。

二　宮古―与那国島ルートの私貿易

第一節では宮古における私貿易の歴史的な位置づけと戦後宮古における私貿易の開始、さらにそれに関わったブローカー、及び運搬人である漁船の船員達の活動を概観し、主に活動した人々のタイプやその目的をみてきた。ここではそれらを受けて具体的にどのような方法で取引を行っていたかについて、二人の漁船の船員からの証言を基にみていく。

1　仲間恵義の私貿易体験

⑴生い立ち

仲間恵義は一九三〇（昭和五）年、伊良部島の佐良浜という漁港の港町の生まれである。一九四五（昭和二〇）年の終戦時には満一八歳、当時の数え年で一九歳ぐらいであった。伊良部島には南区（五カ字）と北区があり、産業として、南区は農業、北区は半農半漁の生活であったという。この南区と北区は終戦直後、芋と魚を物々交換していた。恵義によれば、佐良浜の漁師は昔から、カジキ漁のために台湾の高雄などへ突き船で漁に行って稼いでいた。また、戦前からパラオ、マーシャル、ボルネオ、ニューギニア等で漁を行っていた。佐良浜の漁師達は昔から団結力があるといわれ、二〇〇九（平成二一）年には鰹漁開始一〇〇周年を記念して「佐良浜かつお漁一〇〇年祭」が行われた。皆漁に一生懸命であり、佐良浜では一九八八、八九（昭和六三、平成元）年頃まで南方に漁に行って、儲けて家を建てる、家を立派にすることが皆の目標だったそうである。またその配当が配られる日には琉銀や沖銀の営業がお酒などを持参して佐良浜に来るほど、儲かっていたという。

⑵宮古での戦争

宮古本島には戦前から小中学校、商業学校、宮古高等学校、宮古女子高等学校があった。工業高校も別にあった。しかし農林、水産の高校は那覇であった。恵義は高校入学の年になると、宮古本島の宮古高等学校に入学した。恵義の高校時代は、戦争のために実質一年間しかなかった。兵隊になる、と言わねば高校には入れなかったという。しかし、一年生の時から既に授業ではなく、軍事教練ばかりであった。先生の代わりに、現役の軍人が教官となってきていた。いわゆる少尉や、中尉といった階級の人々であった。その中でも、神田中尉という人はたとえ校長が何を言おうが、自分が駄目といえば駄目、自分の言葉は天皇の言葉である、と言っていたことが印象に残っているという。しかし彼らも終戦後、自然に引き揚げていった。学校には、戦後内地から年賀状をくれるようになった元兵隊の飯田さんという人もいた。今は高齢のため、年賀状のやりとりはしていない。泊まっていた下宿は寮であったが、爆弾にやられてしまった。教科書もなくなってしまったので、友達の本を借り、書き写して勉強した。また戦争中は自給自足であったため、毎日作業に動員されていた。兵隊達と一緒になり、モッコを担いで現在の下地飛行場の建設に動員されていた。

その頃格納庫の建設中に、土を掘り出す作業をしていて仲間達が土砂に埋まるという事故も起こった。幸い全員救助し、野戦病院に担ぎ込んだが、それでも自分達で治療しなくてはならなかった。患者となった同級生は骨折し、内出血をしていた。彼は患部をつかみながら泣いていたという。この戦争中には船員として出稼ぎに行っていた恵義の父がボルネオで、また兄がニューギニア、ラバウルでそれぞれ戦災によって亡くなっている。また宮古での戦争被害で覚えているのは、平良港に軍隊の貨物船が停泊していたところ、爆弾でやられてしまい、そこで働いていた朝鮮人軍夫が多数亡くなったことであるという。当時、その遺体が伊良部島付近にも漂流してきた。

そして高校一年生の頃、学徒出陣で軍隊に現地入隊することになった。入隊したのは陸軍で、一七、八歳の頃であった。学生だったため、「ここで入隊せよ」と指示され、佐良浜で入隊した。体力がないためいわゆる通信班、暗号班に回されたという。学徒入隊で、二等兵であった。他方で予科練に行く人は内地に行ったという。軍隊ではトイレに行くときも班長に「仲間二等兵はトイレに行って参ります」と言わねばならず、何回か言わないと聞こえないふりをされるなど、苛めにもあった。

軍隊では、主に日本軍の通信を行う仕事に携わっていた。伊良部島には上野岳という山がある。戦争中にはその山の上の、電波塔の下に位置する崖の奥の自然壕の中に、御真影と日章旗が安置されていた。そしてその中に通信班が設置され、恵義は入隊当初、暗号を作る数字の計算法、手旗信号、モールス信号などを習った。平良の師団本部と佐良浜の旅団本部との連絡のため、佐良浜の浜辺に降りて証明信号でやりとりするために「ガイコウ機班」として、ガイコウ機、即ち発電機で発電を行った。その方法は0の字型に取手を回し、発電を行うというものであった。夜間作業だったが、敵に発見される可能性もあり、危険な作業であったという。

そうして、一九四五（昭和二〇）年の八月一五日、いつものようにガイコウ機班として以下のような信号を送った。「今日の状況はいかがですか」と。すると「今日の状況は天皇の命により、大東亜戦争は中止」と返信が返ってきた。終戦ではなく、「中止」であった。そのため恵義は、八月一五日に戦争が終わったとは思っていなかったという。しかしながらその一週間後、現在では八八歳ぐらいになる、宮古で徴兵された人々が伊良部に戻ってきた。そのとき初めて戦争が終わったことに気がついたという。即ち、終戦を知るのが一週間遅れたのである。

終戦後の佐良浜は戦災でめちゃくちゃになってしまっていた。しかし、国へ復興の要請も考えなかったという。新聞もとっていなかったし、佐良浜には情報など入って来なかったためである。当時の情報は全て噂や口伝てだった。また終戦当時、食料不足のためにカラスやスズメとりもしていたという。

(3)私貿易

終戦になっても解放感もなかった。私貿易の動機は生活を楽にするためで、そう誰しもが思っていたという。宮古や佐良浜に駐屯していた日本軍の弾薬は、青年団が牽引車で引っ張り、船で平良港に捨てていた。それを漁業に利用

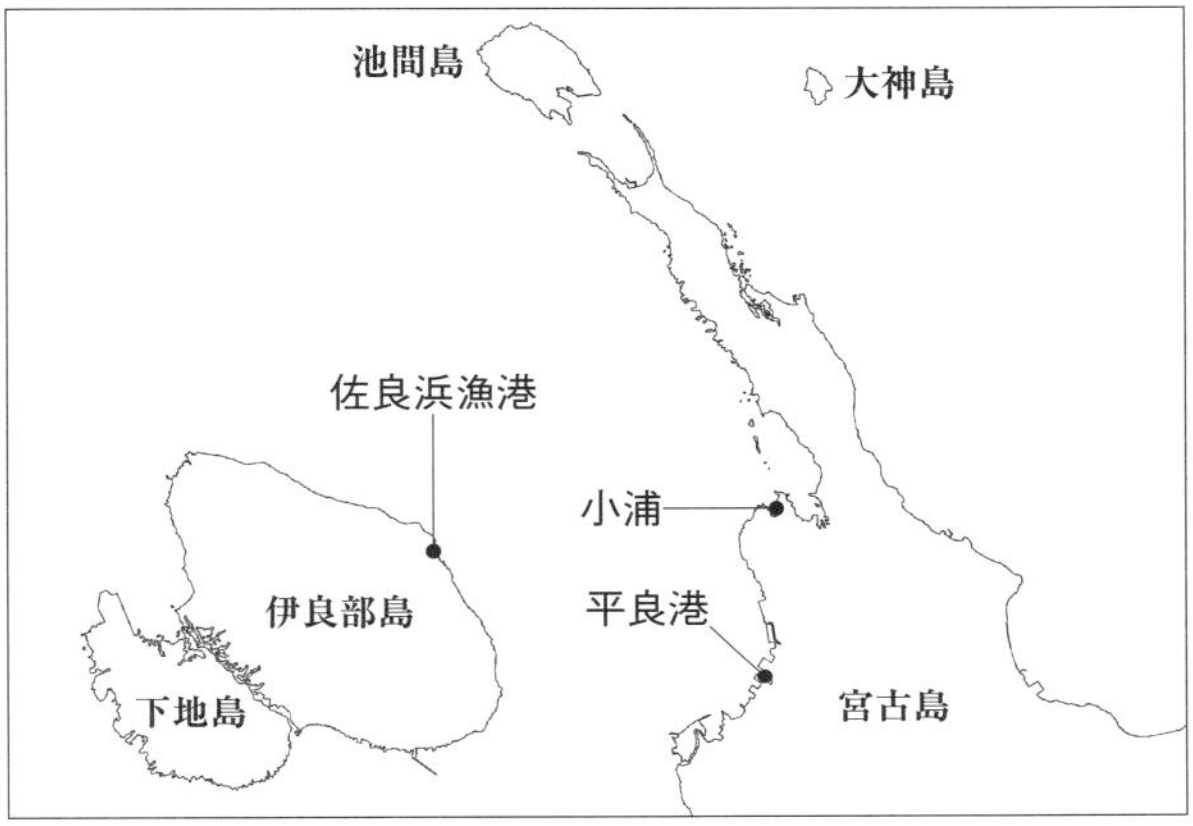

図⑬　宮古島、伊良部島の主要な港。

する人もいたそうである。

私貿易をしたのは一九歳の頃、長くて一年ぐらいであった。当時は鰹船の船員で、漁の傍らその時期（私貿易をする時期）がくると貿易を行った。船主か船長が決めたのか知らないが、船長から行くぞ、といわれれば嫌とは言えなかった。ブローカーが話を持ち掛けてきて、それに応じて出港した。皆で相談して行く場合もあった。そのときの船長は年配の六〇歳ぐらいの人であった。他の船員も二〇～三〇代ぐらいであり、一九歳の恵義が船の中でも一番年少だった。数えの一九歳は厄年なので、そのため「一九歳は哀れの一九かなあ」と思っていたという。

そのときは、ブローカーが盗んできたか何かはわからないが、米軍のHBジャケットを漁船に積み、台湾のブローカーを与那国島に連れて行ったという。当時の人は盗んでも「戦果」と言っていた。ブローカーは佐良浜の人も少しはいたが、ほとんどは沖縄本島の人だった。そのブローカーは与那国で台湾産のお米とジャケットを交換していた。旧暦の八月一四、一五日ごろの祭りで団子を作るため、米とバーターしていたようであった。そうやって、食べ物を手に入れるために貿易をしていた。上陸したのはブローカーだけだった。彼らを夜サンパンで陸に送り届け、恵義達は船に戻った。そしてブローカーが商談をまとめていた。恵義達の船は港に入らず沖に停泊し、荷物は夜サンパンで運んだ。「密航」だというのは分かっていて、そうしないと警察に捕まってしまうからであった。恵義達漁師は船に待機していた。ブローカーは他に、ラッキー、チェスター等の煙草をたくさん持ってきたこともあった。宮古島の豚を運んだこともあるという。豚が海に飛び込んで、捕まえに行ったこともあった。

宮古と久部良の間は簡単に行き来できたという。出港許可などもいらなかった。しかし佐良浜は浅いので、恵義は平良港に寄る「密航」船もあったと聞いている。行政も私貿易があるのは分かっていただろうが、強制的取り締まりもなかったであろうという。米軍も取り締まっていなかった。

何日に出る、と決めて出港した。久部良までは二昼夜かかった。運び賃は現金で支給された。水揚げに応じた配当があったが、運賃はある程度決まっていた。一つの梱包につき何ドル、という計算であった。ブローカーからの話を受けて梱包作業もしていた。そうしたブローカー達は金があれば出そうか、ぐらいの気持ちだったのではないかという。貿易は概して儲かっていた。また、品物を持っていくのは「密航」になるが、漁をするだけならどの島に行っても良かったという。現在のように、漁場に境界を引いてはいなかった。さらにいえば、台湾との間に国境線が引かれていたことも知らなかった。また、当時の貿易による台湾人などとの交流は問題なかったのではないかという。他の島への航海としては、「密航」船でドラム缶を沖縄本島の安謝港に運んだこともあった。安謝港では臨検があるので、ドラム缶を紐で縛って臨検前に海に落として引き上げた。やはり夜サンパンで港に運んだ。黒砂糖も運んだ。遠浅の海だったので、潮が引いたらドラム缶を上に転がして揚げた。そのときは二斤ごおり（一斤＝六〇〇グラム）を固い箱に詰めて運んだという。那覇から宮古、八重山にも荷物を運んだが、やはり荷揚げの時は転がすしかなかった。他に、ブローカーはドラム缶の酒を水で薄めて売っていたこともあったという。

そうした貿易の際、漂流しかけたこともあった。久部良漁港の外で投錨していたところ、台風が来て波が高くなり久部良崎から回り込んで港に入ろうとしたが、風が強く、波をかぶって水がエンジンに入ってしまった。当時の焼玉は裸であり、焼玉のチャンバーに水が入ってしまったのである。エンジンが止まり、一昼夜漂流してしまった。同じように沖に停泊し、波で漂流した船が二〇隻ほどあった。そのときの船は、台湾の蘇澳南方からもってきた中古の突きんぼ船であった。船尾に穴が開いていた。

恵義達の船が漂流する前、久部良沖には二〇〇トンクラスの内地船が貿易のために停泊していたが、その船の錨が切れてしまう、ということがあった。そのときたまたま恵義の漁船では船員にもぐりの得意な人がいて、三〇メートルぐらい泳いでその錨を取りに行ってあげたことがあった。錨を拾ってあげたお礼に、その内地船から米を六斗俵もらっていた。それを積んだ後に波をかぶり、流されてしまったのである。そのとき台湾船も沖の方に来ていたが、彼らも接岸できないようだった。船では八トンドラム缶に飲料用の水を入れていたが、ひっくり返って飲めなくなってしまった。そのため、船の中に水がないのを分かっていながら、水がないか思わず二回見に行ったほど、水に飢えてしまったという。また漂流中、真水がないので、試しに米を一度海水で炊いてみた。見た目はきれいに炊けるが、実際には苦くて呑み込めなかった。時化の際中であったが、船のバランスをとるためのシーアンカーもなく、マッチもなかった。波をしのぐため、船を波が来る方向に向けて操船していた。

そんな漂流中、船の一メートル二〇センチの床板の上で寝起きしていたところ、あるとき船長に呼び出され、命じられてロープを一メートル五〇センチほどに切り、板に半円状の穴を開け、棒とジェラルミンのお椀を用意した。それらを組み立てて火起こし機を作り、煙がでるまで火起こしをした。さらに当時の漁師は皆、漁具として火薬を使用するため、海中から引き上げた砲弾などの信管を抜いて火薬をとり出し、丸い火薬玉にして個々人の道具入れの中に所持していたので、その火薬を煙が出た穴に放り込み、点火することに成功した。それをあらかじめ用意しておいたランプに移し、焼玉に点火して動力を回復させることができたという。当時はマッチなどなかったので、こうした方法は常に船長が心得ていたようだった。なお、この船長はねずみ取りを改造してカラスをつかまえる道具を作るなど、普段から工夫の得意な人だったという。エンジンを回復させた船は、祖内に入港した。こうして、恵義は九死に一生をえることができた。当時は小さな台風が来ると、それだけでもう命がけだったという。ただし、私貿易においてその台風のとき以外に命の危険を感じるようなことはなかった。

そうした貿易の傍ら、二〇歳ぐらいのときには尖閣諸島に渡り、鰹鳥を二〇〇羽ほど叩き殺して食料にしたこともあった。二人で行き、棒を担いで崖をよじ登り、鰹鳥が卵を温めているところを狙って叩き、その後山の上から引いておろした。さらに船から引き縄を引っ張ってきて縛りつけ、船まで運んだという［11］。そのようにして、食料を探さないといけなかった。それは自分の家族のためであった。その後、制度が整って取り締まりが厳しくなるとブローカーが減っていき、私貿易は自然になくなっていったという。儲かったブローカーの中には、佐良浜でも学校に幕や塀を寄付した人がいた。

⑷その後の生活

三〇代の頃、恵義の船が鰹漁で一位になり、琉球政府の主席から表彰されたことがある。外洋船、漁船を使っていたときであった。その時は補佐役として船長と共に波上宮で表彰された。当時はＧＰＳもなく、双眼鏡を使って鰹鳥が急降下して鰹を襲う場所を探す、といった漁をしていた。当時は宮古がどうなるかなど考えている暇はなかった。通貨がどうなるかも分からない、一ドル三六〇円の時代であった。自分のことだけしか考えられなかったという。沖縄の本土復帰の頃にはようやく政治にも関心を持つようになったが、それでも当初はあまり関心がなかった。帰属など何処でもいい、とすら思っていた。また当時は、一日で帰って来られる範囲なら、領海など関係なく何処へでも漁に行きたいと思っていた。出漁範囲としては、尖閣諸島に行って獲れなければ、夜を徹して与那国島の南、台湾の東まで行って漁をしていた。洋上に一〇時間もいたら朝になってしまったという。

その後、漁協の試験船図南丸というマチ釣りの船で四〇歳頃まで働き、その後二年ほど旧伊良部本庁に勤めていたが、ドル金時代であったため、給料が安かった。その後、伊良部海運の船長として雇われ、二年半ほど平良―佐良浜間の貨客船の船長も務めていた。そのときはアサイ丸という船であった。その頃沖縄から貨物船が平良まで来ており、セメントや鉄筋を積んでいた。恵義達はそれを平良から佐良浜に運んだ。陸揚げが大変であった。鉄筋は一本五～六メートルが一〇本束になっており、それを七人ほどの船員全員で運んだ。片方に二本は積めないので、両方に一本ずつ積んだという。三〇トンの船では大きかったからである。満潮時に運び、干潮時は岩礁が邪魔になるので運べなかった。

そして四六、七歳頃には鰹船の船長を務めた。冬場は尖閣諸島に行った。そこはスマガツオの漁場であったため、スマガツオの曳き縄一本釣りをしていた。尖閣近海はフカが多く、船を全速で走らせないと縄で引き揚げる最中に鰹

図⑭　海上から見た佐良浜港。(「(1959年8月24日) 佐良浜港」宮古島市総合博物館所蔵、サムエル・H・キタムラ撮影。図⑮も同じ)

図⑮　佐良浜集落遠景。(「(1961年7月9日) 伊良部島・佐良浜集落」)

をフカに食べられてしまうという。尖閣諸島へは佐良浜から片道一三、四時間ほどかかった。尖閣諸島は冬場の三月頃の漁場であった。前日の夜出港し、その日の朝から夕方まで漁をして翌朝帰ってくるという、足かけ三日の漁であった（尖閣諸島文献資料編纂会編　二〇一三：二二二）。尖閣で獲れないときは与那国島の南、台湾東部の沖合まで出かけたという。漁業では、一〇時間でも探してこなくてはならなかった。一時間、二時間でもコースを変更しなくてはいけなかった。東へ一〇時間走らせたうえ、残り一時間しかなくてもコースを変えて八重山の東方海域に向かう、というように。だいたい主な漁場は尖閣諸島、八重山、台湾の近海だった。

また漁協にも勤めたことがあった。そして一九八〇（昭和五五）年には、佐良浜にできた鰹工場の責任者にもなった。その頃は鰹もよく獲れたという。

恵義は若い頃を振り返り、戦争や戦後の貧しさで非常につらかったと述懐した。しかし人のためになることをしなければと思い、その後民生委員と児童委員を二三年間歴任したという。民生委員とは、地域の事情を行政に報告し、要望を出す人のことである。二〇〇七（平成一九）年に引退した。そのため県や厚生大臣から表彰されている。社会教育委員も三期務め、ボランティア活動もしていた。

恵義によれば、かつて佐良浜には一万二千名くらいの人口があったが、今は六千名ほどであるという。学校に入学する生徒もかつては毎年一〇〇名以上いたが、今度の入学生は七、八名ほどである。人口減の原因は、仕事がないことであり、公共工事がないために出て行ったという。農業だけでは食べていけなかったからである。

現在ではサトウキビ農業をしている。農業ではキビを年に五〇トン収穫でき、今の季節（インタビュー時は三月）は七時までかかるという。トラック一〇トン分を一〇台、伊良部製糖に持って行ってもらうそうである。

2　仲間定雄の私貿易体験

(1) 生い立ち

仲間定雄は一九二二（大正一一）年の生まれである。伊良部島佐良浜の出身で、漁業の傍ら畑も作る半農半漁の生活をしていた。定雄は漁師の家に生まれたため、学校卒業後は直ぐに父の鰹船に乗って仕事を覚えた。また潜りも得意であり、五、六歳の頃から遊びを通じて自然に覚えたという。もともと父がフカ延縄漁を専門にしており、下地島の沖で漁をしていた。その船体にはフカの油を塗っていた。そうすると長持ちするからだった。油はクリ船の船主達がよく買っていったという。学校を出るとすぐに、父のフカ漁を手伝いながらタコやコウイカなども取るようになっていった。トラブカ、イッチョウと呼ばれる人食い鮫の一種が特に気が荒かった。

父がいうには、フカ延縄漁の漁法は糸満の漁師から伝わったものだったという。また、昔は糸満から来た漁師達が来間島の海岸に家を建て寝泊りしていた。彼らは宮古でグルクンがよく獲れるために、漁に来ていた。そして宮古にアギヤー漁法を伝えたという。また鰹釣りについては、昔は帆かけ舟で出港して鰹を釣っていたというが、そうした方法も外から来た漁師達が伝えていったのだという。

また定雄によれば、戦前佐良浜から台湾に行った人はたくさんいたそうである。やはり鰹漁の船が台湾に行っていたという。

(2) ポナペへの移住、戦争

定雄は戦前、南洋群島のポナペ島に出稼ぎに行っていた。そして戦後はフィリピンにも仕事に出かけている。ポナペには一九歳の時、一九四〇（昭和一五）年の一二月に渡った。そのきっかけは、既に定雄の兄がポナペに渡っており、そこで日光水産という会社が持つ船の機関長をしていたためであった。その船の船長が用事で来た折、何かの都合で船員を四、五名雇って連れていくことになり、定雄も仲間に入れてもらうことになった。徴兵検査の年になる前だったが、ポナペに行けば徴兵検査も免れると思ったという。定雄以外に定雄の兄、そしておじも出稼ぎのため、一緒にポナペへ向かった。ポナペへはまず漁船で宮古本島に渡り、そこから定期船に乗り換えて那覇に向かい、そこで本土行きの船に乗り換えた。南洋へは北九州の門司港から出航したという。

ポナペでは兄と同じ日光水産の船で働き、海軍警備隊に採った魚を納めていた。しかし戦争が激しくなった頃、ある日魚を満載して港に到着したら、空襲で焼け野原になっていた。後に聞いた話では、米国の艦隊がサイパンに上陸する前、ポナペに艦砲射撃を加えていたという。日本軍はそのとき一発も打ち返していないらしかった。

その後リーフ内の魚だけを捕るように軍から指示を受け、軍に納めた。そして終戦を迎え、ポナペからの引き揚げは一九四五、四六（昭和二〇、二一）年、佐良浜到着は一九四六（昭和二一）年の冬ごろであった。兄とおじも一緒に引き揚げることができた。ポナペから出る際、宮古出身者の池間、佐良浜地区の責任者に荷物を預けて乗船したところ、定雄の乗った船が最終便だと言われ、結局その責任者と再会することができなくなってしまった。そのため着の身着のままの引き揚げになってしまった。ただし収容施設では食べさせてくれたという。

ポナペから引き揚げ船で浦賀へ引き揚げた。日本軍の駆逐艦か何かだったという。船には佐良浜だけでなく、宮古、八重山や沖縄本島、日本本土出身者も含め、ポナペにいた日本人のほとんどにあたる数百人が乗船し、船はいっぱいになっていた。浦賀に着いた後は、沼津に一時収容された。そこは陸軍病院の跡で、傷痍軍人や看護婦などがいた。そこから汽車で広島駅を通過した時は、市内には何もなかったという。そして鹿児島から日本の小さな軍艦に乗り、宮古に帰った。鹿児島から出た引き揚げ船は、宮古本島の狩俣沖で投錨し、ボートで迎えが来たという。ポナペから戻った時、佐良浜に船はなかった。家に帰ってきてからは、父母と一緒に暮らしたという。父も漁師だったが、戦争中に現役の兵隊になっていた。現在、一緒にポナペから引き揚げた池間、佐良浜の人達は、定雄以外は皆亡くなってしまったという。

(3) 私貿易

戦後、最初の頃は船がないため畑をしながら潜り漁をして、魚、タコ、イカなどをとっていた。それらは仲買に渡し、残った分を食用にした。また畑ではサツマイモや麦、粟などを作っていた。そのため後述するブローカーから買った台湾米は、通常は食べられない、いわばごちそうであった。

潜り漁では潜って息のある限り、銛で突いて獲った。またそのときは杉板で作られたクリ舟を使用していた。現在はクリ船に乗せるエンジンがあるが、当時は手で漕いでいた。櫂と風だけが頼りだった。また夜にはイカ釣りにでかけ、良く釣れたという。

そのように暫く潜り漁をした後、鰹漁を再開した。乗船したのは三〇トンの船であった。那覇に行けば米軍のそうした船がたくさんあり、それを利用したという。その後、沖縄本島や与那国島へ、鰹漁船に闇商人を乗せて往復を始めた。当時の那覇には、米軍の物資が大量にあったという。

私貿易のきっかけは、元々乗っていた船が私貿易をはじめたからだそうである。船では定雄が最も若かった。一九四六（昭和二一）年頃のことで、佐良浜、平良の人々がブローカーになっていた。手順としては夜、沖縄本島糸満に闇商人を降ろし、彼らがそこで米軍から手に入れた衣類を集め、その間船は慶良間諸島に避難していた。慶良間に沖泊まりした時も、定雄は潜り漁をしていたという。ブローカーとは待ち合わせの時間と場所をあらかじめ決めておき、再度乗船させてそこから与那国の久部良や祖内に連れて行った。そこで闇商人が台湾の米俵とバーターしていた。しかし船自体が小さいので、米俵はそんなに積めなかった。ブローカーがかなり儲けている、という話も当時耳にしたことがあり、終戦時、平良港に日本軍が投棄した砲弾などから真鍮をとりだして、那覇に持っていけば高く売れる、といった話も耳にしたことがあるという。

また定雄は使ったことがなかったが、ダイナマイトで漁をする人々がいた。終戦直後、宮古にいた日本軍は弾薬を海に捨てていた。佐良浜の漁師達はその砲弾などを引き上げ、真鍮を取り出していた。さらに漁師達はその砲弾から火薬も取り出し、ダイナマイトなどの漁具にしていたという。ダイナマイトを魚群に当てると大量に収穫することができた。しかし、弾薬の引き上げや解体中に命を落とす危険があった。

久部良には米がたくさんあった。そこから佐良浜に運び、皆その米を買っていた。当時の闇価格なので相当な値段であったはずだが、配当がでていたので現金は所持していたという。船は船主が荷主一人につきいくら、という形で運賃をとっていた。荷主とは即ち闇商人、ブローカーのことである。当時からそう呼ばれていた。荷主達はいつも何名かの乗合で、定雄の船に乗っていた。また当時、佐良浜の港に船は少なく、あったのは大きくても三一トン程度の船であった。しかしクリ船はたくさんあったという。定雄が久部良に行った時も、港は小さく、他の島からから来て入港する船はあまりなかったという。

漁船の航行は話し合いで決まっていた。責任者にもよるが、皆で話し合って決めていた。私貿易の航海もそのようにして決まったという。久部良の港に入り、台湾から来た米を積んで帰った。

久部良の取り締まりはさほど厳重ではなく、昼間から港に入ることができた。港に入るとすぐ、定雄達の船は、誰は米俵何体、と決めて運び込むだけで、すぐに帰ったという。そのとき、久部良には台湾から運ばれてきた米俵がたくさんあった。当時の久部良港の岸壁には、米粒が砂のように積もっていたという。また久部良港に停泊していたとき、食事は船の中で自炊していた。しかし、上陸するのは自由だったので、買い物などで上陸することはあったという。祖内にも行ったが、商港の祖内でもやはり漁船がいた。久部良港の水深は深くはなかったが、三〇トン級の船は出入りしていたという。

久部良には昼間から入港できたが、ブローカーが陸で商談をまとめている間、定雄や船員達は船からおりずに船内で待っていた。定雄の印象では、当時久部良に飲食店はそんなになかったという。しかし、水揚げされたカジキの頭などを買ったり、貰ったりして食べていた。そうした形で、私貿易は昼間から行っていた。警察官もいなかった。離島に来る警官はよく差し入れなどを貰って食べられるので、あまり厳しい取り締まりはできなかったのではないかという。また警察官は島の出身ではなく、よそから来た人々だった。差し入れは内緒でやっていただろうが、そのため警察も大目に見ていたのではないかという。実際、ダイナマイトで獲った魚等、よく差し入れにもっていったという話を聞いたことがあるという。もちろん役場も知っていたはずだった。米軍の警備も見たことがなかった。また、久部良には自警団もあったという話を聞いていた。さらに、台湾人達は港にはそんなにいなかったという。ほとんどが与那国の人達であった。

そんなとき、久部良で米俵を積んだ際に浅瀬に乗り上げ、中古船だったため船に穴が空いて沈没したことがあった。そのとき米俵も一緒に濡らしてしまった。そのとき濡れた米は一旦浜に降ろし、船体の穴を修理して帰った。皆一旦海に飛び込み、満潮の時に船を浜に揚げ、干潮の時に穴をふさいで帰ってきた。そのときは大変だったという。また濡らした米はブローカーが処分した。当時乗っていた船はほとんど、戦前に台湾で働いていた人達が帰ってくるときに台湾で買った中古船や、他のどこかから買ってきた中古船だった。船も不足していたからである。

一方、佐良浜では当時、港も整備されておらず、自然のままであった。干潮になれば沖に泊めなければならなかった。現在の防波堤の内側はリーフになっており、港に入れるのは満潮時だけだった。台風の避難には宮古本島の大浦湾を使ったという。また、佐良浜から平良への運搬船も一日一便しかなかった。

私貿易ででかけたきり帰って来なかったという人もいた。佐良浜から那覇に行く際には、台風を避けるためには海上で勘に頼らざるをえなかった。漁もそんな風にしてやっていた。そのため台風の接近を知らずに宮古から那覇に向かおうとして出港し、台風に当たって帰らぬ人になってしまう人もいた。貿易の時は荷物も喫水線ギリギリになるまで積んでいた。食べるためであったという。さらに、儲けのためにフィリピンにまで行って台風に当たったか何かの原因で、帰ってこない、という人もいた。

沖縄で積んだ品物を見たら、ほとんどが米軍の衣服であった。払下げのものなど、色々な物があった。倉庫から盗んできたという話もよく聞いたという。そうした荷物は、ブローカーが佐良浜の人なら佐良浜へ、平良の人なら平良へ運んだという。ただ、沖縄で積んだほとんどの荷物は久部良に運んだので、それらは台湾に行ったのではないかという。沖縄本島から久部良へ米軍物資を運び、台湾からは別の船が米を運びこんでいたと思われた、とのことである。こうして沖縄本島と久部良の間を佐良浜や平良のブローカーが往復していた。ブローカーはその後佐良浜に運んできた米をめいめい取って、闇市でさばいていた。

そうしたブローカーがお金をためたという話も聞いたという。またブローカーが何故私貿易をしたかについては、ブローカー本人のみぞ知る、その人の考えだろうが、ブローカー達は儲かるのでやっていた、とのことである。定雄としては、生活のため、そして船員としての仲間との信頼関係があったから私貿易に参加したのだという。生活のためというのは、当時はもっぱら芋と台湾米などが主食であり、特に米はほとんど食べられない御馳走だったことなど、当時は食料確保が重大な問題であったことによる。ブローカーは皆家庭があり、頭のある人達だったという。

そして、筆者が違法行為という認識はあったか、と問うと、「生活のためにやっていたし、取り締まりもなかった。家族のためにやっていた。働いて、食べるためにやっていた。世の中がどうなるか、心配はしていたが」と述懐した。また「考えてみたら、闇商売ともいえない。もう年をとったら関係ない」と、自身の体験した私貿易について、それが「闇商売」と呼ばれていたことへの違和感も持っているようであった。その理由としては、上述のように与那国島では警察官がほとんどおらず、昼間から堂々と入港していたということと、宮古では警察官への差し入れもよくやっており、それはもちろん誰とは分からないように内緒でやっていたが、そのことは役場も知っていた、ということなどが背景にあるようであった。

私貿易をしていた頃には既に台湾の中華民国への返還も知っていた。だから、台湾から久部良に来た闇船も自由に来られたわけではなかっただろうという。戦前には、佐良浜から台湾に渡り、台湾に定住して漁をする人や、季節ごとに往復している人など、多くの漁師が働いていた。戦後、台湾との間だけではなく、沖縄本島と宮古と八重山の間も通行が許可制になっていたことは知らなかったという。闇商売がいつ終わったのかも知らなかった、とのことである。

(4)その後の生活

定雄は私貿易の時代が終わった後も、漁師や定期船の船長等を務めた。冬場の休漁のときには宮古交通という会社で、与那国、波照間、多良間など、宮古、八重山各地の港の整備や修繕の工事に携わった。他に、漁期以外は季節労働にもでたという。また、後には平良の会社のアンカー船を預かることもあった。平良港ターミナルの奥に埋め立てて作った造船所があった。木造船で月一回ぐらいはドック入りしていた。検査官は年に一回、機関やエンジン、船体の検査を行った。検査官は平良の役所の人であったという。

現在、佐良浜には漁師はあまりおらず、池間には鰹船がなくなったという。しかし佐良浜にはまだ鰹船が少し残っているそうである。現在は一日で行ける東沖、西沖で浮を使っておびき寄せるが、昔は鰹鳥の群れを探して魚群を見つけていた。そのため鰹漁は昔、三か月から四か月間しかできなかった。餌も朝早く自分で潜ってとらなければならなかった。漁に出て直ぐに獲れる場合もあるし、獲れないと夜までかかることもあった。来間島の東から、西は池間島、多良間島や八重山の沖まで操業に行っていた。カジキは突き船で獲った。カジキ漁では出漁したらすぐ沖に出ていた。漁場は深い海であった。そして獲った鰹は佐良浜の人が経営する鰹工場に運んでいた。また、マグロ漁は三月、四月しかできなかった。大きいマグロの群れもいたが、なかなかとれなかったという。

こうして、鰹船の船長をしたのは五〇代の頃のことであった。そのときは三〇トンの船を兄弟四名で動かしていた。そして戦前からの漁場、即ち生活するための労働範囲は宮古島近海であった。それは八重山白保沖、尖閣、来間島の向こうの太平洋、ということになるという。そうした海は皆日帰りで行ってこられる範囲だった。そうして、七〇代まで鰹漁を続けた。

現在、佐良浜にあるコンクリートの家はみな、かつて南洋に出稼ぎに行った人の送金によって建てられたということである。本土の会社が南洋に漁に行っており、復帰後に鰹船に雇われて佐良浜の漁師達が出稼ぎに行ったためであった。そうして、今は半農半漁の生活をしている人が多いという。

三　宮古—糸満ルートの私貿易

次に、宮古島出身の金城毅の証言から、戦後宮古島でのサトウキビ栽培の再開と宮古島—糸満間の私貿易開始との関連について、また私貿易人達の取引方法と彼らの私貿易や「境界」に対する認識について描写する。当時宮古島では物資が不足し、終戦の一年後から収穫が始まった唯一の換金作物であるサトウキビから、黒糖を作って砂糖需要のある糸満に運ぶ必要があり、当事者達はその行動を「密貿易」ではなく「黒糖商売」と呼んでいた。また宮古駐留の米軍も私貿易の取り締まりをしていた様子はなく、宮古島では私貿易それ自体がほとんど目立たなかったのではないかという。

1　宮古の「黒糖商売」

金城は一九三四（昭和九）年の生まれである。戦争の終わった一九四五（昭和二〇）年当時は小学校三年生であった。

実家は農業を営んでいたが、金城の父は沖縄の師範学校を出て小学校の先生をしていた。いわば半農の家庭であった。金城が終戦後、高校を出て上京するまでの約七年間に見聞きした私貿易従事者は、以下の三名であった。ここではその三名の行動、宮古島における戦後の状況、さらにそれらを踏まえ、金城の近所の農家や関係者達が企図した「黒糖商売」の経緯と当事者達の「境界」認識について、金城の回想を基に描写する。

⑴平良の親戚

一人目は金城の義兄であった。その人は一九四六（昭和二一）年頃から黒砂糖の私貿易を始めたという。その目的地は沖縄本島の糸満で、一九五二（昭和二七）年ぐらいまでは続けていたとのことである。

この私貿易の方法は、島内で生産された黒糖を集めて那覇まで売りに行き、代わりに日用品を購入して、宮古にある彼の商店で売るという形であった。当時の黒糖に対し、日用品はそこまで価格が高くはなかったはずなので、かなりマージンがとれたのではないかという。また、那覇にも黒糖の買い付けができる、いわゆる親元がおり、彼らがまたその黒糖を那覇でさばいたり、あるいは鹿児島などへ持って行ったはずだという。こうした販路は戦前からあったものではなく、私貿易によって開拓されたものだった。戦前、沖縄にあった精糖工場は戦争でなくなってしまい、しかも奄美の黒糖は沖縄産ほど評判が良くなかったので、沖縄の黒糖は九州で需要があったはずであり、また沖縄の砂糖生産工場が稼働するのはずっと後からだったので、私貿易時代には砂糖を沖縄に持っていけば売れる状況であったという。

義兄は店の中で島の人を集めて昼間に梱包、積みこみなどの作業をしていたので、外からは普通の商売にしか見えなかった。いつ出港していたかはわからないが、那覇までは当時の漁船で一二時間かかるので、朝出て夕方か夜中には着いたはずであるという。ただし上陸は那覇ではなく、那覇から離れたどこかの浜であり、アダン木に隠れて取引を行っていたか、あるいは金城もよくはわからないが、漁船なので漁港に入っていたのではないかという。宮古島からの出発も、久松の漁港あたりから出て行ったのではないか、とのことであり、少なくとも正式な港は使っていないそうである。義兄は船を持っておらず、漁船をチャーターしたか、漁船が運ぶ一般の客に紛れて船底にある、魚を入れるところに持ち込んだのではないかという。そして客は甲板に乗るという仕組みであった。金城の見た限りでは、量的には直径五〇センチほどの木製の砂糖樽に全部詰めてあった。砂糖は液体の状態で樽に詰め、そうして時間がたつと水分がなくなって固体になった。砂糖が固まった段階でその樽を藁のムシロのようなもので囲み、縄で括って両手で持ち上げたという。

また、義兄達は黒糖や生活物資を運んだだけで、「密航者」を運ぶことはなかった。「密航者」を運ぶのは船主達の仕事であり、彼らはいわば漁業従事者であったといえる。私貿易ではないが、戦後金城も那覇に行くときは、岸壁で漁船を探し、出港時間を聞いてその場で運賃を支払ったという。なお、当時の那覇は軍港になっていたため、停泊するのは泊港だった。つまり私貿易に限った話ではなく、船主が漁の合間に人を運ぶのが普通であった。不定期ではあっても、大体の出港時間もわかったという。そのため、軍作業にでかける人々も当然、このような漁船を利用したことになる。戦後このような移動手段がとられたのは、戦争によって大型の定期船がなくなってしまったからであり、従って八重山と宮古、宮古と那覇の間は、しばらく沈没を免れた漁船が交通手段となっていた。

義兄はこの黒糖商売で財をなし、百貨店を平良に作った。百貨店、といっても実際には現在のスーパー程の規模の店であったという。百貨店ができたのは一九五一、五二（昭和二六、二七）年頃の話である。それから五、六年たってホテルを作った。四階か五階建の、宮古島で一番早くできたホテルであった。それまで島には平屋建ての旅館しかなかった。こうした経緯から、義兄の黒糖商売は百貨店を立てるまでの一、二年ほどだったことになる。

⑵高校の同級生の父

私貿易をしていた高校時代の同級生の父は、米軍に発砲されて負傷したという。那覇から宮古へ来て上陸しようとした際に米軍の取り締まりに遭い、海岸で見つかって近くのアダンの茂みに隠れたところ、機関銃でめくら撃ちに撃たれ、足に弾が当たり、入院したのだという。そのため島でだいぶ話題になった。それも一九五二年ぐらいの話であるという。当時新聞にも載り、同級生もまだ高校生だったので大変な騒ぎとなった。金城の周囲では、「親父が、アメリカに撃たれたって」というような話が飛び交ったという。

このような形で事件が新聞にでかでかと載ったので、私貿易をしていたことが皆の知るところとなった。金城の記憶によれば、この「親父」も平良出身なので、やはり何か「小さな商売」をしていたという。この「小さな商売」とは、具体的には旅館などであったかもしれないが、その点は遠い昔の話であるため、もはや正確には思い出せないとのことである。ただ「親父」の私貿易もまた、宮古産の黒砂糖を輸出し、日用品を輸入する商売であった。このニュースが出る頃には、先述の義兄は私貿易をやめていた。

この事件に関連して、かつて宮古島の私貿易を取材した石原昌家は、「宮古駐留の米軍はことのほか厳しく、夜中に久松海岸から出港しようとしたところ、ローズ中尉にみつかり、撃たれて重傷を負った『密貿易』人がいる」（石原 二〇〇〇：二一八）という事件があったことを、宮古島の当時の新聞から引用し、紹介している。この事件の人物と金城の同級生の父親が同一人物か否かについては、なお調査を要するため今後の課題である。また、石原の指摘するように、宮古駐留米軍の警備が実際に「ことのほか厳し」かったのか否かについては、さらなる検討が必要であろう。

⑶那覇にいる遠い親戚

那覇でやはり当時商店を営んでいた金城の遠い親戚にあたる「おじさん」は、那覇と鹿児島間の私貿易に従事していた。そのとき、やはり那覇から持ち出す商品は砂糖であった。即ち鹿児島に砂糖を持っていき、帰りに生活用品を買ってくるという往復をしていた。当時はエンジンが発達しておらず、那覇から鹿児島まで一昼夜半程度かかったという。巷の噂では、鹿児島で仕事をするとすぐには帰れず、鹿児島に長期滞在せざるを得なかった。当時そうした長期滞在の私貿易従事者にとっては珍しい話ではなかったようだが、「おじさん」にも鹿児島に親しい女性ができていたらしかった。そしてこの貿易を終わりにする段階になって沖縄に帰ろうとしたところ、その女性が密告したために海岸で捕まってしまい、監獄に入れられてしまったという。なお、その女性が当時鹿児島のどこにいたかはわからないが、だいたい船宿のようなところではなかったか、とのことである。金城によれば彼の商売は常に旅のようなものであり、好きな所へ行って仕入れてくる、いわば「寅さん」のような商売であったという。また彼は当時、四〇代後半から五〇代前半だったそうである。しかし出所後は、那覇に戻りの正規の流通加工業で成功したという。

金城によれば、「おじさん」が「密航」していたのも上述の二人と同じ時期であった。従って一九五一（昭和二六）年頃までということになる。そして一九五二、五三（昭和二七、二八）年頃にはそうした私貿易の話はなくなっていたという。つまり金城の知る限り、実際にこうした黒糖の私貿易が行われていたのは二、三年ほどの期間であった。

金城はこの「おじさん」と、子供の頃に二、三回会っただけであった。宮古にいた頃は親戚同士の集まりなどでしょっちゅう会う機会はあったようであるが、私貿易を始めたのは戦後に彼らが那覇に引っ越してからであった。那覇に引っ越したのは、戦後宮古では仕事がなかったためだという。宮古ではもともと小さな商店を経営していた。金城は店に行ったことはないが、やはり商売人であったことを覚えているという。

(4) 戦後宮古島での生活状況

以上、金城の話に挙がった私貿易人達は海人ではなかった。海人は池間や伊良部の人々で、戦後に残った彼らの持っている鰹漁船などが、那覇に行く人達にとっての客船になっていたという。客船といっても漁船のため客室があるわけではなく、焼玉エンジンを使った全長一〇メートルぐらいの小さな船だった。金城自身も子供の頃、このような漁船に乗って宮古と八重山を往復した際に甲板の上に寝かされたという。下は魚の倉庫なので入れなかった。そのため海が荒れれば潮をかぶってしまうような状況であった。それでも当時は怖いとは思わず、「そんなもんだと思っていた」とのことである。なお、金城が八重山に行ったのは「密航」ではなく、戦前、普通に遊びに行ったときの話である。漁船もその当時、客を乗せるのを商売にしていた。

また私貿易についても、あくまで生活物資の取引であり、「密貿易」という言葉で表現されるような、ダークなイメージはなかったという。宮古では日常生活用品（たとえば歯ブラシ、歯磨き、石鹼など。また宮古の伝統的な機織り「芭蕉布」は高級品で日常の衣類にはできないため、衣料も不足していた）は作れなかったので、本土から買ってくるしかなかった。衣類不足は特に、戦後大変だったという。例えば、米軍の戦闘服で除隊した人のものを米軍が大量に放出し、皆それを着ていたそうである。金城も兵隊の服を着た覚えがあるという。靴も戦争によって不足していた。金城が高校を出た後、米軍の靴、即ち軍靴を履いて那覇まで行ったことがあるが、その頃になっても状況は変わらなかった。その頃の宮古駐留の米軍人はみな男性で、ほとんどが海兵隊だった。その古着を放出するので、女性はそれをほどいて、スカートにしたり、上着に作り替えたりしていた。軍服は作りが丈夫なので古着をほどくのは大変な作業であった。ひどい場合には、自分より小さい子供でも海兵隊の帽子を被って学校に行く子がいた。そういう光景を見て可笑しいと思うこともあったという。そのように、大人から子供まで軍服を利用するのが当たり前になるほどの衣料不足の状態が、少なくとも金城が高校を出る頃まで続いていた。

畑も、日本軍の兵隊達が接収したあと、草ぼうぼうになっており、そのため島の中に米もない状況だった。畑を作り直し、再生させるのも大変であったという。落ち着いたのは、一九四五（昭和二〇）年に戦争が終わり、翌年に学制改革によって高校ができて、一九四八、四九（昭和二三、二四）年頃からであるという。その頃でも衣料については軍服をほどいて着る状況であった。結局、B円からドルに変わる、B円の最後の時期あたりになってやっと、本土からの物資が正規のルートで少し入り始めたという。

また金城によれば沖縄では軍作業があり、それでなんとか生活を維持出来たというが、宮古島では軍作業はなく、また産業もなければ黒砂糖もそんなに作れるわけではなかったし、質も悪くなっていたので、宮古島は大変だったという。さらに、八重山は戦闘による被害はそんなになかったが、宮古島は沖縄本島やその周りの小さな島と同様、戦争によってかなり痛めつけられたのだという。また宮古でも八重山と同様、家畜を日本軍にとられていた。宮古では農耕馬を夜中に日本軍が勝手に引っ張り出して行って、食べてしまうこともあった。特にたんぱく質が不足していた。金城の知人で、当時宮古に駐屯していた元日本兵は、蛇、ネズミ、カラス、スズメなどとにかく命ある動物ならだいたい食べたと金城に語ったことがあるという。金城も当時蛇を食べたことがあった。特に青大将は美味しかったという。日本軍の兵士がウナギのように串に刺し、焚火に突っ込んで焼いて、ぶつ切りにして皮をむいたものを一切れもらって食べたそうである。それは終戦後、日本軍が武装解除する前のことであった。何故なら、武装解除によって短剣も没収されてしまうので、その後は料理も出来なくなるからである。当時、兵隊達は短剣でほとんど料理などもこなしていた。しかし美味しかったけれど、もともと栄養失調だったからそう感じたのかもしれない、と金城は言う。また、島バナナは昔は各屋敷にあった。黄色くなって、明日が食べごろという時になると兵隊が夜中に来て取っていってしまい、なくなっていたそうである。兵隊達が川に衣服の洗濯に来る傍ら、部落をまわって目をつけておき、実が生ったものを夜中に来てみんな取っていってしまう。上述の元日本兵は、実際そうやって悪いことをしたのでごめんね、と後に金城に謝ったことがあったという。そうした日本兵による盗みも武装解除前の話であった。宮古は沖縄本島よりも武装解除が遅かったという。沖縄戦での日本軍による組織的な抵抗は四五年の六月で終わっていたが、宮古駐留の日本軍は八月頃まで武装解除されていなかった。武装解除されてからは、兵隊達はあっという間にいなくなったという。兵隊達は宮古で武装解除された後、引き揚げていった。

(5)宮古島民の復員

戦争中に台湾に疎開していた人達は、島の漁船が迎えに行って連れて帰ってきた。また、沖縄本島で生き残った人達も同様にして帰ってきた。沖縄から帰ってくる女性達は、男を連れてくる人が多かった。そうした人達は宮古に帰った後、しばらくして仕事がないため夫婦で沖縄に戻っていった。そういう家庭が隣近所にいた。家屋も空き家があったのでしばらくそこに住みついていた。しかし金城は当時子供だったのでそうした大人の事情はわからず、「あ、知らないおじさんが(近所に)来ている」ぐらいにしか思っていなかったという。

台湾に疎開していた人達の復員については、背景はよく知らないが、船を持っている業者達にお金を出して行ってもらう形だったという。宮古支庁のような行政、あるいは家族単位で資金を出し合って業者に頼んでいたのではないか、とのことである。それはいわば片貿易であり、行くときは何も積み荷がないので、まず漁師などの業者に金を渡し、基隆や台北にいる人達を乗せて帰ってきた。そのとき宮古から台湾に行こうという人もいなかったという。

そして、疎開者を連れ戻しに行った業者達にとって台湾との間に国境が引かれたことに対する認識があったのか、という筆者の質問に対し、金城は「別に……軍政下だからね。あれほんとどうしたんだろう、国境は(笑)」と答え、当時、国境の存在を知っていたとしても、皆あまり意識していなかったのではないかという。

こうして台湾疎開者達が全員帰ってくると、人口が増えたために住宅が足りなくなった。酷いところになると、戦争で亡くなって、主のいない家屋に入り込んで生活していたというケースもあった。さらに食糧が足りなくなり、引き揚げで体力的に弱っていたところに、マラリアが追い打ちをかけた。金城の部落ではかなりの犠牲者が出た。金城の近所では、引き揚げてから一年足らずのうちに子供一人を残して全滅する家族もあった。台湾に行っていない人でも、体の弱っている者達はバタバタ倒れる状況であった。金城自身も、マラリアに罹ったことがあるという。マラリアに罹ると治療のため布団をかぶせて人が上に乗るのだが、それが真夏であっても寒気でぶるぶる震えた。しかし汗をだーっとかくと元気になったという。マラリアを撲滅したのは米軍の「キニーネ」という黄色い薬だった。それを米軍が大量に放出した上、DDTを蚊の発生しそうなところに撒いて撲滅した。しかしキニーネは飲みすぎると黄疸のように体が黄色くなり、耳が聞こえなくなったという。金城の友人の後輩で、片耳がダメになった人がいた。また宮古島では島民が米軍によって頭から衣服ごとDDTをぶっかけられていた。後に、東京の上野の地下道でもおなじようなことがあったと知ったが、その頃金城はDDTがそんなに悪い薬だとは知らなかった。

本土に疎開した人々の引き揚げは、本土と沖縄の「境界線」をめぐり、また別の様相を呈していた。戦時中、那覇からは九州の宮崎などに疎開する人が多くいた。しかしそうした疎開者の中には、戦後沖縄が分離されたために帰れなくなった人も多かった。学童疎開者については、東京沖縄県人会や政府の南方連絡事務所などの支援によって優先的に沖縄に帰ることができたが、その他の疎開者や復員兵などの中には、帰れずにそのまま縁故者などを頼って東京や大阪などに出てきた人が多くいたという。さらに満州からも、九州へ沖縄出身の復員兵が大量に戻ってきており、彼らも多くが沖縄に帰れずそのまま東京へ出てきた。そうして本土に残った人々の中から、後に復帰運動の原動力が生まれることにもなった。そうした人々は東京近郊では、現在の鶴見や川崎などに多く居住しているという。鶴見に住んでいた金城の亡くなったおじは、戦後南洋から門司に復員し、沖縄に帰れないので鶴見にいる島の人達を頼って来た。そのため生まれは宮古島だが、兵隊になって以降、宮古島は知らないという。

(6)沖縄本島でのスクラップブーム

一九五二、五三（昭和二七、二八）年頃に金城が東京に出た時も、宮古から漁船で那覇に出て、那覇から客船に乗るという状況だった。大型の客船は那覇―奄美―鹿児島―神戸―東京が寄港地であった。「チトセマル」という名前の、日本郵船の船であった。その頃になると大体、戦争で徴用されて不足していた大型船舶も戻っていたようである。それでも客船の数は少なく、一九五二（昭和二七）年当時、那覇―東京間は月に一便であった。那覇、奄美、鹿児島間は一週間に一、二回は運航していた。鹿児島―神戸間も一九五二、五三（昭和二七、二八）年当時は便数が割と多かったという。上京する金城には、週一便の那覇発鹿児島行きの船を使用し、鹿児島から陸路で東京を目指す方法もあったが、本土の交通機関に不慣れなことから家族の勧めで那覇から東京まで運行する船を選んだ。そのため、船が出るまで那覇に一か月滞在しなければならなかった。その間、那覇で当時の鉄ブーム、朝鮮ブームに乗り、一か月ほど稼ぐことができた。鉄屑、スクラップを集め、ものすごく高く売れたという。

当時の沖縄本島では人々が米軍の兵器の残骸を集めており、それを買い集めている商売人が結構いたという。金城など、若者達が鉄屑を集めて商売人の「親父」に持っていくと、それを彼が本土のスクラップ会社に売る、という段取りになっていた。鉄屑は爆弾の破片、飛行機の残骸、船の残骸、戦車の残骸などであった。米軍も、それらがきれいに掃除されたので助かったという。米軍は自分達で残骸を片付けたりはしなかった。米軍が管理するのは基地の中だけで、一般の畑には戦車やトラックが壊れたまま放っておかれているという状況であったという。それを沖縄の人達が解体して、スクラップ業者に売る、ということをしていた。金城の東京までの船賃は父親が出してくれたのでそのままにしておき、一月分の生活費はその稼ぎで賄った。当時は朝鮮戦争の頃で、私貿易の時期とも重なるが、そのスクラップ屋の親父が私貿易に関わっていたかどうかは定かではない。恐らく、既に客船が航行していたところから、パスポート、琉球政府の認可があれば合法的に商売ができたのではないか、とのことである。金城の認識では、一般の貨客船が運航していたため、私貿易は一九五一、五二（昭和二六、二七）年頃にはなくなっていたという。戦後金城の村から上京した若者は、金城で三人目であった。一九五二、五三（昭和二七、二八）年のことであり、村で最初に上京した隣の家のお兄さんを頼っての上京だった。一七歳の頃のことである。

なお、「密航」の時代に軍作業のために沖縄本島に向かった人々は、ほとんどがその後ずっと本島に住み続けているという。軍作業に従事した人々のうち、長男は落ち着いたら両親の面倒をみるために宮古島へ帰り、畑のある人は畑をやるという状況だった。次男以下の男達は皆那覇で落ち着いているという。皆軍作業から始めたが、その後はそこから離れていろいろな仕事に就いて落ち着いている。だから帰ってこず、宮古の人口はどんどん減っているという。

(7)当事者達の認識

私貿易については、それが当人達にとって犯罪だという認識があったのかどうかはわからないが、とにかく何かやらなければいけない状況だったのではないかという。どこからきたのかはわからないが、那覇に黒砂糖を持っていけば高く売れるという情報があり、それに「ヤマけ」（ヤマかけ）があったのではないか、というわけである。当時は多くの若者が所帯持ちであり、戦争が終わったので子供達の出生率が上がる時期だったという。やはり、彼らも農業ではなく、皆小さな商売をしていたから仕事がなかったと思う、とのことである。また農業で畑があって私貿易をしていたという話は聞いたことがないという。日用品を手に入れるには片貿易では資金がないので、こちらから品物を持っていって、売ってから仕入れてくる必要があった。なお、義兄には二、三件競争相手がいたらしく、ちょっと高めに買っていたとのことである。そのため、義兄のところに黒砂糖が集中し、その結果私貿易で取引できる黒砂糖の量が他の私貿易人よりもかなり多く、後にスーパーを開店できるほどの売り上げがあったようである。貿易用の黒砂糖を梱包する際にも、島の若い人達を多く雇う余裕があった。また行政とも「つるんでいた」という。警察のトップ達とも、取り締まりが甘くなるような関係があるらしかった。彼らは私貿易に対して見て見ぬふりをしたそうである。

当時の宮古、八重山社会では警察や行政に属する人々も商売人も皆顔見知りであって、悪く言えば「形だけ」のものであり、それに加えて行政も「密貿易」をつぶしてしまえば島の商店が立ち行かなくなることをわかっていたからではないかという。さらに、前述の親戚のおじを密告した鹿児島の女性は、おじが貿易を辞めてもう来ないと言ったので、密告したという。これら金城の証言からは、私貿易に対する警察の取り締まりが総じて甘い傾向にあったのではないか、と推察できる。

また、危険な海を越えて私貿易を行った心情については、私貿易をしなくても生きていけたかもしれないが、「儲けよう」「一旗あげよう」という商売人としての欲があったのではないかという。また米軍政の引いた「境界線」についてては、沖縄本島南部に引かれた住民の移動を妨げる通行禁止のような陸の「境界線」は、宮古には存在しなかった。それに加え、宮古、八重山に関しては、戦前から漁船に乗って双方を移動することが当たり前であり、「境界線」が引かれたという情報は入っていたが、そうした戦前の感覚の延長で行き来していたのではないかという。

また米軍も海上パトロールはしていたであろうが、金城が見た島の中の米軍は、遊んでばかりいて「いい加減」であった。彼らは日本軍の武装解除のために島に駐屯しており、そのためか兵士の数もそう多くはなかった。陸上で「密貿易」人を見つけて発砲した米兵もそうした部隊に所属していたことから、撃たれた「密貿易」人のおじさんはたまたま運悪く見つかったにすぎないという。つまり金城の印象では、宮古駐留の米軍の取り締まりはあまり厳しくはなかった。宮古に駐在した米軍が、業務としては沖縄駐留米軍の中で「一番楽だったんじゃないかな」という。また、宮古駐留の米軍は街にはおらず、いつも小高い丘の上にある測候所に隣接した司令部にいた。民政担当がときどき食料などを配布にきていたが、あまり公安的な行動はしていない印象だったという。

私貿易をしていた時期は皆同じで、一九四六（昭和二一）年あたりからであった。というのも、サトウキビの生育には半年を要する。そのため日本軍に接収された農地が帰ってきてから、即ち戦後島にいた兵隊達が武装解除されて島を離れてから作付けをしたので、私貿易を始められたのは早くても一九四六（昭和二一）年の夏以降ではないかという。金城によれば作付け時期は夏と春なので、そのため戦後最初の作付けも早くて一九四五（昭和二〇）年の九月頃、そこから計算すると収穫は翌年の四、五月ごろになる。私貿易はそうした島内での黒砂糖の生産物が確保されてから始められた。このとき義兄は、戦前から商売をしていたため、その延長で黒糖を島外に売りに行くことを発想したのではないか、ということである。特に深い考えはなく、「密貿易」だと分かってはいただろうが、買ってくれるところにもっていくというぐらいのつもりだったのではないかという。その商売を継続して、企業化するつもりもなく、儲かるときに儲け、時期が来たら撤退するくらいのつもりであっただろうという。後には必ず砂糖生産工場が再開され、正規の流通ルートが復活するであろうことくらいは、見通していたはずだからである。即ち軍政による取り締まりは、少なくともそれだけでは貿易を辞める理由にはならなかったと考えられる。戦後働き手の多くが那覇に渡って行ったため、島に両親の面倒をみるために残った若い人達が、どうにか生活するためにやらざるを得ない状況であったという。義兄の砂糖買い付けは、一九五二、五三（昭和二七、二八）年頃までで終わった。

宮古島での畑の再生は、まず芋、麦、大豆を作って自分の食糧を確保してからサトウキビを作付するという順番であった。換金作物のサトウキビ生産が戦後自然に盛り上がることは考えにくいので、沖縄では黒砂糖が売れる、という情報が入ってから皆サトウキビ生産を始めたのではないか、と金城は推測している。そのとき、特に義兄がサトウキビの栽培を農家に呼びかけたわけではないという。まず農家の人達が作ったところから私貿易の話は始まったようである。そもそも宮古島では自分達の食い扶持を作った後は、サトウキビを作る以外になかった、そこには作ればなんとか売れる、という希望的観測もあったであろうという。

そして砂糖を島の皆が本格的に作るようになったのは一九四七（昭和二二）年頃からではないかという。戦時中、畑は芋を作るために日本軍によって接収されていたため、サトウキビは栽培できなかった。戦前から宮古製糖の製糖工場にキビを作って納めていたので、戦後も同様にキビをおさめるために栽培を始めたようである。しかし製糖工場は戦争中から稼働しておらず、さらに爆撃を受けたために戦後しばらく、少なくとも金城が島を出る一九五二、五三（昭和二七、二八）年頃まで稼働できなかった。こうして、戦前に宮古製糖が独占的に行っていた島内産砂糖の島外への販売という事業は、この戦後の混乱期において、生活用品を必要とする街の商店主達により、私貿易という形で再開されたことになる。その後行政が整ってから列島内の貿易が自由になったので、それ以降私貿易はなくなったのではないかということであった。

金城自身、終戦後の軍政下において台湾との国境を認識していたのかすら、定かではないという。台湾からの復員の方法について、宮古島の島民や役場は、それぞれ独自に地元漁師の漁船をチャーターして台湾からの島民の連れ戻しを図っている（石原 二〇〇〇：七七―七八）。この時既に、琉球列島が軍政下に入り本土と切り離されたため、もはや政府による疎開者引き揚げが期待できないという独自の判断があったのではないだろうか〔12〕。石原昌家も指摘するように、宮古島の私貿易がそうした「独自の疎開事業」の延長として行われたことも想像に難くない（石原 二〇〇〇：二二八―二三二）。また、金城の義兄を始めとした当事者達は糸満との往来を「密貿易」ではなく、「黒糖商売」と呼んでいた。当時宮古島の産物で換金できるものは黒砂糖しかなかった。また当事者以外の島の人々も、島に物が入ってくるため、この商売を歓迎していたという。このことと当時の宮古島の物資、食糧不足の状況を考えれば、やはり彼ら私貿易当事者達にとって、私貿易という行為自体について少なくとも社会的な意味で犯罪をおかしているという認識は薄かったのではないか、と指摘できる。さらに金城によれば、与那国島ほどの景気ではなかったものの、やはり一、二年の間でも、島の経済に良い影響を与えていたという。

四　宮古における私貿易ネットワークの諸相

ここでは、金城からの聞き取りの他、仲間定雄、仲間恵義からの聞き取りを中心にみてきた。ここで登場する金城の親戚はいわば〝ブローカー〟であり、その経験について語られている。そして仲間定雄、仲間恵義の話は、彼らブローカーを運ぶ漁船の船員としての目線で語られている。彼らの証言をもとに平良のブローカーと佐良浜の漁船の船員という、私貿易におけるそれぞれの役割を中心に、与那国、あるいは他島とのネットワークの性質について考察する。

黒糖を運ぶ金城の親戚は宮古島から那覇、そして那覇から鹿児島の間を往復していた。きっかけはやはり那覇方面からの、黒糖に需要があるという情報であり、それは人づてに伝えられたものだった。そしてその商売に踏み切ろうとした動機は「ヤマかけ」であったという。つまり取引の成功には確たる保証はなかった。出発する港も正式の商港ではなく、久松という漁港であった。それも夕方に出港、那覇付近には夜到着し、那覇近くの海岸の茂みに荷揚げした商品を隠したというから、やはり取り締まりを警戒してのことだったと考えられる。宮古島でも上陸時に警備中の米兵に撃たれるという事件が起きており、そのため見つかった場合のリスクも小さくはなかった。黒砂糖は宮古島の産品であり、金城の義兄は農村の若者達を雇って製品の梱包をしていた。商品は漁船に積んで運んだというが、その漁船には他の客もいた様子がうかがえる。ブローカーと共に、他の理由で「密航」する者が多くいたことを示唆している。そしてこの商売を終えた後、資金的に成功した金城の義兄は生業として百貨店を建てた。

仲間恵義は伊良部島佐良浜―与那国島久部良間、そして佐良浜―沖縄本島安謝港間を往復していた。与那国島では久部良漁港の沖合に停泊し、夜サンパンで港に入港し、取引を行った。嵐などの緊急時を除き、入港することはなかった。それは台湾船や大型の日本船にしても同様で、当時多くの船が沖待ちしていたことは台風で船が流されていたことからも推察できる。また船も中古で南方澳製の鰹船であったことから、船舶も宮古まで流通していたことがうかがえる。そして恵義達が運んだブローカーは台湾人であった。品物は台湾人が宮古で調達したという、米軍が放出した軍服や煙草であった。それは宮古駐留の米軍から軍服の放出があったという金城からの証言に合致する。そして久部良でブローカーがバーターで手に入れたものは台湾産の米であった。そして安謝港に運んだものは宮古産の黒糖であり、このときも入港時の臨検を避けるために船は浅瀬にドラム缶ごと商品を落として、引き潮のときに転がして運んだ。同様に港の浅い宮古や八重山でも浅瀬に落として運んだという。そして、ブローカーからの運賃は船長に支払われ、船員は船長からの配当を受けたという。現金払いであった。そのお金で米などの食料品を、やはり宮古の「闇商売人」から購入していた。

仲間定雄もまた、彼が働く漁船に乗ってブローカーを与那国島の久部良と沖縄本島の糸満に運んでいる。糸満に行く時は、ブローカーを糸満港に降ろし、慶良間諸島に停泊していた。そしてブローカーが集めた米軍の衣類を与那国島の久部良漁港や祖内港に運んでいた。久部良ではやはり台湾産の米と交換していた。ブローカーは佐良浜や宮古本島平良の人達であった。

定雄達も船賃をとり、配当が現金払いであったため、佐良浜に運び込まれた米をブローカーから購入していた。闇価格のため高額な値段がついていたはずだが、それでも購入できるだけの現金を政情の安定しないこの時代に所持していたことになる。船賃は船主が荷主＝ブローカー一人当たりの金額を決めていた。定雄の船は恵義の船とは対照的に久部良の漁港内に入港して取引を行っていた。沖に泊まらず、港で直接米を積んでいたのである。そして久部良では昼間から入港できたという。しかし彼ら船員は船から下りなかった。

また定雄の見た限りでは久部良に警察官はいなかった。さらに警察官に対しては、誰とは気づかれないように商品の「差し入れ」も行われていた。そして台湾人もそんなに多くはなく、港にいたのはほとんどが久部良の人々であったという。逆に沖縄本島の糸満港や泊港には三〇トン級の船も出入りすることができ、ブローカー達が日時をあらかじめ決め、夜、港で取引をしていた。佐良浜から那覇に行く場合、台風に出くわすことがあり、それを避けるには勘に頼る以外になかった。また定雄の聞くところではフィリピンで台風に出くわし亡くなったという人もいたことから、この私貿易のネットワークがフィリピンにまで伸びていた可能性を示唆すると共に、この貿易がいかにリスクの高いものであったかを物語っている。総じて、彼ら漁師が恐れていたものは取り締まりの厳しさや逮捕への恐怖よりも、海上での遭難によって命を失う危険の方であったと考えられる。

以上の点から、ブローカーであった金城の義兄は地元の農民を雇うなど、地元の人々からの信頼のある人物で、また、那覇に取引に行くために漁船に乗り、夜陰にまぎれて取引を行うなど、那覇のブローカー達との事前の打ち合わせがあったことをうかがわせる。そのように、「ヤマかけ」でも協力する人々がおり、また漁船や那覇にそうした協力関係を作る信頼関係のネットワークが存在したことが分かる。そしてブローカー達が現金で船長に運賃として謝礼を支払い、船長が船員に配当金を与えるというシステムであったことが、仲間恵義、仲間定雄の証言から明らかになった。つまりは船長がブローカーとのチャーターをめぐる取引の窓口であり、そして船員に給与を支払う身分であった。定雄によれば船員同士の信頼関係があるからこそ、命がけの危険な航海ができたということである。こうした船長を頂点にした信頼関係と、船長を媒介にしたブローカーとの協力関係によって、いわゆる「密貿易」船が運営されていたものと考えられる。そして三者は共通して、警察にはなんらかの付け届けがあった、という証言を述べている。つまりこのネットワークには私貿易に暗黙の了解を与えるという形で協力する、警察との信頼関係もあったと考えられる。しかし取引の方法に関しては、港に入る場合と沖に停泊して取引をする場合があり、港に入る場合は昼間堂々と取引するケースと夜間に取引をするケースにわかれる。沖に停泊する場合も、サンパンに載せて港に入る方法、浅瀬に落として引き潮の際に転がして荷揚げする方法があり、三者三様の答えを出している。これには、その港の警備状況や地形も関係していると考えられるが、直接的にはそれぞれのブローカー同士、あるいはブローカーと漁船の間で決めた運搬、及び取引の方法によって違いが生じていると考えられる。

これは担保のない私貿易においてリスク回避のためにとられた工夫であるが、それもブローカー—漁船—地元住民それぞれがどの相手と組むかによって違いが生じていたのではないかと考えられる。このように、荷物の運搬と取引というネットワークは与那国島と同様に、ブローカー、漁船、出発地と目的地における地元住民、それぞれの信頼関係によって運営されていたことが分かり、ブローカー、あるいは船ごとに取引、運搬方法に違いがみられた。そして宮古のケースにおいて、警察との協力関係も存在していた、つまり警察もこのネットワークの中に含まれていたことが明らかになった。そしてこのような私貿易取引の信頼関係を築いたのは、同じ農村出身、あるいは漁船の中ならば船長を頂点にした船員同士の漁師としての信頼関係にあったと考えられる。即ち、地縁のネットワークがこうした私貿易ネットワーク形成の土台になっていたということになる。この点についても、やはり久部良で地元住民によって「防犯協会」が設置されたほか、そもそも久部良における私貿易の開始が南方澳との間における、戦前からの漁師同士の交流が土台になっている点と共通している。こうした形で、それぞれネットワークを保持するブローカーや船長、地元の有力者などが関わってネットワークを拡大していった様子がうかがえる。

そして、金城の義兄は、私貿易を辞めた後は百貨店を開くなど、実業家として一定の成功を収めている点からも、周囲から「信頼のおける人物」として見做されていたと考えられる。逆に信用をなくしたケースとして、金城の那覇にいる親戚が、鹿児島に私貿易に行き、そこで知り合った女性によって沖縄に帰るのを阻止するために密告されるという事例を紹介した。つまり、信頼を失った時点でこのネットワークの機能が停止するリスクがあったわけである。これらのケースは、このネットワークの強弱、また拡大と縮小に関して、そのネットワークセンターとしてのブローカー、あるいは船長などの機能が重要であったことをうかがわせる。これらの点から、与那国島と同様宮古島においても、ネットワークセンターとしてのブローカーを中心に、私貿易取引のネットワークが展開されており、それは宮古と与那国、宮古と沖縄本島など、異なる地縁ネットワーク同士を結びつけていたことが確認できる。そしてこのネットワークの空間的広がりや機能の強度は、その結節点にあたるブローカーや漁船の船員など、関係者相互の信頼関係によって支えられていたことが分かり、そうしたより信頼のおけるネットワークの束をより多く持つブローカーが、より安全な取引を保証されていたものと考えられる。

［1］なお、戦前の佐良浜からのボルネオ出稼ぎ者については、（望月 二〇〇七）において関係者聞き取りも含め、出稼ぎから敗戦と引き揚げまでの経緯が詳細に記述されている。

［2］石原昌家によると、戦災によって荒廃した沖縄では引揚者の受け入れ態勢が整わず、台湾残留沖縄人の正式な引き揚げは一九四六年一〇月中旬からであったとしている。しかし松田は、沖縄本島出身者引き揚げは確かに四六年一〇月以降まで待たねばならなかったものの、中華民国善後救済総署台湾分署署長の銭宗起の文書を見ると、四五年一二月一二日には二〇〇〇人ほどいた基隆港の引揚者達が、四六年一月中旬には五〇〇余人ほどに減っており、これらの人々は基隆から漁船に乗ったり、南方澳に向かったりしたのではないかとしている。そして、同年一月二七日出港の中華民国台湾省行政長官公署が用意した先島行き帰還船四隻に五二五人が乗り込んだことから、この五〇〇余人の引揚者達にほぼ対応するとしている。こうして、四六年の早い段階でかなりの人々が自主的な引き揚げを行い、宮古では五月一八日に台湾からの引き揚げがほぼ完了したという宮古側の認識に裏付けを与えている（松田良孝 二〇一〇：二八四—二九一）。

［3］なお、喜友名嗣正は戦後在台沖縄出身者のための領事館的役割の他、台湾を拠点にした沖縄独立運動の旗手としても知られている。彼の独立運動家としての側面については（比嘉康文 二〇〇四）に詳しい。

［4］ミンナガニクは戦後平良町が手配した宮古からの台湾疎開者引揚船団に船長として参加している他、私貿易のために台湾から鹿児島まで砂糖を運搬する傍ら、疎開学童の引き揚げのために鹿児島に渡らなければならなかった宮古文教部長の砂川恵敷志

を乗せるなどしており、宮古の私貿易人としては「伝説的人物」の一人に数えられている（石原 二〇〇〇：一二五―一三一）。

[5] 一九四七年九月二六日の「宮古タイムス」の記事では、同月二三日に「密輸品」が軍政府のジェームズ軍曹によって発見、没収され、船舶取締まりを厳重にするようにとの指令が出たと報じている。この指令は六項目にわたっているが、項目の三「桟橋付近においては池間、佐良浜より来る鰹節その他の販売をせしめぬ事」、四「出来る限り公設市場で販売せしむる事」、五「米船舶に品物を運搬する小舟の取り締まりを厳にする事」とあり、ローズ中尉との解決からさらに数か月を経ってもなお、市場での売買に規制をかけなければならないほど私貿易取引が盛んであったことがうかがえる（平良市史編纂委員会 一九七六：一一〇―一一一）。なお、先述の石原昌家も宮古での「密貿易」取り締まりについて同記事他、四六年における「宮古タイムス」の三つの記事を引用し、宮古における軍政府の取り締まりの厳しさを指摘している（石原 二〇〇〇：一四五―一四七）。本書では具志堅の回想から、軍政府の取り締まりについても与那国や宮古など、地域によって微妙な温度差があるのではないかと推測しているが、この問題については稿を改めて論じたい。

[6] このローズ中尉が宮古島久松部落で取引をしていたブローカーを狙撃して重傷を負わせた事件は、石原の著作でも詳述されている（石原 二〇〇〇：一一八）。

[7] 西表島を拠点に「密貿易」をしていた人が待ち伏せされて狙撃されたという。宮古本島の下崎の街の裏側に細い、満潮時に入れる入江があり、そこが港として使われていた（図⑪⑫参照。友利は調査の折にふとしたことからその場所を見つけたという）。そこで、「密貿易」人の砂川さんという人が銃撃された。海岸から上陸したところを実業高校のグラウンドで待ち伏せされて、足を撃たれたということである（二〇一一年三月一日、電話にて聞き取り）。なお、図⑪は河口付近で、現在は浜の砂が堆積しており、水がせき止められているが、かつては小舟を引いて川をさかのぼれるほどの水量があった。この入江から川に引き上げてきて、取引した荷物の引き渡しが行われたという。

[8] 二〇一一年二月二七日、宮古島市平良にて聞き取り。なお、仲宗根からは本書で使用した砂川恵敷の自伝『うやまい　したいて――砂川恵敷伝』他、本調査に関する多くの示唆と資料の存在についてご教示頂いた。記して感謝する。

[9] （砂川恵敷伝刊行会 一九八五：一九八―二〇〇）。この取引については（石原 二〇〇〇：一三九―一四一）においても取り上げられている。さらに砂川は終戦直後の一九四五年一一月、戦時中宮崎県小林町に疎開した小学生の引き揚げ準備のため、上述のミンナガニクの漁船に乗って鹿児島へ「密航」したことが（砂川恵敷伝刊行会 一九八五：一八九―一九二、三五九―三六一）に記載されている他、（石原 二〇〇〇：一二九）においても取り上げられている。ミンナガニクは当時台湾から砂糖を積

み、さらに宮古で黒糖を積んで九州へ向かう途上であったが、そこへ砂川が便乗を依頼したということである。このように、取引のために往来する私貿易船に別の目的で乗り合いのように便乗して「密航」するケースは一般的であったと考えられる。必ずしも取引を目的としない「密航者」の行動については、第三章、及び第四章にて詳述する。

[10] 二〇一一年二月二七日、仲宗根将二より、宮古島市にて聞き取り。なお、収容所内での平本の俳句活動については、(平本一九七二：五八―六一)を参照した。同資料の所在についても、仲宗根よりご教示頂いた。記して感謝する。

[11] この時の体験については、一九五一、五二年頃に漁業のために上陸したこと、その傍ら陸上にいた鰹鳥を食用にとったことなど、上陸の経緯が尖閣諸島文献資料編纂会の調査においても記述されている(尖閣諸島文献資料編纂会編 二〇一三：二一九)。

[12] またこの点に関し、宮古島民の国際認識として、八重山の新聞記事において詳細に報じられていたのと同様に、台湾が中華民国に接収され、国府軍が台湾に進駐するといった東アジアの国際政治に関する情報をどの程度まで把握していたのかについては、新聞資料の調査を含め今後の課題としたい。

第三章

沖縄本島の私貿易

先述の石原昌家をはじめ多くの研究者が指摘してきたとおり、戦後のいわゆる「密貿易」の時代、沖縄本島の貿易の中心は糸満港であった。糸満港はもともと沖縄県下の漁業において量的にも質的にも独占的な地位を有し、高い技術的優位性に基づき他地域へも大きな影響力をもつ、糸満漁民発祥の地であり、現在に至るまで彼らの母港である。石原の研究では、与那国島久部良漁民と同様、私貿易を始めた漁民として大きく取り上げられている（石原 二〇〇〇：二〇八―二一五・二七八―二八〇）。また奥野修司によれば、糸満漁民の妻であったナツコが香港との私貿易取引をはじめるなど、糸満出身女性のブローカーとしての活躍には特筆すべきものがあった（奥野 二〇〇七：八九―九四）。本章では糸満漁村の形成からその発展過程を概観し、さらにその組織的特徴のうち、私貿易に応用されていった点を取り上げる。例えば、上記のナツコのような糸満女性が〝女親分〟と呼ばれるほどのブローカーになりえた理由などがそれに当たる。その上で、沖縄本島における私貿易がどのような形態をとっていたのかについて、典型的だと思われるケースを当時の裁判資料より概観する。最後に、漁村の生まれではないものの、現在の糸満市出身で、戦後里帰りを果たすために「密航」船に乗って静岡から糸満港に向かった玉城正保の証言から、当時の「密航」船の様子や、糸満港での取引の方法などを紹介し、与那国島におけるネットワーク形成との異同について検討する。

一　糸満漁業者の発展と移動

1　前近代の糸満漁業

中楯興によれば、そもそも琉球列島において広範囲の出漁を可能とする漁民はほとんど糸満漁民しかいなかったという。それは琉球国の時代において、貿易品としての海産物を生産するため、王府による糸満漁民の保護と奨励が行われ、その他の地域は人頭税のために農業が奨励されたことが原因とされている。元来、琉球王府の政策は農民を保護し、漁民は冷遇されてきた。確かに中国への朝貢貿易をはじめとして、琉球国の貿易船は朝鮮半島、台湾、ベトナム、カンボジア、タイ、フィリピン、マレーシア、シンガポール、インドネシアといった東南アジアなど、広範囲にわたって交易活動を展開していた。しかしこうした貿易船の乗組員は農民であり、漁民ではなかった。また進貢船の建造には木材の使用が許可されたが、漁民の船舶建造には許可されないなど、進貢船の乗組員に比べ冷遇されていた（中楯　一九八七：五―六）。

次に、近世における糸満集落の発展について、上田不二夫の記述を基に概説する（上田　一九九一：一〇三―一一四）。糸満集落の発展は、一七〇〇年代に入ってからといわれる。その背景として、俵物と呼ばれる中国へ輸出するための海産物の需要増加が挙げられるという。近世琉球では勧農政策がとられていた。王府の土地政策は地割制といわれ、耕作地が少ないために一定の期間をおいて耕作地の割り替えをする制度であった。この割り替えには耕作意欲が減少するといった問題があるため、そこでとられた勧農政策とは、農業生産の確保のために村役人や与人、村落、地方行政単位である間切り単位での相互監視、あるいは連帯制の強化であったといわれる。しかし離島によっては農耕地が狭いために島民は専ら漁業によって生計をたてるという集落もあった。そうした場合には租税確保のために比較的耕地面積の広い他の離島へ集落ごとに強制移住させるという場合すらあった。そうした中で、糸満については耕地面積が狭く、耕地が集落全員にいきわたらず、また漁村であったため耕地の手入れをする時間も十分になく、その割り替えの周期が毎年回ってくるため、実質的に地割制度が機能していなかった。そのため、王府は例外的に糸満と久高島に関しては漁業を認め、その他の地域については漁業を禁ずるという、一種の保護政策をとったといわれる。そしてその他の地域では、農業を専業としながら、地先の海と呼ばれる、各集落の沿岸の海に関してはその集落ごとに管理が任され、古代海人の時代より各村落の独占的な漁場として利用されてきた。これは尚敬王が統治する一七一七年に海方切制として制度化されている。糸満は漁業の専業集落として保護を受けてはいたものの、こうした他の地域の海方切、即ち沿岸域に進出する際には入域料を支払ったり、漁獲物の一部を提供するなど、進出先の村落に対して遠慮せざるを得なかったといわれる。

一三七二年に中国の明朝と琉球国の前身である中山王察度の間に朝貢関係が結ばれて以来、一八七四年まで琉球の朝貢貿易は継続していくことになるが、これは中国よりも琉球側にとって莫大な経済的利益をもたらすものであった。この朝貢貿易の時代、琉球からの輸出品は木香、丁香、象牙といった南方産品から、一六〇九年以降の薩摩支配下では、沖縄、日本産品へと変わっていったという。特に一七〇六年に薩摩が沖縄産品の輸出を指示して以降、特に沖縄産の海産物が増えていった。主な輸出品はフカヒレ、海参、スルメ、スクガラス、コブシメなどであった。特にフカヒレは漁業技術を要するため、ほぼ糸満でしか調達できなかった。他に糸満ではスルメ漁、採貝、採草が行われ、当時としては先進的な沖合漁業が行われていた。こうして中国向け輸出品の産地として近世糸満は大きな発展を遂げたが、一八七四年に朝貢貿易が禁じられて以降、糸満漁業は一時的に衰退することになった。こうして中国側の需要が途切れた結果、糸満漁業はその方向性を大きく変更せざるを得なかった。そして一八七六年以降、欧米における装飾品としての貝需要の増加に伴い、それまでの沖合漁業から沿岸での潜水漁業中心という、日本本土の漁業とは逆の発展史を辿ることになったという。

2　近代の糸満漁業

近代において糸満漁民が沖合漁業から沿岸での潜水漁業へとその性格を大きく変更していったのは、上記に見たとおりである。次に、この糸満漁民が沖縄県の内外へと漁場を求めて移動していった過程を、上記の上田不二夫の研究からみていく（上田　一九九一：一一五―一二二）。糸満漁民は潜水漁業を効率化するため、水中眼鏡の発明や、追い込み網漁法という効率化された沿岸漁法を発明した。特に廻高網（アギヤー）漁法と呼ばれる追い込み網漁法の技術はその効率化を決定的にし、その結果漁場である瀬付きの海の資源枯渇が懸念されるようになった。そのため、糸満漁民は新たな漁場を求めて移動せざるをえなくなっていった。しかし、移動先でも漁法が効率化されたが故に資源枯渇への懸念と、海方切制度以来地元村落に地先の海への排他的使用が認められていたために、出漁先とのトラブルがしばしば起こった。このため、漁場を求めて沖縄県内はおろか日本本土など、遠方へも移動せざるをえなくなっていった。さらにその際、漁場が瀬付きの海に限定されるために沖合へと移動することはできず、常に他地域の沿岸へと広がることになった。また沖縄がもつ市場としての制約から、消費地に近いところへの出稼ぎという形態をとらざるを得なかった。しかし県外出漁の場合でも、地元の魚問屋との売買契約や漁業組合からの入漁権を獲得していたにもかかわらず、調整がうまくいかずに地元漁業者とトラブルになるケースも多かったという。その背景として、県外においても地元業者からみてあまりにも効率の良すぎる追い込み網漁法のために、資源枯渇が懸念されるという問題があった。なお、県外出漁の地理的範囲については、日本海側は福井県、太平洋側は千葉県に至る沿岸で操業が行われていた[1]。こうして糸満漁民の出稼ぎによる地理的拡大は、反面地元漁民からの排斥の歴史とも解釈できるという。

さらに、こうした未開発の漁場を求めていくという背景から、戦前は海外出漁も盛んに行われた［2］。最初の海外出漁は一九〇五年の糸満遠洋漁業株式会社の設立にともなう、フィリピン、マリアナ沖でのフカと高瀬貝漁であった。その後本格的な海外出漁が大正後期から始まり、遠方ではアフリカ東海岸ザンジバルまでその移動範囲が及んでいる。一九三五年頃にはまた数の上でも多くの漁業者を送り出し、シンガポールやジャカルタなどの鮮魚供給を独占していたといわれる。しかし、やはり沿岸国では資源確保の点から、日本政府への苦情が多かったという。それでも日本の南進政策の影響を受け、第二次大戦中は軍への補給のため、さらに大規模な漁業者の送り出しが県によって行われたが、こうした大規模海外出漁は敗戦と共に失われてしまった。

このような近代の糸満社会は、上述の漁労技術に加え、独特の社会組織を形成してきた。戦後私貿易の時代、糸満漁民の中から金城夏子や照屋敏子といった名だたるブローカーが登場した背景には、彼女達を生み出した社会組織上の特徴があると考えられる。次にその特徴について、糸満社会に関する先行研究から検討を試みる。

まず糸満の社会組織について、宗教共同体としての門中《むんちゅう》、生活共同体としての門《じょー》、生産組合としての漁労組織という、三つのそれぞれ自立した社会組織について簡潔にまとめている屋嘉比収の議論から、特に漁労組織に関する議論について紹介する［3］。網組と呼ばれる漁労組織は、親方を中心に漁労における個人の力量によってその指導的地位が決まる個人化された生産組織であった。この組織形態は常に流動的であり、一つの組が責任者―親方（それに付随する雇い子）―平漁夫の組み合わせによって構成され、この組み合わせは漁期ごとに再編され、その組み合わせや規模はそのつど変化したという。つまり、漁期ごとに同じ親方が揃うとは限らず、またこの組織自体が漁期のつど状況に応じて拡大、縮小し、存続する保証もなかった。漁期が終われば清算されて各親方に配当が分配された。親方はその配当をもって次の出漁準備に当て、また個別漁業の収入と併せて家族や雇い子の養育に当てた。さらに親方は状況に応じて別の網組に移ることもあれば、網組での追い込み網漁を辞めて個別漁業に移ることもあり、常に流動的な組織であった。なおこの雇い子制であるが、配当が親方に帰属するというだけで、その他は平漁夫と平等に扱われたという。加藤久子によれば、雇い子はその多くが戦前まで沖縄をはじめ、奄美や八重山などの貧しい農村から子どもを前借金で雇い入れ、親方の下で漁夫としての訓練を施しながら働かせるものであった。人身売買という非難もあったが、地主や商人に身売りされた場合、どれだけ働けば元金を返済できるか保証がなかったのに対し、雇い子の場合徴兵の年齢になったら年季があけ、元金もチャラになり、本人の稼ぎ次第では貯蓄をすることも可能であった。漁夫としての訓練は大変厳しかったとの証言が多いが、それでも親方の子弟と平等に扱われた（加藤 一九九〇：八七—一二五）（奥野 二〇〇七：一一七）。この雇い子制もまた、個人の実力主義に基づく漁労組織の中に位置づけられると考えられる。

このように、網組制に基づく組織自体が流動的であり、またギルド的で職階的な組織であるにもかかわらず、雇い子にみられるように身分差別がないため、ヒエラルキーをもった位階秩序による抑圧的で固定化した組織になりにくい。また組織自体が存続する保証がなく、拡大、縮小を繰り返すという点から、やはり固定的な位階秩序や特権的支配を形成しにくいという組織的特徴がみられるという。これは個人の実力主義に基づいて漁獲実績を最大化するために、経験的な知恵から形成された組織形態であり、国家の組織形態に代表される、ヒエラルキーをもった位階秩序を形成していく形態とは異なり、柔軟で被抑圧的な組織形態として注目に値するという。つまりは、権力を分散させる組織形態であった。こうした組織形態が、上記にみたように日本各地、あるは東南アジアをはじめとした広範囲の出稼ぎ漁を可能にしていたと考えられる。そして組単位で各地に点在しているにもかかわらず、糸満漁民同士の横のネットワークによって結ばれていたために、それぞれが孤立した生活をすることはなかったという。これに加え、出稼ぎではなく、移動先に定住する場合でも、緊密な親族のネットワークによって相互に結びついており、戦前期ではこの親族ネットワークを通じて郷里の漁業関係者から配偶者を得るケースも多かったという［4］。

先述の石原によれば、糸満人は戦後各地の定住先で「密貿易」基地を作り出したという。中でも鹿児島が有名であり、そこでは戦前から鹿児島在住の糸満人が自分の家を糸満人ブローカーのための宿として開放し、そこで鹿児島で集まった情報などもブローカーに伝えていた。そうなると一九歳くらいの少女でも私貿易に参加することが可能であったという（石原 二〇〇〇：二三八―二三九）。糸満人の出稼ぎ、あるいは定住して漁業を行う形態とそのネットワークが、こうした「密貿易」基地の形成につながったであろうことは想像に難くない。後述する玉城正保はこうして作られた糸満出身者のネットワークを上手く利用し、移動していたのではないかと考えられる。

また、私貿易の時代には本章冒頭で紹介したように、金城夏子や照屋敏子など、糸満出身の女性ブローカーの活躍が目立った。この点についても、糸満独特の漁労組織を中心とする社会組織の在り方が反映されている。先述の加藤久子によれば、ワタクサーとは糸満集落の中でも漁民だけが持つ慣習で、夫が漁から戻った際に、港で妻が魚を夫から受け取り、那覇や首里などの市場へ歩いて売りに行き、売り上げの中から夫に卸値を渡し、あとは自分の収入にできるという分配方法である。いわば夫婦別財であり、このとき小売価格は売り手である妻達が相場を考慮して決め、販売終了後に総売り上げからマージンとして彼女達の取り分を差し引く仕組みであった。この方法において、売り上げを上げれば上げるほど妻の収入は増えていき、妻が個人で蓄財をすることが可能となった。またその蓄財をもとに、夫が船や漁具を購入したいときに証文をとって夫に金銭を貸し付けることもあったという。このようなワタクサーは、フカの脅威をはじめとして追い込み漁には常に危険が伴うため、夫に万一のことがあった場合でも、妻が一人で家を守れるようにとの配慮から生まれた慣習であり、一種の生命保険の役割も果たしていた。実際、こうした市場での商売によって巨額の蓄財を成す人も多く、加藤の聞き取りによれば、当時の貨幣価値で千万単位の貯蓄を成し、その資本を基にフィリピンへ出稼ぎに出る女性もいたという。またこの魚売りについて、漁民の家で生まれた女子は学校を出ると男子が糸満漁夫としての訓練を受けるのと同様に、母や姉妹について市場へワタクサーに出かけた（加藤 一九九〇：六四―八一）。

こうして子供の時から商売の訓練を受けて育ったことが、私貿易時代の金城夏子や照屋敏子のようなブローカーを生み出す下地になったと考えられる。終戦後は男子の働き手が不足していたため、いわゆる闇商売において、糸満女性が通常ならば漁業のために夫が購入するはずの漁船を購入し、多額の出資金を必要とする船主となって私貿易を行い、ブローカーとして頭角を現す環境が整っていたのである。

二　裁判所判決にみられる「密貿易」記録

1　沖縄における「密航」「密貿易」裁判

ここでは逮捕された人々の私貿易の状況とそれに対する適用法令、及び量刑について主に沖縄本島における各治安裁判所、巡回裁判所の資料［5］から紹介し、従来主に聞き取りと新聞資料によって論じられてきた私貿易人の具体的な行動、及びほとんど明らかにされてこなかったそれら私貿易行為に対する適用法令を整理し、当時の法制度における私貿易の位置づけについて検討する。元那覇地方裁判所判事の大城光代のレポートによれば、黒砂糖などの食料品について公定価格を越える金額で売買した場合、沖縄における全ての物資の販売は軍政府の定めた最高価格を越えて行ってはならないとする米国海軍軍政府経済内令二号が適用され、罰金刑の略式命令がでたという。これら裁判で多くが罰金刑に処されたことは、後述する玉城正保の逮捕経験に関する証言とも符合する［6］。

米国陸軍の歴史家、アーノルド・フィッシュによれば、米軍の上陸後、上述したニミッツ布告によって琉球列島住民に対する日本法適用の継続は認められたものの、それまでの裁判所は廃止され、四六年初頭までに四つの地方裁判所を復活させるにとどまったという。一九四五年の夏と秋は刑事事件の数は少なかったが、米軍上陸後まもなく軍の補給施設において衣料品や食料を狙った窃盗事件が多発したため、布告、布令を適用し住民の対米軍犯罪を処理するために軍政府裁判所が設置された（Fisch 1988=2002:99）。簡易軍事法廷が「軽犯罪（小窃盗罪、帰営時間と交通違反、闇市、軍人にかかわる売春など）」（Fisch 1988=2002:99）を扱い、一年未満の懲役刑が適用された。その上が上級軍事法廷で、一年から一〇年までの刑を適用する裁判所であった。その上が最高法廷に当たる軍事委員会で、一〇年以上から死刑まで適用できたという。これらの軍事裁判所は軍政府職員が判事を務めたため、犯罪件数に追いつかなかった（Fisch 1988=2002:99-100）。そのため沖縄出身者による包括的な裁判所設置の必要が検討され、一九四七年八月二五日に各警察区の最大の市に治安裁判所が設置され、沖縄民政府法務局の推薦する治安判事が裁判を担当することになった。この治安裁判所の管轄は、全ての軽犯罪、「軍政府指令の軽い違反」（Fisch 1988=2002:100）、さらに「一九〇八年日本法務省令第一六号にある、警官犯罪規則（Police Offenses Regulations）の定める犯罪を扱うことになった」（Fisch 1988=2002:100）という。南琉球の治安裁判所では、軽犯罪の被告の九〇％以上が二四時間以内に判決を言い渡され、一五％以上が無罪放免となったという。この迅速な裁判処理を成功例としてフィッシュは評価している。軍政府もこの治安裁判所の制度が成功したと看做し、一九五〇年七月には治安裁判所の上級裁判所に当たる、巡回裁判所、及び上訴裁判所、さらに沖縄弁護士会を設置したという（Fisch 1988=2002:100）。

このようにフィッシュの指摘するところでは、軍政府による琉球列島の裁判制度の設置そのものが、米軍物資に対する窃盗などの軽犯罪の処理を目的としたものであったことから、いかに「戦果」と呼ばれる軍需物資の窃盗、及びその背景にあると考えられる私貿易の件数が多いかを軍政府が認識していたと推測できる。また、本章で対象とする一九四九年から五一年の時期は、ちょうど治安裁判所が設置されてから二年が経過し、五〇年には巡回裁判所が設置されている。このことから、戦後沖縄の裁判制度の草創期が、「戦果」の窃盗、私貿易の取り締まりと密接な関係にあり、その主な使命がそうした軽犯罪処理にあったことがうかがわれる。

以下では、実際にそうした裁判所で処理された私貿易、及び「戦果」に関わる判例を大城光代作成の講和条約以前の裁判判決に関するレポート及び謄本に基づいて紹介し、「犯罪」とされた行為の傾向と適用法令について検討する。

2 裁判所判決記録 [7]

(1)刑事第二審 沖縄巡回裁判所(島尻地区)

一九五一年一月二二日の布告三二号(密貿易)違反被告事件の糸満治安裁判所の判決に対する控訴審判決(原本1・一九五〇年(る)四号)によれば、「被告人らは石垣市在住の海人草採りの漁業従事者、一九五〇年一〇月一〇日糸満港を出港、一五日から二七日まで尖閣列島近海で海人草六〇〇〇斤を採取し、尖閣島で台湾人所有のメリケン粉三五斤入り四〇〇袋、白ザラメ糖一五〇斤入り五〇袋と交換、一一月四日午前三時ころ糸満港に入港しようとして座礁、検挙された」という。ここで被告人は「被告人A、B、各罰金二五〇〇円、C、D、E、F、G、H、I各罰金二〇〇〇円 被告人F以外の被告人について一日一〇〇円換算」として、皆罰金刑に処せられている。

一九五一年二月一三日の判決(原本2・一九五〇年三号)では、「被被告人は鮮魚商で雑貨商の免許なし、一九五〇年一〇月二七日午後〇時ころ国頭郡安波海岸で密貿易者らしい男から海水に濡れた製品で密貿易品と思われる糸一一〇ダース八個、洗面器七六個、時計六個、魚缶二箱、外二八点を一八〇〇〇円で購入」したとして、「罰金七〇〇円 五〇円換算」の罰金刑に処せられている。

(2)刑事公判請求事件 罰金の裁判、刑の言い渡しをなさない判決の原本

一九五〇年六月二〇日の判決(原本65)では、「ぞう物運搬」として、窃盗品を運搬したことで罪に問われている。

そこでは「一九四九年九月八日と一六日ころの二回、甲他二名が窃取したセメントをぞう物であることを知りながら運搬」したとして、やはり「罰金二〇〇〇円　四〇円換算」の罰金刑に処せられている。

一九五〇年一二月一九日の判決（原本67・布告三二号違反）では、「一九五〇年六月初旬ごろ、自宅でくず米二升で麹をつくり、六月一二日午後五時ころ自宅炊事場で酒約五升を製造した」ことが罪に問われ、「布告三二号違反」として「罰金八〇〇円　四〇円換算」の罰金刑に処せられている。

一九五一年一月一九日の判決（原本68・布告三二号違反）では、「一九五〇年五月二七日午後一〇時半ころ、知念土木出張所内で飲酒の上、運転免許、通行証を所持せず構内に停車していた知念モータープールの二トン半トラックを無灯火のまま与那原海岸まで運転」とあり、無免許、飲酒運転に加え、無許可で米軍の設定した区域を横断して通行したことが罪に問われ、「布告三二号違反」として「罰金一五〇〇円　五〇円換算」に処せられている。

このように、運搬、もしくは通行中での逮捕が散見されることから、通行禁止区域に関する警備が比較的厳しかったことがうかがわれる［8］。

一九五一年二月二七日の判決（原本75）では、下記のように軍政府の文教部倉庫、民間情報部倉庫からの窃盗が罪に問われている。必ずしも米軍の武器弾薬や衣服といった軍用の物資だけではなく、元々民間用に用意されていた物資も窃盗、及び闇商売の対象になっていたことをうかがわせる。ここでは、押収物品は元の文教部、民間情報部に返還されたという。

①一九五〇年五月中旬ころから八月六日までに軍政府文教部倉庫から、青色生地四八〇ヤード、白生地一一〇ヤード、子供用生地二五ヤード、洋服類五〇点、オーバー一枚、バレーボール二個、グローブ二個、ソフトボール一個、民間情報部倉庫からラジオ一個、ラジオ用バッテリー二個（時価合計二七七〇〇円相当）窃取。

②一九五〇年五月下旬ころ文教部倉庫から毛布三枚、たばこ二ボール、ライター用ガソリン二びん、電気こて一個（時価合計一〇〇〇円相当）を窃取。一九五〇年一一月二五日、糸満警察署で開設された軍高等裁判所で懲役八年に処せられ刑の執行中。その件と連続犯の関係にある。

一九四七年一月八日の判決（原本86・島尻区裁判所）では、「宮古産鰹節と沖縄本島内の被服類、米国製日用雑貨との物々交換」が公定価格を越える価格での商取引を禁じた軍政府の「経済内令違反」に当たるとして、「罰金一〇〇〇円　一〇円換算」に処せられている。ここでは「密貿易」船の存在の有無、及び被告人について触れられていないが、宮古島からの「密貿易」品が沖縄本島において取引されていることの裏付けになると考えられる。また商品が鰹節であることも、宮古島出身者の「密貿易」に関する聞き取りにおいて、鰹節、及び黒糖が宮古島からの主要な出荷品であったことと合致する（石原 二〇〇〇：一三一―一三五）。

(3)中央巡回裁判所　刑事第二審判決原本

一九四九年三月九日の判決（1．軍需品窃盗控訴事件）では、「軍需品窃盗控訴事件」として、「他者と共謀、港湾作業隊倉庫、米軍倉庫から衣類を盗み出し売却、代金二五〇〇円、四二〇〇円、四〇〇〇円を山分け」し、「侵入盗」の罪に問われ、「懲役三月（五五日算入）」が言い渡されている。ここでは、先にふれた日本本土との「密貿易」品の多くが米軍の衣類であり、当時の主要な「戦果」品であったことが分かる。

(4)沖縄巡回裁判所（中央地区）

一九五一年二月九日の判決（7．窃盗）では、「窃盗目的で鉄線はさみを買いこれを使用して侵入盗。配給用の米四袋、ワンピース生地四四ヤード、ＨＢＴ生地一〇ヤード、白生地三ヤード、洗濯石鹸七本盗取」とし、「窃盗」の罪に問われ、「懲役三月（一三日算入）」に処せられている。侵入した施設は記されていないが、当時の窃盗の方法がわかる。

一九五一年二月九日の判決（8.軍需品不当所持）では、「米製ワンピース六七枚、同スカート一四五枚没収。氏名不詳の自動車運転手から、占領軍使用のため琉球に輸入され、まだ住民未使用のために放出されないワンピース二箱（二〇〇枚）、スカート一箱（一五〇枚）を、一万八〇〇〇円で購入」したとして、「軍需品不当所持」の罪に問われ「懲役二月（二年猶予）、罰金二〇〇〇円（四〇日労役場留置）」に処せられている。ここでは、軍政府の許可なくして軍需品を所持すること自体が違法とされていることが分かる。

一九五〇年（日付不明）の判決（9.一九五〇年（控）第三号）では、「米軍泊エンジニア部隊旧前島露天集積所にガードの一人の手引きにより侵入したところ、他のガードに発見されたもの（弁護人は窃盗に着手していないと主張）」として、「軍需品窃盗未遂」の罪に問われ、「懲役二月（二年猶予）」に処されている。恐らく、「戦果」を挙げに来た者が失敗した事例として考えられる。

一九五一年一月三一日の判決（10.一九五〇年（る）第一二・一三・一四号）では、「那覇ＭＧ倉庫労務者」が「夜間休憩時間に露天集積所から各鉛筆一三グロース（一グロースは一二ダース入り）の梱包を取り出し一〇メートルくらい移動した（弁護人は窃盗の犯意なく予備的行為と主張）」として「各罰金一〇〇〇円（五〇円換算）」に処されている。

一九五一年三月七日の判決（11.一九五〇年（控）第二一号）では、「北谷米軍ＤＥ部隊労務者」が「倉庫内で用紙整理中、新品用紙二四個を盗み那覇市場に売却に行く途中検挙された（用紙は軍に返還する必要を認めないから没収）」として、「懲役二月（三年猶予）用紙二四個（一個五〇〇枚入り）没収」に処せられている。この件は軍作業中の「戦果」アギの証言の裏付けになると考えられる［9］。

図⑯　武徳殿。（『オキナワグラフ』2006・10：49）（1952年、小野田正欣撮影）『オキナワグラフ』には、鉄筋コンクリート製で、屋根は本瓦葺き、沖縄戦で灰塵と化した街の中で唯一残り、戦後は一時期米軍が使用していたとある。しかし小野田によれば、この武徳殿はもともと大日本武徳会の建物であったが、この写真が撮られた頃はここに那覇警察署が入っていたという。

一九五一年三月七日の判決（12・一九五〇年（刑控）第二三号）〔10〕では、被告人が「普天間工作隊の運転手からセメント六〇袋の販売を依頼され、ぞう物であることを知りながら六六〇〇円で売り、報酬一〇〇〇円受領。セメント五二袋を、那覇港からライカムに輸送中に盗み、一六袋を一七六〇円で売却。三六袋を売却依頼」したとして、「懲役三月（二六日算入）罰金五〇〇〇円（五〇円換算）」に処されている。この件も軍作業中の「戦果」アギに関する裁判であることが分かる。

一九五一年三月九日の判決（14・一九五〇年（控）第二二号）では、やはり「那覇港から琉球軍司令部にセメント運搬中に五五袋盗み、五五〇〇円で売却」したとして、「軍財産窃盗」により「懲役二月（一五日算入）」に処せられている。これも軍作業中の「戦果」アギに関わるものであることが分かる。

一九五一年三月一九日の判決（15・一九五〇年（控）第二四号）では、「自動車運行中与那原で便乗を頼まれた男が所持する荷物がぞう物であることを知りながら一日橋付近まで運搬した」として「特別布告三二号二部二章七節」違反に問われ、「懲役二月（二年猶予）罰金一五〇〇円（五〇円換算）」に処せられている。この件で輸送されたのは「物品（ガーゼはさみ八九本、切断はさみ三本、小型はさみ一五本、ピンセット九本、医療器具一八点）」であり、これらは「被害者（軍政府公衆衛生部民薬品倉庫仲松弥元）」に「還付」されたとのことである。この件も軍作業中の「戦果」に関わるケースであると考えられる。

一九五一年三月三〇日の判決（16・一九五一年（控）第一一号）では、「四名共謀して天久の和田建設株式会社作業現場の資材集積所から米軍財産のベニヤ板（幅四尺長さ八尺）一〇枚盗み三二〇〇円で売り八〇〇円ずつ分けた。Aは一九五〇年八月三日那覇治安で懲役二月（三〇日算入）の前科あり軍需品窃盗（一九五一年四月三〇日確定の、裁判所書記官宮城定吉の押印あり）」として、「A懲役三月、B・C・D懲役二月」が言い渡されている。これも米軍関係施設の建設現場での窃盗が罪に問われており、当時沖縄では民間の住宅用を中心に木材が不足しているといわれていたため（石原 二〇〇〇：二二七—二二八）、これも「戦果」品を調達しようとした際の事件であろうと考えられる。

一九五一年四月九日の判決（18．一九五一年（控）第七号）では、「五回にわたり、二五歳くらいの女に白人兵八名をとりもって売淫させ報酬四ドル受領。黒人兵からコカ・コーラとガムの購入を頼まれ、報酬二〇セント貰い、不当所持。弁護人は、売淫媒介は補強証拠なしと主張、裁判所は、法廷外における自白は補強証拠がいるが、公判廷における自白が自由心証によって真実と認められる時は補強証拠はいらないとして有罪を認定」とあり、「売淫媒介、ドル不当所持」の罪に問われ「懲役二月（七日算入）ドル軍票二〇セント没収」に処されている。当時の闇商売において、「密売淫」の斡旋を商取引の手段にするケースも存在することから（石原 二〇〇〇：一七一—一七二）、この件も当時のドルの闇取引に関連したものであると考えられる。

(5) 沖縄巡回裁判所（中央地区）裁判原本（懲役、禁固等）

一九五一年九月二八日の判決（35．一九五一年四六号）では、「AB共謀して波の上海岸に集積してあった酸素ビン一二本（四八〇〇〇円）、商業学校北川海岸に集積してあったトーバイホー三〇本（二四〇〇〇円）窃取。A単独で那覇市第二桟橋に集積してあったコカ・コーラ一二本（二四〇円）窃取」として「窃盗 A・懲役一年二月 B・懲役一年（各五〇日参入）」に処せられている。なお、この件の被告人は「前科A 一九四八年七月一〇日中央巡回窃盗懲役六月、一九四九年六月二四日同じく懲役六月、一九五〇年四月三日糸満巡回軍需品窃盗、窃盗未遂懲役一年（二五日算入）　B　一九五〇年一二月三〇日石川治安軍需品窃盗懲役二月」とあり、「戦果」アギが日常化していた当時の状況〔11〕の裏付けとして考えられる。

(6)塩谷治安裁判所（裁判原本　自一九四七年八月二七日至一九五一年一月一九日確定）

一九四九年一二月二八日の判決（77．一九四九年二三号）では、「九月二三日午後二時ころ大宜味村喜如嘉で無免許で企業（雑貨商）を営んだ」として、「女六〇才」が「経済並びに財政政策違反」に問われ「罰金五〇円　一日五円換算」に処せられている。

一九四九年一二月二四日付けの判決（78．一九四九年二四号）でも同様に、「九月二三日ころ大宜味村塩谷の自宅で無免許で企業（洋裁業）を営んだ」として「女二三才」が罪に問われ、「罰金五〇円一日五円換算」に処せられている。

一九五〇年二月一四日の判決（80．一九五〇年四号）では、下記のようにクリ船という小型の舟を使って沖縄から与論島まで豚や山羊を買いに行った海人達の様子がわかる。

一九四九年一二月一九日午前九時ころAは自己所有くり船を与論島で売却する目的でBを同乗させ与論島に渡航、売却、代償として物資を貰う契約をし、豚一頭（一六五斤）を持ち帰り、一九五〇年一月一八日午前九時ころ残りの物資を受領する目的でくり船に乗り渡航、Aは豚一頭一四〇斤、Bはやぎ一頭を五二〇円で買い、Aは肉一六斤黒砂糖一四〇斤を貰い、二五日午後三時ころ国頭村宇嘉海岸に到着荷揚げ中とり押さえられた。

この件はやはり「密貿易」として「経済並びに財政政策に反する罪」に問われ、「A罰金八〇〇円、B罰金五〇〇円　一日一〇円換算　証二、三、四没収、一還付」に処されている。沖縄本島で豚が不足していたこと、並びに当時、ポンポン船と呼ばれる小型の漁船で密航するケースは多数散見されるが、他の島までクリ船で航海したという「密貿易」のケースは先行研究ではあまりみられない。当時としても既に前近代的な移動方法であっただろうと考えられる[12]。

一九五〇年二月一五日の判決（98・一九五〇年三〇号）では、「一、二月一五日午後五時ころ四〇才くらいの女からアメリカ製火薬一〇斤雷管一六本導火線六寸を買い受け不法に所持し　二、六月一四日午後二時ころ火薬四〇匁雷管一本導火線一寸を使用して与那海岸西北方一五〇〇メートルの海上でスルル小三〇斤を捕獲（被告人は、火薬などは七〇〇円で買った、生活困難で生活のためにした、宅地一五坪、住宅九坪、田四〇〇坪畑八〇〇坪家族六人と述べている。）」という件で「漁業法違反」の罪で「一につき罰金四〇〇円　二につき罰金三〇〇円　一日二〇円換算　三〇〇円追徴　証一ないし三は没収」に処されている。この件では、爆発物を直接米軍施設から窃盗したわけではなく、他の人から購入したとしている。主に漁獲用として考えられるが[13]、沖縄社会においてこうした爆発物が民間人の間に流通していたことをうかがわせる。

一九五〇年四月一八日の判決（83・一九五〇年七号）では、「三月二九日午前一一時、三〇日午後一時前後四回にわたり国頭村奥部落海岸より西方二キロの海上でアメリカ製火薬、雷管、導火線使用してイラブチ一一一斤を捕獲A は前科一犯」として「地域的経済並びに財政政策に反する罪（漁業法違反）」として、「A 罰金三〇〇円B C 各罰金二〇〇円四五〇円追徴証一ないし四号没収一日一〇円換算」に処されている。ここで使用されたアメリカ製火薬、雷管、導火線は恐らく「戦果」品であろう。先行研究、特に証言集などではこうした爆薬による密漁のために、弾薬類が多く窃取されていたことも報告されている（石原 二〇〇〇：二六九―二七六）。ここでは、導火線なども使い、かなり手の込んだ方法で「密漁」が行われていたことをうかがわせる。

一九五〇年八月九日の判決（85・一九五〇年一三号）も、上記と同様に「地域的経済並びに財政政策に反する罪（漁業法違反)」の罪に問われたケースである。そこでは「六月二六日午後四時ころAがアメリカ製火薬一〇斤雷管六月本導火線五寸を購入し、二七日午後四時ころAB共同で大宜味村の波海岸から西方一〇〇〇メートルの海域で火薬三斤半雷管一本導火線三寸使用、ムレアジ九斤イラブチ六斤(二三七円相当)の不法漁獲」とある。その結果「AB各罰金四〇〇円　一日二〇円換算　証一ないし三号没収」となっている。

一九五〇年八月二六日の判決(89・一九五〇年一八号)でも、同様に「七月一〇日ころの午前九時から八月二一日午前九時ころまでの間に前後七回に亙り大宜味村津波西方二〇〇〇メートルの海域で米製火薬一〇斤雷管七本導火線一尺を使用してイラブチ、トカジャー、アーガイ二七斤を不法に漁獲、自家消費、販売」したとして「罰金三〇〇円二六〇円追徴　一日二〇円換算」に処されている。

一九五〇年四月一八日の判決(107・一九五〇年八号)では、「沖縄本島に渡航する正当な許可なく四月八日正午ころ大島郡与論島の謝花港を密航船招福丸に便乗し同日午後四時ころ安田部落に到着」したとして、「ABC各懲役二月　一年間猶予(ABは大島郡天城村Cは同亀津町の者)」に処されている。ここでの罪名は「公共の安全に反する罪(密渡航)」ということであり、軍政府の許可なく渡航しただけで執行猶予つきの懲役刑が言い渡されている。

一九五〇年四月六日の判決(108・一九五〇年九号)では、「ABと共謀、四月六日午前一時ころ奥間軍保養地沖縄人炊事場食料倉庫内から、Aは見張りBと被告人は内部に入りメリケン粉一俵(五〇ポンド)時価二〇〇円くらい、缶詰類二〇個時価二五〇円を窃取、缶詰類はBが持って逃走、メリケン粉は人通りの多いのに怖じけを生じ辺土名中等学校付近に放置して逃走したもの」として、「窃盗」罪に問われ「懲役一月一年間猶予」が言い渡されている。ここでは、武器弾薬だけなく、食料品も当然「戦果」品の対象になっていたことをうかがわせる。

一九五〇年八月二六日の判決(1・一九五〇年八月二六日)では、奄美大島出身者が沖縄への「密渡航」によって「各懲役一月一年間猶予」を言い渡されている。被告人は一〇名で「正当な手続きなく、就職、面会、その他の目的で七月三一日午前五時ころ与論島から密航船に乗船午前一一時ころ宇良区海岸に不法に上陸した」という。以下は一〇人それぞれの渡航目的である。

Ａ　旅行　月収三〇〇〇円
Ｂ　Ａの非雇者　月収六〇〇〇円
Ｃ　与論の妹の病気見舞いに行き（本人は滝郷居住）便船の都合で沖縄に渡った。
Ｄ　砂糖鍋を買いに来た。（徳之島から）与論までの船賃は六三円。
Ｅ　砂糖車、砂糖鍋を買いに来た。
Ｆ　那覇にいる妹に面会。
Ｇ　今までの仕事が思わしくないので沖縄で仕事をするつもりで来た。
Ｈ　去年五月に許可を受けて沖縄に来た。大島に帰るときは無許可妻を連れに行った。
Ｉ　Ｈの妻（二一才）
Ｊ　（女三〇才）母の面会

罪名は「密渡航」であるが、いずれも軍政下で奄美大島と沖縄本島の無許可通行が禁止されていなければ、「密貿易」目的ですらなく、日常生活の往来そのものであることがわかる。

(7) **略式命令（判決年月日記載なし）**

下記では、判決の年月日の記載がないものの、講和条約以前に沖縄本島内の裁判所で下された略式命令に関するレポート〔14〕からの抜粋である。いずれも「闇市」「戦果」「密貿易」「越境」に関わるものを項目別に紹介する。

「闇市」

5　経済内令違反　精米一升一円三五銭　四五円

7　経済内令違反　黒砂糖　沖縄における小売最高価格一斤七六銭を四五円で買い受け五五円で販売、四一円、四〇円の買い受けもある。

9・10　経済内令違反　ミシン糸　沖縄における最高小売価格一巻九円六〇銭を二〇〇円で飯椀、きゅうす、湯呑みの取引（額不明最高価格を超えて買い、超えて売った）

14・15　経済内令違反　鰹の最高小売価格一斤一円二五銭を二〇円で売って三七円五〇銭不法に儲けた。罰金三〇円。かじき骨抜き一斤一円六一銭を一五円で販売、二六円七八銭不法に儲けた。罰金五〇円。

17・18　経済内令違反　グルクン一斤最高小売価格一円を一二円で販売　カジキの販売

20　銃砲火薬類取締法、同施行規則違反　拾得した導火線一巻、雷管六五個、ダイナマイト二八個を所持し、これを二四二円で売却、罰金三〇〇円。

21・23　経済内令違反

鰹　最高小売価格一斤一円二五銭を一五円（二〇円）で販売　罰金五〇円　白布団カバー二枚と米四升を交換、前後九回にわたり米、衣服、にわとりの交換、売買で四九六円九銭超過する取引をし、衣類と塩二升の交換、衣類と米の交換をし一八円二四銭超過　罰金五〇〇円　三〇〇円

25　商業及び財政上の取引違反　罰金三〇〇円

バナナ一房と米兵の巻たばこ一〇個と交換、スイカ三個とたばこ三八個を交換。

30　経済内令違反　罰金三〇〇円、領置の六〇〇円中二三〇円六七銭没収。余は三和村米須配給所に還付。ハッシユコンビーフ　一〇〇匁一円五銭を一缶（五・七五ポンド）四〇円で五缶、キャンデー一オンス一〇銭を一個（一ポンド）一五円で二三個、毛布一枚七二円を一〇〇円で四枚、合計九四五円（超過販売価格五八三円六五銭）で販売し闇取引。

38　経済内令違反　罰金四〇〇円　鰹節二等品一斤四円五五銭を六〇円で九斤で販売

41　経済内令違反　罰金二〇〇円　米軍人と石鹸五〇個と手製の人形五個の交換、塵捨て場へ行く米軍トラックから投げられた歯ぶらし、髭そりクリーム、櫛、針を貰って不法所持。

45　経済内令違反　罰金三〇〇円　渡久地判事
国防色セル生地三ヤード物一枚二七円八〇銭を二五〇円で購入。

46・47　商業及び財政取引違反　平田判事
被告人三名各罰金二五〇円、三名各罰金五〇円。自家製塩盛り桝一升一円五六銭を二二円で販売することを依頼、販売、二五円で販売、買い受け。
被告人二名各罰金五〇〇円
まぐろ、かじき　一斤一円六銭二厘五毛を八円で買受（一六三七円二五銭超過）ふか一斤六三銭七厘五毛を五円ないし二円五〇銭で買受（二四九二円二二銭超過）解体して、切り身のまぐろ、かじきは一円二五銭を一三円で、ふかは七五銭三厘を六円五〇銭ないし二円五〇銭で販売（二二九四円超過）ガツンの販売委託を受け一斤一円を一〇円ないし三円で販売（超過額五二五六円）。

49　商業及び財政取引違反　罰金四〇〇円、四五〇円、三〇〇円（三名）、二〇〇円（二名）　魚の闇取引。

50　同上　罰金一五〇円（四名）、五〇円

塩の闇取引　盛り桝一升一円五六銭を二三円、二五円で販売。

52 財政取引違反　罰金一〇〇〇円、六〇〇円、四〇〇円　友寄喜仁判事　子豚の闇取引

54・57 商業及び財政取引違反　罰金六〇〇円、二〇〇円、一〇〇円、八〇〇円、豚の闇取引。

58 同上　罰金一〇〇〇円（三名）、一〇円換算、三〇〇〇円、五〇〇〇円追徴。

国頭産丸太材一四〇本、角材二八一本、食用油六〇缶、釘七斤、鍋二四個、缶詰四缶、灯油ドラム缶入り一缶（公定価格一万九四二円五四銭を三万一八四四円で買い受け、うち、丸太、角材、食用油、鍋二〇個、灯油一斗〈買い受け価格三万二八円〉を三万五七七五円で販売）、灯油一缶四〇円を八五〇円で販売、国頭産丸太材一四〇本、角材二八一本公定価格一万一〇〇円五五銭を一万四三四五円で買い受け、二万四二四三円で販売。

83・87 商業及び財政取引違反　豚の闇取引

80・90 商業及び財政取引違反　罰金一〇〇〇円　一〇円換算　久米島における豚の取引罰金三〇〇〇円　三〇円換算　同上

94 商業及び財政取引違反　七〇〇円、一〇円換算　物件没収　米国製衣類の闇取引

98 商業及び財政取引違反　八〇〇円、物件没収。米国製洗顔石鹸四〇銭を三〇円で、洗濯石鹸三個一円五〇銭を一〇五円で、他に、たばこ、ジャケット等。

121・123 酒類密造

六〇〇円、二〇円換算、器具、酒三升没収（さとうきびの汁と甘藷使用）

五〇〇円、水缶、蛇管、酒一升二合没収

五〇〇円、蒸留用蛇管一式、酒八号没収（高粱、甘藷、イースト菌使用）

124・125 指令三六号違反（酒密造）

五〇〇円、一〇円換算、ドラム缶二個蛇管一本酒三升没収（えんどう豆甘薯一五〇〇円、三〇円換算、領置物件全部没収、酒五升蒸留目的で、豆一升五合で麴をつくり、砂糖一〇斤、甘薯六〇斤、水六斗を混ぜ、もろみ約七斗を仕込んだ。

131　税関規定違反、一〇〇〇円　一〇〇円換算　一九五三年八月一二日宣告　親泊英隆通関手続き未済であることを知りながら密輸自動車を一〇万円で買った。

ここでは、食料品や生活雑貨が公定価格を越えて売り買いされた場合には経済内令違反、商業及び財政取引違反が適用され、米軍の弾薬などについては、たとえ売買目的で拾得したものであっても銃砲火薬類取締法が適用されたことがわかる。

「戦果」

6　漁業法違反　火薬使用して魚を採取

12　銃砲火薬類取締法施行規則違反、漁業法違反　被告人五名　六〇〇円と三〇〇円　雷管、導火線と魚を交換、所持。爆発物を使用して魚を採取。

53　銃砲火薬取締法、同規則違反、漁業法違反、罰金二〇〇円

81・82　海没処理されたロケット弾を引き上げて火薬を抜き取って所持し、これを使用して魚を採った。銃砲火薬類取締法施行規則違反漁業法違反　罰金七〇〇円、一〇円換算

107　銃砲火薬類取締法施行規則並びに漁業法違反　二〇〇円（二）雷管七本、導火線一尺くらい隠匿所持、黄色火薬二個隠匿所持、これを使用して魚約八斤捕獲。

109　爆発物不当所持　二〇〇円（三）　農道にあった爆弾を解体して黄色火薬四〇斤。

ここでは、「戦果品」であるはずの弾薬類が売買目的ではなく、ほとんど漁業目的で使用されている。石原昌家によれば、香港ルートの「密貿易」での弾薬類の売却が割りに合わないと判断した場合、このように漁業目的で爆発物が使用されたようである（石原　二〇〇〇：二七二）。こうした指摘や、上記のケースから、「密貿易」だけではなく、漁業目的での弾薬を狙った「戦果」アギもかなり多かった可能性が考えられる。多くの場合、これらは銃砲火薬類取締法施行規則違反、漁業法違反に問われているようである。

「密貿易」

67・80　商業及び財政取引違反

豚、牛（生後四個月九五〇円を三九〇〇円で）やぎ（一五〇円を七〇〇円で）の取引。

紺ラシャ生地一二ヤード（ヤード九円一〇銭を三〇〇円）、ランニングシャツ（一円五〇銭を三五円）、八重山米（一升一円三五銭を五五円）。離陸違反あり…米軍政府の旅行証明書の交付を受けず石垣を離陸糸満に上陸。

93　商業及び財政取引違反、同未遂　五〇〇〇円、三〇円換算（一）一〇〇〇円、一〇円換算

（二）押収物差出人還付。宮古から豚、鰹節、山羊、子犬を沖縄に持ってきたもの。

96　離陸違反、商業及び財政取引違反　二〇〇〇円、八〇〇円、七〇〇〇円

（三〇円換算、他は一〇円換算）一九四八年三月一八日ころの午後一〇時ころ石垣を出て二〇日午後九時ころ糸満に上陸。アメリカたばこ、石鹸、衣類等一五一三円四〇銭くらいを三万八一五円で買ったもの。他は、これに売ったもの。

102・105　商業及び財政取引違反
①三〇〇円（二）白米三斗入り一五袋没収　配給の肥料一六〇袋と白米を交換
②四〇〇〇円、一〇〇〇円　子豚の闇取引
③五〇〇〇円ないし一〇〇〇円　北大東における豚の闇取引
④二〇〇〇円ないし五〇〇〇円　与那国で仕入れた台湾米、台湾茶、種油、飴玉を糸満に持ってきて販売しようとしたもの。この目的を知りながら運搬賃として白米一一袋、茶三個、油一缶、ザラメ一袋、飴一缶を受領。物資の陸揚げ作業に従事。
120　無許可地域間旅行　五〇〇円　大島郡喜界島早町から依頼を受けた杉三〇〇坪分、陶器類を積載して馬天港に入港。
143　非鉄金属不法所持　五〇〇円、一〇〇円換算　真ちゅう製薬きょう八個没収
一九五六年一月二三日　能山判事（タイプ原本）
免許なしに南大東で非鉄金属（真ちゅう製薬莢）七〇〇斤を買い、売却目で馬天港入港まで所持。
「密貿易」では、取引そのものは商業及び財政取引違反に問われるものの、分断された島嶼間の移動それ自体は離陸違反、あるいは無許可地域間旅行という罰則が適用されることが分かる。これらはたとえ「密貿易」をしなくとも、「密航」をしただけで適用された可能性が考えられる。

「越境」
100・101　布告一七号違反　一〇〇円。免許不携帯。正式の通行証以外の通行証を携帯して運転。

106　布告一七号違反　二〇〇円　正当な通行許可証を携帯せず、スピード違反（二屯半車の定速を超える三〇マイル）

111　布告一七号違反　一〇〇円　車体登録番号の違った通行証を所持して運転。

上記の島嶼間の移動に対する規制に加え、ここでは、沖縄本島内でも通行証がなければ場所によっては布告一七号違反として訴追の対象になってしまうことがわかる。こうした点から、この当時も分断された島嶼間、あるいは沖縄本島内の地域間の移動は厳しく制限されていたことがうかがえる。

(8) 塩屋治安裁判所　謄本

以下は、塩屋治安裁判所での判決書きの謄本から抜粋したものである（一九五〇年一月一八日塩屋治安裁判所（謄本）[15]。「密貿易」の状況を詳しく解説しているため、以下に紹介する。

塩屋治安裁判所判決　各罰金三〇〇〇円
罰金不完納の際は一〇円を一日に換算した期間内労働場に留置する。
罪名：横領、安全に対する罪（密航船幇助）
逮捕者：塩屋警察署巡査　被告人職業：全員農業、一名（上原力造）のみ漁業
特別布告三二号第二部第二節第三項刑法第二の一二条刑法第一八条第一九条
事実関係：被告三名（玉城親徳、玉城親福、玉城親房）は一九五〇年一月二〇日頃
　国頭村安波港に入港した、日本からの密航船大正丸に積載された密輸入物資の陸揚げに協力し、且つ自宅にこれらの物資を預かった。しかし一九五〇年一月二二日これ等大正丸の密航者が検挙されたことを奇貨として共謀

し、日本製ランプ一梱包、日本製鎌一梱包を三人のうち玉城親福の家の屋敷裏叢中、また三人とは別の一名（上原吉永）の自宅に隠匿横領した。さらに同年一月二二日に検挙を逃れ逃走した石垣市出身の角野勝次、那覇在住で沖縄物産社長の福村某、さらにその会社の書記仲本某から陸揚げされたこれら密輸入品を移動させ、密貿易をしようとの誘いに乗り、上記三名に加え上原吉栄、上原松祐を加えた五人で共謀の上一九五〇年一月二四日午後九時ごろから一一時までの間に、玉城親徳、玉城親福宅に預けてあった物資を官憲に発見されることを恐れて安波部落東方川端の叢中に隠匿し、密貿易ほう助を成した。

被告上原松祐は一九五〇年一月二五日午後三時頃国頭村辺土名区の豊家旅館において上記の角野勝次、福村某、仲本某、上原力造等と協議し、上原力造所有の舟艇に便乗し同日午後五時ごろより今年一月二六日午後六時ころまでの間密輸入物資の運搬に協力し密貿易のほう助を成した。

被告上原力造は上記角野勝次、福村某、仲本某等より密輸入物資の運搬を依頼され一九五〇年一月二五日午後一一時ごろから一月二六日午後七時頃までの間、自己所有の舟艇LCM八〇号に当時塩屋警察署において国頭村安波青年倶楽部保管中の上記密輸入物資自動車部品一六梱包中一〇梱包位、鎌五梱包中二梱包位、電球一三梱包中一〇梱包位を運搬しその代償として電球三梱包、鎌一梱包を上記福村某より貰い受け、密貿易ほう助を成した。

①供述要旨

- 玉城親徳：玉城親房、玉城親福、上原吉栄、上原松祐と親徳の計五人で角野勝次、福村某から預かってくれと頼まれたため、電球その他二六・七梱包を隠した。報酬は何ももらっていない。
- 玉城親福：玉城親徳の申し述べた通りである。川辺の草中に隠した。
- 玉城親房：玉城親徳が申し述べた通りである。報酬は受けていない。

・上原松祐：事実相違なし。
・上原吉栄：報酬は受けていない。
・上原力造：犯罪と事実相違ない。

②住所

国頭村字安波（農業）　上原力造のみ国頭村奥巳（漁業）

ここで登場する「国頭村安波港」は沖縄本島北部にある漁港であり、商港ではない。逮捕された被告等は、日本本土から来た「密貿易」船から荷物の授受を依頼されてそれぞれの自宅などに隠していたが、本土から来た船員達が逮捕されたことをきっかけに、今度は自分達が主導して日本本土からの物資を売買しようと試みたのが事件のあらましである。上記の件からわかるのは、与那国や糸満、口之島といった私貿易船の集結場所だけではなく、漁港であればどこの港でも私貿易の窓口になりえたということである。先述のレポートにも、与那原の馬天港での逮捕記録が存在する。こうしたことから、沖縄本島各地の漁港が私貿易の窓口として使用されていた可能性が考えられる。また「密貿易」品を島内でさばくために、「密貿易」人の人脈を中心に多数の協力を得て、隠しながら行われていたことがうかがえる。

(9)国頭巡回裁判所　謄本

以下は国頭巡回裁判所で裁かれた判決の謄本からの抜粋である（裁判原本一九四九年一月二二日）。ここでは、米軍からの窃盗品であるはずの爆薬を所持し、それを漁業に使用し、罪に問われたケースである。

一九四九年一月二二日　国頭巡回裁判所
銃砲火薬類取締法施行規則第二二条、第四五条、刑法第一九条、漁業法第三六条、第五九条違反
被告人宮城清正　屋我地村済井出区　罰金六〇〇円、完納できない場合は金一〇円を一日に換算した期間労役場に留置する。領置に係る証第四号「海中眼鏡」証第一七号「火薬」及び魚代金七五〇円は没収する。

ここでも基本的には罰金刑で済んでいるが、火薬だけではなく、商売の道具まで没収されてしまうほど、規制は厳しかったようである。

三　糸満出身者達の「密航」

1　玉城正保の「密航」体験

ここでは糸満出身で東京在住の玉城正保の証言より、米軍の物資は盗品ではなく仲間が拾ってきたものを取引していたこと、御徒町の古本漫画など日用品の取引であったこと、しかし米軍の取り締まりなどほとんどなく、糸満の警察も彼らのことを大目にみてくれていたこと、一身上の都合で金策のため「密航」した者は多いが、それが「密航」になってしまうことは敗戦の結果として当たり前であり、それでも「故郷に帰るのは当然だ」と考えていたこと等、当時の取引の方法とそれに対する玉城の認識を描く。ここで記述する玉城のライフヒストリーの基になったインタビ

ユーは、二〇〇九年七月四日に法政大学沖縄文化研究所国内研究員の福寛美と共同で行ったものである。

なお、私貿易のインタビューにおいて、先行研究ではフィールドとして当時の現場である琉球列島で調査を行ったものが多いが、東京にも沖縄県出身者は多く住んでおり、また「密航」「密貿易」は日本本土との間でも行われているため、そうした広がりの中で捉えれば、本書で行った東京での聞き取り調査も当時の実態解明への一助になると考えられる。

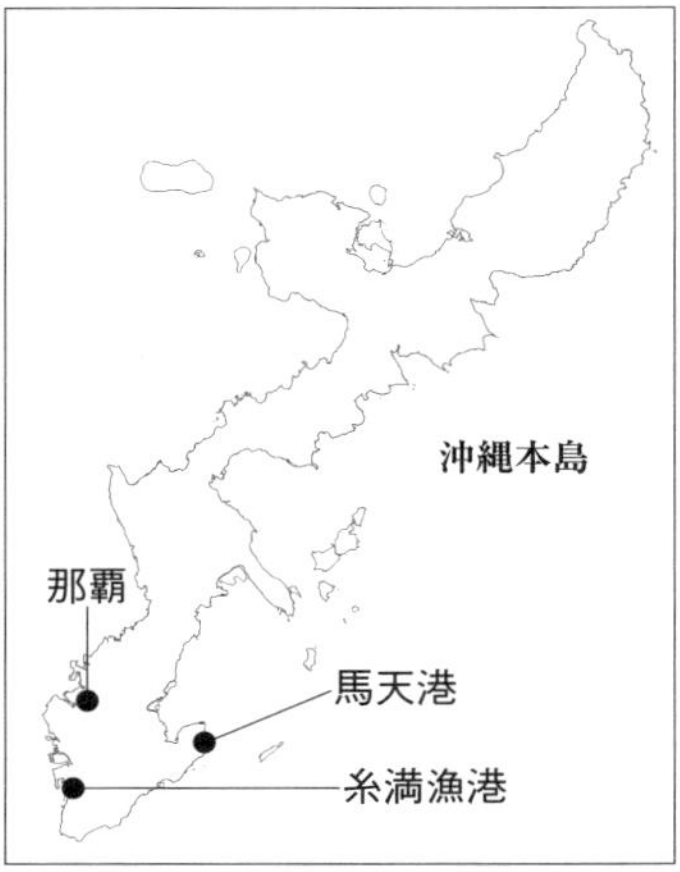

図⑰　沖縄本島における糸満漁港、馬天港、那覇の位置。

2　横須賀から糸満への渡航

玉城は一九二四年、旧高嶺村、現在の糸満市に生まれた。糸満の漁民、即ち海人は前近代より漁業移民として有名であり、近代以降は糸満漁法という独特の漁法によって本土はおろか東南アジアや当時の南洋群島各地の港に漁業移民を送り出していた（石原　二〇〇〇：二三八—二三九）（加藤　一九九〇：一三一—一五九）。石原によれば、戦後の「密貿易」を開始したのは糸満海人からだと言われるほど、「密貿易」の時代には大変な活躍をしている。しかし玉城の生家は農家であり、そうした海人としての訓練を受けて育ったわけではなかった。玉城の生家では、換金作物として野菜やサトウキビを作っており、また父親はサラリーマンだった。

玉城自身、砂糖小屋で五、六年程馬を追いかけていたことがあるという。沖縄製糖は半製品にした上で、東京の横浜製糖や明治製糖に向けて出荷していた。

一九四四（昭和一九）年の正月頃、玉城は大学受験のため上京した。前年の一九四三（昭和一八）年には学童疎開船の湖南丸が米軍の潜水艦によって沈められていた。また、当時の沖縄ではまだ戦争への心配はなかった。そのため、両親は上京に反対していたが、その反対を押し切り、上京した。しかし大学受験に失敗し、東京で働いていたところ、父親から召集令状が届いたとの手紙を受け、一九四四（昭和一九）年一一月一〇日に熊本の陸軍部隊に現役入隊した。当時二〇歳であった。その後中国大陸に送られ、終戦はタイのバンコクで迎えた。その後タイの収容所で一年近く自営し、帰国の途に着いた。帰国したのは一九四六（昭和二一）年の、五月か六月頃だった。

⑴米の買い出し

帰国後は横須賀に住んだ。横須賀鎮守府の徴用ボーイ達が使っていたバラック造りの家が彼らの帰郷によって空いたので、そこに入ったのである。最初の二、三年は兄夫婦の居候になった。兄は横浜の学校に教員として務めていたので、横須賀から横浜まで通っていた。

帰国してすぐの頃は、千葉の方に米の買い出しに行っていた。成田線の郡［16］という駅で降り、利根川を渡って茨城県の稲敷郡というところまで行き、その地域の農家を回って、米を分けてもらった。川は渡し船で渡ったという。

私らなんか、えっちらおっちらでね、……それ（舟に）乗って行くんです。五銭か十銭かあげてね。川向うでしたから、茨城県の、稲敷郡てところは。

購入した米は横須賀に持ち帰り、自分達の食べる分を差し引いて、残りを売っていた。量的には、半分以上は売却していたという。

そうですね。食べるだけだったらね、合いませんからね。で、半分以上売って、金にして。闇価が公定価より十倍以上あったからね、差がね。公定価の十倍……（公定価格の米は）量も足りないし、お米も悪いしね。（農家で）買ってくる米の方が百倍マシね。ともかくその頃、農家の、千葉あたりの農家の婿に行こうかなあなんて思ったりしたこともあったけど（笑）。

しかし途中で捕まることもあった。玉城は一度捕まってしまったことがあるが、そのときは荷物を全て没収されてしまったという。

もったいない（笑）。だからね、その頃の買い出し部隊はですね、しょっちゅうやられたんじゃ誰も（買い出しに）来ませんよね。やっぱりそこまでよくしたもんで、どうせ配給足りないの分かってるから。ま、一か月に一回ぐらい、運が悪いと捕まっちゃうんですよね（笑）。

(2) 帰郷

当時、「県人連盟」[17]というのが東京にあり、その神奈川支部や、横須賀支部に沖縄県出身者が集まっていた。そこでは沖縄県出身者は家もなく可哀想だからという理由で、政府から様々な配給品が貰えた。やがて集まるうち、皆で金を出し合って会社をつくり、商売をしようという話が持ち上がった。その結果、鯖を買って加工したり、鰹を買って鰹節を作る水産加工会社を設立した。仲間の復員兵の中に、南洋群島で鰹漁をしていた人間がいたからである。そして、船を買ったか、借りたかして、鰹を買って加工して出荷するようなことをしていたそうである。「密航」の話は、その仲間達から持ちあがった。

それで仕事が上手くいかなくなった船長だったか、組合長さん考えて、「密航」やろうじゃないかということになったんでしょうなあ。

その頃玉城が住んでいたのは引揚者の寮であった。玉城はそこに居住する三百人ほどの住民をまとめ、生活協同組合を作り、出資金を五十円くらい集めてそこの物資・物品販売の責任者になっていた。食べていけるというほどではないが、どうにかこうにかやっていけるぐらいの小さな商売であったという。

玉城は糸満出身の友人二人に誘われた。彼らは同じ高嶺村の出身で、軍隊時代は同じ部屋のグループだった。同居の兄は居候の身である玉城に、糸満の実家の財産があるので、それを処分して金を作ってくるよう勧めたため、それに応じることにした。

……(終戦から)少し年を追ってね、金作ろうかって気持ちで行ったんですけどね。

そこで玉城は寮で営んでいた商売を辞め、組合で作ったお金を置いて船に乗る決心をした。直ぐに出発する決心がついたそうであるが、それは米の買い出しで度胸がついていたからだという。

私なんか関係あるかっていうと、使われてる方だからね。飯炊きを頼まれてやるぐらいなもので。もう他の船員(のように)、船が漕げるわけでもないし、舵取りもできないし。お手伝いだけで乗ったんですけどね。私なんかは。そうやってついてったと思うんですけど。それにしてもなんでしたな、まあ簡単に……昔買い出しもしたことあるから度胸がついてたんでしょうな。言うなれば。普通だったらちょっと思い切って行けなかったと思うけれども。

「県人連盟」は戦後二、三年経った頃にはできており、戦前の沖縄県庁のような役割を果たしていた。なお、玉城を誘った二人の友人とは「密貿」[18]の後、音信不通になった。一人は既に亡くなったと聞いているが、もう一人はどうなったか分からないとのことである。

友人が船を借り、さらに下田の漁師に金儲けをしようと持ち掛け、抱き込んでいた。船はその漁師が所有する「つきんぼ船」という、約三〇人乗りの小さな漁船であった。その船の船長である漁師も魚が獲れなくなったため、一旗揚げようという気持ちになり、「密貿」を決心したそうである。船は伊東に停泊していたので、一行は汽車で伊東まで行った。途中、さらに五、六人参加した。沖縄出身の知り合いが仲間に入れてほしいと頼んできたのであった。実際には、船は今にも沈みそうな、小さなおんぼろ船だった。玉城はこの船を見て、参加したことを後悔したという。

……いろんな事情もあってホイホイと乗ったんですよ。私本当は行きたくなかったんだけどなぁ。ちっぽけな船で、沈みそうな危険もあった。十分、本当。そのね……おんぼろ船でしょ。つきんぼってのは先っちょにデッキがありまして、そこに棒もって突き刺す槍みたいなのもあって。マグロ追いかけてボッと突いてやるらしいんですよ。

リーダーだったその船の船長は、木材が不足している沖縄に木曾の木材を買って持って行く、というのが参加する条件だったので、途中四日市に木材の買い出しのために停泊した。当時沖縄では杉材をはじめとする生活用木材は戦争で焼失してしまい、住民は米軍払い下げの布を使ったテント生活であった。そのため、確かに木材の需要はあったのである（石原　二〇〇〇：二四九）。

四日市に停泊して「国元」（地元の取引相手）が来るのを待っていたところ、二、三日して様子がおかしいと港で評判になったらしく、密告されて地元の浜署に逮捕されてしまった。簡易裁判にかけられ、審議中ということで長期間警察に抑留されることになった。

評判になるわけですよ、二、三日もいたらね。「あれあれ、なんだおかしいよ、魚釣るわけでもないし、漁に出るわけでもないし、おかしいじゃないか」って。で浜署に、密告されたんでしょうな。……知らんけどね、……えらい引かれちゃって。私なんか行く気はなかったんだって、頑張ったけど駄目でしたね（笑）。皆もう、早くから認めてちょうど言ってたんでね。まあ十日ぐらい冷や飯、臭い飯食わされましたけどね。

しかし捕まりはしたものの罰金刑で済み、没収された船も戻ってきた。皆「密航」は初めてで、土地を売ってくるとか、お金を借りてくる、というのが主な目的であった。玉城は往路、特に取引のための商品は持たずに「空手」で「密航」していた。また、その他の船員達もそんなに荷物を持っていなかったので、あまり没収されるということはなかったそうである。一般的にも当時、親戚にお金を借りるなどの目的で渡航した人は多かったという。玉城は捕まったとはいえ、泥棒したわけでもなく、故郷に帰るだけだから、自分は泥棒のような犯罪者とは違うと考えていた。そして警察もそのような事情を汲み取ったのか、今考えてみると温情ある判決であったという。

まあ解放されて罰金刑食って、その船も返してくれたもんで。まあ、また検事も温情があったんだな、うん。

……要するに、自分の故郷に帰るんだからね。戦争に負けたから、閉ざされただけで、大丈夫になったら帰りたいでしょ。望郷の念止み難くって。で、そんなだからね。温情だなって話あったんですけどね。船も没収されたけど返してもらえたから良かったですし、荷物も取られなかったんじゃないかな。皆さん罰金刑で。

結局、四日市には一か月ほど滞在していた。船も荷物も没収されなかったので、彼らはそのまま沖縄に向かった。その後、和歌山県の潮岬の沖にある、紀伊大島でも四、五日停泊した。風向きを待ったり、船長が金や荷物を集めているようであった。何故そこに停泊したのかについて、玉城は聞いていない。お互い知り合ったばかりなので、互いに詮索はしなかった。しかし、潮の流れが激しいので怖かったという。天気が悪いと船長達は船が壊れるからすぐ引き返そうと言って、紀伊大島に二回ほど引き返した。当時は若かったので、突っ張って出ようと言ったが、後から話を聞いて怖かったそうである。船長は下田の人間なので、潮岬には行ったことはなかったが、潮の流れや、急に冷たい風が匂う、等の兆候で天気の変わり目は分かる人には直ぐに分かったという。また、潮の流れなどについては同乗していた糸満の仲間達も船長に助言していたようだった。

あそこ潮の流れが激しいところなんですよ。急でね。波が。お天気になったらね。でも船の船長、船主だから、「駄目だ駄目だ引き返せ」って言ってね。二日ぐらい泊ったんですよ。お天気が悪かったので。「船が割れちゃう」なんて言って。で困って。そんなの平気だと思ってたけど。彼らはね、「船が壊れる」ってね。もうあそこで沈没したらもうアウトだからね。波が激しいし。

風を待っている間、潮岬の宿に泊まりに行った。ちょうど潮岬の神社のお祭りであり、賑やかであったという。玉城が「密航」した一九四九、五〇（昭和二四、二五）年頃はちょうど吉田内閣が「自由化」を進めた頃であり、廃墟から復興する時期であった。潮岬もだいぶ落ち着いてきた様子であった。四日市で一か月ほど過ごし、潮岬に来る間、玉城は地元の人から砂糖も「自由化」されたと聞いている[19]。その後、船はさらに九州の大隅半島の志布志に寄港し、九州産の木材を積んでいった[20]。航海の危険を避けるため、トカラ列島の島伝いに南下していった。途中、難所として有名な七島灘の海は荒れていたはずだが、寝ていたので分からなかったという。船に乗った糸満の人達が心得ていたので、時化にあったことはなかった。しかし台風が来たため、奄美大島の古仁屋に泊まった。戦争中は軍港だったが戦後は静かで、人もおらず、大砲などもなかったそうである。

玉城は現在の糸満市の出身になるが、当時の行政区画では、糸満町に隣接する高嶺村の出身だった。戦前の旧糸満町に、隣接の旧高嶺村、旧兼城村、そして戦争で人口が減ったために独立した村営ができなくなった真壁村、摩武仁村、喜屋武村を合併させた旧三和村、この三つの村が合併して、現在の糸満市になった。

糸満に帰ってみると、当時の旧糸満町には戦争中の爆撃を免れた久米島等の人々が移り住み、商売を始めていた。何故糸満に移り住んだかといえば、那覇では現在でいう旧市街地の半分くらいを米軍が占拠しており、自由に商売ができないという事情があった。特に東町市場のあった東町、西町、久米町など港に近い旧中心街が占拠されていたとのことである。

故郷では、実家の畑を親戚が分けて耕していた。玉城は実家の土地を処分しようと思っていたが、当時畑を耕している親戚の叔父や叔母はあまり自分達の土地を所有していなかった。言えば返してくれたであろうが、可哀想なので返せとは言えなかったという。

皆そうだった……子供抱えて土地をね。家の叔父さん叔母さん、家（の父親）は長男だったけど、次男三男はいくらも土地貰ってないから、で足りなかったから。ちょうど長男がいなかったからみんなで耕して分けて使おうね、ってことで。それまで兄弟が帰ってきたならば、また返したっていいからってことを思っていたけれども。だから返すったってさ、自分達も使ってる、子供達も金、収入源これしかないから、畑を耕して。だから、どうしても取ると言われれば返したろうけれども、可哀そうでね、それもできない。で、おばさん一人で使ってるのは売ってもいいよって言ってたから、売って。

土地が売るに売れないので困っていると、叔父の妻、即ち義理の叔母が借りて一人で耕していた畑の一か所だけは、売ってもいいというので売ることができた。それが当時の金額で一〇万円ほどのお金になった。また、捕まってもいいように玉城自身の戸籍を作ろうという話もあったが、直ぐ帰るので断ったとのことである。また、誰も持ち主不在の実家の土地を占有してしまうことはなかった。皆知った者同士だったので、誰かが自分の土地だと言い張ることもなかったそうである。

それは、義理堅いって言うのかな。ちゃんとね、いないから兄弟皆で分けちゃったなんて、それは……。うん。その点はね。また他の人がね、俺の畑だって言って頑張ることもない。「お前駄目じゃないか」って、なんて言われちゃ。「お前買ったなんて、嘘つけ、皆知ってるから」、そういうわけで土地は安全でした。

こうして手にしたお金が、玉城のいわゆる「密航」体験において、沖縄から東京に運ぶ品物を購入する資金になった。糸満での荷揚げは白昼堂々と行っていたという。積み荷の積み降ろしは夜だと暗くてできないから、というのがその理由だが、この点からも私貿易が糸満の港の人々にとって当時日常生活の一部になっていたことがうかがえる。

港では宝船が入ったというような扱いであったという。那覇あたりから港まで商売人が買いに来ており、港でおおっぴらに商談が成立したとのことである。また港での取引相手の他、糸満市街の中心で商売をする人々にとっても、そうした「密航」者は歓迎だった。

また警察も「密航」「密貿」がないと皆が困るのがわかっていたので、取り締まりについてはあまり煩わしくはなかったという。

おまわりがやっぱ気が咎めるのかね、「あんまり我々だってさ、人間だからね、あんまりおおっぴらにやられたんじゃ見ていらんない」とかなんとかって聞こえる（笑）。悔しかったんだろうね、おまわりがね（笑）。そんなこと言ってね。「そんなおおっぴらにやられたらいかんだよ」とかなんとかね。「そうですねぇ」って、こっちはね（笑）。

玉城が実際糸満の警官に声をかけられた際も、地元の人間だと答えて疑いを免れている。

その頃おまわりに絡まれて、「わあ、逃げろ」なんてことは（言わないで）。皆知らん顔して。で荷物の側に降ろしたりして。いろいろこっちも逃げないから、「あんた何処から来たの」って言うから、「ああ、私は隣村のあれだよ、高嶺だよ」って嘘ついて。で、もう一人白髪の鹿児島から来た男がいたんですよ。おじいさんでね。で、「あんたは」って。「おお」なんてどもっちゃって、「ちょっと来なさい」なんて持っていかれちゃって（笑）。……方言ができないでしょ、地方弁が。方言でわざと聞くから。こっちは地方弁で答えればいいわけだから。

少なくとも帰郷者である玉城にとって、糸満の警察は逮捕された四日市に比べ、警戒する必要はあまりなかったようである。また、当の取り締まりを行う警官にしても、当時の状況からすれば渋々行っていたにすぎないという。

だからおまわりも、ポイント稼ぎだから。これは別に、持ってきてね、泥棒じゃないし、悪いことしてるんじゃないんだから、皆人の物持ってくるんだけど、損してるんですよ。来なくちゃいけないんだから。皆困ってるの。楽じゃないんだから。こんなに生活に困ってるわけですからね。それで商売ですから。大目に向こうも……だいたい昔はお米の取引と同じで、（つまり）闇取り締まりと同じで、おまわりさんも分かってますから。そんなに無理な（取り締まりを）……しなかったですよ。しょうがない、この辺でやんなきゃいけないから、仕事だからやろうって感じの、それは渋々って感じ。

玉城の仕入れ方については、小学校の同級生他、友人達が米軍の捨てたものをこれはいくらで売れる、と言って寄り分けて持ってきてくれたことに始まる。しかし捕まったら拾ってきたと言っても言い訳にならないので心配だったという。煙草やドルを持ってくる人もいた。品物を持ってきてくれる友達は、那覇か糸満の人達であった。ドルは二、三倍の値段にしかならなかったが、他の品物よりも安全は安全であった。また、駐留軍で働いていたカメラマンの友達が持ってくる品物の中には、カメラのライカもあった。これはその友人が働く基地内の販売店で売っているものだった。東京に持っていけば一〇倍の値段で売れる、と勧められたので購入した。また、米軍基地で働く小学校の同級生からは、中古の真空管（中には新品も混ざっていた）を一括して安く購入した。いくらで売れるかは分からなかったが、後に秋葉原の知り合いを訪ねて行ったら、その知り合い達が品物を寄り分けて購入していった。それでも一〇倍の値段で売れたという。他に米軍の航空写真用のフィルムで、一つ五、六万円するものを二個東京へ持っていった。

フィルムの専門家ではないので買い手がつくか不安だったが、有楽町のプリント屋に持っていったところ、去年のものなので今年のものより安いと言われたが、それでも約一〇倍の値段で売れたという。

玉城はこのように、友人の伝手や助言に従い、品物を集めて売りさばくことができたが、一般には身軽に持っていける煙草やドルが多かったという。

筆者：お友達は、皆糸満の方なんですか？

玉城：そうですね、糸満か那覇かどっちかです。一般の人達は皆煙草を持って来たりね、それからドルを入れてね。ま、ドルは二、三倍にしかならないんですよね。安全は安全だからね。

逆に、沖縄の人に東京からの調達を頼まれたものもあった。生活必需品や図書、教科書などが不足していたらしく、玉城は主に薬、子供向けの雑誌や教科書、また易者の本や医者の本を頼まれた。さらに英文法の参考書を頼んでくる学校の先生もいた。本は定価が決まっているので二、三倍も値段が上がることはなかったが、これらは沖縄に持ってくると飛ぶように売れた。玉城は沖縄滞在中に、糸満の港で取引をする中で、仲間や取引の相手などから直接頼まれるなどして、何に需要があるのかを把握していたという。

玉城：「お前今度九州、あれ買って持ってきてくれよ」と頼まれたりね。

筆者：じゃあその、那覇に売りに行って、その知り合いから頼まれたものもあるし、そこで、商売をしていて、その知り合われた方も……。

玉城：あとね、直接（市場で）売るってことはなかったですよ。それ誰かに売って、それで（その人が）売るっていう感じですよ。また待ち構えていて、我々から買った物を那覇持って行って売ろうっていう人もいたしね。仲買みたいなね。それはキャッシュ、すぐキャッシュになるから、「はいよ」ってこっちも渡してお終いですね。

筆者：じゃ、那覇に持って行って、その、那覇に持って行ってお知り合いの方に渡して、後はその人達……。

玉城：いやもう、大体糸満で決まっちゃった。買いに来てたね。船が入ったらいいのあるかないかって。私が預かる物あるかなって。こんなもの持ってきましたって聞いたら、「ああこの……、俺に回してくれ」とか。

品物によっては、儲けが一〇倍にも二〇倍にもなるものがあった。玉城が運んだものの中では、古本の漫画がそうした高値で取引された。また麻薬もその一つで、これも人に頼まれたそうだが、危険なので手を出さなかったという。

それから、もう一つね、漫画もいいって言われてね。御徒町あたりの、古い漫画を持って行ってね。これもまた倍以上に、十倍ぐらいになっちゃうんだな。うん。ないところにはそんなになっちゃうんですよ。普通仕入れて一割か二割の儲けとは違うんだ、「密貿易」の販売ってのは。物によっちゃ一〇倍も二〇倍にもなるやつもあるわけ。麻薬なんかなおそうですよ。僕はそれだけはやったら一発で終わりだからやらなかったけどね。頼まれたけれども。もうそれはやんないと言って。だからね、漫画本なんかも、持って行ったらそれこそ一〇倍以上になったね。持って行って、一番のを挙げますと。で、この間もちょっとお話したと思うんですけど、昼間堂々と荷揚げするわけですよ。宝船が入ったぐらいの感じで。

荷揚げルートとしては、糸満の船の多くは主に糸満の港に荷揚げをしていたという。そして多くの荷主は糸満の女性達に荷物を預け、糸満の市場や那覇の東市場で売ってもらう、という流通ルートがあったそうである。しかし玉城の場合、那覇に知り合いがいたので、那覇まで直接出売りに行っていた。小さな荷物しかなかったので、わざわざ荷物を預けるようなお金もなかったそうである。

糸満の船は大体糸満に荷物揚がったんですよね。他も回ったんでしょうけど、だいぶメインルートは糸満でした。それからその糸満の女の子達が、それを預かるっていうか、市場や那覇の東市場に持っ行って、売って。私なんか自分で知り合いだからずうずうしく那覇に行って売っちゃったんですけどね。

玉城のように、帰郷のついでに商売をする人の他に、私貿易が半ば職業化していた人達もいたという。特に糸満の女の人は元気がいいので、女性が中心になって動かしている船もあった、とのことである。そこには、当時戦争によって男手が減っていたという事情もあった。彼女達の中には戦争未亡人も多く、私貿易を通じて知り合った相手と結婚した者もいた。

また、玉城との面識はないが、周囲では糸満―本土間の私貿易だけではなく、香港まで行こうか、などという人もいたという。

(朝鮮戦争) 始まってましたからね。行ったときには。だからね、沖縄 (戦) の、ボンボンボンボン発砲するもんだから、薬莢が転がってたんですよ。戦争で。それで光り物たくさん集めて売るのがいたわけ。そうそう。それがね、東京じゃなくてね糸満の漁師でやったけれども、……すごい金になったらしいんだな。うん。薬莢がね。それがですね、米軍の、駐留軍の、中国の兵隊側に売ったんじゃないですか。だから香港まで行くかなんて話も、いやもうそんな遠いところまで……。

図⑱　那覇・牧志の公設市場の糸満女性の魚売り。(『オキナワグラフ』2006・10：51)（小野田正欣撮影。図⑲も同じ）小野田によれば、当時こうした魚屋の女性達は糸満から歩いてくるか、三輪タクシーに相乗りでやってきていた。

図⑲　那覇の露天商。(『オキナワグラフ』2006・10：50）小野田によれば、この写真に写っている一人ひとりが一軒の店であり、ショバ代を取りに来られると、前に並べた荷物を頭にのせて、「スタコラ」と逃げ出してしまったという。場所はガーブ川の上とのことである。

また、玉城が聞いた話では、終戦後台湾とは早くから糸満の人達による往来があったという。当時沖縄では豚が貴重品であり、その上沖縄戦でほとんどいなくなってしまったので、台湾まで豚を仕入れに行ったというのである。玉城の小学校の同級生で、恐らく子豚を仕入れ、それで財を成したという人もいた。その人は戦前に台湾に行ったことはなかったが、糸満の漁師達と相談して仕入れに行っている。また、豚以外にもバナナなどを台湾から糸満に仕入れていた、という話も聞いたそうである。

玉城：糸満の漁師グループがいるでしょ、漁師グループ連中がね。その連中と話しすると、「ああ豚が売れる、一頭売ればいいのにな」なんて。「じゃあ、台湾に仕入れに行こうや」なんて話になって、取りに行って。……だから、買ってきたやつが途中で死なれちゃって赤字になったのもいっぱいいるし。

筆者：じゃあ糸満の漁師連中の方達っていうのはもう、戦前から台湾に行ってらっしゃった？

玉城：そこ直行じゃなくって、八重山行って宮古行って、八重山行って与那国寄って、島伝いに行くでしょ。だから与那国からもう晴れた日には新高山見えるくらいですから、ポンポンポンって行ったって、二、三時間で着いちゃうんじゃないですかね。

筆者：じゃあ行った経験はなくても、与那国辺りまで行き来してればもう行き方分かるっていう……。

玉城：でしょうね。だって、見えるだもん、ちょっと行けばね。

糸満からの帰りは別の船に乗った。鹿児島に向かう船を自分で探したとのことである。そのやり方は、誰かが船を出す、という情報を得ると、その船に空きがあるか聞いて歩くというものだった。船主側も人数を集める必要があったという。玉城の乗った船は一三人乗りだった。

(3)口之島・硫黄島

その船は途中口之島までの契約だったので、口之島で降りてまた船を捜した。口之島には駐在さんがいたが、玉城のような「密航者」はお金を落とすお客さんだったので、むしろ歓迎するくらいのものだったという。島には何処まで幾ら、などといろいろな船がいた。

中之島、口之島でしたかね。トカラ列島の。おまわりさんがいましてね、島のおまわりさんが。向こうにしてみれば、我々行っても泊ってもお金払うでしょ、落とすでしょ。お客さんなんですよ。（口之島は）貧しい上に（密航者が）恵むもんだったわけですよね。だからおまわりも気をつけて行って下さいぐらいな調子だった。盗みもしてないし、喧嘩もしてないしね。

そこで硫黄島までの船を見つけ、硫黄島で泊まり、また鹿児島に行く船を探したのである。一晩泊っても小遣い程度の安い値段で、当時は一般的に細いインディカ米しか食べられない状況だったが、宿では白い米が食べられたという。「密航者」が来ると島の人の中に、船を出してくれる人がいたそうである。

玉城：だから口之島でまた自分達で船探して、いろいろ、うちはいくらで来るとかってね、本島までならいくら、こっちまで……私達あの、船がたまたま、硫黄島までなら行くけれども、山川（までは）行けないって言って。

筆者：それで硫黄島でもまた探して。

玉城：また一晩泊ってね。一晩泊って田舎安いもんですよ。もうほんとに、小遣い程度で。

なお、ここで玉城は硫黄鳥島の硫黄は火薬の材料になるので中国軍に売却したという話を島民から聞いている。二回目の「密航」をした帰りも硫黄島で泊った。やはり糸満から乗ってきた船に、硫黄島で降りなさいと言われ、島の農家に泊まって九州に行く船を捜した。なお、トカラ列島の文化的な様子としては、口之島までは全く沖縄的な印象を持ったという。

(4) 鹿児島

大抵、私貿易船は鹿児島の枕崎あたりに着け、荷降ろしをした。玉城を乗せた「密航」船も山川付近の海岸に近づくと、警察を警戒し、エンジンを止めて手で漕ぎだした。そして岸に着く前に一〇メートルから一〇〇メートル附近で杖を持たされて海を歩かされた。岸に上がるとまた客引きがいたので、そこで泊まったという。

エンジンを止めて道具で漕ぐんですよ。……まあそんなそうそうなかったと思うんだけどね。それ捕まっちゃ大変だからって。……「この脇から降りて下さい」って、杖で（笑）。……私なんか一〇メートル、一〇〇メートルぐらいだったかな、「そうっとして、行ってくださいね」なんて言って、でそこでバイバイして上がったんですけどね。まあ、上がったら「こちら」っていう、……客引きみたいなのがいて、そこで泊って。翌日また、明るくなってから、……東から、西から鹿児島ですか？　ま、あそこまで入っちゃうと心配何もないわけですよ。

しかし枕崎の警察も「密貿易」船が入港していることは知っていたはずである、と玉城は語る。何故ならば、狭い部落なので「密貿易」船が入港すれば実際に見かけなくとも、人の噂などですぐに分かるからだという。

私の感じですけれども、船が入ったのわかると思う。明け方着くんで、まあ夜中に着くんですけどね、あの狭い部落ですから分かると思うんですよね。……（実際に船を）見なくても話で分かりますよ。まあ入ったらしいよとかなんとかって。で島の人達もちょっとでも預かればですね、金にもなるわけですよ。むしろそっちの方が安全で、儲けになったかもしれない位ですよね。ですからね、向こうもそれね、歓迎する人達もいるわけですよ。だから正義感の強い人、「あんなもん密貿易だ」なんていう人もいたでしょうけれども、私なんか行きましたら、

「ご苦労さんでしたね」なんていう感じでね（笑）。そんな感じ。別に嫌われた感じではなかったと思う。嫌われてて密告すれば一発ですよね。

枕崎に着いた翌日、玉城が荷物を提げて米の買い出しに行くと、警察官がたくさんいた。顔を見たら土地の人間かどうかすぐ分かってしまうだろうと思ったが、どのおまわりさんにも声をかけられなかったそうである。

おまわりも側にいろいろヤマがある。警察、おまわりさんたくさんいるんですよ。私なんか……あの、向こうから、あくる日になって、ぼっそりと下げてですね、……から乗って来てですね、市内に入れば全く問題ないけど、危ないかなあなんて思って、それを米の買い出しなんか、取り締まりかなんかあったりしてですね、おまわりさんぷらぷらいましたけれども、「それ何だ？」と気にもしないんですよ。まあ顔を見たら土地の人間か判るでしょうにね。うん。もうほとんど。だからね、まあ「頑張れよ」って……、感じですよね。

また玉城が「密航」の途上で出会った人は、八割程度は糸満の人であったという。鹿児島で出会った人にどこから来たか尋ねたところ、大抵は糸満出身者だったそうである。二回目の「密航」の際も鹿児島に行くと、糸満出身者で船宿みたいなものを経営する人がおり、そこに行って誰が船をだすという情報を得て、船を捕まえていたそうである。船宿があったのは易井町という部落であった。そこは一種の歓楽街で、夜になると若者がうろうろしていた。また、そこには赤線という無免許の風俗街があった。玉城は行ったことはなかったが、「密貿易」人の中にはそこに入り浸った人もいたそうである。

私行ったことないけどもね。そこに行きづけた人もいましたよ。「密貿易」で儲けた金、パアにしちゃったんじゃないかな。……だから鹿児島は金になるんだよ、「密貿易」者は。お金落とすから。

二回目の帰りも陸路で鹿児島から帰った。椅子の固い急行で二四〜三六時間くらいかかったという。昼の一時に出発、翌日の昼頃に横須賀に着いたとのことである。

(5)日琉貿易

やがて米軍による基地恒久化という背景の下、琉球貿易庁ができて、沖縄に安く品物が入るようになってから「密貿易」は下火になっていったという[21]。庶民が生活物資を手に入れるために、自ら危険を冒して船を漕いでいく必要がなくなったからである。

玉城は私貿易で稼いだ金はもし捕まったらパアになる、危ういので頭に入れようと思い、その資金は横須賀に戻ってから半年仕事を休んで英語の勉強をするのに充てたという。英語が少し話せるようになってから横浜の外事商社に勤務し、一〇年ほど働いた。これからの時代は英語だと認識し、仕事をしながら夜学で英語の勉強を続けたという。

その間に結婚、その後退社してカレンダーの注文を取るセールスを始めた。一九五五（昭和三〇）年頃に東京に居を移して以来、現在まで東京で暮らしている。独立したきっかけは、昭和三〇年か四〇年頃までやっていた印刷所のカレンダーの営業のアルバイトの収入が、途中から本業よりも多くなってしまったので、思い切って会社を辞めることにしたということである。小さな仕事でも、一回注文を取ってしまうとその後も続いていった。一九六一（昭和三六）年に独立してからはカレンダーの他、沖縄の織物も扱ったということである。

その後許可証をもらい、玉城は復帰前の沖縄を旅行した。当時五〇〇ドルまで持ち込めたという。既に復興していて、さすがに私貿易ができるような状況ではなかったが、遊びに行ったら小学校の同級生達が皆偉くなっていた。彼らの人脈で仕事を回してもらい、電電公社や電力公社、沖縄電力、琉球煙草などと取引できたという。

大きなものでは琉球煙草とは一〇〇万円単位の契約、電電公社や沖縄電力からはユニフォームの作成まで請け負った。沖縄の相場より自分の商品の方が安く、セールスの仕方が東京仕込みだったことも良かったという。こうして、玉城はまた級友達と協力しながら、総合商社のように手広く、復帰前の軍政下琉球と日本本土との貿易に従事することになった。

「密航」を行っていた時の、より高価だが犯罪性の高い麻薬や武器などには手を出さず、同級生達の助言を得て人々の生活に必要な本や雑貨類を運び、利益を上げていたという行動には、後の正規の貿易活動と変わらぬ玉城の信条がうかがわれる。つまり「密貿易」という言葉とは裏腹に、それは通常合法的な仲買人が取るような行動と同様、島の人々の需要を満たし、同時に当事者にも利益をもたらしていた、ということになる。また「密航」をしていたときも、事業者として貿易をしていたときも、同様に同級生などの人脈を使い、また新たに作り、それを大事にして成功に結びつけているようでもあった。そのような玉城の信条は、その自伝からもうかがえる（玉城 二〇〇五：四三―四四）。

(6)通行禁止・「密貿易」について

以上のような経験を振り返り、米軍の通行禁止政策についてどう思っていたかを伺ったところ、戦争に「負けたんだから当たり前、これが現実だと理屈抜きに思っていた」という。しかし「密航」や「密貿易」と後に呼ばれる行為については、犯罪という意識は全くなく、自分の故郷に帰るのだから至極当たり前という感覚だったという。

犯罪っていう意識はなかったですよ。あのう、誇りを持つまでにいきませんけども、自分の故郷、まず当たり前じゃないかっていう気分でしたね。

また、先述したように「密航」で行った先の島の人々にとっては、「密航者」は島に物資を運び入れ、金を落としてくれるので、むしろ歓迎される存在だったと玉城は振り返る。留置されていたときも、税関から「密貿易」は日本の復興の妨げになると言われたが、実際そうではなかったという。

だから、捕まえる方の、税関の連中に言わせると、「密貿易っていうものは、いい物入ってきて嬉しいかもしんないけども、その反対に日本の経済の再建になるような物も出て行くんだから、駄目ですよ」って言い方するんだけど、実際はそんなことなかったね。日本の、貴重品はあんまり我々持ち出さない。高いしね、第一。安いものだけ金になるのを探すの、「密貿易」の妙技でしたから。安いものはたくさん余っていて、日本再建に関係ないような、古本なんか売れたって。教科書なんか、別にね。いくらでも売れた時代でしたからね。

また通行禁止の布告をした米軍にしても、「密貿易」人を捕まえるということはあまりなかったという。東京に帰る際、九州に寄ったときに知り合いで米軍の監視に引っかかって捕まった人がいたが、それがニュースになるぐらいだったので、「密貿易」自体ほとんど目立たなかったと思う、とのことである。その人は週一回警察に顔を出す羽目になった。そういう不運な人もいたが、「密航」「密貿」に際してアメリカの船や兵隊などは心配しなかったという。むしろ特に日本本土の港で荷物の積み降ろしをする際、日本の警察の方が心配だったそうである。

筆者：そういう積み下ろし作業をしているときとか、あと、船で航海してるときでも、アメリカの船とか、兵隊とか……。
玉城：あんまりアメリカは心配しませんでした。日本の警察、ですよね。
福：却って、日本の本土に行った時の、港の……
玉城：そっちの方が心配でしたね。

また、「密貿易」という状況について、例えばソマリアの海賊の棲家について新聞などで見ていると、そこには庶民の生活があるだけで、暴力的な印象は受けないという。ソマリアでは一部の人達が生活に困って海賊をしているという傾向があるのではないかとのことである。筆者がインタビューで用いた「密貿易」という言葉で表現される行為が盛んであった当時の糸満の街中も、そんなソマリア同様、普通の庶民生活の状況であったという。

海賊の棲家なんか新聞なんかで見てますと、平凡な庶民の暮らしですよね。そこに暴行的な感じはないですよね。暴力的な感じはね。で、あの……見てると、そのうちの一部の人達、あるいは全部かも知れませんけれども、もう……生活費が入ってこないので、いやもう必要にかられて、まあ海賊に行ってると。まあこういった傾向もあるわけですよね。だからその部落の人達の写真なんか見ていると、もう平凡な、アフリカの住民の性格から仕向けたんですよね。だから特別な、こう、ボスが言ったどうだこうだというような、そういったあれはなくて。見てると。で私もね、戦後、貴方達の仰る「密貿易」の盛んな頃の、沖縄の糸満の街中、そんな感じでした。普通の庶民生活なんですよ。

玉城の「密航」体験を伺うなかで、両親が奄美諸島の加計呂麻島の出身である神話学研究者の福寛美もまた、玉城と同じ時期に彼女の奄美の親戚も皆私貿易をしていたこと、普通の生活の中の話が、「密貿」と言われてしまうと犯罪のようなイメージをもたれてしまうが、実際そうではなかったということを語っていた。

このように、後の時代に「密航」や「密貿易」と言われても当事者にとっては日常生活を営むために必要なことであり、それが禁止されていると分かっていても当然のように行っていたというのが玉城の認識であった。そしてその「当事者」がどのような人々であったのかについて、福は特に玉城が糸満出身である、ということに強い関心を寄せていた。それは、糸満漁民は歴史的に広域での活動を得意としていたために、たとえ軍政府に禁止された「密貿易」や「密航」であっても、それに抵抗感を抱くことなく、簡単に移動できたのではないか、またそのような気質が玉城の仲間や玉城自身にも見出されるのではないか、といった関心であったと考えられる。この点について玉城によれば、鹿児島でも確かに「密貿易」人の八割は糸満出身者だったという。

やっぱり、八割ぐらい糸満の人多かったです。「密貿易」関係ではね。鹿児島の中で、どっから来たんだと聞いてみると、糸満て言うの多かったですね。

しかし玉城はそうした行動をもたらす気質を糸満に限定するのではなく、琉球国の時代から受け継がれた開放的な精神や思想が沖縄人の気質には伝統的に存在し、それが自らの行動の背景であると考えているようであった。

このような玉城の私貿易を含め、当時の日琉国境を越えた移動経験に関する語りからは、いとも簡単に国境を越えてしまうという、国境を越えることに対するある種の「身軽さ」が感じられた。その理由として、沖縄の人々は日本本土の人々よりも歴史的に外国に対して開放的なのだ、という語りがいくつかみられ、自らの行動を沖縄の人々の歴史の中に位置づけているようであった。

この点に関して、福はインタビューの後、糸満の人々は前近代から漁民として栄え、その独特の漁法により国境を越えてかなり広範囲に活動してきた歴史があり、彼らはいとも簡単に漁船で国境を越え、往復することに慣れていること、そしてその資質が農村出身とはいえ玉城にも受け継がれているのではないか、といったことを指摘していた。つまり沖縄の中でも、そうした移動を得意とするのは糸満漁民であり、その資質がこの「密航」、私貿易の時期に発揮されていたのではないか、ということである。また福によれば、糸満の他に、琉球列島では久高島、宮古諸島の池間島を中心とする地域に、広範囲の漁労を得意とした人々が住んでおり、彼らもまた私貿易において活躍したのではないか、という。

かつて石原昌家の研究においても、インタビューを行った三四名の「密貿易」体験者のうち、一五名が漁業者であったという（石原 二〇〇〇：三一四）。また、特に糸満漁民は独特の追い込み漁法によって戦前から琉球列島をはじめ、日本本土や東南アジア、当時の南洋群島各地に漁業基地を築いていた経験から、鹿児島に「密貿易」基地を作り、そこに糸満出身者達が集まっていた。そうした伝手を使えば、たとえ少女でも「密貿易」ができたという。そして、香港からドル紙幣が大量流入していたため、当時の一般的な「密貿易」品は紙幣であった（石原 二〇〇〇：二三八―二三九）。これらは玉城の証言とも合致する。

また糸満漁民の漁法は過酷なことで知られ、フカなどによる海での犠牲者も多いという。そうした普段から地獄と隣り合わせのような生活が、「密貿易」という時代における活躍を生んだのだろうと石原は考察するが、たしかにボロ船で香港に行って遭難したり、爆薬を使った密漁で事故死したりと、犠牲者も数多い（石原 二〇〇〇：二六六―二七五）。その背景として玉城がいうように「死んでもいい」というようなやけくそな気分が当時の社会状況においてあったことは石原の記述にも見られる（石原 二〇〇〇：二七五）。さらに「密貿易」によってせっかく財産を築いても、次の「密貿易」に失敗するなどして財産を失ってしまった人が多いことは石原や他の先行研究のほか、玉城の発言からもうかがわれる。筆者自身、与那国島や石垣島を訪れた際、あの時代のことを「闇景気」「バブル」などとマイナスイメージと思われる言葉で語る人もいた。そうしたイメージの背景には、そのような事件、事故や失敗談などがあるように感じられた。

このように、漁民の生活形態と、玉城が「やけくそな」と表現した、当時の人々が抱いた独特な気分などが組み合わさり、琉球列島を中心に日本本土や台湾、香港などへの長距離をぼろ船で往復し、時には麻薬や武器弾薬なども扱い、沖縄に駐留していた中国軍すらも商売相手にするという、「大密貿易の時代」（石原 二〇〇〇：三二七）の要因になったという石原の説明は頷ける。

しかしセンセーショナルな話や犯罪は記録や記憶に残りやすいが、元々軍政府の通行禁止政策によって物資が不足したために、必要に駆られて行われたのが「密貿易」であり、福の言を借りれば「普通の人が、普通に」行っていたものの方がむしろ多いと考えられる。それは金城夏子のようなプロの「密貿易」人ではなく、他に本業がある人々が、生活の中で何かの拍子に、「ついでに」行ったものであろう。そうした経験の方がむしろ表には出て来づらいと考えられる。玉城が語った「密航」体験は福の言を借りれば実に「堅実な」「密貿易」であり、そこには「密貿易」という言葉から連想されるような犯罪性やセンセーショナルな物語はない。しかし、玉城にとってそこで得た金銭と経験は確実にその後の人生のステップアップに繋がっており、明らかな成功物語といえる。この時代において、本来ならば日常的に国境を越える必要のない普通の人々が私貿易に携わる際、国境をどう認識していたかという問題に照らし合わせると、「普通の人」であった玉城にとって、一九四九年当時、軍政府に設定された「国境」を越え故郷に帰ることは「当たり前」のことであった。

四　沖縄本島における私貿易ネットワークの諸相

以上のように、本章では沖縄本島を中心に私貿易取引の様子を裁判記録、及び証言からみてきた。これらから、沖縄本島において私貿易取引のネットワークがどのような展開をしていたのかについて、以下整理する。まず、裁判記録については簡易裁判所での記録のため、無数の軽犯罪に関する記録が見られた。そこでは先行研究で明らかにされてきた糸満や本部半島などでの「密貿易」以外にも、沖縄本島において多くの海岸や漁港が私貿易に使用されてきたことがわかった。またブローカーについても、佐良浜での聞き取りではブローカーに雇われていたという事例があったが、それに対して漁船の漁師自らが漁の傍ら尖閣諸島沖で台湾船と待ち合わせ、取引を行うという事例があった[22]。つまり与那国島の久部良港のような船の集まるネットワークセンターとなった場所だけではなく、こうした人気のない場所も意識的に取引場所として選定されていたことが分かる。また他のブローカーにしても、鮮魚店の店主が取引を行うなど、比較的小規模な取引の記録が多く散見される。また、米軍物資がどのようにして調達されるのかについても、主に軍政府の倉庫から、そこで働いている軍作業員によって盗まれ、あるいは米兵との交渉によって手に入れられるケースが明らかになっている。その交渉の際には売春婦を雇っていたというのも、久部良と沖縄との間を往復していた大城正次の証言と一致する。そして盗まれる品は衣類、食料品の他、石鹼、用紙、ベニヤ板、ドル紙幣など、日用雑貨が多かったことがわかる。さらにそれら衣類や日用雑貨を宮古産鰹節と取引していたというケースが摘発され、佐良浜での聞き取りの証言に合致している。また、沖縄本島北部の国頭村とその北に位置する与論島との間では、漁船による「密航者」の定期的な往来があったことが確認できるほか、取引の品としてクリ舟が採用され、またクリ舟そのものによって海を渡るという、糸満漁民などが前近代から使用してきた伝統的な航海方法が採られていた。この取引ではクリ舟とバーターで山羊や豚などが交換されており、取引そのものが前近代の方法を再現していたとも考えられる。さらにこの取引のネットワークの空間的な広がりという視点からは、沖縄本島南部の馬天港を中心に喜界島との間で杉と陶器の取引があったことや、南大東島との間で非鉄金属の取引があったことは先行研究では明らかにされていない。

こうした取引がどのように行われていたのかについては、上述した沖縄での会社経営者による私貿易に関する裁判記録や、玉城の証言によってある程度明らかにできる。会社経営者のケースでは、同じように商品を売買するブローカー仲間がおり、そのうちの一人が船をもっていた。当初日本本土から来た船舶の荷揚げに協力し、その後ブローカー仲間が持っていた船を使用して売却のために荷物を移動させている。こうした点から、彼らブローカー達は警察の警備を回避しながら取引を成功させるために、日本船から協力して物資を運びだし、旅館などで打ち合わせの上、共同で荷物の処分を試みている。ここでは明示されていないが、そもそもブローカーと本土から来た船との間には荷揚げの際に、警備を警戒する以上、その場所や時間をお互いに打ち合わせるか、交渉して決める必要があったはずである。その際に、あるいはそれ以前から日本本土の船と地元ブローカー達との間において、荷揚げを巡る協力を可能にするネットワークが形成されていたと考えるのが妥当であろう。その後ブローカー達は相互に連絡を取り合いながら共同で荷物の処分を試みていることからも、相当な信頼関係が相互に存在したと考えられる。

続いて、玉城の証言からは裁判記録にもあるような比較的小規模な私貿易取引がどのようなものであったのかについて、当事者の視点がわかる。ここで、玉城は東京の「県人会」を通じて知り合った同郷である糸満出身者と共に帰郷のために「密航」を図っている。そして糸満の仲間が探し出した船長の船に乗り、沖縄の糸満漁港へと向かうのである。この航海で私貿易取引を試みたのは主に下田出身の船長だけだったようである。無事帰郷を果たした後、玉城は実家の財産を整理した資金を用いて私貿易を始めるが、品物を集めたのは彼の小学校の同級生であり、彼らは何が売れるか、といった情報も提供していた。そして東京から戻ってきた際に商品を売却したのは糸満の女性達であり、彼女達は那覇の市場に品物を運んで売却していたのである〔23〕。同郷の糸満の人々と相談して私貿易を展開する例は、漁師達と相談してそれまで行ったことのない台湾にまで行ってしまう、という行動に出た玉城の小学校の同級生に関する証言においても同じことがいえる。そして玉城の糸満から本土への移動については、糸満から口之島、口之島から硫黄島、硫黄島から鹿児島県の山川港へと漁船の乗り継ぎによって成されているが、この移動方法についても基本的には同じ方法がとられた。それは船が出るという情報を人づてに得た後、歩いて船に空きがあるか聞いて回るというものである。そして行き先の島でも、「密航者」が来たという話が伝わると必ず地元の漁師で運搬する人が現れたという。さらに山川の海岸でも、漁船から下りて沖から浅瀬を歩いてくる人を待ち構え、宿を斡旋する人がいた。そうした形で、「密航者」のルートになっていた島々では彼らを運ぶネットワークができていたと考えられる。また玉城が鹿児島で泊った宿は糸満の人の経営する宿であり、また玉城が鹿児島で見た私貿易のブローカー達はそのほとんどが糸満人であった、という点からしても、玉城は主にこの糸満出身者の地縁による情報提供や協力を得て移動していたと考えられる。そうした糸満という地縁集団のネットワークは東京から沖縄、そして鹿児島を結ぶルートに存在しており、玉城はそれを利用して移動していたといえる。そして他方には糸満という地縁集団のネットワークと、糸満—口之島—硫黄島—鹿児島間の移動を可能にした各地縁集団を相互に結び付ける、主に漁船を伝達手段にした相互交渉と協力に基づく信頼関係のネットワークが存在したと考えられる。

以上の点から、沖縄本島においても与那国島を中心とするネットワークと同様、各地縁集団内部の信頼関係と、異なる地縁集団出身者同士による相互の交渉と協力による信頼関係のネットワークが構築されており、それを頼りに人々は警備をかいくぐりながら移動を繰り返していたと考えられる。そして、私貿易ブローカーとしての玉城は糸満で培われたネットワークを利用し、東京で取引を通じて新たなネットワークを構築した、一つのネットワークセンターの役割を果たしていたと考えられる。そのネットワークの集合は、その後玉城が合法的な日琉貿易を行う際にも生かされていた。その点は、久部良における長浜一男の証言に基づく、与那国と台湾花蓮市との交流事業の基層となったネットワークの機能とも類似している。こうして与那国島に始まったネットワークが東京に至るまでの広がりをもち、少なくとも沖縄本島では、簡易裁判にかけられた人々や玉城の様に、普段の生活に付随する行為として時折私貿易を行っていた専門的なブローカーではない人々においても、同様のネットワーク構造の構築によって取引が行われていたことが明らかとなった。

［1］一九四九年の税関による「密貿易」取り締まり記録において、千葉県沿岸での逮捕記録が存在するため、こうした糸満系の出稼ぎ者が千葉県沿岸でも私貿易を行っていた可能性が指摘できる（RG554 164A FEC RMGS B06 F07 smuggling, National Archives）。

［2］近代以降の沖縄県では、多くの県民が海外移住を行った。台湾への労働、就学のための移動については第一章でみたとおりである。ハワイや南米への移民については多くの研究が存在するが、導入として（濱下 二〇〇〇）、また大阪への労働移動については（冨山 一九九〇）を参照。第二章や本章でみたような、漁民の移動や定住と、農業移民の移動や定住には当然ながらその共同体やネットワークの在り方に違いがあると考えられるが、この問題については稿を改めて論ずることとしたい。

［3］以下、糸満の漁業組織に関する記述は、（屋嘉比 一九九〇：九六―一〇一）による。なお、門中、及び門に関しては本書で詳述はしないが、（加藤 一九八七：三七三―四三二）を参照。

［4］この親族ネットワークの緊密さに関しては、同一の祖先を祭祀する門中組織による共同体意識が強いという。これは、出稼ぎ場所に定住しても貯蓄ができたら糸満の母村にもどり、亡くなったら祖先の眠る門中墓に葬られたい、あるいはたとえ出稼ぎ先で死んでも、死後は母村の門中に戻りたいという意識が強いためとのことである（屋嘉比 一九九〇：九九）。

［5］元那覇地方裁判所判事の大城光代から、大城が所有していた当時の裁判判決謄本他、大城自身が当時の判決を調査したレポートをご提供頂いた。記して感謝する。

［6］玉城正保インタビュー、二〇〇九年七月四日、東京都内にて聞き取り。

［7］本レポートは、大城光代が公文書館への裁判資料の移管に際し、後世の記録とするため個人的に整理したレポートをご提供頂いたものである。記して感謝する。

［8］一九四五年四月一日に上陸した米軍は布告四号「住民通行限定」を布告し、住民を沖縄本島一二地区にある収容所に収容した。この収容所間の移動は「越境」として禁止され、警察に捕まった場合は警察署ごとに設置された留置所に入れられた。留置所のことを俗に「金網」と呼んでいたという。その年の一二月末からもといた村への帰還事業が一年かけて行われたが、この間、肉親捜しなどで「越境」するものは後を絶たなかったという。捕まれば運が悪かった、という認識であった。また収容所に入れられた後、食料不足のために家に食料を取りに帰ろうとし、途中で捕まるケースもあった。この布告は一九四八年三月九日に廃止となったが、四六年の夏ごろからは取り締まりもなく、自然消滅に近かったという。しかし、夜間通行禁止は引き続き一九五〇年頃まで続けられた。夜間通行で捕まった場合は二〇円から三〇円の罰金刑であった。しかし、喜界島から馬天港まで杉板や陶器を運んできて捕まったケースでは、罰金五〇〇円が課せられた。これは「密貿易」行為に対する処罰も加味されてのことと考えられる。また軍施設への立ち入り禁止違反と軍窃盗には布令一四四号が適用された。六五年には、軍が撤退した後の金網で仕切られた土地に入り、モノを拾ったとしてこの一四四号違反の疑いで逮捕者が出るなど、この布告は六五年当時まで残っていた。いわゆる「戦果アギ」はこの布告違反になる。また、拾ったり盗んだりしたわけではなく、軍人から軍需物資の譲渡を受けた場合などでも正当な手続きを経ていなければ軍物資不当所持の罪に問われた。大城光代によれば、当時の判決には軍窃盗、軍物資不当所持に関する判決が非常に多く、罰金一〇〇円程度、一日五円分の罰金刑に問われ、一九五一年以降は懲役刑もでたという（沖縄弁護士会会史編纂特別委員会 一九九九：五五―五八）。なお、同資料も上述の大城より提供を受けた。記して感謝する。

［9］当時の軍作業中の「戦果」のあげ方については、石原の著作において経験者の証言として紹介されている（石原 二〇〇〇：一七二―一七四）。

［10］ただし、この件に関しては、（13：軍財産窃盗・ぞう物確保）が同一事実を扱っており、12にのみ事件番号があるものの、13のみに書記の宣告印があるため、記録13の方が本物ではないか、と大城は指摘している。

［11］当時の「戦果」アギヤー達の行動については、（石原 二〇〇〇：一六八―一七四）において簡潔にまとめられている。

［12］何故クリ船で移動したのかについては不明だが、まだ当時はクリ船での長距離移動が技術的に可能であったと考えられる。クリ船での移動が前近代的な海上移動者達の文化の象徴として描かれた小説に、（安達 一九八二）がある。

［13］当時、爆発物は香港への「密貿易」での売却の他、漁業のための使用も多かったという（石原 二〇〇〇：二六九―二七六）。

［14］レポートの通し番号を各項目に付した。

［15］同資料は大城光代にご提供頂いた。記して感謝する。

［16］一九五七（昭和三二）年に駅名が変更され、下総神埼駅になった。

［17］電話での追加インタビューより（二〇一〇年二月一一日）。玉城は「県人連盟」と聞いていた。また、周囲の沖縄県出身者は皆「県人会」と呼んでいたそうである。この組織は戦前の沖縄県庁の機能を代行していたということから、筆者は一九四五年に伊波普猷を代表に発足した「沖縄人連盟」のことではないかと考えている。

［18］「密貿易」を「密貿」と略した箇所は、インタビュー中の玉城の表現による。

［19］玉城への電話での追加インタビューより（二〇一〇年二月一一日）。

［20］電話での追加インタビューより（二〇一〇年一月二七日）。船長が丸太状の材木を積んだらしいとのことであるが、玉城も炊事係として乗り込んだため、詳しいことは聞いていないという。それは、船自体が初対面の乗り合い所帯のため、お互い積み荷などの詮索はしなかったためであるという。船長は自分の伝手を使って材木を入手したようである。

［21］琉球貿易庁は、軍政府により分割統治された琉球列島間の貿易を行う機関として、一九四六年一〇月に発足した琉球列島貿易庁が再編され、一九四九年九月に発足した。それまでの占領下の琉球列島と日本本土間貿易は連合国軍総司令部（ＧＨＱ）の指令により、政府間の取引（実質的には琉球軍司令部と東京の連合国軍総司令部との取引）に限られていたが、民間貿易へ移行する段階的措置として琉球貿易庁に権限が移譲されることになったためである。占領下の琉球列島各諸島の代表者によって貿易審議会を組織し、輸入品目や数量などを軍政府に申請することができるようになったため、本土との貿易において住民の自主性が尊重される形となった。その後一九五〇年四月に輸出が、次いで同年一〇月には輸入が民間移行されることになった。この間、一九五〇年二月には第一次買付け使節団が本土へ派遣され、そこで買いつけられた商品は同年三月から四月にかけて入荷され、それまで生活物資不足に喘いでいた琉球列島の住民に「貿易庁ブーム」が起こったといわれている。玉城が最初に密航した一九四九年春頃は、こうした民間貿易が認められる直前の時期であったことが分かる（琉球銀行調査部 一九八四：二一三―二一五、二一九―二二七）。

［22］この当時の尖閣諸島には人は住んでおらず、無人島であったことが元沖縄県議会議長である伊良皆高吉の回想録によって明らかになっている（伊良皆 二〇〇四）。

［23］糸満の女性達は、糸満漁業において歴史的に形成された漁労形態によって経済的に夫から独立していた。端的にいえば、糸満女性達は水揚げの際に、夫である漁師から採れた魚を買い取り、自ら那覇の市場にて販売していた。そしてこの販売によって生まれた利益はその女性個人の所有となった。これが糸満女性の家庭内における経済的自立を促したと同時に、市場での販売能力の高さの源泉になったという。この点に関しては、（加藤　一九九〇）を参照。

第四章

口永良部島の私貿易

ここでは、与那国島に始まった私貿易取引のネットワークを考える際に重要だと考えられるもう一つの境界の向こう側、即ち米軍占領によって引かれた琉台国境とは反対側の琉日国境におけるネットワークの様相について検討する。そこで中心となるのは口永良部島《くちのえらぶじま》である。先行研究において、琉日国境における国境の島としては口之島《くちのしま》が注目されることが多かった。それは口之島北端の上空を、沖縄戦における上陸時に米軍が設定した、琉日境界である北緯三〇度線が通っているためである。そのため島の北端に当たる地域には、主に琉球側と日本本土側の私貿易船が集中し、ネットワークセンターの役割を果たしていた。しかし口之島の対岸にあたる口永良部島もまた、日本側における境界の島、即ち私貿易取引の最前線基地として日本本土側のブローカー達が集まっていたのである。本章ではこの問題について主に軍政資料と口永良部出身者、及び取引経験者からの証言を基に、主に鹿児島から薩南諸島における琉球側との私貿易取引の実態を記述すると共に、口永良部島における私貿易取引のネットワークの様相について検討する。以下、まず占領軍の資料から主に鹿児島県における「密貿易」の逮捕、拘留記録を用いて鹿児島、種子島、屋久島、口永良部島において私貿易に従事した人々による取引について検討すると同時に、その取引が占領軍、並びに軍政府側にとってどのように認識されていたのかについても考察を加える。さらに、当時の島の様子を知る人物、さらに当時口永良部島を拠点に私貿易に従事した人の証言から、口永良部島の歴史的な位相、及び私貿易取引の方法について検討する。

一　一九四九年の「密貿易」取り締まり

1　日本本土―軍政下琉球・奄美大島間の「密貿易」

日本本土における一九四九年の「密航」「密貿易」の取り締まりは、各自治体の警察、港湾の税関によって行われた。それらの取り締まりに関する報告は各地の税関支署によって作成され、大蔵省に送られた。それらの報告は後述するように連合国総司令部（GHQ／SCAP）民政局内に設置された琉球軍政局へと報告され、さらに「密貿易」の状況を知らせるために琉球軍政局から沖縄の琉球軍司令部（Ryukyu Command）へと送られ、「密航」「密貿易」に関する注意を促している。ここではそれらの報告から、「密貿易」人、つまり私貿易人が逮捕された場所、及び積み荷から私貿易の地理的な広がりと、私貿易で取引のあった物資、即ち当時需要のあった物資について検討する。

資料的な限界から、ここで明らかになるのは日本に行政権の残された北緯三〇度以北の逮捕記録、及び当時の「沖縄文民警察」による報告である。この資料から一九四九年段階で明らかになったのは、「密航」「密貿易」が行われていた地理的な範囲が西は鹿児島県熊毛郡の種子島、屋久島、口永良部島といった北緯三〇度の境界線付近の島々から、東端は千葉県の安房郡《あわぐん》船形海岸までという、西日本から関東地方沿岸までを含む広範囲にわたっていたことである。また、日本本土との「密貿易」の取引先として「琉球」よりも「大島」と報告している件数の方が多いことから、奄美大島との取引に特に注意を払っていたことが分かる。この資料に登場する「大島人」は主に奄美大島出身者のことを指し、大島から黒砂糖が本土に流入することを警戒していたようである。また、後述するように当時の軍政局長であったジョン・ウェッカリング准将は、「密貿易」対策として、軍政下の琉球列島において消費財の流通量を増やすなど、いわゆる闇ではない表の経済の活性化による「密貿易」需要の減少を目指していたことがわかる。また、彼は沖縄から日本に流入する「密貿易」品の出どころとして琉球軍からの流出を想定し、懸念しているが、資料によれば押収された物品の大半は日用品であった。

逮捕場所としては各地の港湾が最も多く、「密貿易」人の身柄を拘束したのはその自治体の税関支署、警察署、水上警察、検察官などであった。検挙自体は前述の通り関東から九州までの広範囲にわたるが、検挙数は九州、特に鹿児島県が圧倒的に多い。ここから、私貿易の一つのメインルートを想定することができる。また、「密貿易」人を検挙し、「密貿易」人が乗っていた船舶の名称や船籍まで明らかになっているものの、その船自体は逃亡してしまい、拿捕できなかったというケースが散見する。これは恐らく、私貿易人が移動時に船をチャーターし、船舶の船主は別に存在したであろうことをうかがわせる。後述するように、先行研究や筆者のインタビュー記録によれば、私貿易人が船をチャーターした場合、接岸せずに歩いて上陸できる程度の沖合に停泊し、荷物などもサバニなどの小舟で陸に揚げ、船はそこで戻るといったケースが多くみられた。こうしたケースを裏付けているものと考えられる。以下、本土における私貿易取引の地理的な広がりと取引される物資の概要、そして琉球列島からトカラ列島を通じて鹿児島に上陸する私貿易ルートにおいて、どのような条件によってこれらの島に私貿易人達が立ち寄り、また商売をしていたのかについて概説する。

⑴軍政局による「密貿易」と共産主義思想流入への警戒

ここでは、「沖縄文民警察」からの報告書を基に、琉球軍司令部から琉球軍政局に送られた書簡から、当時の私貿易の様子、及び沖縄の軍政府がこの件の取り締まりにおいて、共産主義思想の琉球列島への流入を警戒していた様子をさぐる。当時の私貿易の取引方法を詳細に記述しているため、以下に抜粋する。

書籍の「密貿易」[1]

①稲嶺セイフク、偽名セイトクによる日本から沖縄への約二万冊の本及び雑誌の密輸に関する沖縄文民警察の報告が、カスガ丸の船員及び船主を検挙、訴追する際にその関係者と看做すかどうか判断するため適切な関係機関にて回覧するようにとの要請と共に送られる。

②稲嶺セイフクは稲嶺一郎沖縄人連盟副会長の従兄弟である。稲嶺一郎の一九四九年三月二九日から六月八日までの沖縄への滞在は琉球軍政局が援助した。沖縄文民警察の捜査官は、稲嶺セイフクの本の密輸を承知した上で共同謀議に参加したのではないかと疑っている。しかし、それを立証できる具体的な証拠はない。

③沖縄文民警察の報告では、この事件で沖縄に密輸された本の一〇％が共産主義のプロパガンダであるという。稲嶺の説明によれば、彼は数組の本を受け取ったが、彼は最初の一組だけ調査し、後は一般誌であると看做した上で、後から来る積み荷も同じものだろうと考えていたという。

稲嶺セイフクの密貿易をほう助したとして、一九四九年六月二一日から二四日にかけて八名が検挙された。検挙された八名はいずれも当時の文教部長、平良《たいら》地区教育会会長、糸満教育会会長、那覇地区教育会会長、宜野座教育会会長、石川地区教育会会長、辺土名《へんとな》教育会会長である。一九四九年六月一日、文教部長安里ノブは稲嶺セイフクが一九四九年五月二八日までに軍政府に無許可で雑誌を持ち込んだことを知った。安里は稲嶺の依頼を受け、一九四九年六月一日に稲嶺の自宅で雑誌の売却について相談し、翌六月二日に稲嶺と共に糸満港に向かった。安里は糸満港に隣接する花園ホテルに糸満教育会会長を呼び、三人で雑誌の購入と転売について相談した。稲嶺は彼らの助けを借りて雑誌の密輸をすることができた。

この糸満教育会長は翌三日に名護にある食堂に出かけ、そこでさらに四人に雑誌の販売の相談を持ちかけた。そのうちの一人と翌四日に宜野座、石川両地区の教育会長を呼んだ。同日名護の知人宅でさらに五人の地区教育会長を呼び、密輸した雑誌に目を通し、購入、販売価格について相談した。翌五日平良地区教育会への選別が終わった後に、糸満地区教育会への割り当て分の雑誌四二八〇冊を計二〇五八五円で購入した。このことによってこの糸満教育会長は密貿易ほう助容疑がかけられた。

一九四九年六月四日、屋我地《やがじ》署からの報告に依れば、同年五月末に今帰仁村湧川海岸に現れた。六月九日、それが密貿易船であると判断し、緊急捜査を行った。入念な捜査の結果、名護から来た稲嶺セイフクと仲間数名が雑誌、昆布、陶器、自転車、蒟蒻芋を「密輸」しているという風評が明らかになった。結果、稲嶺セイフクとその仲間七名は六月一〇日から一七日の間に検挙された。警部補二名と三人の巡査部長が取り調べに当たった。

稲嶺セイフクは三七歳。沖縄人漁業組合理事長（引揚者）。当時の住所は大阪市大正区であった。本籍は当時の名護町にある。一九四八年の七月にＬＳＴの船員をしていた男が那覇から大阪に来た際、その男から沖縄では雑誌が不足しているため、本土の定価の七〇～八〇％の価格で取引されていることを聞いた。四九年三月初旬頃に、稲嶺は二万冊の本を東京の五反田駅付近に住む男性から三〇万円で購入した。その中には女性誌や小学生向け雑誌も含まれていた。稲嶺セイフクはあらかじめこの男を稲嶺一郎（東京沖縄人連盟副会長）から紹介されていたという。料金は東京でこの男に支払った。そして雑誌は別府市にある沖縄人連盟気付に送ることを約束させた。荷物は四九年の四月一五日と二五日の二回に分けて送られた。最初の調査の結果、中身は一般紙と認められた。稲嶺セイフクは後から来る積み荷も同じ一般誌であろうと判断し、それ以上の調査をせず、沖縄に送ることにした。当時の大分県沖縄人連盟の尽力により、山口県大津の船主が所有する漁船カスガ丸を航海のためにチャーターした。この船の船員達も後に検挙されている。船をチャーターする際、儲けの七〇％を稲嶺、残りの三〇％をこの船主に分けることで契約が成立した。船員は五月一七日に雇われた。一二〇箱二万冊分の荷物は別府で船に積み込まれた。そして稲嶺セイフクは沖縄に向けて出港した。一七日の一八時、船は日本の行政機関での正式な手続きを経ないまま出港した。翌一八日に、別府の猿木港に停泊した。一三時頃に猿木港を出港した。しかし二二時頃、エンジントラブルにより修理のため宮崎県の土々呂《ととろ》港にドック入りした。翌日五月一九日の一二時頃に修理を終え再び出港したものの、再びエンジントラブルが起きて二二日の一六時頃に種子島に立ち寄っている。再びエンジンを修理した後、同日の二〇時頃種子島を出港した。エンジンの調子が悪く、航海は決して楽ではなかった。二三日の一〇時から二五日の一八時頃までエンジンが再び故障し、船は奄美大島（北部琉球）付近を漂流した。船はその結果沖縄に向かって流された。

五月二八日の一六時頃、平良地区今帰仁《なきじん》村の湧川《わくがわ》海岸に到着した。警察が来た時、既に積み荷は売り払われ、稲嶺セイフクも上陸した後だった。稲嶺セイフク等はこの件の雑誌の輸入に関して沖縄軍政府からの印刷物に関する輸入許可を受けていなかった。また、稲嶺自身も密航であった。雑誌はまず安全に保管する為に名護町大東区にあるメンバーの自宅に送られた。稲嶺セイフクは五月三〇日に、雑誌の分配を依頼するため、首里の文教部監察課長の安里ノブのところを訪れた。その際、稲嶺は安里の部下にも教育のため、二万冊の雑誌の購入に協力するよう要請している。安里は教育会（私的組織）に販売する考えに同意した。三一日、安里は稲嶺を糸満の花園ホテルに連れて行き、そこで糸満教育会長に引き合わせた。三人は雑誌の販売方法について相談した。六月一日、三人は那覇に向かい、安里は文教部に戻り、稲嶺と糸満教育会長は那覇地区の教育会長を呼び出した。三人はその後名護に向かい、名護町の宮里食堂で名護中学校長兼平良地区教育会長、平良地区教育会幹事の二人と落ち合い、同様に販売方法について相談した。結果、各地区の教育会で購入するだろうとの結論に達した。

六月三日、糸満、那覇、宜野座、石川、平良、辺土名各地区の教育会幹事六名が雑誌を保管してある名護町大東地区のメンバーの家に集まった。十分な検討の後、稲嶺は六地区の教育会に雑誌を日本での定価の一〇％で分配することに同意した。支払いは一五日に行うこととし、各地区の幹事はそれぞれの割り当てについて合意した。六地区に計二一、四一三冊を分配し、売り上げは計一〇、〇七三、一五〇円にも上った。

昆布、蒟蒻芋等他の積み荷は、稲嶺に同行して沖縄入りした沖縄人漁業組合の組合員がそれぞれのルートで販売している。

これらの雑誌については、証拠品として名護署に回収された。この報告書は名護署長の名前で六月二一日に当時の沖縄民政府警察部長宛に送られ、APO331として警察部長から軍政府公安局に送られた。

上記の報告書から、稲嶺一郎の関与をも疑っていることが分かる。内容は女性誌や子供向け雑誌を含む一般誌であったが、特に教育関係の人脈を通じて販売されていったことから、当時の教育関係者の間で雑誌など出版物の不足が深刻に受け止められていたと考えられる。即ち、それだけ当時の教育現場に出版物が不足し、その取得手段として私貿易に頼らざるを得ない状況が存在したといえる。また私貿易船は漁船のため沿岸伝い、また島伝いに移動し、途中に何らかの事情で目的地ではない港や島に立ち寄ることもあったことがわかる。次項で参照する Quick report［2］には、そうした状況で検挙されるケースも含まれるであろうが、この点についてはなお調査を要する。

このケースに関連し、先行研究では教育関係者が組織的に私貿易に携わった事例として、奄美では、本土で施行された六・三・三制等の戦後の教育制度に関する教科書やその他の資料を手に入れるために本土への密航が行われたことを紹介している（佐竹 二〇〇三：八七―一三三）。また沖縄においても、占領下でも日本の気象庁の管轄下にあった気象台への本土からの連絡船に教科書、文房具などの運搬を依頼したケースも指摘されている（石原 二〇〇〇：一三九―

一四〇)。

(2)「密貿易」品と「密航」の地理的範囲

大蔵省税関が作成し、大蔵省から琉球軍政局に送られた一九四九年の Quick report〔3〕より、ここでは日本と琉球列島間の私貿易船、及び逮捕者、積み荷とその処理について紹介する。

①奄美大島から本土への輸出

ここでは、奄美大島から日本本土への私貿易において輸出された主な商品をリストアップして紹介する。奄美大島から本土へ送られた商品には、必ず黒糖、もしくは砂糖の存在が確認できる。恐らく、本土に対して戦前からの換金作物である砂糖を輸出しようとする人々が奄美に多数存在し、そしてこの一九四九年頃までには、黒砂糖の生産能力がある程度回復してきたのであろう。また、米軍の軍需品はそのほとんどが衣料品で占められており、それが本土へ大量に流入していたことが分かる。

「黒糖」

黒糖四二キロ・米国製衣類六二着(No.270)

黒糖七八キロ・米国陸軍用衣服一二着・米国製品一五個・米国製煙草五二〇箱(No.276)

黒糖一二二キロ・米国陸軍軍用服一一四着(No.279)

黒糖二六九一キロ・陸軍軍用服四一着(No.280)

奄美大島産黒糖五四四九キロ(No.194)

黒糖四・八キロ・煙草一七三六〇箱・連合軍用解熱剤一三九個（No.184）
黒糖六〇〇キロ・米国陸軍軍用服六包み・原料ゴム三〇パック（No.135）
黒糖一二〇〇キロ・米国陸軍軍用服一〇包み（No.149）
黒糖六〇〇キロ・米国陸軍用服四九一枚・靴用修理革三八三足（No.795）
黒糖一二〇〇キロ・米国陸軍用服三八〇枚・海人草一〇〇キロ・雑貨五個（No.119）
黒糖九六キロ・米国製アイス缶詰七缶（No.772）

「砂糖」

砂糖六・六キロ・衣類一二五枚（No.192）
砂糖二八八キロ・トイレ用品一五個（No.190）
台湾製砂糖一三二キロ・台湾製黒糖一〇五キロ・米国陸軍用服一三九枚・雑貨一定量（No.161）

「衣類」

作業コート一七着（No.275）
米国製衣類一二着（No.72）
米国陸軍軍用服一五五枚
大島紬三巻・ゴム底一一二個（No.714）
米国陸軍用作業服五着（No.80）

「その他」

軍需品（弾薬等）一四〇個（No.164）

台湾産の砂糖が見つかっている点から、台湾から運び出した砂糖を奄美大島で売却した可能性が考えられる。この時点で台湾では既に砂糖を精製し、それを購入して私貿易のルートに乗せることが可能であったことが確認できる。

②本土から奄美大島への輸出品

ここでは逆に、日本本土から奄美大島へ輸出された商品を紹介する。

茶一六八キロ・陶器三五個（No.280）

緑茶一八七・五キロ（No.190）

緑茶一〇パック（No.84）

トイレ用品二〇パック・乾燥オキアミ二〇〇個・ミシン八台（No.135）

フライパン二〇枚・ティーポット二一〇個・茶一八缶・薬一三個（No.714）

基本的には、奄美大島で生産できない茶や陶器類が主な輸出品であったと考えられる。ただし、大島を経由して食料生産能力が落ちている沖縄以西に流れて行った可能性も考えられる。

③本土―マニラ・奄美大島の輸出品及び輸入品

米軍の輸送船LSTの船員である日本人が、日本から奄美大島、マニラへの航海の傍ら、私貿易品を所持し、帰港の際に逮捕されたものである。

輸出品（本土→マニラ・奄美大島）：剃刀五本・歯磨き粉一〇〇本・染料一六個・おしろい四二個・顔用クリーム二四個（No.792）

輸入品（マニラ・奄美大島→本土）：ナイロンバンド八本（マニラ）・米国陸軍用ベッドシーツ二枚（大島）一・四五キロ（No.792）

実際に売却したのはマニラでの剃刀四本のみであったという。またマニラからはナイロンバンド、そして奄美大島からは米国陸軍のベッドシーツを購入している。恐らくこれは沖縄の米軍基地からの「戦果」品であろうと考えられる。

④沖縄から本土への輸出品

以下では、沖縄から本土へ輸出された主な商品を紹介する。やはり米軍からの、恐らく「戦果」品が多数となっているが、そのうちのほとんどは衣料品で占められている。また砂糖や薬は、当時沖縄では生産できないため、恐らく台湾から運ばれたものであろう[4]。さらに海人草であるが、これは当時虫下しの薬として占領軍によって用いられた海藻であり、糸満や八重山などで海人草採りの船がプラタス諸島方面へ出港し、そのまま香港方面での「密貿易」に従事したことが先行研究によって指摘されている（奥野 二〇〇七：二三一―二三三）。

アンダーシャツ四〇着（No.278）

衣類一〇枚・靴用修理革三〇枚（No.146）
米国陸軍煙草二二〇〇箱（No.152）
海人草九五包（No.167）
精糖・煙草・靴用修理革・雑貨計二〇〇箱一五トン三五〇〇万円相当（No.181）
原料ゴム二トン・アルコール四九ドラム・衣類一七八枚・パナマハット一六七個・砂糖三〇〇キロ・蛇の皮九四三枚・ストレプトマイシンその他の薬二一ケース（No.125）
米国軍用服・日用品・靴用修理革計九七パック（No.776）

⑤本土から沖縄への輸出品

以下は日本本土から沖縄へ輸出された「密貿易」品である。本土からは陶器、木材加工具が散見される。これらは石原昌家の研究においても、沖縄―日本本土ルートにおいて、本土側から持ち込まれる主な商品として列挙されている（石原 二〇〇〇：二四三―二四四、二四九、三一七）。また、後述するインタビューにおいて、沖縄では当時、沖縄戦によって木材が不足していたため、本土から木材を調達していたという証言を得た〔5〕。木材の需要が高かったとすれば、その加工具の需要も伸びていたものと考えられる。

剃刀三六本（No.196）
陶器・海藻・雑貨計四〇箱（No.139）
陶器・木材・海藻計一〇〇箱（No.146）
かんな六個・のみ二五個・注射一〇本（No.172）

漬物二〇樽・のこぎり（伐採用）二〇本・ミカン二〇パック・ミシン一セット（№751）

(3)軍政資料にみる逮捕場所、執行機関

①逮捕場所／逮捕執行機関

以下では、一九四九年のQuick reportにおいて報告されている「密貿易」人の主な逮捕場所、及び逮捕執行機関をリストアップする。大蔵省に送られた報告書が元になっているため、同レポートから確認できるのはほぼ北緯三〇度以北の日本の行政区域の中で逮捕された「密貿易」人である。この中でも逮捕記録が集中しているのが鹿児島県であるが、それは琉球列島から日本本土を目指した「密貿易」人達がトカラ列島を北上してたどりつくのがまず鹿児島であり、石原昌家の指摘するように、鹿児島市内に糸満出身者などの集落が存在した（石原 二〇〇〇：二三八―二三九）ことから、「密貿易」人達が集結する場所になっていたことが考えられる。さらに、鹿児島県熊毛郡は種子島、屋久島、口之永良部島などの島嶼地域によって構成されているが、ここでの逮捕記録が鹿児島県内でも割合として多いため、別項にてさらに検討する。鹿児島県内の逮捕場所については県名を略した。また、原資料の状態から、レポートのナンバーを確認できなかったものがある。

宮崎県南那珂郡《みなみなかぐん》油津町／鹿児島税関油津監視所（№275）
宮崎県南那珂郡油津町／油津警察署（№84）
川辺郡笠砂町片浦／南薩地区警察署（№270）
笠砂町／南薩地区警察署（№494）
鹿児島郡谷山町／鹿児島税関・鹿児島警察署・谷山町警察署（№276）

曾於《そお》郡志布志《しぶし》町／志布志町警察署（No.278）
熊毛郡種子島／種子島地区警察署（No.742）
熊毛郡種子島中種子町／種子島地区警察署（No.279）
熊毛郡西之表町／種子島地区警察署（No.280）
熊毛郡西之表町東町／鹿児島県種子島地区警察署（No.714）
熊毛郡下屋久村安房《あんぼ》／鹿児島税関安房監視所（No.192）
出水郡三笠村／阿久根警察署
鹿児島市長田町／鹿児島市警察署（No.745）
鹿児島市南林寺町／鹿児島市警察署（No.736）
鹿児島市／鹿児島市警察署（No.139）（No.702）
鹿児島市郡元町／鹿児島警察署（No.194）
鹿児島市新屋敷町／鹿児島市警察署（No.164）
鹿児島市小川町／鹿児島市警察署（No.72）
鹿児島市山之口町／鹿児島市警察署（No.80）
鹿児島市須崎町／鹿児島市警察署（No.698）
鹿児島市築《つき》町／鹿児島警察署（No.536）
鹿児島市冷水町／鹿児島警察署（No.464）
鹿児島市易井町／鹿児島市警察署（No.505）
鹿児島市鹿児島港／鹿児島税関（No.149）（No.152）（No.161）（No.172）（No.119）（No.751）（No.772）（No.524）

鹿児島市鹿児島港／鹿児島警察水上警察署（No.508）
鹿児島郡西櫻島／鹿児島税関（No.795）
日置郡串木野港／串木野町警察署（No.665）
長崎県佐世保港／佐世保税関（No.196）
長崎県南高来《みなみたかき》郡口之津／長崎県有家警察署（No.146）
長崎県南高来郡／口之津警察署（No.741）
長崎県南高来郡堂崎村／ナンコ南警察署（No.744）
長崎県南松浦郡有川町／上五島地区警察署（No.776）
広島県広島市広島港／広島海上保安部（No.737）
兵庫県多紀郡古市村／神戸税関（No.167）
和歌山県東牟婁《ひがしむろ》郡初浦町／和歌山税関勝浦監視所・勝浦地区警察署（No.700）
和歌山駅／和歌山市警察署（No.184）
熊本県芦北郡水俣町／水俣警察署（No.190）
山口県徳山市西船町／徳山市警察署（No.135）
山口県下関市／警察庁警備部下関支署（No.543）
山口県下関市／下関市シガシ警察署（No.544）
福岡県北九州市門司港／門司税関
静岡県伊東港／伊東市警察署（No.181）
神奈川県横須賀市長浦港／横須賀税関支署（No.475）（No.792）

神奈川県横浜市横浜港／横浜税関（No.678）
三重県四日市市／四日市市警察署（No.125）
東京都隅田川小田原州／長崎地方検察庁佐世保支部（No.723）
大阪府大阪市泉大津／大阪税関・大阪警察局
大阪府大阪市大阪港尻無川／大阪税関（No.632）
大阪府大阪市大阪港／大阪税関（No.563）
大分県佐伯市／佐伯市警察署（No.664）
大分県大分市／大分市警察署（No.608）
大分県別府／別府市警察署（No.541）
熊本県八代郡鏡町／鏡町警察署（No.530）
熊本県宇土《うど》郡大嶽《おおたけ》村／三角《みすみ》地区警察署（No.517）
福岡県博多港／博多港警察署（No.550）
高知県安芸《あき》郡室戸町／室戸町警察署
高知県幡多郡小筑紫村／高知税関宿毛監視所
千葉県安房郡船形海岸／横浜海上保安部

逮捕場所は九州から西日本、そして関東までの太平洋沿岸の港町に広がっているのがわかる。陸路を移動して港町で逮捕されることは考えづらいため、恐らく私貿易や「密航」を目的に船舶で日本本土の太平洋沿岸各地の港まで移動していたことがうかがえる。

②逮捕者の検察庁における拘留記録

以下は私貿易人が逮捕されたのち、送検された際の各地方検察庁での拘留記録である。いずれの地域も、沖縄あるいは奄美大島との行き来について記録がある。各港湾の税関にて摘発され、その後検察庁に拘留されるケースと、検察庁に直接身柄を拘束されるケースがみられた。

鹿児島（No.57）（No.119）（No.149）（No.575）（No.665）（No.698）（No.714）、宮崎（No.89）、大分（No.664）、福岡（No.38）、下関（No.543）（No.544）、山口（No.138）、和歌山（No.700）、四日市（No.125）、横浜（No.211）、東京（No.53）

ここでもやはり、港湾所在地の地方検察庁による拘留記録が、関東までの広がりをみせており、中でも最も多いのが鹿児島県であることがわかる。

⑷軍政局側の認識

一九四九年七月一六日付の報告書〔6〕によると、琉球軍政局長ジョン・ウェッカリング准将は私貿易の取り締まりについて下記のような対処方法を考えていたという。

まず結論として、「a．密貿易は日本人によってかなりの頻度で行われている」とし、さらに、「b．①琉球警察は日本から来る密貿易船の防止に効果的ではない。②消費財の北琉球への流入は実際には小さな動きでしかない。③日本と北琉球との貿易において琉球円が使われるのは疑わしい。琉球人は日本復帰への感情から日本円を蓄財しているのではないか」と三つの可能性を挙げ、①の琉球警察の取り締まりに原因があるとしている。さらに「c．元米軍の軍服が日本本土に流入する割合は憂慮すべき事態であり慎重な調査を要する」として、米軍の衣類が日本本土に流出していることに憂慮を示し、「d．逮捕された密貿易人の数は氷山の一角にすぎず、密貿易全体は遥かに多いと考えるべき」であるとして、警戒を促している。その上で私貿易への対策としては、以下のようなことを指示している。

a．琉球列島を赤字から黒字にし、孤立を崩壊させるため、密貿易から正規の貿易へと琉球軍政府と琉球貿易庁（Ryukyu board of trade）によって転換を図る。

b．強力な琉球貿易庁代表部を北琉球に確立する。

c．特に信用貸しにおいて、改良された銀行を準備する。

d．北琉球における軍政府の消費財計画を増大させる。

e．海上保安部の設立。

f．島嶼間輸送システムの改良。

この報告書から、琉球列島北部において消費財が不足していることは軍政府も認識していたことがわかる。この点に関して、一九四八年には奄美、沖縄、宮古、八重山の各島嶼間での民間貿易が解禁になっており、一九四九年には琉球貿易庁が発足し、一九五〇年には外国との民間貿易も許可されるようになったことから〔7〕、ウェッカリング准将の「密貿易」対策の見解はある程度軍政府の政策に反映されたと考えられる。また、私貿易が減らない原因を琉球警察の警備能力の不足にあると考えていた可能性もある〔8〕。

また同報告書には一九四九年の一～七月における「密貿易」に関する要約が添付されているが、それをみると「①密貿易品」では「黒糖、海人草、米国製品、雑貨」が最も多く、「②拿捕された船籍」では「日本、沖縄、奄美、L

ST」がリストに挙げられている。これらは日本の行政区域で逮捕された記録であることから、主に①は沖縄、奄美から本土への輸出品を指していると考えられる。ここで米軍の輸送船であるLSTがリストアップされているのは、LSTに乗船した日本人、あるいは当時の沖縄人船員などが私貿易をして逮捕されたからなのか、あるいはLSTそのものが民間に払い下げられて私貿易船に使用されたからなのか、さらなる調査を要する。

2 屋久島・口永良部島・種子島ルートの私貿易

ここでは上記資料に見られる「密貿易」記録のうち、特に鹿児島県熊毛郡屋久島、口永良部島、種子島において逮捕された「密貿易」記録から、当時、沖縄諸島、奄美諸島からトカラ列島を経由して九州本土に上陸する「密貿易」船のルートが存在していたことの裏付けを行う。報告のほとんどは奄美大島との取引であるが、わずかながら沖縄との取引もみられる。また取引の品目は米軍物資の他に黒砂糖の取引が多く、奄美大島産の黒砂糖の取引がこれらの島で行われていたか、それを九州本土に運ぶ途中に立ち寄ったものと考えられる。

(1)屋久島での検挙［9］

鹿児島税関支署作成の報告の№209には、奄美大島からの違法輸入として、一九四九年五月五日午前二時に屋久島の下屋久村安房にて、屋久島地区警察署による逮捕記録が記載されている。逮捕されたのは奄美大島人四名となっており、船舶は逃亡してしまって拿捕されていない。積み荷は米国製衣類三三一着、日本製生地八枚、日本製黒糖六八九・七キロ、日本製日用品等八二個となっている。罪名は関税法違反で公判日、場所は未定となっている。上記積み荷のうち、黒糖以外は鹿児島税関支署にて保管しているという。黒糖は現金化されたとのことである。

報告の№192では、奄美大島からの違法輸入として、一九四九年五月一一日午後一時四〇分に鹿児島県熊毛郡下屋久村安房で、鹿児島税関支署安房監視所による逮捕記録が記載されている。逮捕されたのは奄美大島人一名で、船舶は逃亡したという。積み荷は砂糖六・六キロ、生地が一二五枚であった。罪名はやはり関税法違反で、公判日や場所は未定とのことである。この積み荷は鹿児島税関支署安房監視所にて保管したとのことである。報告書は鹿児島税関支署安房監視所が作成した。

報告書の№220によれば、奄美大島からの違法輸入として、一九四九年五月一三日午後一一時五〇分に鹿児島県熊毛郡上屋久村宮之浦において、屋久島地区警察署によって奄美大島人二名が検挙されている。船舶はやはり逃亡したとのことである。積み荷は米国陸軍生地一二五枚、黒糖六・六キロとなっており、罪名は関税法違反で公判日や場所は未定、上記積み荷は鹿児島税関支署にて保管されたという。報告書は鹿児島税関支署による作成とのことである。

報告書の№602によれば、奄美大島からの違法輸入として、一九四九年七月九日午後一〇時に鹿児島県熊毛郡下屋久村テギレ（Tegire）という土地で、屋久島警察署によって「日本人」五名が逮捕されている。ここでは逃亡と拿捕を含めて二隻の船の記録がある。一隻は帆船五〇トンで逃亡、もう一隻は日本船籍の七七トンの汽船で拿捕したということである。積み荷は黒糖五五八九キロ、米国陸軍生地一三枚、そしてアラビアゴム一八〇リットルであった。罪名はやはり関税法違反で公判日時と場所は未定となっている。この積み荷は鹿児島税関支所安房監視所にて保管されているとのことである。報告書は鹿児島税関支所安房監視所が作成したという。

報告書の№664には、奄美大島からの違法輸入として、一九四九年七月二七日午前三時に鹿児島県熊毛郡屋久島ヒレケ（Hileke）において、屋久島警察署による逮捕記録が記載されている。ここで逮捕されたのは「奄美大島人」二名で、船舶は漁船とあるが、逃亡と記載されているので、拿捕はできなかったと考えられる。積み荷は黒糖が一三六八キロであり、罪名は関税法違反で、公判日時と場所はやはり未定と記載されている。この黒糖は屋久島警察署にて保管されているとのことである。報告書は鹿児島税関支所安房監視所作成とある。

報告書の№634には、奄美大島からの違法輸入として、一九四九年七月二七日午前一一時に鹿児島県熊毛郡上屋久村志戸子で、鹿児島県屋久島警察署による逮捕記録がある。検挙されたのは「奄美大島人」一名で、船舶は漁船と記載されているが、逃亡してしまったとのことである。積み荷は米国陸軍衣類六二着、米国陸軍シャツ六着であり、いずれも米軍の物資であったことがうかがえる。罪名はやはり関税法違反で、公判日時と場所は未定とのことである。なお、積み荷は鹿児島税関支所安房監視所にて保管されているとのことである。この報告書も鹿児島税関支所安房監視所にて作成されている。

報告書の№710によれば、奄美大島からの違法輸入として、一九四九年七月二八日午前一〇時に鹿児島県熊毛郡屋久島宮之浦にて、屋久島警察署によって「沖縄人」二名が逮捕されている。船舶は逃亡、積み荷は米国製品三トンで、罪名はやはり関税法違反とのことである。公判日時と場所は未定となっている。また、積み荷は鹿児島税関支所の管理下にあるという。報告書は鹿児島税関支所の作成である。

鹿児島税関支署作成の№756によれば、奄美大島からの違法輸入として、八月五日午後八時に屋久島の上屋久村宮之浦において、屋久島警察署が「奄美大島人」一名を検挙している。船舶は逃亡したとのことで船籍は不明である。積み荷はストレプトマイシン一六アンプル、米国陸軍使用シャツ一着となっている。罪名は関税法違反であり、公判日時、場所は未定とのことである。積み荷は鹿児島税関支署にて保管されているという。

鹿児島税関支署作成の報告書№848、№872によれば、奄美大島との違法輸出入として、八月二六日午前一〇時に屋久島において、鹿児島海上保安部が日本人二名を検挙したとしている。拿捕された船舶は日本船籍の漁船二・五トンである。積み荷は塩漬けの鮮魚二四〇キロ、黒糖一九七キロ、米国陸軍オーバーコート一着である。罪名は関税法違反で公判日は未定だが、鹿児島地方裁判所にて審理されることが報告されている。拿捕された漁船、及び輸入品は税関支署の鹿児島監視所にて保管されたとのことである。輸出品の魚は既に輸出されたという。

(2)口永良部島での検挙

報告書No.347によれば、奄美大島からの違法輸入として、一九四九年五月一七日午後五時に鹿児島県熊毛郡上屋久村口之永良部島での逮捕記録がある。鹿児島警察署による検挙で、日本人一名が逮捕され、船舶は逃亡したという。荷物は米国陸軍生地二七枚で、罪名は関税法違反、公判日と場所は未定とのことである。この荷物である生地は鹿児島税関支署にて保管された。報告書は鹿児島税関支署による作成とのことである。

報告のNo.507には、沖縄からの違法輸入の容疑で、一九四九年六月一日午後八時に鹿児島県熊毛郡口永良部島にて、屋久島警察署による逮捕記録が存在する。そこにははっきりと日本人という記載はないものの、日本人と思われる姓名の人物一名、他六名の存在が確認できる。船舶はやはり逃亡している。荷物はグラニュー糖八六八キロ、タバコ八六〇〇本、刻みタバコ一キロ、雑貨五包みで、罪名は関税法違反、公判日時と場所は未定とのことである。これらの積み荷は鹿児島県屋久島警察署にて保管されており、報告書は鹿児島税関支所安房監視所の作成とのことである。

報告のNo.535によれば、沖縄からの違法輸入として、一九四九年七月四日午後九時に鹿児島県熊毛郡口永良部島にて、鹿児島県屋久島警察署によって「沖縄人」二名が逮捕されている。船舶は逃亡している。荷物はゴム靴の底一二包み、罪名は関税法違反で、公判日時と場所は未定とのことである。これらの靴底は鹿児島税関支所安房監視所にて保管されており、報告書は鹿児島税関支所安房監視所の作成ということである。

(3)種子島での検挙

報告のNo.714には、一九四九年三月一二日午前一一時に奄美大島との違法輸出入として、鹿児島県熊毛郡西之表町、東町にて鹿児島県種子島地区警察署により日本人二名が逮捕されたとの記録がある。船舶は漁船ということまでは分かっているが、逃亡してしまったようである。積み荷のうち、輸出品はフライパン二〇個、急須二一〇個、茶一八缶、薬一三個となっており、また輸入品は米国陸軍生地一五五シート、大島袖三反、ゴム底一一二個となっている。罪名は関税法違反で、公判日と場所は未定となっている。これらの荷物のうち、輸出品は既に違法に輸出されたという。輸入品は鹿児島軍政府チームによって保管されている。報告書は鹿児島税関支署による作成。

報告の№280には、奄美大島との違法輸出入として、一九四九年五月一七日午前一時に鹿児島県熊毛郡西之表町において、種子島地区警察署によって奄美大島人四名が逮捕されたとの記録がある。使用された船舶は日本船籍の漁船一六トンと記載されているが、逃亡してしまったとのことである。本土からの輸出品は、茶一六八キロ、陶器三五個で計三万五〇〇〇円相当、輸入品は黒糖二六九一キロ、米国陸軍生地四一枚で四万一五〇〇円相当である。罪名は関税法違反で公判日と場所は未定となっている。輸入品のうち、黒糖は鹿児島県農協熊毛支部にて保管し、生地は鹿児島税関支署にて保管したとのことである。輸出品については既に違法に奄美大島へ輸出されたという。報告書は鹿児島税関支署による作成である。

報告の№279によれば、奄美大島からの違法輸入として、一九四九年五月一八日午後八時鹿児島県熊毛郡種子島中種町において、種子島地区警察署によって奄美大島人六名が逮捕されている。船舶は逃亡しており、不明となっている。米国陸軍生地一一四枚、黒糖一二〇〇キロ、罪名は関税法違反であり、公判日と場所は未定となっている。これら荷物のうち、生地は鹿児島税関支署にて保管し、黒糖は鹿児島税関支署によって多くの物資に交換されたという。報告書は鹿児島税関支署の作成となっている。

報告の№712によれば、奄美大島との違法輸出入として、鹿児島県熊毛郡種子島南種子村において一九四九年五月二六日午前一〇時に、種子島地区警察署によって奄美大島人二名が逮捕されている。船は日本船籍で二〇トンの漁船と記載されているが、この船も逃亡してしまったとのことである。輸出品は昆布、及び干し大根二二キロであり、輸入品は黒糖九〇〇キロ、及び米国陸軍衣類二一着となっている。罪名は関税法違反であり、公判日及び場所は未定となっている。輸入された黒糖は鹿児島県種子島西之表農協にて、生地は鹿児島税関支署にて保管されたという。輸出品は既に奄美大島へ違法に輸出された後であったという。報告書は鹿児島税関支署による作成。

報告書のNo.365によると、奄美大島との輸出入として、一九四九年五月三一日午後四時三〇分に種子島地区警察署によって「奄美大島人」二名が検挙されている。そしてそのうち一名は逃亡したと記録されている。船舶も逃亡したという。荷物は輸出が化粧品八〇〇〇円、輸入が黒糖一五〇〇キロ、米国陸軍生地一六枚の計二九〇〇〇円である。罪名は関税法違反で、公判日及び場所は未定となっている。上記黒糖は鹿児島、熊毛農協にて保管、また上記生地は鹿児島税関支署西之表監視所にて保管されているそうである。輸出品は既に違法に奄美大島へ輸出された後であった。報告書は鹿児島税関支署西之表監視所の作成となっている。

報告書のNo.398によれば、奄美大島への違法輸出として、一九四九年六月九日午後一時に鹿児島県熊毛郡種子島において、鹿児島税関支署西之表監視所と種子島地区警察署によって「日本人」一五名が検挙されている。拿捕された船は一八トンの運搬船で日本船籍であるという。積み荷は緑茶九三七キロ、本、雑貨、農機具など二五包みで計四〇万円相当となっている。罪名は関税法違反で、公判日時と場所は未定となっている。この船舶及び積み荷は鹿児島税関支所西之表監視所にて管理されているという。報告書は鹿児島税関支所の作成である。

報告書のNo.439によれば、奄美大島からの違法輸入として、一九四九年六月一二日午前一〇時に鹿児島県熊毛郡種子島島間において、種子島地区警察署によって「奄美大島人」五名が逮捕されている。船舶は逃亡となっている。積み荷は黒糖六六九キロ、米国陸軍生地九四三シート、生ゴム三〇キロ、靴用修理皮革四九足となっている。罪名は関税法違反で、公判日時、及び場所は未定となっている。積み荷のうち黒糖は西之表農協にて保管し、生地は鹿児島税関支署にて保管しているとのことである。報告書は鹿児島税関支署による作成となっている。

報告書のNo.442によれば、奄美大島との違法輸出入として、鹿児島県熊毛郡種子島西之表において一九四九年六月一二日午後四時に、鹿児島県種子島地区警察署によって「日本人」三名が逮捕されている。船舶は不明となっている。荷物は輸出品が茶であり、輸入品が米国陸軍生地となっている。罪名は関税法違反であり、公判日時、場所は未定となっている。この輸入品の生地は鹿児島税関支署にて保管されており、輸出品の茶は既に奄美大島へ違法に輸出されたという。報告書は鹿児島税関支署の作成である。

報告書の№471によれば、奄美大島への違法輸出として、一九四九年六月二四日午後五時三〇分に鹿児島県熊毛郡種子島西之表にて、鹿児島税関支署西之表監視所が「日本人」四名を検挙している。船舶も拿捕され、日本船籍で一六トンの帆船であることがわかる。やかん一〇〇〇個、緑茶二八五〇キロで計七〇万円相当、及び雑貨が一四包みとなっている。罪名は関税法違反で、公判日時及び場所は未定となっている。これらの積み荷は鹿児島税関支署西之表監視所にて保管されている。この報告書も鹿児島税関支署によって作成された。

報告の№493によれば、奄美大島への違法輸出として、一九四九年六月二九日午前九時に中種町において、種子島地区警察署による逮捕記録が記載されている。逮捕されたのは「奄美大島人」二名で、船舶は「なし」(nothing)となっているところから、既に上陸した後での逮捕と考えられる。ここでの輸出品は陶器二〇包み、文房具、麦わら帽子、マッチ、その他一〇包みで計八万円相当である。罪名は関税法違反で公判日時と場所は未定となっている。これらの荷物は西之表監視所にて保管しているとのことであり、報告書は西之表監視所作成となっている。

報告書の№511では、奄美大島との違法輸出入として、七月二日午前四時に西之表町で、種子島地区警察署により「奄美大島人」一名が逮捕されている。船舶は逃亡している。輸出品は緑茶、トイレ用品、計二〇万円相当、輸入品は黒糖一五・三八キロ、スルファニルアミド、ジアジン八アンプル、ペニシリン等一〇アンプル、計三五万円相当である。罪名は関税法違反で公判日時、場所は未定となっている。輸入されたジアジン、ペニシリンについては西之表監視所にて保管しているとのことである。黒糖は鹿児島農協の管理になっている。輸出品は既に奄美大島に違法に輸出されたという。報告書は西之表監視所による作成ということである。

報告書のNo.537によれば、奄美大島からの違法輸入として七月八日午後四時に西之表にて、種子島地区警察署によって「奄美大島人」一名が逮捕されている。船舶は逃亡している。積み荷は黒糖一九二キロ、米国陸軍衣類四着となっている。罪名は関税法違反で公判日時、場所は未定となっている。これらの積み荷は西之表監視所にて保管され、報告書は西之表監視所によって作成されたとのことである。

報告書のNo.652によれば、沖縄への違法輸出として、七月二三日午後九時三〇分に西之表町にて、種子島地区警察署と西之表監視所によって「日本人」八名、及びこの件では台湾人一名が逮捕されている。船は一八トンの日本船籍の漁船である。積み荷は干し大根八〇包み、柑橘類六〇包み、タマネギ二〇包み、雑貨一七包み、材木二・七八立方メートル、計七〇万円相当となっている。罪名は関税法違反で、公判日時、場所は未定とのことである。この漁船及び積み荷は西之表監視所にて保管し、この報告書も西之表監視所による作成となっている。

報告書のNo.727によれば、奄美大島からの違法輸入として、八月四日午後一一時に西之表にて、種子島地区警察署により日本人二名が逮捕されている。逮捕時、船舶は既に逃亡していたとのことである。積み荷は黒糖三三〇キロで、罪名は関税法違反となっている。公判日時と場所はやはり未定である。黒糖は西之表監視所にて保管しているとのことである。報告は西之表監視所による作成である。

報告書のNo.742によれば、奄美大島との違法輸出入として、八月五日午後八時三〇分に種子島にて、種子島地区警察署によって「日本人」五名が検挙されている。船は日本船籍の漁船七トンである。輸出品は茶三七五キロ、ファイル一〇〇〇冊、計量器三〇〇個、算盤四三〇個、のこぎり一五本、古本七包みで計二〇万円相当となっている。輸入品は黒糖七二〇キロである。罪名は関税法違反で、公判日時、場所は未定となっている。漁船および、積み荷の黒糖は西之表監視所にて保管され、輸出品は既に奄美大島に違法に輸出されたという。報告書は西之表監視所の作成である。

西之表監視所作成の報告書№750によれば、奄美大島との違法輸出入として、八月六日午前一時三〇分に種子島の中種町にて、種子島地区警察署と西之表監視所によって日本人一二名が検挙されている。拿捕された船は日本船籍の漁船一〇トンである。積み荷は輸出品が生地（日本製）三〇〇反、傘一〇〇本、子供用三輪車一〇セットで計四〇万円相当、輸入品が黒糖二七〇〇キロである。罪名は関税法違反で、公判日時と場所は未定となっている。拿捕された漁船、及び積み荷のうち輸入された黒糖は西之表監視所にて保管しているとのことである。輸出品は既に大島に輸出された後のようであり、帰りに種子島に寄ったことがわかる。

西之表監視所作成の報告書№862によれば、奄美大島からの違法輸入として、九月一日午前三時に西之表にて、西之表監視所により沖縄人三名が検挙されている。船舶は逃亡したとされている。彼らの荷物は黒糖三九六〇キロで、罪名は関税法違反であり、公判地、公判日は未定となっている。黒糖は西之表監視所にて保管されたという。

以上の報告から、沖縄の米軍基地からの物資は奄美で一旦売却され、奄美の仲買人を通して本土に流れていた可能性も考えられる。これは種子島においても同様で、民俗学者下野敏見によれば、黒糖を扱う「密貿易」人の場合、九州本土に上陸する前に種子島で仲買人に売却し、種子島から種子島産の黒糖と共に出荷されることを狙った可能性があるという。また口之永良部島と屋久島での逮捕者が多いのは、トカラ列島を北上した場合、鹿児島の枕崎付近に上陸するためには、必ず屋久島と口之永良部島の間の航路を通るため、途中立ち寄った可能性が考えられるという[10]。

そして今回報告に上がっているのは一九四九年に関する限り、日本本土―琉球列島（特に奄美大島・沖縄本島）間の「密輸」であり、沖縄―台湾、沖縄―香港間の「密貿易」に関する報告はなかった。しかし例外的にＬＳＴ乗員によるマニラとの「密輸」はみられた。この一九四九年のQuick reportsには、口之島以南の琉球列島における「密航者」の検挙はほとんど含まれていない。報告の範囲内では圧倒的に九州、特に鹿児島県での検挙が多い。また、これまでの「密航」「密貿易」の証言記録にはほとんど見られないが、屋久島、種子島での検挙率が高いことも指摘できる。

さらに私貿易船の積み荷は米軍関係のものを含め、ほとんどが生活雑貨、衣類、食料品で占められており、武器、弾薬の類は報告されていない。この記録は第三章で述べたように、薬莢や硫黄などの武器、弾薬に関係するものは中国方面に流れたという、玉城正保証言の裏付けにもなるといえよう[11]。また、麻薬の取引に関する報告もみられなかった。さらに「密貿易」船の逃亡、不明が多いのは、「密航者」が船を乗り継いでいたことが原因として考えられる。また船籍がLSTとなっている場合も、旅客、船員が携行していて、彼らが摘発された可能性が考えられる。輸出用の積み荷は摘発時、既に売却済みになっているケースが多い。この場合、沖縄や奄美大島からの帰りに摘発されたものと考えられる。

二　一九五〇年の「密航」・私貿易取り締まり

1　日本─沖縄・奄美大島間の私貿易

ここでは、先述の一九四九年の「密貿易」に関する報告に引き続き、日本本土と軍政下の琉球、あるいは奄美大島との「密貿易」記録についてみていく。これも一九四九年のものと同様、一九五〇年一〇月二一日発の極東軍軍政局から琉球軍政府へ送られた書簡[12]に、琉球列島と日本との「密貿易」について、大蔵省税関からの報告の写しが添付されており、一九五〇年九～一〇月の「密貿易」の取り締まりにおける、検挙数と被疑者の出身地、人数、積み荷とその処分について知ることができる。

添付された報告書の中に、しばしば船舶が逃亡してしまって拘留できなかったという記録が散見されるが、これは一九四九年のケースと同様、私貿易人が船をチャーターして乗り継いでいた場合に、このようなケースが発生したと考えられる。それは私貿易人とは別に、彼らを運ぶ船主達が各港に存在していた証拠でもあり、私貿易による物流のルートがこれらの記録からも浮き彫りになると考えられる。このような事例は石原他の先行研究、及び先述の玉城正保からの証言にも表れている（石原 二〇〇〇：二三八―二四四）[13]。

報告の№148には、琉球との密輸出入の疑いで一九五〇年九月二六日に高知市での逮捕記録がある。それによると逮捕したのは高知警察署で、逮捕されたのは「日本人」が七名、日本船籍のカズ丸という帆船であった。積み荷は材木が二〇〇石、輸入品は銅屑約一八トンだった。罪名は日本国の関税法違反で、公判日時、場所は未定である。積み荷は逮捕時既に売却されていたが、船舶は高知税関において拘留されている。報告書は高知税関支署作成である。

№149には、琉球からの違法輸入が記されている。逮捕日時は一九五〇年九月八日午後一時、鹿児島市住吉町である。逮捕したのは鹿児島水上警察署で、逮捕されたのは「日本人」八名、乗船してきたのはシンコウ丸という帆船だが、この船は逃亡してしまい、拘留されてはいない。積み荷はくず鉄が六・二トンである。罪名は日本国の関税法違反で公判日時、場所はやはり未定である。この積み荷は鹿児島税関支署にて保管されたとのことである。報告書は鹿児島税関支署作成とのことである。

№150には、琉球からの違法輸入取引として、一九五〇年九月二六日に高知県の室戸岬で高知海上保安部による逮捕記録がある。被疑者は一〇名の「日本人」で、日本船籍の第二アサヒ丸という帆船である。積み荷は銅屑約八〇トンである。罪名は日本国の関税法違反で、公判日時、場所は未定となっている。この船舶及び積み荷は高知税関支署にて保管された。報告書は高知税関支署作成である。

№151には、琉球からの違法輸入取引として一九五〇年九月九日午前九時に、鹿児島県肝属郡高山町で高山地区警察署による逮捕記録が記載されている。被疑者は九名の「日本人」で、船は日本船籍の九トンのコウジュ丸という船舶だった。船の種類については記載がない。積み荷は銅屑三トン、海人草七包み、米国陸軍用シャツ三二六着、木綿糸一巻、木綿シーツ二反である。罪名は日本国の関税法違反で、公判日時、場所は未定となっている。これらの積み荷と船舶は鹿児島税関に保管されているという。報告書は鹿児島税関支署作成である。

No.152には、琉球との違法な輸出入取引として、一九五〇年九月一四日の高知県安芸郡甲浦での高知県芸東地区警察署による逮捕記録が記載されている。ここでの被疑者は七名の「日本人」で、八七トンのモトキマルという日本船籍の帆船であった。積み荷のうち、輸出品は木材が一〇〇〇石、ミシン、昆布などである。輸入品は銅、鉄、真鍮の屑が約五〇トンであった。罪名は日本国の関税法違反で、公判日時、場所は未定となっている。輸出品は既に被疑者達によって売却された後であり、輸入品の金属屑類も既に売却されてしまっているが、船舶は高知税関支署にて保管されている。報告書は高知税関支署が作成。

No.153には、琉球からの違法輸入取引として、一九五〇年九月二一日午後四時に当時の鹿児島県出水郡三笠村脇本港にて、鹿児島税関支署阿久根監視所による逮捕記録がある。被疑者は「日本人」四名、船舶はナリタ丸という五トンの日本船籍の船だった。積み荷は真鍮屑が一二〇〇キログラム、罪名は日本国の関税法違反で、公判日時、場所は未定となっている。この積み荷と船は阿久根監視所にて管理されている。報告の作成は阿久根監視所が行った。

No.154には、奄美大島からの違法輸入取引として、一九五〇年九月二一日午後七時三〇分に鹿児島県指宿市摺ヶ浜にて、指宿町警察署による逮捕記録が記載されている。被疑者は「日本人」が四名、「大島人」三名、船舶は日本船籍の八トンの漁船ということである。積み荷は銅線が約二トン、米国製生地が一〇枚であった。罪名は日本国の関税法違反で、公判日時、場所は未定となっている。これらの積み荷と漁船は鹿児島税関支署の山川監視所にて保管されているとのことであり、この報告書は鹿児島税関支署が作成したという。

No.155には、奄美大島からの違法輸入取引として、一九五〇年九月一一日午後七時三〇分に鹿児島県鹿児島市洲崎町にて、指宿町警察署による逮捕記録が記載されている。被疑者は「大島人」二名、「日本人」三名、「朝鮮人」二名の構成で、船舶は日本船籍で七トンの船だった。積み荷は砲金、弾薬筒約七トンであった。罪名は日本国の関税法違反で、公判日時、場所は未定となっている。これらの積み荷、及び船は鹿児島税関支署山川監視所にて保管されているとのことであり、この報告書は鹿児島税関支署山川監視所による作成である。

No.156には、琉球との違法輸出入取引として、一九五〇年九月二三日福岡県八女郡岡山村にて、八女地区警察署による逮捕記録が記載されている。被疑者は「日本人」一名、「琉球人」一名、「朝鮮人」二名という構成であり、船舶はセイフク丸、ヒサエイ丸という二隻の日本船籍の船であった。この二隻は逃亡している。積み荷は輸出品が大豆三五樽、漬物一五樽、硫酸アンモニウム二〇包み、材木一〇〇石などであった。輸入品は真鍮屑約四〇トン、銅屑約一五トンである。罪名は日本国の関税法違反で、公判日時、場所は未定となっている。これら積み荷のうち、輸出品は既に輸出された後であったが、輸入品については三池税関支署にて保管しているとのことである。この報告書は三池税関支署が作成したという。

No.157には、「琉球」からの違法輸入取引として、一九五〇年九月九日午前四時、鹿児島県肝属郡高山町柏原にて高山地区警察署による逮捕記録が記載されている。被疑者は「日本人」が四名、「琉球人」が三名、「大島人」が一名となっている。船舶はコナン丸という一四トンの船であり、船籍は不明である。積み荷は銅屑が六トンであった。罪名は日本国の関税法違反で、公判日時、場所は未定となっている。これらの積み荷、及び船は高山地区警察署にて保管されているという。報告書は鹿児島税関支署が作成した。

No.158には、「琉球」との違法輸出入取引について、一九五〇年九月二二日に高知港にて、高知市警察署、及び高知海上保安部による逮捕記録として記載されている。被疑者は「日本人」が二一名、船舶はダイコク丸、第二メイコウ丸の二隻の帆船である。積み荷は輸出品がリンゴ七〇箱、梨一〇〇箱、輸入品は黒砂糖二七二二キロ、銅、及び真鍮屑が約二〇トンであった。罪名は日本国の関税法違反で、公判日時、場所は未定となっている。これらの積み荷、及び第二メイコウ丸は高知税関支署にて保管されたが、ダイコク丸は逃げてしまった、とのことである。報告書は高知税関支署が作成した。

№159には、「琉球」からの違法な輸入取引として、一九五〇年九月三〇日に、熊本県飽託郡《ほうたくぐん》百貫石《ひゃっかんせき》港にて、飽託地区警察署による逮捕記録が記載されている。被疑者は日本人六名、船舶は第一ミズホ丸という四五トンの日本船籍の船であった。船の種類については記載がない。積み荷は鉄、弾薬筒屑四八〇〇樽（kegs 小さい樽）、罪名は日本国の関税法違反、公判日時、場所は未定である。これらの積み荷、及び船は三角税関支署にて保管された。報告書は三角税関支署の作成である。

№160には、「琉球」からの違法輸入取引として、一九五〇年一〇月六日午後六時、名古屋市にて名古屋市港警察署の逮捕記録が記載されている。被疑者は「日本人」三名、船舶は三〇トンの帆船で日本船籍である。積み荷は弾薬筒一八トン。罪名は日本国の関税法違反、公判日時、場所は未定となっている。これらの積み荷は名古屋税関にて保管されたとのことである。この船について、保管された、あるいは逃げられた等の記載はない。報告書は名古屋税関の作成である。

№161には、「琉球」からの違法輸入取引として、一九五〇年九月二一日午後四時、鹿児島市住吉町海岸通りにて鹿児島市警察署水上パトロールによる逮捕記録が記載されている。被疑者は「日本人」四名で、サンキョウザン丸一一〇トン、ミシマ丸三七トンという、いずれも日本船籍の二隻の帆船である。積み荷は銅、真鍮屑約一八トンで、罪名は日本国の関税法違反、公判日時、場所は未定となっている。これらの積み荷、及び船舶は鹿児島税関にて保管されているとのことである。報告書は鹿児島税関の作成。

№102には、琉球からの違法輸入として、一九五〇年九月二二日午前五時に、鹿児島県枕崎市において南津地区警察署による逮捕記録が記載されている。被疑者は「日本人」二名、「琉球人」二名だが、「琉球人」のうち一名は逃亡したとのことである。船舶は日本船籍の五〇トンの船であり、船の種類については記載がないが、第一三トクエイ丸と小舟となっている。積み荷は真鍮及び銅屑約四〇トン、米国製歯ブラシ四七九ダース、米国製煙草二六〇本、電話八セット、ガソリン一四〇〇リットル、軽油四四八リットル、薪一二九六キロである。また、罪名は日本国の関税法違反、公判日時、場所は未定となっている。これらの積み荷、及び船舶は鹿児島税関枕崎監視所にて保管されたという。報告書は枕崎監視所の作成である。

No.163には、「琉球」からの違法輸入として、一九五〇年九月二二日に鹿児島県鹿屋市にて鹿児島市警察署と鹿児島税関鹿屋監視所による逮捕記録が記載されている。被疑者は「日本人」四名、船舶はエイシン丸という日本船籍の帆船だが、この船は逃亡したため拘留されていない。積み荷は非鉄金属約一二トンである。罪名は日本国の関税法違反で、公判日時、場所は未定とのことである。この積み荷は「密貿易」人達が既に大阪に送ってしまったので、現在それらを捜索している、という記述もみられる。報告書は鹿屋監視所が作成したとのことである。

No.164には、奄美大島からの違法輸入取引として、一九五〇年一〇月五日鹿児島港にて鹿児島税関鹿屋監視所による逮捕記録が記載されている。被疑者は「日本人」三名、船舶はセイコウ丸という日本船籍の帆船だが、この船も逃亡しており、拘留はされていない。積み荷は非鉄金属約三〇トンである。罪名は日本国の関税法違反で、公判日時、場所は未定とのことである。この積み荷も既に大阪に送られた後だったので、現在それらを捜索中との記述がある。報告書は鹿屋監視所が作成した。

No.165には、「琉球」からの違法輸入取引として、一九五〇年九月二五日午前一一時三〇分に鹿児島県口永良部島にて、屋久島地区警察署と鹿児島税関口永良部監視所による逮捕記録が記載されている。被疑者は日本人が二名、船舶は一六トンの日本船籍の帆船である。積み荷は銅屑約一・五トン、米国製衣類二一一着、その他五点となっている。罪名は日本国の関税法違反で、公判日時、場所は未定とのことである。これらの積み荷、及び船は口永良部監視所にて保管されたとのことである。報告書は口永良部監視所が作成している。なお、この簿冊では一九五〇年の口永良部島の逮捕記録はこの一件のみだが、前年に引き続き私貿易が行われていた形跡が確認できる。

以上、これらの報告によれば、逮捕場所のほとんどが鹿児島県である。ただ一部、福岡県や熊本県、高知県、名古屋市も見られる。これらはいずれも港町、あるいは海岸のある町での逮捕であり、やはり船舶でこれらの地域に渡っていることがうかがわれる。

またこの報告と、一九四九年の奄美大島―沖縄間の「密貿易」報告との最大の違いは、これらの地域から日本本土へ運び込まれた「密輸入」品の内容である。一九四九年段階では、主に黒砂糖や、米軍の物資の中では衣類が最も多かったが、今回の報告では必ず金属類が積み込まれている。これらの鉄屑、銅屑、真鍮、砲金、弾薬筒、弾薬筒屑、非鉄金属といった金属類は、恐らく大島産ではなく沖縄から運び込まれたものであろう。このような金属類の需要が日本本土において高まった背景として、同年に勃発した朝鮮戦争の影響が考えられる。朝鮮戦争当時、沖縄本島ではスクラップブームが起きていたことが指摘されている（屋嘉比 二〇〇九：三二六）。そうしたスクラップブームの際、沖縄本島から日本本土に運ぶ業者がいたことは先述した金城毅へのインタビューでもうかがわれた〔14〕。朝鮮戦争による日本本土の金属需要の高まりを受けて、正規業者だけでなく「密貿易」人達も取引に参加していた可能性は高い。

三　口永良部島における私貿易

1　鹿児島からの引き揚げと「密航」

以下では村田正範の証言から、終戦直後の鹿児島市街の様子、及び引き揚げといわゆる「密航船」の様子についてみていく［15］。

(1)鹿児島での生活

加計呂麻島《かけろまじま》出身の村田正範は一九歳のとき、新京師範学校在学中に一年繰り下げられて徴兵された。当初は牡丹江の陸軍部隊に入隊したが、数か月後には関東軍の七三一部隊に配属された。一九四五（昭和二〇）年の八月に南方戦線へ送られる途中、現在の北朝鮮で終戦を迎えた。終戦を知るとすぐに解散となった。七三一部隊に配属されたせいか、かなり早い段階で解散し、帰郷することになった。そういう部隊だったからか、行動が早かったのだという。また解散時には部隊から現金が支給されていた。終戦を迎えた後、八月二〇日には山口県の萩に連絡船で到着していた。そこからは汽車で鹿児島に着いた。引揚者の鉄道料金は無料だった。しかし鹿児島で出る船がなく、しばらくルンペンのような生活をしていた。

鹿児島に着いた当初は野宿だった。しかし、そのうち焼け残った大きな公共の建物に泊まることになった。奄美の郷友会のような組織が奄美出身者を集めて泊まる場所を提供してくれるようになったためである。場所は鹿児島のはずれ、谷山のあたりであった。そこには奄美の人が多く泊まっていた。引揚者同士が話していて、実はお互いに奄美出身者とわかると、自然と行動を共にするようになっていった。鹿児島では煙草畑も焼け野原だった。そこでは焼け残りの煙草の葉を採って吸った。また鹿児島空港の飛行場に植えてあった芋も採って食べたりしていた。そうした食料探しは奄美出身の仲間達と数人で行った。飛行場へ行く途中、隼人の農家の軒下に泊まったこともあった。現金は所持していたが、食べ物がなかったという。

(2)「密航船」による引き揚げ

その後港で「密航船」が出るという噂を聞いて、船を捕まえることができた。船も奄美の人からの口伝いで知った。そうした人達とは宿泊所で知り合い、奄美に帰りたい引揚者同士で連絡を取り合っていた。乗ったのは大島の人の船であった。いわゆる「密航船」であり、ポンポン船と呼ばれる鰹漁船だった。奄美出身者の誰かが見つけたか、あるいは誰かの親戚だったのかもしれないという。船に乗った仲間も奄美の人だった。二〇馬力ぐらいの本来なら二〇人は乗れない船であった。船に乗るのが怖いということもなかった。しかし、命がけではあった。海難事故に遭った人もいた、と聞いたことがあるという。それでも食うや食わずの生活をしていたので「船が見つかって良かった」と思ったそうである。

船には三〇人以上が乗った。村田を含め、船倉にある鰹の倉庫に入れられていた人もいた。船長は奄美のどこかの人であった。その頃、村田の船よりも小さい船で奄美に帰ったという話も聞いたことがあるという。途中台風にあったので、口永良部島に避難した。また途中沖ノ島に降りて、どこかに泊まった。島伝いに航海し、奄美大島の北にある、笠利の港についた。笠利からまた別の船に乗り換え、名瀬に行き、そこから古仁屋に移動した。古仁屋からは定期的に船が出ていたので、加計呂麻島に帰ることができた。帰ったのは加計呂麻島の阿多地というところである。一九四五(昭和二〇)年の一〇月頃であった。

郷里では家が戦災で焼け、両親は焼け残った家に住んでいた。集落から兵隊に出た人達の中で村田が最も早い復員で、鹿児島市内にいたのは一か月〜一か月半くらいだったそうである。その頃、学校や仕事の関係で本土、即ち鹿児島に「密航」してくる島の人達もいたという。村田は鹿児島から引き揚げるための定期船がなかったために「密航船」を利用した。「密航船」に乗った際、巡回の警備艇などは見たこともないし、鹿児島市内で進駐軍も見ていないという。また警察も煩くはなかった。また「密航」で儲けた人もいたという。

2 口永良部島と私貿易

以下では、近代以前に行われてきた口永良部島の密貿易、さらに戦後の私貿易における口永良部島の位置づけについて、当時を知る同島出身の渡辺一豊、日高一春〔16〕、大穂重行〔17〕の証言を基に概説する。渡辺は島の出身で、一九五一年に阿久根の高校に入った。現在は鹿児島市内に居を構えている。渡辺の生家である口永良部島の渡辺旅館は戦前から一九六〇年頃まで営業されていた。家族が経営していたが、元々渡辺本人は電電公社に勤めていたため、鹿児島に転勤になって廃業になったという。その後渡辺は海底にケーブルを施設する工事等に携わった。

(1)倭寇、島津の密貿易

ここではまず、戦前までの口永良部島の状況について渡辺への聞き取りから概説する。渡辺が筆者に紹介した、口永良部の歴史や言語について記述している川越政則の『南日本文化史』〔18〕では、口永良部島の歴史上、遥か昔には島と聖徳太子との所縁が指摘されている。そして中世には、平家の落人が作ったという津城《つしろ》という城の言い伝えがあり、そこに平家の落人が建てた元村《もとむら》という村があったといわれている。しかし、天保の噴火によって元村は全滅し、生き残った人々が今の本村《ほんむら》を建てたという。平家との関連からか、島には「永良部津城は誰が攻めても落ちはせぬ」〔19〕という歌がある。また島の中には、「平家踊り」という踊りが残されており、平直実や平敦盛と玉寄姫の離別の唄が伝承として残されている〔20〕。またかつては本村に倭寇の基地があったともいわれている。この本村は、現在も島の中心集落である。近世期には、島津によって大陸と鹿児島との間で密貿易が行われていた時の中継基地であったという。さらに、渡辺によれば西郷隆盛が奄美大島に流された際、口永良部に立ち寄って島の西ノ湯に入り、それから大島の笠利に向かったという。薩摩が密貿易基地を作った理由は、木曾川工事で財政が窮乏したためで、奄美など

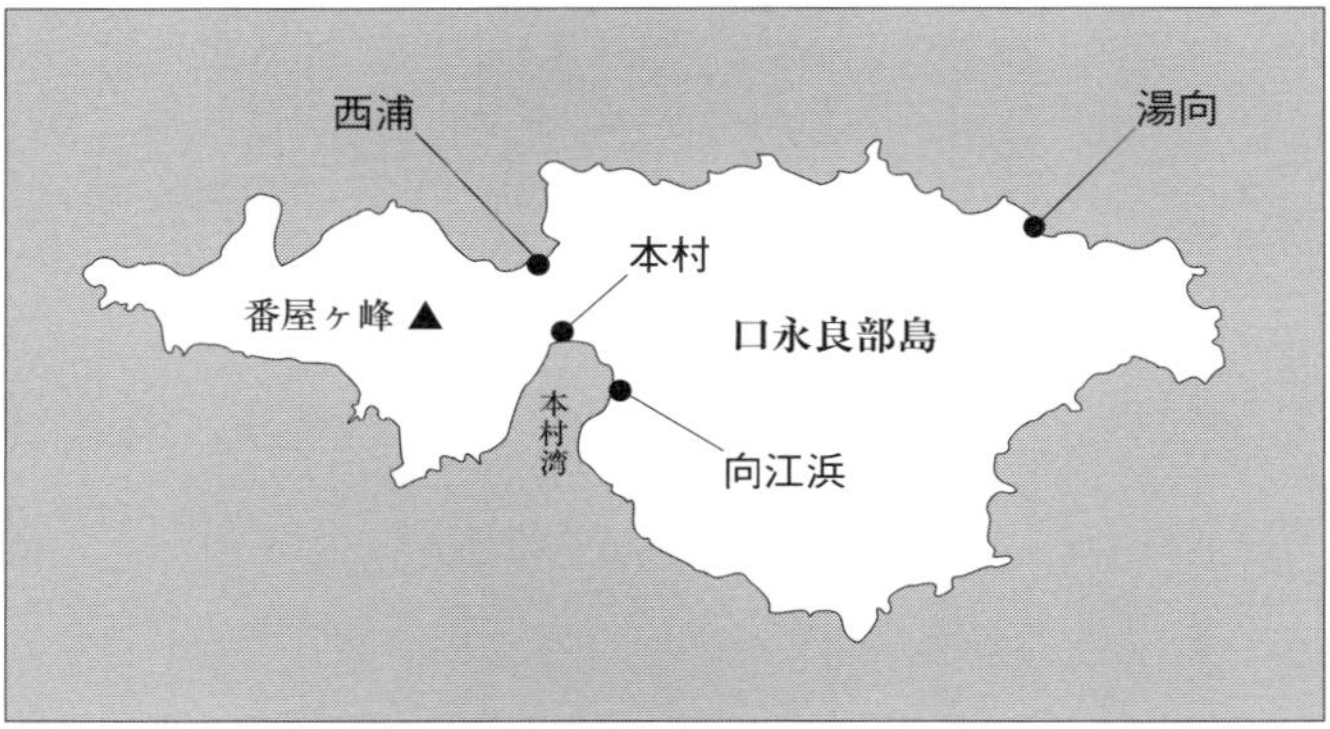

図⑳　口永良部島の主要な海岸と集落名。

の南西諸島で砂糖を作らせ、それを輸出するためであった。調所広郷の時代である。その頃から口永良部は種子島氏から薩摩藩の直轄になり、砂糖を作らされるようになっていた。

また島の西浦はイギリス人居留地であったといわれている。別名イギリス港とも呼ばれた[21]。薩摩の密貿易では、砂糖を奄美から口永良部に持ち込み、そこから坊津へ運んで商人にさばかせた。鹿児島に直接運んでしまってはさすがに幕府に見つかるから、という理由であった。そのため、船を見張るための番所が明治維新になるまで存在していたという。明治維新以後は口永良部島では薪がとれるため鰹工場ができた。口永良部から口之島、中之島あたりまでが鰹の良い漁場であった。

島の湯向《ゆむぎ》という集落には奄美系の人々が住んでいるという。島では半農半漁の生活であったが、島で使用する船のエンジンは明治から大正期頃に取り付けられるようになった。口永良部島出身の日高一春の夫人によれば、戦前の島での生活は基本的に食べる分だけ自分で作る自給自足の生活だったという[22]。

(2)口永良部島での戦争

渡辺によれば、戦時中は陸海軍基地が置かれていたという。島の中心集落である本村の港に軍船がたくさん入っていた。日高によれば戦時中、島の漁船は本村の港で徴用されていた。漁師も徴用されて船ごと輸送に使われていた。

本村への初空襲は一九四五（昭和二〇）年三月一八日、二回目は同月二八日であった。二回目の空襲を受けて、その後島民は山小屋で生活するようになった。山に避難小屋を作り、山小屋で八月一五日まで避難生活をしていた。そして終戦の八月一五日の夜、山を降りた。山小屋があったのは現在の発電所がある辺りであるという。戦争中は番屋ヶ峰と呼ばれる本村から北西側の山の上に海軍、さらにその麓に陸軍が駐屯していた。戦後、軍人で島の人を娶った人も二人ほどいた。二八日の空襲では広島から本村に来ていた海軍の暁部隊が全滅し、その遺体を島の人達から成る警防団がその夜、浜で焼いたが、日高が住む家の隣でも、そのとき産婆さんが漁船に乗っていてやられた漁師を治療していた。痛みによる叫び声が日高の耳にも聞こえてきたという。また、対岸に位置する屋久島の永田からは輸送船が空襲を受けて燃えるときの煙が見えたという。本村の空襲があったとき、渡辺は高等小学校の生徒だった。当時は物資が不足したため、海岸で塩を炊いていた。男は徴兵に取られていたため、島には女性と子供しかいなかった。戦争中、島の中ではカライモを食べていた。芋と米を混ぜて炊くなどしていた。日高によれば、戦争中は島で米の作付けもできず、島にキューバ糖、シャム米などが食料として入ってきたという。

図㉑　西浦。かつて倭寇の拠点や薩摩による「密貿易」の窓口があったとされる。（2011年5月22日、筆者撮影）

⑶ 戦後の私貿易

ここでは渡辺の証言を軸に、日高や大穂の証言を交えて私貿易が行われていた頃の島の様子について概説する。戦後島にいた兵隊が引き揚げた後、内地からも島の出身者が引き揚げてきた。内地では食べ物が欠乏していたため、島の方が食べられる、という理由からだった。鹿児島ではその頃ふすま（小麦のかす）や芋のつるを食べていた。また農家に行って芋と着物を交換していた。島ではツワブキやタケノコ（琉球竹）、貝、魚等があった。終戦時には口永良部が国境の島であり、日本の最前線になっていた。当時、島の住民には、口之島以南が占領され、国境線がひかれたという情報は役場から知らせがきたのかもしれない、という[23]。明治時代は北の硫黄島や竹島、黒島とトカラ列島を合わせて十島村と呼ばれていたが、米軍の占領により戦後は硫黄島、竹島、黒島を合わせて三島村と呼ばれていた。トカラの復帰後も三島村と再び合併することはなかったが、七島村ではなく十島村と呼ばれている。また交通手段としては、戦前は奄美から鹿児島への定期船が通っていた。口永良部は定期船の停泊港ではないが、海が時化ると泊っていた。金十丸や十島丸といった船であった。しかし終戦になって定期船の往来もなくなった。

そうした頃に奄美大島から砂糖が口永良部島に私貿易によって持ち込まれていた。この点について、日高によれば一九四九、五〇（昭和二四、二五）年頃に中之島や口之島から砂糖や米軍の衣類が運ばれてきたという。渡辺によれば、その時買い付けに来た人々が一〇〇円札をリュックにたくさん詰めていた。そのリュックを宿泊先である渡辺旅館の女将である渡辺のお母さんに預け、押し入れに入れてあったという。私貿易取引では、岸から懐中電灯で合図し、恐らく海上で荷物の受け渡しをしていたということである。渡辺は、旅館の中で商人達がそういう話をしていたのを聞いていた。口永良部で取引した商品を本土に持って行けばぼろ儲けできたが、没収されれば元も子もなかった。取引の品には砂糖の他に米軍流出のラッキーストライクがあった。その頃、旅館は島の外から来た人でいっぱいになっていた。本村にいた私貿易人の中には旅館だけではなく、民泊している人達もいた[24]。人数は少なかったが、島の人の中にも一緒に私貿易をする人がいた。それは個人の店を経営している人などであった。民泊する私貿易人は、向江浜や前田など知人がいるところに入って行ったという。土地勘や知り合いのいない、初めての人などは旅館に泊まっていた。闇商売当時はもう一軒旅館があった。それはナオミ旅館といった。

屋久島よりも口永良部の港の方が良い港だった。また屋久島には警察署もあり、警備が口永良部よりも厳しかった。従って、屋久島よりも口永良部の方が私貿易の拠点としては適していたのではないかという。口永良部にいたのは主に砂糖の私貿易人である。一九四六、四七（昭和二一、二二）年頃に私貿易が始まった。島での私貿易は一九五三（昭和二八）年の奄美復帰まで行われた。ブローカー達は旅館に泊まり、旅館は荷物をただ預かるだけだった。取引は恐らく夜の作業で、海上で受け渡しをしていたのだろうという。場所は本村湾の中か、西浦であったと考えられる。他にも岩屋泊、湯向港などで行われたのではないかとのことである。また、陸に荷揚げした場合もあった。日高によれば、闇商人が来ていた頃、向江浜に三〇軒ほどの集落があり、そこで取引をしていたという。また大穂はこの私貿易時代の頃の記憶として、岩泊港から沖に釣りに行った時、海岸のコウモリ穴に砂糖がいっぱい入っているのを見たことがあり、それは警察の警備を避けるためであったと思う、と述懐していた。他に島の北東部にある湯向集落にも闇船が来て、一晩泊っていったという。

渡辺旅館に泊まっていたのは内地の商人達であり、大島の船から海上で荷物を受けとった後、鹿児島や大阪に運んだと考えられる。しかし大抵の場合、奄美からの私貿易船は口永良部に寄らずにまっすぐ鹿児島を目指したという。特に鹿児島の山川は天然の良港であった。ただし時化るとやはり本村沖に避難する船があった。口永良部在住の日高によれば、一九四九、五〇（昭和二四、二五）年頃に中之島や口之島から砂糖や米軍の衣類が運ばれてきており、奄美から来た船は、一旦口之島に物資を置いておいて、そこから口永良部に持ってきていた。口永良部島では海上で物々交換をしていた。また、島の中心集落である本村の対岸にあたる向江浜にはポンポン船がたくさん来ていた、と述懐している。こうした経緯から、口永良部島に取引に来るのは主に口之島からの船であったと考えられる。また日高は鹿児島を訪れた際、鹿児島の港にたくさん闇船がつけていたのを見たことがあるという。そういう船は港で見てすぐにわかったそうである。

図㉒　本村湾の全景。写真奥が本村港。右側手前の岩陰に向江浜がある。

図㉓　向江浜。手前左手方向に本村港がある。（図㉒㉓とも2011年5月22日、筆者撮影）

鹿児島で没収されたという話も聞いていた。当時の私貿易人は取り締まりがあることは分かっており、リスクは承知の上だったと考えられるという。つまり二、三回失敗したとしても一回成功すれば元は取れると踏んでいたと考えられる。私貿易人は捕まってもすぐに釈放され、罰金刑を科された[25]。

北緯三〇度線を引かれたことをどう思うか、という筆者の質問に対し、日高は、商売がアメリカの分断によって闇商売になってしまうこと、また引かれたことは仕方がない、と答えていた。そして「彼らは儲けるためにやっていた」とも答え、闇商売のリスクをブローカー達も分かっていた、との認識を示した。また日高によれば、島の人達は普段の生活で口之島まで行くことはなかった。島の人達は漁をするときでもせいぜい屋久島あたりまでしか行かないということで、戦前から漁船などによる口之島との島民の日常的な往来はなかったとの見解を示している。これは、戦前から台湾の漁港との日常的な往来が存在し、そのネットワークが私貿易開始の下地となった与那国島のケースと大きく異なる点だと考えられる。

また少なくとも、島の生まれの人で刑務所に入った人はいないという。渡辺の従兄も捕まったが、罰金刑になり、恩赦ですぐ釈放された。このように島の人にも私貿易の利益を得る人がいたが、その場合は船を持っている人が中心になっていた[26]。それは即ちブローカーであった。だいたい金持ちで四〇～五〇代のちょっとした人達であり、人数は二、三～五人くらいであったという。そうした島の人で口之島に取引に行った人もいた。ブローカーをするには船を持っていなければならなかったが、島民が持っていたのはこぎ舟か、瀬釣りの舟であった。それは島の言葉で

「テンマンコ」といった（「テン」は小舟、「コ」は小さいという意味）。つまりこの船は長距離用ではなく、瀬釣りや磯釣りに使うものだった。そのため島民が漁に行くのはせいぜい屋久島近海までであり、口之島まで行くことはなかったという。それに対してブローカーが私貿易に使っていたのはポンポン船、即ち鰹漁船であった。

私貿易取引をする上でリスクが高かったのは、取り締まりよりも、やはり命を失うことであった。ルース台風が島を襲ったとき、向江浜集落の人がトカラ列島の宝島で亡くなっている。西田シゲハルという、郵便局を辞めて、私貿易人になった人であった。一九五一（昭和二六）年一〇月のことであった。宝島に避難していたが、宝島には港はなく、沖待ちしているところを船ごとやられた、とのことである。他にも船が打ち上げられたりしたが、しかしブローカー達は命を顧みなかったという。日高によればこのルース台風を受けて、一九五二（昭和二七）年に本村港の護岸工事が行われたという。ルース台風による津波は本村集落の中心付近にある郵便局の前まで来るほどの、すさまじい被害をもたらしたためである。台風の後、島に仮設住宅が建ったが、その住宅地は台風の名をとってルース街と呼ばれた。その後入居者が他へ引っ越していったために壊されたという[27]。

こうした私貿易が口永良部島で流行った背景には、全国的な砂糖不足があった。島では当時、口コミで砂糖が儲かるという話が広がっていったという。そこには本土から島に引き揚げてきた引揚者からの情報もあった。砂糖を生産できるのは種子島以南であり、当時本土に砂糖や甘いものが不足していたという。奄美産の砂糖は質が良く、需要が高かった[28]。七島までは黒土であり、奄美からは赤土である。渡辺は「砂糖は赤土の方がいいのかもしれない」という。そのためか買い付けに来る船の、島への出入りが激しかった。闇商人が運んでいたのは四〇～五〇斤の砂糖樽、また砂糖を詰めた一斗缶であった。砂糖は奄美や沖縄から運んできた黒砂糖であった[29]。他にも甘味料として北海道のビートが取引された。大人達がそういった噂話をしていたという。しかしそうした砂糖を扱う私貿易によって、島民全員に恩恵があったわけではなかった。これについては日高もまた、闇商売自体、島の人にとって経済的にそんなに良かったわけでもなく、ただそのとき島の砂糖も売れたというぐらいである、と述懐していた。しかし確かに砂糖の景気は良かった[30]。そのため島の人達も儲けようと思い、島の外の人に砂糖を売っていたのだという。口永良部島でも砂糖を作っていた。島の砂糖は九州に運ばれた。精糖工場は新村に二か所、また前田や向江浜等、島全体で五か所あったという。闇景気の時代、島の外から来た商人がそうした砂糖を買っていった。鹿児島に黒糖を出す際、必ず島に立ち寄っていく船があったそうである。ただし、そのとき買っていったのは普通の商人であり、私貿易のブローカーではなかったようである。こうした砂糖商売も一九五三（昭和二八）年頃には終わり、青年達も島を出て行き始めたという。

また口永良部ではこの私貿易時代のことは「闇景気時代」と呼ばれており、パチンコ屋、食堂、遊郭「赤のれん」といった店ができたという。これらの施設について日高によれば、遊郭は向江浜と本村の浜の二か所、パチンコ屋は本村に一か所であった。しかしこれらを経営したのは島民ではなく、種子島からの「入り人」、即ち移住者である「砂坂さん」という人だった。この人は後に種子島の護岸工事をするなど、実業家であった。奄美の復帰後に亡くなったという。このように、景気時代として認識されてはいたものの、多くの島民は特にその恩恵にあずかったわけではないようである。とはいえ、闇時代が一番賑やかだったという。これも奄美復帰後には「パタッと終った」そうである。この点について大穂は、闇商売の時代に島の景気が良かったということはなく、闇商人が基地にしていたというだけであり、島の人に利益はなかった、と述べている。

他に、貿易目的ではなく、政治目的で口永良部に「密航」してきた人々もいた。復帰運動のために「密入国」する奄美の人々であった。彼らも「密入国」であることは分かっていたという。他に島外からの商人としては、牛の子を買いに来た商人がいた。それは闇商売ではなく、競《せ》りの日に来た人だった。

警察や税関は闇商売への対応で一時的に増員されていた。その頃、口永良部には税関職員が三名いた。警察も、普段であれば巡査が一名しかいなかったが、その頃は部長と巡査の二名体制になっていた。本村に税関事務所、及び警察署があった。日高によれば、警察の派出所は本村にあり、部長派出所は向江浜にあった。彼らは屋久島から船で派遣されて来ていた。また税関は本村の、現在のお寺が建っているところにあり、その税関職員は福井か大分の出身だと本人から聞いたことがあるという。警察は屋久島警察署の駐在であり、税関は屋久島の安房支署の駐在であった。

種子島から煙草の専売公社も来ていた。彼らは高速艇で上陸し、誰かの家に入って一斉検挙していた。そのため情報が事前に流れていたのだろうという。煙草も没収されたが、簡易裁判により恩赦となり、すぐに釈放された。砂糖の他に、大島から煙草も来ていた。そうした荷物は警備の手薄なところに運んだと考えられるという。また日高によれば、闇商人が口之島で警備艇に捕まったという噂が聞こえてくることがあった。警察を丸めこむことはできなかったが、魚をダイナマイトで取り、警察にも分けていたという話も聞いているという。豚を殺した時も一部を警察に分けていた。戦前は戸締りする家もなく、戸を開け閉めすることもなかった。そのため警察が増えたのは、治安維持のためもあったようだ、とのことである。しかし闇商売について、区役場は特に関係しなかった。知っていても何か言うわけでもなかった。言うのは警察と税関だけであったという。現在、警察官は屋久島から派遣されてきている。

島では戦前から芋焼酎を作っていた。これは密造酒であるが、自家用だった。しかし戦後、酒を扱う商人によって、商品が売れないという理由でこれも警察に密告され、駄目になったという〔31〕。この島で作る焼酎のことを七島ビールと呼んでいた人もいた。度が高くなく、二五度くらいだったのでそう呼ばれた。焼酎はその製造工程において、最初度数の高い部分が出るが、後に薄まるという。なお、日高によれば、芋焼酎を作るのに警察がやかましくなったため、山小屋で隠れて作っていた人もいたということである。

こうした闇時代であったが、治安が悪いということはなく、戸締りするような状況でもなかったという。渡辺夫人によれば、「闇（商売）をしている人がいるみたいよー」といった噂を耳にしたことがある、それぐらいの印象だったという。渡辺夫妻の印象としては、大多数の島民は悪い気持もなく、噂として聞き流す程度のことではなかったか、ということである。良くもなく、悪くもなく、商売人が一時儲けた、という認識である。

(4) 青年会活動

渡辺によれば、闇景気が賑わっていた一九五〇、五一(昭和二五、二六)年頃、島の青年同志会によって、上屋久町から離脱し、枕崎市と合併しようとする分村運動がおこっていた。その青年会では渡辺の兄である、渡辺一義が会長を務めていた。上屋久町は予算を屋久島にばかりまわし、口永良部にあまり使われなかったために不満が募っていたという。枕崎市からも調査員が来て、枕崎市は合併に前向きであったが、上屋久町議会は町の予算が減るため分村を否決したという。この点について日高によれば、分村運動があったのは日高自身が進学のために島を離れる直前、一六歳の頃であった。しかし、その後は青年会活動もなくなってしまったという。渡辺によれば青年団は新村、前田、湯向の集落ごとに加え、本村では集落の中を通る川を境に、川西と川東に分かれていた。青年会活動は戦前からあったという。彼らは取り締まりなどもしていた。しかし分村問題と闇景気とは関係ないとのことである。

これについて『上屋久町郷土史』によれば、一九四八(昭和二三)年頃から「島内の有志会、区民会、青年団、文化団などで分村問題について協議が進められ、分村は住民の一致した声となっていた」という(上屋久町郷土史編集委員会編 一九八四:三六四)。それをうけて、翌一九四九(昭和二四)年二月三日の上屋久村議会第一回定例会で口永良部島出身議員により分村が提起され、審議の末に賛成が大勢となったものの、結局実現しなかった。同書によれば、一島で一村を運営することの経済的な困難性が問題になったようである(上屋久町郷土史編集委員会編 一九八四:三六四―三六五)。その背景として、日高が述べたように上屋久町議会が予算確保のために否決に動いたかについては明らかではなく、今後の課題としたい。また分村が提起されたのは、同書では「交通、産業等の諸般の事情」(上屋久町郷土史

編集委員会編 一九八四：三六四）によるものだとされている。証言では闇景気との関連性は否定されたが、私貿易との関連性についてもなお検討する余地があると考えられる。

(5)私貿易終了後の人口減——高度成長期

渡辺によれば、戦後に島が落ち着いた頃から、島の人が一人、二人と大阪へ行き始めた。そして奄美の復帰後は与論島が国境になった。闇景気の時代は島内の人口は二〇〇〇人ほどだったが、高度成長期に皆大阪に渡ってしまったという。その当時渡辺は電電公社に勤めていたため、悪石島や徳之島、沖永良部島で工事をしていた。一九七二（昭和四七）年の沖縄復帰の年には奄美大島で工事をしていた。沖縄にカラーテレビの放送を流すためであったという。渡辺は島を出た後、延岡、大分、奄美、沖縄などに転勤している。

闇景気時代の人口増加の要因は、日高によれば、私貿易取引よりも、戦後の本土からの引き揚げだという[32]。闇景気のせいではない、とのことであった。さらにこの頃、満州からの引揚者や本土出身者といった島外の人達から成る開拓団が湯向集落に入っていき、自給自足の生活をするなど、当時は移民集落もたくさんあったという。人口増加の背景にはこうした事情があると日高は指摘している。

また渡辺によれば、一九五五（昭和三〇）年が島の人口のピークだという。そして高度成長期になると口永良部には産業がなく、寂れるだけであったという。池田内閣の所得倍増計画の頃になると、大阪へ出て行った人などが戻った時にいい話ばかりするので、皆出て行くようになった。行き先は鹿児島よりも大阪が多かった。そうして、現在は一五〇〜一六〇名ほどの島民しかおらず、世帯数も私貿易の頃、つまりピーク時は二五〇ほどあったが、そこから現在まで下がり続けているという。学校も島の中には中学までしかない。この点について日高も、それまでは農作物を作って食べる生活だったのが、高度成長以降多くの島民が阪神方面へ出て行ってしまったこと、それが特に池田内閣の所得倍増計画の頃からだったと述べていた。一九六〇（昭和三五）年頃から島の人達が出ていくようになり、彼らは本土にいる島の出身者を頼っていったという。

⑹島内人口の変化

ここで、島内人口の変化について検討を行う。下記の表は、『上屋久町郷土史』より筆者が作成した口永良部島における戦前から戦後にかけての人口変化である。

口永良部島の人口変化

一八八一（明治一四）年	四〇二名
一八九〇（明治二三）年	五七六名
一九五〇（昭和二五）年	一九五四名
一九六〇（昭和三五）年	一三八二名
一九六五（昭和四〇）年	七二二名
一九七〇（昭和四五）年	四二七名
一九七五（昭和五〇）年	三〇六名
一九八〇（昭和五五）年	二五〇名

（上屋久町郷土誌編集委員会編　一九八四：八二、八八）記載の人口数より、筆者作成）

同郷土史に記されている島内人口に関して、第二次大戦前のものは一八八一（明治一四）年と一八九〇（明治二三）

年のものしかないが、一八八一（明治一四）年に四〇二人、一八九〇（明治二三）年に五七六人と、いずれも数百名程度の人口であったことが分かる。ところが、一九五〇（昭和二五）年になると一九五四名と、一八九〇（明治二三）年の三倍以上の人口に増えている。この人口増加の原因として、戦後の復員、引き揚げによる帰村人口の増加や戦後ベビーブーム、戦後混乱による都市人口吸引力の著しい減退など、戦争による状況の変化が指摘されている。これは渡辺や日高らの戦後の人口増加に関する証言と一致する。なおこうした増加は、そもそも島内における人口の許容量を超えるものだったと指摘されている（上屋久町郷土史編集委員会編　一九八四：八三）。

さらに戦前の島内の主要産業は黒糖、甘藷、和牛等農畜産などであり、戦後になると日本最南端の島として船舶の出入りが活発化し、黒糖や和牛などの取引が盛んになったが、奄美が復帰したことによって衰退したとされている（上屋久町郷土史編集委員会編　一九八四：三六三）。これも上述の、闇景気時代に砂糖の景気が良かったという証言に符合する。そして同書では一九六三（昭和三八）年頃から人口が激減したとされており、高度成長を契機に島の人口が減っていったという証言の裏付けとなると考えられる（上屋久町郷土史編集委員会編　一九八四：三六三）。

3　口永良部島を拠点にした私貿易――一九四九―五〇年

以下では久留米から沖縄へと私貿易に向かい、その後私貿易の拠点にするため口永良部島に移り住んだ経験を持つ、金岳大樹（仮名）の私貿易経験を通じて、九州から沖縄へ向かうルートにおけるブローカーの足取りと、取引の様相、私貿易における口永良部島の位置づけについてみていく[33]。今回聞き取りをしたのは金岳大樹と夫人の幸子（仮名）である。二人のうちブローカーをしていたのは夫の大樹のみであるが、高齢のため記憶が定かでない部分があり、そのため聞き取りにおいて沖縄に向かった私貿易の旅程以外の部分、即ち当時の口永良部島での生活状況などについては、主に幸子の証言に基づいている。

(1)久留米での生活

金岳大樹は一九二四（大正一三）年生まれ、久留米の出身である。金岳家は大樹の伯父の家であり、早くに母を亡くした大樹とその兄は、伯父である母の兄の家に養子にもらわれていた。大樹の祖父は久留米で絣の卸業で成功し、金岳家は久留米では「西牟田町の御三家」と呼ばれるほど裕福な家であった。事業で成功した祖父は相続の際に財産と仕事を大樹の母の兄弟に分け、本来の跡取りが酒飲みだったため、母の兄である伯父が事業を継いでいた。そしてその伯父の養子になったのが大樹と大樹の兄であった。大樹の兄は伯父の家業である久留米絣の卸屋を継いだ。

戦前、大樹は中学校を出て西鉄に勤め、その後医専を受験するため上京したが、受験会場に行く際、道に迷ってたどり着けずに失敗した。その後福岡の予備校に通い浪人生活をしていたところ、戦争のために兵隊にとられたという[34]。佐賀第一八一部隊に配属された。別名は菊部隊とも呼ばれたという。そして通信兵として相模原で終戦を迎えた。相模原には通信兵養成学校があり、福岡、大分、佐賀などの連隊から人が来ていたという。大樹は終戦後、相模原から新橋まで歩き、汽車に乗って福岡に帰った。金岳家は久留米絣の商売をする傍ら、多くの田んぼを所有する資産家であったが、終戦後、田んぼの没収に遭い、生活は苦しくなってしまった。

(2)口永良部の私貿易

夫人の幸子が大樹と結婚したのは、仲人からの紹介によるものであった。仲人というのは大樹の兄の知り合いの人であった。その人の話では大樹の家で簡易郵便局を買い、大樹に郵便局をさせるために結婚をする、という話だった。終戦の年のことである。御井《みい》町の郵便局だった。しかし、結婚しても実際には郵便局を買うことはなく、大樹は周囲から自衛隊も勧められたが行かずに、友達と闇商売ばかりしていた[35]。大樹が「密航」で沖縄に行った時は、まだ口永良部に行く前だった。一九四九（昭和二四）年頃、二五、六歳の頃であった。このとき幸子はまだ実家にいた。

この沖縄行きについて、大樹は久留米にいて金岳家を継いだ商売人であるお兄さんの友達に誘われたという。結婚当時、二人は最初大樹の実家で暮らしたが、少し経ってから居を移した。その頃の私貿易の商談は大樹の実家で行われていたため、幸子も夫がそうした人達と相談していることを知っていたという。大樹の兄の友人達と私貿易の相談をした際は、大樹一人だけが若く、他の人達とは年が離れていた。相談には、絣屋の社長、卸問屋、元朝鮮総督府銀行にいた人などがいた[36]。元銀行の人は当時すでに四〇代であったという。彼らの中には久留米と鹿児島を往復する鹿児島の商人がおり、そうした人々とは大樹の祖父の代からの付き合いだった。

沖縄へは「密航」で計二回行ったという。大樹を誘った久留米の人達が皆で行った。彼らによると、木材を持っていけば儲かるという話だった。そういった話を沖縄から久留米に来た人が伝えていたようである。そうした人々は主に本部半島の人や伊平屋島の人達であった。積み荷の木材は久留米で仕入れ、若津大川、即ち筑後川の下流から出港した。そうして伊平屋の人々が船員を務める船で沖縄に向かった。船から上陸する際は、船が岸に着けないので沖に停泊した船から海岸まで着物を頭の上に乗せて泳いだ。そうして本部半島に上陸した。本部に上陸した後は、名護、那覇と陸路で下り、また船で海上から伊平屋島に向かった。那覇では巡査と友達になったという。伊平屋島の沖では、巡視船が周回していて、待ち合わせの船は隠れていた。伊平屋島への上陸は、また沖から泳ぎ、沖の船へも泳いで戻った。その後は島伝いに船をさがしながら帰ったと考えられる。中之島では温泉に入った。そして口之島で船待ちし、口永良部島に行く船があるというので、それに乗った。最終的に、船で福岡の清川から帰ってきた。

沖縄の警察や税関はうるさくはなかった。沖縄からはダイヤジンを買ってきていた[37]。そのダイヤジンは、久留米に戻った後、警察から密輸ではないかと疑われた。知り合いに熊本の医者の息子がいたため、その息子に貰ったと言った。あらかじめ口裏を合わせていたのである。そこで警察と一緒にその医者のところを訪ねたが、息子はダンサーと駆け落ちし、逃げていたためそこにはいなかった。しかし本人がいないため、警察からそれ以上の追及は免れることができた。その家は熊本藩の御殿医の家系だったという。

二度目の「密航」は久留米市花畑のKさんと一緒に行った。Kさんは西鉄に勤めていた。年齢は二〇歳くらい上だった。大樹は戦前、西鉄に勤めていた長兄の誘いで、ストライキの時に臨時要員で西鉄にいたことがあった。Kさんは、その西鉄時代の先輩であった。西鉄の用度係だったが、退職金をすべて「密航」につぎ込んだという[38]。なお、大樹は警察の取り締まりや取引のリスクについて、二、三回失敗してもその次に成功すれば十分元はとれるため、警察の取り締まりなどは怖くなかったが、時化や嵐などで遭難し、命を失うことだけが心配であったという。こうして大樹は戦後久留米で始めた闇商売の延長で、沖縄にも行くようになり、さらには口永良部に住むことになった。というのも給料取りでは食べていけないという状況の時、口永良部島へ行って製材所をしよう、という話がきたからであった[39]。その話もやはり、兄の友達が持ってきたという。その話とは、口永良部に製材所を作るので、まだ子供が生まれたばかりである大樹にそこに住んで、私貿易の便宜を図るための留守番役、連絡係をしてほしいという話であった。大樹の長男は一九四九（昭和二四）年生れであり、口永良部島行きは一九五〇（昭和二五）年頃だったという。当時の口永良部島には警察の本署が本村に、支署が向江浜にあった。

しかし、幸子を呼び寄せたものの、製材所を作るため一緒に渡った佐賀の人は製材する機械のエンジントラブルとその修理を理由に、鹿児島に行ったきり帰ってこなくなってしまった[40]。そうして大樹は私貿易を辞めた。その後夫婦が島で暮らしていくために、島に呉服屋がないので呉服屋を始め、その商売が成功したという[41]。

(3)私貿易後の商売

先述の渡辺によれば、金岳大樹はもともと一人で闇商売をしに来ていたという。そして一九五〇（昭和二五）年頃に後から妻子を呼び寄せたのではなかっただろうか、と述懐している。そして一九六〇年には島を出て行ったという。

商売の様子については、青年団には女子もたくさん参加していたので、大樹の扱う呉服屋の呉服はよく売れたという［42］。また、久留米絣は芋摘みの作業着によく使われていた。

幸子によれば、口永良部島から皆が出て行くようになった頃、引っ越す人達は大樹の店で布団や布団カバーを買って行った。最初は若い人が出て行き、次は家族ぐるみで出て行ったという［43］。

大樹の知り合いが屋久島から口永良部島に来て、その人が屋久島で持っている家に住んでいた人が引っ越して空き家になってしまうので、その家を借りないかと持ち掛けてきた。また、もし買うなら世話をしてくれるということだった。大樹は当初、口永良部の人口が減ったために、自分達も久留米へ戻ることを考えており、屋久島へ行くのは乗り気ではなかったという。しかし、銀行から三〇〇万円を借り、家を借りることにした。また屋久島で呉服の商売を始めた。口永良部には知り合いがたくさんいたが、屋久島には知り合いがいなかった。屋久島では、皆金持ちということではないが、皆洒落ており、着物が良く売れたという。東京から嫁に来た人が、屋久島の人は皆お洒落で恥ずかしいからと、買っていったこともあった。屋久島の店では「金岳さんがいいというならいい」、ということで皆が買っていくほどの評判であった。屋久島に居た時、呉服の仕入れなどは京都、岐阜、大阪などの卸屋へ行った。岐阜は昔の国鉄岐阜駅の前に屋台のように卸屋が店をたくさん出していた。新幹線の岐阜羽島駅で降りて、バスで行った。京都では仕入れの際、ナカテイ商店という大きな小売店から卸してもらう契約をした。初めて京都で仕入れをする人に対応する店があるという話であった。その店では普通に卸すよりも卸値は若干高く付いたが、それでも返品が利くのでそこから卸すことにしたという。単価の高い呉服は返品が利くかどうかが重要であった［44］。

屋久島では家具の商売もした。福岡の大川家具がよく売れた。家具屋は屋久島にはそれまでなかった。大川から船で家具を運んだ。元の古い家の家賃は三〇〇〇円だったが、そこを家具置き場にし、隣の空き地に家を建てて店を造った。家主は「金岳さん、家具を一度にこんなに仕入れるのか、売れたらまた仕入れなさい」と言ったが、よく売れた。家具はよく売れたが、借金を返済し終わるまでの商売にした。店員は夫人も含めて女ばかりで、軽トラックやライトバンも持っていたが、男は大樹だけで、大樹は「家具はもう大変だ」と言っていたという。また家具は手前の展示品から売れることは少なく、奥の展示物から売れることや、下の展示物が売れたために上の商品をどかさなければいけなくなるなど、商品移動が大変だった。

家具を仕入れる際は、福岡の大川家具から、船一艘をチャーターして運んだ。輸送費を節約するために、一度にまとめて大量に仕入れたという。運んできた船の船頭も大樹の家に宿泊した。他に家具屋が島になかったため、飛ぶように売れたという。

四　口永良部島における私貿易ネットワークの諸相

金岳大樹は復員後、元々久留米にいたときから闇商売をしていた。そこでの仲間達から沖縄へ木材を運搬することを提案され、沖縄に二度向かっている。出発地は大川という、筑後川の下流域であった。そこで久留米で仕入れた木材を沖縄に運んで行ったということである。その際、大樹を誘ったブローカー仲間達は、いかがわしい人々ではなく、製材所社長、絣問屋、元朝鮮銀行員などで、経済的にも比較的余裕があり、久留米では社会的地位の高いと思われる人々であった。大樹自身も呉服屋の出身で、彼らとは祖父の代からの付き合いだったようである。彼らの誘いを得て、大樹は島伝いに沖縄本島に渡った。沖縄に木材を持って行けば儲かるという話は、沖縄本島の本部半島や伊平屋島出身の人々によって彼らブローカー仲間に伝えられた。そして伊平屋島の人が船員を務める漁船に乗り、本部半島に上陸して売却を済ませ、陸を移動して那覇から恐らく再び船に乗り、かねてから待ち合わせていた伊平屋島に渡るというルートを辿った。そして上陸する際にはやはり港ではなく、沖で降ろされ、泳いで海岸まで渡ったのである。伊平屋島で船に乗る際も同様であった。帰りは中之島、口之島で船待ちをしていたというから、恐らく伊平屋島からの船は中之島までしか行かなかったであろうと考えられる。その後大樹は船で博多湾から清川に入って上陸したと証言していることから、恐らく口之島から鹿児島に上陸するのではなく、五島列島方面を島伝いに移動して博多湾に入ったものと考えられる。

こうしたルートにおいて、やはり前章まで見てきたように与那国島と同様のネットワークモデルによって説明できることは明白であろう。大樹はこのモデルにおいてブローカーと捉えることが出来る。そしてブローカー仲間達は地元のいわば名士であり、彼らは地縁的なネットワークによって戦前から結びついていた。彼が沖縄に渡航する一九四九年段階には、そうした久留米の地縁的ブローカー・ネットワークに沖縄のブローカー・ネットワークが結びついていたと考えられる。その背景には、沖縄―久留米間の頻繁な人の移動が既にあったことが考えられる。そしてこの地縁的ブローカー・ネットワークへの信頼は、翌年夫人の幸子が口永良部島に移住する際も、金岳家の先代からの付き合いのある人達だからその勧めを信用したという証言にみられるように、強固なものであったと考えられる。そして沖縄系、久留米系双方のブローカー同士は打ち合わせを行い、沖縄系が船を用意し、久留米系が商品である材木を用意するという共働関係が生まれている。そして本部半島での上陸、伊平屋島での乗船に際しても事前の打ち合わせなくしては不可能であったと考えられる。また久留米においても、沖縄で購入したダイヤジンを久留米の医者から譲り受けたということにして、そのための口裏合わせを当の医者と約束するなど、警察対策としても久留米系の地縁ネットワークが機能している。詳細はさらなる調査を要するが、大樹の証言では沖縄では警察官とも友達になっていたといい、逆に久留米では警察対策が施されていたことから、警察の警備も九州本土に比べて沖縄の方が比較的緩やかだった可能性が指摘できる。そして同じことは口永良部島にもいえた。地元住民は豚をつぶしたときなどに警察に差し入れをしていたようだが、ブローカーが警察を懐柔させることはできなかったという。これは、対岸の口之島の警察官に対する第三章での玉城正保の証言とは対照的である。このように警備の厳重さに合わせて、同じネットワークにおいてもそれぞれの地域で警備に対する対応を変化させていたと考えられる。

口永良部島出身の渡辺一豊の証言によれば、確かに没収されてしまえば儲けはパアになるが、一度成功すれば二、三倍の儲けになるので一度や二度失敗しても十分に元はとれたというが、大樹は時化や嵐によって命を失うことだけが怖かった、という。これらの点は前章までにみてきた他のブローカー達のケースと同様であり、従って当時のブローカー達の一般的な認識として、捕まって商品を没収されるリスクよりも、命を失うリスクの方が恐れられていた可能性を指摘できる。そういった場合に、やはりブローカーにとっては帰属する地縁集団や、地縁集団相互のネットワークへの信頼が取引を保証する上で最も重要なファクターであったと考えられる。

その後大樹が口永良部島に移住したきっかけは、それまでと同様、私貿易取引の便宜を図るため、島で製材所の管理をすることであった。この誘いはやはり上述の久留米の地縁ネットワークにより、「佐賀の人」からの申し出、ということでもたらされている。それを信用した大樹は口永良部島に移住するが、しかし同行した「佐賀の人」は持ちこんだ機材の故障を理由に鹿児島に渡り、音信不通になってしまった。そのため大樹は生業としての呉服屋を口永良部島で開業することにし、生家の伝手を使用して正規ルートで商品を取り寄せることになった。これはこのネットワークの失敗例として捉えることができるであろう。即ち、一旦は信用して地縁的ブローカー・ネットワークに乗ったものの、そのネットワークが機能しなくなった（あるいは途中で途切れた）とわかると、リスクの高い私貿易取引を続行するだけの信頼関係が崩れてしまい、別の生業へと転業せざるをえなくなってしまったのである。もちろん、それまで島に呉服屋がなく、それを開業することによって儲かるであろう、という大樹個人の商売人としての計算があったことはいうまでもない。こうして、大樹は口永良部、その後屋久島に移住して呉服屋として成功を収めた。

次に、その他のブローカーの動きについて整理する。奄美大島が復帰する一九五三年まで、この島は日本本土側から「琉球」側への最前線として、主に本土出身ブローカーの集結地になっていた。そのスタイルはリュックに日本紙幣を詰め込み、島の旅館にやってくるというものだった。それは当時島内に二軒あった旅館が島外の出身者によっていっぱいになるほどであったという。そして彼らは取引の打ち合わせを旅館の中で行い、島の本村湾、西浦湾、湯向の海岸等で夜間に懐中電灯の合図で落ち合い、主に海上で取引を行った。相手は主に口之島からやって来る船で、大島産の黒糖や米製の煙草などを扱っていた。奄美から本土に向かう船は口永良部島には寄らなかったが、時化の時などには寄港していた。時には陸上でも取引があったというが、総じて警察の取り締まりが厳しかったため、陸上での取引は少なかったようである。それが「琉球」側との大きな違いであると考えられる。しかし、こうした取引において、旅館あるいは土地勘のあるブローカーは民家に泊まるなどして打ち合わせを行い、少数ながら地元の人も巻き込んで警察の厳しい監視を潜り抜けながら取引を展開していたことから、この島においても与那国島と同様の私貿易ネットワークが機能していたと考えられる。

次に、口永良部島内の状況について整理する。GHQの記録に残っている口永良部島での押収物資は砂糖類の他、米軍のものと思われる生活必需品が多く含まれることがわかった。これは、上述の私貿易経験者である金岳が沖縄からダイヤジンを運んでいたことや、渡辺の証言にあったように、「琉球」側から砂糖だけでなく米軍の衣類やラッキーストライクなどが持ち込まれていたなど、米軍関係の物資が取引されていたことの裏付けとなると考えられる［45］。さらに、一九五〇年には、警察に代わり鹿児島税関支署口永良部監視所による逮捕が記録されており、これも島内に税関の監視所があったとする証言と一致する。

私貿易の取引に使われた船は鰹漁のポンポン船であったが、これはブローカーが使用する船で、元々この島の人々は「テンマンコ」等の小舟に乗って屋久島近海まで漁をするのが普通であった。そのため、戦前には漁などでの口之島との往来はなかったという。そして島の人口は増えていたがそれは戦後の引き揚げによるものであり、私貿易の経済効果ではなかったとの証言もあった。私貿易は確かに隆盛していたが、それは島外から来たブローカーが主に儲け、島内の住民にも参加した人はいたがその数は少なかったという。さらに、島内に私貿易人相手のために設けられた娯楽施設も、経営者は島外から移住した人であった。これらの点が与那国島との大きな違いとして挙げられる。しかし、「国境の島」としての類似点も多くみられる。一つには、前近代にはやはり貿易拠点として栄えた時代を持つという点である。それは倭寇の拠点であったこと、そして薩摩の密貿易の拠点であったことである。また、一時的にせよ島に多く人が集まったことでパチンコ屋や飲み屋、遊郭などのいわゆる娯楽施設が建てられ、大量の貨幣が使用されたという点である。さらに、私貿易との関連性については現段階では判然としないものの、戦後の混乱期において自立的な自治を模索する島の青年会によって、屋久島からの分村運動が展開されたことである。こうした点から、警官の取り締まり状況や島民の生活形態といった個別的な違いはあるものの、境界線の変動によってブローカー達の集まるネットワークセンターとしての機能は、与那国島より小規模ではありながら、類似の形態をもって展開していたと看做すことができる。

また付言すれば、ＧＨＱに報告された逮捕記録からは九州だけでなく、西日本から関東までの沿岸一帯にかけての私貿易の記録を確認できる。口永良部島以外にも私貿易によって社会的な影響を受けた島や地域が多数存在するのではないだろうか。この点については、琉球列島以外の地域での私貿易に関する研究を進めることで、琉球列島と日本本土を結ぶ私貿易のルートや商品、その線上に位置する島々の状況と私貿易との関わりをまず明らかにする必要がある[46]。そのうえで、そうした基礎研究に基づき、各地における私貿易人同士のネットワークの形態についても更なる検討が必要となるだろう。

［1］APO331subject: smuggling of books Into Okinawa from Japan 24 August 1949, RG554 164A FEC RMGS B06 F07smuggling, National Archives, College Park.

［2］RG554 164A FEC RMGS B06 F07smuggling, National Archives, College Park.

［3］RG554 164A FEC RMGS B06 F07smuggling, National Archives, College Park.　以下、本節で使用する一覧表のデータは全て同一簿冊からの出典である。各項目の末尾にページ番号を付した。

［4］石原昌家による先行研究に、同様の指摘がある（石原 二〇〇〇：三一六）。

［5］玉城正保へのインタビュー。二〇〇九年七月四日、東京都内にて聞き取り。

［6］Memorandum for: Colonel Jesse P. Green Deputy Chief of Stuff Military Government of the Ryukyu Islands APO 331 subject: smuggling, RG554 164A FEC RMGS B06 F07 smuggling, National Archives, College Park.

［7］琉球貿易庁は、一九四八年以前に琉球列島内の貿易機関であった琉球列島貿易庁が、外国貿易の民間移行のための過渡的措置として軍政府から貿易に関する大幅な権限移譲を受け、再編強化されて発足した貿易機関である（琉球銀行調査部 一九八四：二一三―二一五）。

［8］この点に関連して、一九五〇年に極東軍が構想した琉球警察軍・沿岸警備隊を創設する案について、我部政明によれば、米国民政府（USCAR）の記録からは、実際に沿岸警備隊の任務を遂行する能力のある（旧海軍士官出身の）沖縄住民を十分に確保できないことと、琉球軍司令部は一九五〇年以降琉球警察の取り締まりに対してかなり信頼を置いており、独自の沿岸警備隊を創設する必要がないと考えたのではないかと述べている。そして結果的にこの構想は実現しなかった。本書で参照した資料によれば、一九四九年段階では琉球軍政局は琉球警察を信用していなかった可能性が指摘でき、極東軍による琉球警察軍・沿岸警備隊創設構想の裏付けの一つになると考えられるが、この点についてはなお調査を要する。なお、我部は琉球軍司令部G―2（参謀部第二課諜報担当）が一九五六年九月から一〇月に作成した「諜報ダイジェスト」一八号、一九号、二〇号における琉球警察局に関するレポートから、上記のような結論を導き出している。「密貿易」取り締まりに琉球警察は、少なくとも軍政府にとっては協力的な態度をとっていた、というのが我部の考察であるが、この点についても今回インタビューした元「密貿易」人の琉球警察に対する見解とは食い違いもあるため、なお調査を要する（我部政明 一九九六：八七―九〇）。

［9］以下(1)〜(3)で扱う報告は全て同一簿冊からの出典である。本文中にページ№を付している。RG554 164A FEC RMGS B06 F07 smuggling, National Archives, College Park.

［10］民俗学者下野敏見の指摘による。下野への電話インタビューより（二〇一〇年六月一〇日）。

［11］玉城正保へのインタビュー。二〇〇九年七月四日、東京都内にて聞き取り。第三章参照。

［12］同資料では名前の部分は白塗りになり、個人情報として公開されていない。以下、本節で扱う本文中の報告は全て下記の同一の簿冊からの出典である。本文中にページ№を付した。Entry 164B (A1) : General Correspondence, 1949-1951. 沖縄県公文書館〔00014-009〕所蔵。

［13］玉城正保へのインタビュー。二〇〇九年七月四日、東京都内にて聞き取り。

［14］金城毅へのインタビュー。二〇〇九年一一月一三日、東京都内にて聞き取り。第二章参照。

［15］本インタビューは二〇一一年五月一六日に、法政大学沖縄文化研究所国内研究員の福寛美と共同で、村田正範夫妻のご自宅にて行った。本文の執筆においては、筆者の聞き取りメモに加え、証言内容の正確さを期すため福寛美の聞き書き記録も参考にさせて頂いた。記して感謝する。

［16］日高一春は二〇一一年現在で七八歳、口永良部島出身である。種子島の高校に入学する際に島を出ており、また若い頃に横浜で働いていた経験がある。渡辺一豊は中学時代、日高の一級上に当たる。二〇一一年五月一八日、鹿児島県内にて聞き取り。

［17］大穂重行は口永良部島出身。かつては本村から北西に離れた新村に住んでいたが、その後本村に移り住んだ。二〇一一年五月一九日、鹿児島県内にて聞き取り。

［18］渡辺一豊は口永良部島の前近代史について、（川越　一九五〇）を参照しながら筆者のインタビューに答えていた。それに従い本書執筆の際にも、（川越　一九五〇：六八―八四）を参照した。

［19］渡辺は上述の（川越　一九五〇）から引用とした思われる。同書には、この歌が平家と口永良部島との関連性を示唆する島の民謡として紹介されている。なお同書によれば、全文は「肥後の八代の城と　永良部津城は　誰が攻めても落ちはせぬ」とある（川越　一九五〇：七一―七二）。

［20］この点については、後述する金岳大樹（仮名）の夫人である幸子（仮名）も、島の新村という集落には平家の末裔が住んでいるという話を聞いたことがあるとして、下記のような証言をしている。以下は福寛美による電話でのインタビューからの引用である。「口永良部島には平家の落人が来た、という話もある。新村あたりにそういった人達が住んだ、という話だ。島の人の中には品の良い顔立ちの人もいた」（二〇一一年六月一三日、福寛美の電話インタビュー記録より、筆者抜粋）。

［21］渡辺一豊によれば、イギリス人居留区を西浦に設置した目的は、口永良部島を拠点として薩摩が密貿易をするためであったと

いう。また上述の（川越 一九五〇）においては、本村港の西側付近に慶応年間まで西洋館があり、そこにはオランダ人が居住し薩摩の密貿易船と交渉をする拠点となっていたという。その際の薩摩からの密貿易品は北海道産の昆布、それに鹿児島産の米や醤油などであった。また同書によれば、薩摩側の密貿易所は別名白糖方とも呼ばれており、この島で白糖の精糖所が作られていたという。この白糖所は設置されたとすれば、藩主斉彬の時代以降のことであり、オランダ人と明記はされていないが、外国との協力のもと建設された可能性が示唆されている。この背景として、口永良部島は種子島などと異なり、藩が在番役人を置く直接支配であったことも指摘されている（川越 一九五〇：七五―七六）。

このオランダとの貿易についてであるが、弓削政己によれば、薩摩は斉彬の時代にオランダと琉球との間に条約を結ばせ、琉球を通じた密貿易計画を立てていた。長崎で薩摩とオランダとの交渉の末、調印直前までこぎつけたものの、斉彬の急死によって頓挫したという。ここでのオランダとの貿易拠点は奄美大島が想定されていた。その理由は、大島は表向き琉球の領域としながら、実際には薩摩の直轄地であったため、琉球王府の意向を踏まえなくてよく、薩摩にとって利用しやすいという事情があったという。こうしてオランダとの密貿易が頓挫した後、次の藩主島津久光は長崎のグラバーを通じて大島を拠点にイギリスとの密貿易を開始したという。その概要は、大島で生糸や米をグラバーに売り、それをグラバー商会が上海などで販売して、見返りに軍艦や武器弾薬などを購入するというものであった。またグラバーは大島に来島して四か所の白糖工場も作った。これもこうした「大島スキーム」の一環として捉えられるという（知名町教育委員会 二〇一一：八四―八五）。

本書で口永良部島に関する密貿易についてさらなる根拠を提示することはできないが、この大島スキームと口永良部島での密貿易の伝承を比較すれば、双方とも斉彬以降の時代であり、白糖の生産が計画され、また両島とも薩摩の直轄地であり、密貿易を隠匿するには適していたという事情が共通している。こうした点から、薩摩のオランダ、イギリスとの密貿易計画全体の中で口永良部がどう位置づけられていたのかを検討することが、口永良部島における薩摩の密貿易を明らかにしていく上で有効であると考えられる。

［22］戦後、一九五〇年から六〇年頃まで口永良部島に住んでいた金岳夫妻もまた、豚を住民でつぶすなど、こうした島での自給自足に近い生活を体験している。金岳幸子によれば「口永良部島では豚をつぶすことがあった。夫は二〇代で口永良部島へ行った頃、豚をつぶしたことなどなかったが、『豚をつぶす人数』にまざっていればつぶした豚の分け前をもらえるので、『金岳さんも一緒に来たら』と言われ、一緒に行った。豚は四、五人でつぶすことも五、六人でつぶすこともあった」（二〇一〇年八月二四日、福寛美の電話インタビュー記録より、筆者抜粋）。また、その他の食糧事情に関して幸子は次のように語っている。

「口永良部島ではお米は売っていた。お米は佐賀から持ってきた、という話もあった」、「口永良部島にはお豆腐を売る店もあった」、「米は酒屋さんで売っていたと思う」、「魚は釣りに行って獲って来る」（二〇一〇年一〇月七日、福寛美の電話インタビュー記録より、筆者抜粋）。

[23] 一九五〇年当時、島外から口永良部島に移住した金岳幸子は、北緯三〇度線について次のように語っている。「三〇度線のことだが、三〇度線の手前までは日本になっている。そのぎりぎりの場所に口永良部島がある、という話だった。十島村、そして奄美の島々はその頃はまだ日本に復帰していない」（二〇一一年四月二〇日、福寛美の電話インタビュー記録より、筆者抜粋）。「口永良部島のあたりには三〇度線というのが通っており、そこまでは日本でその先は違う、ということは口永良部島へ行く前から知っていた」（二〇一一年二月七日）。既に五〇年頃には、占領と国境線の設定は島外の人を含め、広く知られていたことが分かる。

[24] この民泊した人々の様子は、本インタビューの他に、福寛美が幸子夫人に対して行った電話インタビューにおいても語られている。「闇で売り買いをする人がたくさんいた時は、口永良部島は宿がないので、皆、土間に寝た、という話もきいた」、「そのような闇商売の人はリュックに百円札をつめていた、ということだ。百円札を百枚くらいなら風呂敷にでも包むだろうし、リュックの中、というと何枚あったのだろうか、と思う」（二〇一一年四月二〇日、福寛美の電話インタビュー記録より、筆者抜粋）。この語りによれば、旅館に入りきれないほどのブローカー達が島外から集まってきていたことになる。

[25] この取り締まりに際してブローカーが採った行動として、興味深い証言が幸子夫人によってなされている。「口永良部島の闇商売の話で、聞いたことがあることは、黒砂糖などの統制品を持っていて船に税関の職員が入って来て見つかりそうになった時、黒砂糖を海に投げ込んだ、ということだった」（二〇一一年四月二〇日、福寛美の電話インタビュー記録より、筆者抜粋）。罰金刑で済むとはいえ、商品である砂糖を捨ててでも逮捕を免れようとしていた人がいたことがわかる。

[26] 日高に、島の人で私貿易をした人がいたか尋ねたところ、聞いたことがないとの回答であった。この点については、旅館にいて多くのブローカーが身近にいた渡辺の方が彼らについての情報量が多かったと考えられる。ただし、旅館や漁師など関係する立場の人を除き、他の島の人々には気づかれないほど隠れて取引をしていたという可能性は考えられる。

[27] ルース台風については、幸子夫人もその被害にあった時のことを詳細に記憶していた。「口永良部島へ行ってから二、三か月の頃、ルーフ（ス）台風がきた。その時、診療所も寺も流された」、「台風の時の若い子の話を聞いたことがある。その子は流されかけていたところを誰かに襟首をつかまれ、『しっかりせい』と言われた」という。「津城夫妻が逃げていた所へ『寺が流さ

れた、助けてくれ』と助けを呼ぶ人が来た。助けに行った人がおり、濡れた子供をおんぶして戻って来たのを覚えている」、「普段住んでいた家より四〇~五〇メートル高いところへ逃げていたが、台風の勢いが怖く、『もっと高いところへ逃げようか』と言った。するとその頃に四〇歳くらいの年配の男性が『ここまで波が来たら口永良部島も終わりだから、動かないでじっとしていたほうがいい』と言われた。その通りにした」（二〇一〇年七月二二日、福寛美の電話インタビュー記録より、筆者抜粋）。これらの証言から、ルース台風が当時の島民生活に大きなダメージを与えるほどの深刻な規模であったことがうかがえる。

[28] 奄美大島の「密貿易」について、その経済的意義を作家の佐竹京子が簡潔にまとめている。佐竹は島内で発行している雑誌『さねんばな』の編集長であり、雑誌の企画として、「密貿易」に携わった人や、当時の警察官らを集め、座談会を行った（佐竹 二〇〇三）。「密貿易」に携わっていたとされる元名瀬市市議会議員の福山平一の証言によれば、「しかし我々がいなければ、奄美の経済はほんとうに破綻していましたよ」、そして「奄美群島知事の中江寛孝さんだって一緒だったと思います」と述べ、奄美大島の行政側も黙認していたことを示唆している。その上で、「いってみれば闇商売は、奄美にとって官民一体の大事業だったんじゃないですか」、また「行政分離されて、北緯三〇度線というような国境線が引かれなければ、ただの貿易だったし、何も闇夜を選ぶこともないわけですから、ただの商売だったわけですよ」というように、「密貿易」という言葉から連想される犯罪的なイメージを払拭しようとしており、むしろ誇りをもって語っている様がうかがえる（佐竹 二〇〇三：二三二）。

以上から、当時の奄美経済にとって「密貿易」が欠かせないものであり、当事者達にとってそれ自体犯罪を犯しているという認識はなく、当時の行政の首長ですらそれを黙認していたことがわかる。それは、この座談会での「当時闇商売ということに対して、法を犯しているという後ろめたさなどありましたか」という別の質問に対して、福山他一名が「全然ありませんでした！」「まったくありませんでした！」と答えていることからもうかがえる（佐竹 二〇〇三：二三二）。

[29] 先述の村田正範によれば、戦前から加計呂麻島の阿多地ではサトウキビはよく作っていたという。阿多地での産業について以下のように語っている。「砂糖を『絞る』（精製する）のは専門の人がするのではなく、農作業の傍ら行われていた。小屋を作って小屋の中で精製した。戦後、引揚者が戻ってきたために阿多地には四〇戸ほどの精糖所ができていた。砂糖作りのために村から一人、巡回する指導員がいた。また、阿多地では鰹節も作っていた。製造の指導をするのは内地の人で、働くのは島の人だった。他には山の中腹に牧場があり、牛や馬などがいた。戦後も落ち着いた頃から、奄美の復帰前までは沖縄に行く若者が多かった。一九五三年の奄美復帰後は本土に行く若者が多かった。沖縄では軍作業をするためであった」。これらの証言から、

少なくとも阿多地では戦後も継続して砂糖生産が行われ、精糖所は引揚者の帰還を受け、就労先として増加していたことが分かる。

[30] 金岳幸子もまた、福寛美に対して「口永良部島は景気が良い、という話だった」と語っている。口永良部島に移住する以前から、恐らく夫の仲間達からの口コミで口永良部島の景気が良いことを知っていたようである（二〇一一年四月二〇日、福寛美の電話インタビュー記録より、筆者抜粋）。

[31] この点について、焼酎は正規の販売ルートにおいては、島外で生産されたものを購入する以外になかったことが、金岳幸子へのインタビュー記録において語られている。「口永良部島の焼酎は島でつくっているわけではなく、鹿児島から持ってきていた」（二〇一一年四月二〇日、福寛美の電話インタビュー記録より、筆者抜粋）。

[32] 終戦直後、引き揚げによる人口増加は、金岳夫妻が島に移住した一九五〇年頃においても持続していたことが、福寛美による金岳幸子への電話インタビューからもわかる。「口永良部島の人口が多かった時は何百人もいた。千人もいただろうか。戦時中に口永良部島出身者で外へ出ていた人が戦後にいなかである島に帰っていたのだろう。三月一〇日に島の青年団が素人芝居などをしていたが、人数も相当いた。実家のある久留米と同じような感じだ、と思った。夫の姉が久留米から口永良部島に遊びに来たことがあったが、久留米と同じようだ、と言っていた」（二〇一一年四月二〇日、福寛美の電話インタビュー記録より、筆者抜粋）。

[33] 本インタビューは二〇一一年五月一六日に、法政大学沖縄文化研究所国内研究員の福寛美と共同で、金岳大樹（仮名）、幸子（仮名）夫妻のご自宅にて行った。本文の執筆においては、筆者の聞き取りメモに加え、証言内容の正確さを期すため福寛美の聞き取りメモも参考にさせて頂いた。記して感謝する。

[34] 金岳大樹の戦前の生活については、本インタビューに加え、福寛美が幸子夫人に行った電話でのインタビューにおいて詳細が語られているため、併せて参照した。下記に引用する。「金岳大樹は久留米の医専（今でいう久留米医大）を受験しよう、ということになった。当時、久留米医専は東京でも受験ができた。東京へ行きたかったので、東京へ受験に行ったが、乗り物に乗り遅れ、試験に間に合わず、受験できなかった」、「金岳は当時のお金で受験をするからと六〇万円家からもらって行っていた。郷里の先輩で後に福岡で医者になった上野さんの家に二か月いて、六〇万円で遊び、お土産を買って帰って来た、という話を聞いた」、「金岳はそのあと、戦争に行くまでは『自分は浪人だ』ということで福岡で予備校へ行き、高い下駄をはいて歩いていた、ということだったが、大学へは行かなかった」（二〇一〇年九月一四日、福寛美の電話インタビュー記録より、筆者抜粋）。

[35] 当時の久留米における金岳の闇商売がどのようなものであったのかについては、今後の調査課題であるが、福寛美が電話で幸子夫人に聞いたところ、金岳自身に関することではないが、闇商売について下記のような話があったという。「戦後のこと、久留米の近所の人は軍事物資の管理をしていた。広島の部隊が福岡にいて、家から学校へ行く途中の竹やぶのところに青いシートで覆った物資が置いてあった。その管理だか監視だかをする人がいた。軍事物資は夜中か昼か知らないが、近所の人が運び出していく、という話だった。監視をする人が家を建てたりしたので、『あの人は物資を横流ししている』という噂もあった」、「戦後は闇商売というのがあった。久留米の実家にいてまだ結婚していなかった頃、実家から乗ったバスに警察官が乗って来て『米を持っている人は降りて』と言って降ろして荷物を調べたりしていた。『何を持っているか』ときかれ、『シロです』といって米や砂糖を持っているのを隠そうとしていた人もいた」（二〇一一年三月二四日、福寛美の電話インタビュー記録より、筆者抜粋）。このように、当時、旧日本軍基地などからの窃盗品などが横流しされたり、また住民が米や砂糖などをいわゆる闇市場から入手することは日常茶飯事であったことがうかがえる。

[36] 今回の聞き取りで金岳大樹は明言していなかったが、幸子によれば、これらの話を持ちかけた人々も金岳と共に「密航」をしたようである。「口永良部島へ行く話を持ってきたのは商売をしていた人達だった。金岳より年上で、精米所を持つ人、久留米絣の問屋などちゃんとしたおじさん達がする話なので、間違いないだろう、と思った」。ここで間違いがない、と思ったのは金岳幸子である。夫が沖縄まで行かなければならないという危険な旅であったが、このように彼らを信頼していたという。また「年配のおじさん達のした密航は一回か二回だと思う」という証言から、兄の友人達も密航していたことが分かる（二〇一一年三月二四日、福寛美の電話インタビュー記録より、筆者抜粋）。

[37] 幸子によれば、このダイヤジンは虫下しの薬のようである。「口永良部島から密航して沖縄へ行く、という時に覚えているのは『虫下しの薬』ということで、ダイヤなんとかという白い玉の薬のはいったビンを見たことがある。薬といっても、今、テレビに出るような麻薬などではなく、普通の薬である」（二〇一一年四月二〇日、福寛美の電話インタビュー記録より、筆者抜粋）。

[38] この点について、幸子は次のように証言している。「中卒後、西鉄に勤めていた人と大樹は知り合いだった。その西鉄の人も会社を辞めて密航した。何も辞めなくてもいいのに、と思ったがそうした。西鉄の退職金をつぎ込んで密航した人、宝くじ（道路工事か何か、福岡の限定だったと思う）に当たって今なら数十万円ほどのお金を手に入れた人も密航をした。そういう時代だった」（二〇一一年六月一三日、福寛美の電話インタビュー記録より、筆者抜粋）。「西鉄の人」というのは文脈上、本文におけるKのことだと考えられる。こうした証言から、私貿易行為は単に生活が困難なほど貧しいからという理由だけではなく、

ゴールド・ラッシュのような一攫千金を狙う人々も多く参加していたものと考えられる。

[39] この点についても、幸子によって詳細が語られている。「兵隊へ行って帰ってきたが、勤める先がなかった。自衛隊へ行かないか、という話もあったそうだ。結婚して子供が生まれ、その長男が小さい時、大樹の兄の友達が『口永良部島は景気が良いそうだから、行かないか』という話を持ってきた。他に声を掛けた人もいたようだが、子供達が大きいので、と断ったらしい。金岳さんは子供も小さいし、口永良部島へ行って製材か何かの責任者にならないか、という話だった。ただ、その人も結局口永良部島へは行かず、自分達だけが行った」(二〇一一年二月七日、福寛美の電話インタビュー記録より、筆者抜粋)。

[40] 福寛美による金岳幸子への電話インタビューより。「製材の機械を持ってきた人は佐賀の人だった。その家族も一緒に来た、ということだったし、長くいるつもりだったからお米も大分持ってきた、という話をきいた。元は佐賀の米農家だったらしい」、「口永良部島で『機械が故障だ』ということで機械を鹿児島へ持って行った。油を差すのに、本来なら差してはいけない油、確か重油だったか何かを差してしまったか故障した、というような話だった」、「鹿児島から口永良部島へは当時、三日に一回船が出た。鹿児島へ機械を持っていった人は、『今日は時化で船が出ない』と言っていたが本当は船は出ていた。そんなことがあり、結局修理もせず、機械も戻って来なかったので製材の仕事は無理、ということになった」、「製材の仕事がある、ということで他にも久留米から来た人がいた。その人達の中では大島へ行った人もいた、ということだ」(二〇一〇年一一月二九日、福寛美の電話インタビュー記録より、筆者抜粋)。また、口永良部島にそうした製材所をつくる理由として、幸子は以下の様に語っている。「材木は当時、大島で高かったそうだ。大島では一時、材木がよく売れた。材木は口永良部島で製材し、大島へ密航して売りに行っていたらしい。製材をする前の木が口永良部島の木か、どこか他の島の木なのかは、わからない」、「大島の木は材木にするには不向きだったのだろうか。よくわからない」(二〇一〇年一〇月二八日、福寛美の電話インタビュー記録より、筆者抜粋)。大島における木材需要の背景については、今後の研究課題としたい。

[41] 先述の日高によれば闇景気時代、島に製材所はなかった。島でも杉の木はあった。製材所ができたのは戦後ずっと後になってからのことであるという。二〇年ぐらい前に作られたが、今はない。なお、金岳夫妻が呉服屋を始めた経緯について、金岳幸子は次のように語っている。「最初は製材をしようと思って行ったのだが、機械が壊れたので久留米の金岳の親戚の卸屋から衣料品を卸し、口永良部島で商売をすることにした。商売は島の人を対象にした商売だった。島は小さいようだが、営林署に勤める人、郵便局の人、先生達、鹿児島からくる医者、などもいた」(二〇一一年三月二四日、福寛美の電話インタビュー記録より、筆者抜粋)。

[42] この頃の金岳は、当時少年であった先述の日高とよく夜一緒に釣りにでかけていたという。筆者が当時の金岳の印象を尋ねたところ、「自分にとってはいい人だった」と、懐かしそうに述懐していた。金岳の親しみやすい人柄がうかがわれるエピソードである。また、福寛美の金岳幸子への聞き取りによれば、金岳は学校の先生達ともよく釣りにでかけていたという。「口永良部島で金岳は、学校の先生達と魚釣りによく行っていた。大きな魚を釣って来た、しかもたくさん釣って来たことがある」（二〇一一年五月一一日、福寛美の電話インタビュー記録より、筆者抜粋）。また、この若い学校の先生達は他に娯楽がないため、同世代の金岳夫妻のところによく遊びに来ていたことが語られている。「金岳家は当初、家を借りていて店をし、炊事場もつくっていた。店をしたりしていたので、内地から赴任してきた先生達が遊びに来たりした。飲み屋などもなかったので、遊びに来た。口永良部島の他の家はお姑さんがいて夫婦がいて子供達がいる、というようにごちゃごちゃしていたが、金岳家は夫婦と小さい子だけで遊びに来やすかったのだろう。金岳は店をしていても特に大変なことはないので、仲良くなった学校の先生や近所の若い人達と魚釣りをしたりした。『口永良部島では楽しかった』と言っている。若かったので楽しかった」（二〇一一年四月二〇日、同上）。もちろん金岳夫妻が商売柄多くの島民とコミュニケーションをとる立場にあったことは前提であるが、これらの証言から、島の人々との信頼関係を作ることに長けていたこともうかがえる。こうした資質が、私貿易におけるネットワークの形成においても有用であったと考えられる。

[43] 人口が減ってきた頃の証言として、幸子夫人は次のように語っている。「口永良部島からも人が引き揚げていった。大阪方面に引き揚げる人が多かった。鹿児島方面に引き揚げる人もいたが、大阪中心の関西方面が多かった」、「口永良部島から引き揚げる人が多くなり、これでは商売にならない、という時、久留米に戻ろうかと思ったが、屋久島のほうが良い、ということで屋久島へ行った」（二〇一〇年八月三日、福寛美の電話インタビュー記録より、筆者抜粋）。

[44] ナカテイ商店での仕入れのいきさつについても、幸子夫人が詳細に語っている。「夫のいとこが久留米で卸屋をやっており、そのいとこに京都へ連れて行ってもらった。そこは呉服の卸屋で、京都銀行の近くだった。飛行機で大阪へ来て、それから終点まで電車に乗って、『終点に着きます』と電話をし、卸屋さんに迎えに来てもらっていた」、「そこでは品物を手形で貸してもらい、返品もできる、一割くらい手数料を取られるが、商売としては良かった」、「ナカムラテイゾウ氏がやっていた卸屋なので、『ナカテイ商店』といっていた」、「京都のナカテイ商店の儲けの話では億単位のこともあった」、「ナカテイ商店で五万円で仕入れ、二倍の一〇万円と一割増で売るとして、一一万円、そこから一割引きしても儲かる」（二〇一〇年八月三日、福寛美の電話インタビュー記録より、筆者抜粋）。

[45] 石原もまた、一九五一年頃には口之島ルートにおいて米軍放出品が取引されていたことを指摘しており、口永良部島が口之島ルートに含まれていたとすれば、その裏付けともなると考えられる（石原 二〇〇〇：二四八—二四九）。

[46] この点に関して、奄美郷土史家の弓削政己が二〇一二年一一月二日「米軍政府下（～一九五一年一二月一四日）、奄美諸島の『闇船・密貿易』と九州以北のルートと仕組み——メリーランド大学プランゲ文庫蔵新聞資料による覚書メモ」と題し、「復帰を語る会」（奄美博物館）において同様の指摘をしている。ここでは弓削による研究会での報告資料を参照した（弓削 二〇一二）。記して感謝する。

終章

私貿易時代の終焉とそのネットワークの形態について

各章でみてきたネットワークの構造において、ネットワークセンターとなる有力者の資源は、どれだけ多くの良質なネットワークを保持しているかであり、それは土地や財産、行政府における地位、あるいは軍事力のような、いわゆる人々に対する垂直的支配を可能にする固定的な強制力とは異質のものであった。図㉔は、このネットワークについてブローカーを中心にごく簡単に図式化したものである。この図において、ブローカーは漁船の船長を雇い、船長は必要に応じて船員を連れて物資を運搬する。ここで、より腕のいい親方、船頭、あるいはそれに相当する協力者をもつほどそのブローカーの信頼は増し、より多くの良質な取引相手（＝ブローカー）とのネットワーク化が図られる。また逆もいえる。より信頼できる、あるいは配当率の高いブローカー同士のネットワークによって、物資を運ぶ船の親方と、その親方を通じて船員達からの信頼が得られる。あるいは船主でなくとも、陸上に荷物を上げる際、地元の村人などを動員できる有力な協力者との協力関係にもこの図は当てはまる。このようなネットワークによって、各地縁集団のいわば境界線を越えた協力関係が形成されていた。

こうしたブローカーの資源としてのネットワークは常に可変的で、その人物の資質によって左右される場合も多く、それゆえ世代を越えて相続することは難しい。さらに各章でみてきた通り、この与那国島私貿易ネットワークモデルはそれぞれの島における環境的、社会的条件の違いを越えて、少なくとも琉球列島全域から台湾にまでその広がりをみせていた。さらに香港、そして日本本土の九州沿岸から瀬戸内海、そして東京湾に至る太平洋岸にまで同様の方法による貿易取引が広がっていたため、さらなる検証を必要とするものの、そうした取引もこのモデルによって説明できると考えられる。即ち、こうした地理的規模から考えて、このネットワークモデルは琉球列島を越えて台湾、中国華南の沿岸地域、そして主に西日本の東シナ海側、瀬戸内海、太平洋側各沿岸において普遍性が存在するという仮説を提起したい。

以上のように、本書では島嶼間の経済社会、特に私貿易関係に絞ってその組織的な特徴、即ち私貿易ネットワークモデルの特徴について記述した。序章で述べたように、前近代的な特徴をもつ共同体が、近代化を進める上位の支配権力との間で紛争を引き起こしてしまうことがグローバル化における弊害と考えられる。さらに、この上からの近代化と共同体の問題について、やはり先駆的な問題提起を行ったギアツの議論によれば、この種の紛争が多くの新興国において深刻な問題となっていることが分かる。

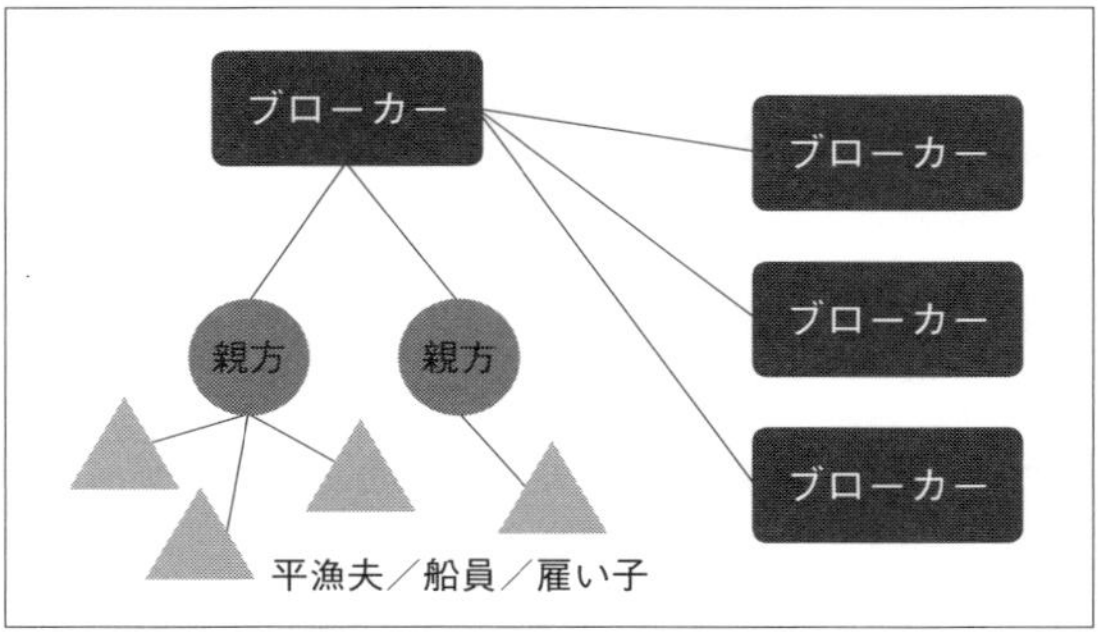

図㉔　ブローカーを中心とした私貿易ネットワークモデル。

ギアツによれば、新興独立国において国民としての結束を醸成する際に障害となったのが、各集団において自然の感覚として保持されてきた一次的アイデンティティ（primordial sentiment）であるという。これらは個人のアイデンティティを規定するため、国家による市民的アイデンティティ（civil sense）の醸成とは相容れない。それどころか、そうした共同体は自らの集団の欲求として、そうした一次的アイデンティティを軸にした共同体の独立や、政権の奪取を求めることになる。そうした欲求が新興独立国において政治的紛争をもたらす事例も多発していた。こうした共同体同士の政治紛争に対し、ギアツは特に一次的アイデンティティと市民的アイデンティティとの調整が必要であるとしているが、その明確な方法は未だに分かっていないとしている（Geertz 1963:105-157）。

なお、こうした一次的アイデンティティの要素として、人種、部族などの血縁、言語、宗教、慣習、地域主義などがある。このうち地域主義の背景としては山岳地帯や大河など、地理的環境によって隔絶された地域で共同体意識が形成されるとしている。こうした地域主義などの一次的アイデンティティに対し、新興独立国家はその対応が困難であった。特に地域的な共同体意識の強い地方を抱えるインドネシアでは中央政府に対する反乱が起こり、インドでは地方選挙の度に地域間の争いが絶えなかった（Geertz 1963:105-157）。沖縄研究においても、琉球列島は海洋に島々が点在し、それぞれの島において独自の文化、地域意識をもつ共同体が多数存在しているため、このような地理的環境によって醸成された地域主義が存在する地域である、という議論がなされてきた［1］。また沖縄における自立論や独立論の中にも、環境要因によって形作られた共同体意識に立脚する議論が散見される。そのため、琉球列島においても独立をも含めた政治的自立の問題は、深刻な政治紛争に発展する可能性を常に孕んでいると考えられる。

このような近代化における共同体間の対立と共存の問題については、いわゆる大陸国家論的な議論が主流であったと考えられる。例えばインドシナ半島の農民社会を研究し、ギアツの一次的アイデンティティモデルを批判的に継承したジェームズ・スコットは、近代化において一次的アイデンティティをもつ共同体が連携する構造として、パトロン―クライアントモデルを提示した［2］。このパトロン―クライアントとは、基本的に役割間の交換関係ともいえる、二者間関係を指している。二者のうち、社会経済的に上位にいるパトロンがその影響力と資源をクライアントの保護やその利益のために行使し、クライアントはそれに対して人的な役務を含む全般的な支援をクライアントに提供するという関係である。スコットによれば、この関係においてパトロン同士がさらに上位のパトロンと結びつくことによって、異なる共同体同士の連携が生まれるため、異なる一次的アイデンティティをもつ共同体同士の連携を可能にし、それが結果的にこうした国家における政治構造を脆弱化させているとされる。

スコットの議論におけるこうした上下の権力関係は、王権などの前近代的な共同体にみられる垂直的な支配―被支配関係の最も基本的な形態であり、こうした骨組みだけが近代化途上の地域において市民的アイデンティティへの移行期に残るという。また近代化において国民共同体が創りだされる過程を描き出したベネディクト・アンダーソンも、明示的ではないが、市場化によって国民共同体意識が一次的アイデンティティをもつ旧共同体の枠を超えて広域に広がっていったことを指摘していることから、スコットと同様大陸国家論的な視点に立っていると考えられる（Anderson, 1991=2007）。

これに対してギアツはバリ島における劇場国家の分析から、こうした垂直的な支配―被支配関係ではなく、ネットワークを通じて各地の地域的共同体が水平的に共存し、なおかつその構造が市場化によっても破壊されずに残り続けるという、いわば島嶼地域における権力関係の稀有な事例を提示している（Geertz 1980=1990）［3］。本書で提示した私貿易ネットワークモデルもまた戦後の混乱期という、いわば琉球列島における移行期の社会の中で、地域的共同体意識の強い異なる共同体同士が水平的に連携する構造を提示したが、これはギアツの事例と同様、大陸国家論的な議論とは異なる事例である。

このモデルから類推できる琉球文化圏に普遍的な社会関係として、貿易を通じた地域的共同体間の並列関係が考えられる。序章で述べたように、琉球国も第二尚氏王統以降は中央集権化が進み、特に薩摩支配以降、王府財政は農業依存となったが、元来琉球列島社会は農業生産の余剰によって発展した社会ではなかった（財団法人沖縄県文化振興会史料編集室編 二〇一〇：三一一九）［4］。そのため、自らの島で生産できない物資を常に島外に頼らざるを得ず、かといって他者の土地を侵略し占領するだけのコストは払えなかったと考えられる。従って、前近代を通じて交易や海上物流が経済の中心に位置する社会であった。そのため、内発的な近代国家形成のような、即ちウォーラーステインがいう意味での通商を通じた「帝国」化や上述のアンダーソンが指摘するような国民共同体化は公的、私的な無数の交易の隆盛にもかかわらず、琉球列島社会に関する限り起こらなかったと考えられる。

即ち、各島嶼を分ける社会的境界線、さらに琉球文化圏と他地域とを分ける境界線と、何層もの境界線によって囲まれた琉球列島社会においては、その境界線の延長を図る、即ち侵略などの手段をとって支配領域を拡大するのではなく、逆に境界線の存在を意識し、その存在を相対化することで、通商による繁栄を享受してきたと考えられる。この点についてはさらなる研究が必要である。

しかし琉球列島では薩摩による支配を受けた後も、島ごとに意思疎通が不可能なほど独立した言語を保持しながら、琉球文化圏として共通する文化の様式を保持してきた。そして日本による近代化を受け、地域的な共同体は大きく抑圧されることになった［5］。しかしその後も「密貿易」時代において上位権力の支配から解放されると、私貿易ネットワークによって地域ごとの地縁集団による、経済的利益を得ながら互いに政治的に干渉することのない、いわば共同体間の境界を越えた共生を実現することになった。そして貿易の結果、この時代において与那国島の人口は終戦直後であるにもかかわらず二万人を越え、初めて「町」に昇格するほどであった。そのためこの私貿易時代は、島では「景気時代」と呼ばれているという（石原 二〇〇〇）。こうした私貿易時代の隆盛は、琉球貿易庁の発足によって物資が琉球政府の許可を得た上で流通するようになり、また朝鮮戦争の勃発によって主に共産主義者への警戒から取り締まりが厳しくなったことによって衰退していった。ただし日本復帰前までは、貿易こそしないものの、漁のついでに宮古や八重山に上陸して知人などに会っていた、という台湾の元漁師の証言もある。また復帰後に上陸が難しくなったのは日本の海上保安庁の警備が厳しいためであったという。こうした点から、一度できたネットワークは度重なる取り締まりによっても消滅することはなく、少なくとも日本復帰以前の宮古、八重山は戦後の闇市的な状況が終わっても、そうした人々の交流を許容する社会であったと考えられる［6］。

以上のような共同体間の連携構造は、上からの近代化を受けても形を変えて存続するという点で、ギアツがバリで提示した事例と並び、非常に貴重な事例を提供するものである。つまり今後の研究課題であるが、今回の事例を基に琉球列島における多島海国家像を構築することが可能であり、そこには大陸国家論にみられるような垂直的な支配─被支配関係ではなく、地域連合的な権力関係を仮定できると考えられる。それはグローバル化以降の中心─周辺構造の是正に有効な視座を提供するものである。

また私貿易ネットワークモデルにおいて提示した、境界線を意識することによる境界線の相対化と地域的共同体の共存という方法は、差異を重視することによって異質なものとの共存を志向するポストモダンの思考とも重なる（杉田 一九九八：一八七─一九三、二〇〇五：五五─八二）。現在、政治学において国家と市民社会との境界、国家領域をめぐる空間的な境界など、境界線の扱いに関する従来の理論が限界を露呈していることは自明であると考えられる（杉田 二〇〇五：一─二四）。

この境界線をめぐる政治において、特にグローバル化の文脈の中では国家の引いた境界線を越える非国家的な集団や個人によって、境界線の意義が相対化する、あるいはそういう方法によってグローバルな帝国に対する抵抗に期待がかけられるという議論が提示されてきた［7］。しかしそうした議論の問題は、自らが境界線を越えるときに、新たなる境界線を作り出してしまうことの恣意性に無自覚になっているということである（杉田 二〇〇五）。この恣意性の無自覚という問題は、上述のギアツが提起した新興独立国の問題などに見られるように、新たなる紛争を生み出す原因ともなってきたと考えられる。このような議論への事例研究として、境界線の変更による社会の混沌状況を経験してきた琉球列島のもつ歴史的特徴から、地域的な共同体同士の境界線の扱い方を検討し、理論化することは、グローバル化以降の社会における境界線を越えた共生や民衆による秩序形成を構想する上で重要な意義があるといえる。同時にそれは沖縄における、いわゆる自立問題に関する議論に対しても、意義のある事例研究であると考えられる。

最後に、今後の課題として、以下の点を挙げたい。まずモデルの検証作業である。本書で構築したモデルを琉球史における既存の歴史研究や民族学的研究に照らし合わせて検証する作業が不十分であった。さらに、資料的には特に台湾や中国側からの視点を示す同時代的資料が相対的に乏しいため、これらの資料の補足によるモデルの検証も今後の課題である。

次に、本書では琉球列島の経済社会における共同体同士の連携構造の分析を対象としたため、経済社会の上部構造である政治社会への分析に至らなかった。そのため、私貿易ネットワークモデルが政治社会においてどのような位相にあるのか、今後精査する必要がある〔8〕。特にギアツの議論を参考にすれば、上述のように琉球列島という多島海社会における国家像や権力の特徴についての概念化が不可欠であり、その点において祭祀儀礼など共同体の文化的側面も分析対象とする必要がある。ただし、琉球列島では島嶼地域という環境制約上、海上交通による物資運搬、通商行為はそれぞれの地域において社会生活を成り立たせるためには不可欠であるため、私貿易ネットワークモデルが政治社会における共同体の関係を分析する際にも適用可能な基準となると考えられる。

そして、このモデルを基に境界線をめぐる政治学の文脈において理論化を目指すためには、まず予備的考察として、本研究の事例と、境界線の問題を抱える他の地域との比較研究を行う必要がある。即ち近代化における共同体の一次的アイデンティティと市民的アイデンティティとの軋轢や、それに起因する紛争を抱える地域の経済社会との比較研究である。特に地域主義的共同体意識の強い共同体間の提携関係を対象とした比較研究を行うことにより、本モデルの有効性を検証する必要があると考えられる。

〔1〕沖縄人と日本人との文化的な違いに力点をおいた自立論としては、新川明など反復帰論者の議論や、また近年では松島泰勝の「ゆいまーる琉球の自治」運動に至るまで様々な議論が存在するが、特に地域の生態学的な環境という視点から沖縄における地

域主義の存在を分析した議論として、本論では玉野井芳郎の議論に立脚している。（松島 二〇〇六）、及び（玉野井ほか 一九九〇）を参照。

［2］スコットによれば、ギアツらの提示した一次的アイデンティティモデルは文化的集団間の対立を分析するには有効であるが、エスニック集団内部の政治や、異なる一次的アイデンティティ集団間の協力や連合のパターンを説明するには不十分であるという。その上で東南アジアの政治過程を説明するためには、非公式な権力集団、指導者中心の小集団や派閥の形成に関する説明が必要であるとした。そしてその時々に応じたグループ形成の構造とダイナミクスを理解するためには、パトロン―クライアント関係の視点を用いるのが最も有効であるとしている。パトロン―クライアントモデルは主に人類学の領域において、個人間の権力関係が顕著な、小さな地方共同体内の合意を理解するモデルとして用いられてきた。しかし、このモデルは農村のような地方レベルの非一次的な境界のもつ構造や動態を理解する基礎を提供するだけではなく、官僚制や政党のような、本来なら近代的と看做される制度も、東南アジアにおいて公式の権威の構造に浸食している非公式のパトロン―クライアントネットワークによって十分理解できるという。つまり、地方レベルの政治だけではなく、国家制度における日常的な現実においてもパトロン―クライアントネットワークの力学は重要だということになる。こうしてスコットはパトロン―クライアント関係の特徴、それがどのようにして政治生活に影響を与えるのか、どのようにして東南アジア政治の力学に妥当するのかについて論述している。

まず、スコットはそれまでの人類学におけるパトロン―クライアント関係の議論を整理しながら、この東南アジア政治におけるパトロン―クライアント関係を定義している。それによれば、パトロン―クライアント関係とは、基本的に役割間の交換関係ともいえる、二者間関係を指している。二者のうち、社会経済的に上位にいる者、即ちパトロンがその影響力と資源を下位にいる者、即ちクライアントの保護、またはその利益のために行使し、クライアントはそれに対して人的な役務を含む全般的な支援によって報いるという関係である。ここではお互いが他方にとって重要なサービスを提供し合う一種の相互依存関係になる。こうした関係は伝統的な農業経済における封建的な地主と小作人との関係に顕著であるという。この典型的な農業経済の関係において、パトロンはクライアントの保護、安全、雇用、耕作地へのアクセス、教育、飢饉時の食料などを提供するが、これらはクライアントにとって死活的な利益であり、それに対してクライアントによる支援はパトロンの提供する上記の資源に見合うものではない。そのためこの関係においてパトロンはクライアントを従わせるのに理想的な立場にあるという。パトロンによるクライアントが必要とするサービスへの支配は、パトロンの社会的地位を高めると共に、そのパトロンへの支持集団を動員する能力を示しているという。このパトロンの動員するクライアントが多ければ多いほど、またそのクライアント達のパトロンへの依存度が高ければ高いほど、パトロンが政治社会において集団行動を起こす潜在能力は高いというのである。

このようなパトロン―クライアント関係は前近代から植民地時代を経ても存続し、独立後は特に地方の共同体内部の政治から、選挙を通じて中央政府の政治へも影響力を及ぼすようになった。独立後に議会制度が整備されると、それまでパトロンに対して相対的に立場の弱かったクライアントが投票権を獲得し、パトロンが必要とする票を提供することによってその立場を向上させた。クライアントによるパトロンへの発言力が増大することにより、クライアントは税の免除など、より具体的な報酬を求めるようになり、パトロンもクライアントとの関係を維持するためにその要求を認めざるをえなくなった。こうしてパトロン―クライアント関係による体制への浸食の結果、クライアントによる分配圧力に迎合した民主主義体制は、国際的な第一次産品の価格によって政府の歳入が大きく左右される結果を招くなど、中央政府の政治を不安定化させているという。

スコットはまた、パトロンはしばしば混同されやすいブローカー（broker）、そしてボス（boss）といった用語とも異なるものであると論じている。そこではブローカーは基本的に、互いに直接接触することのない二つの集団間の、物資の交換や移動における仲介人であるとしている。移動する物資は集団に帰属するため、この仲介人は移動する物資そのものを支配することはできない。これに対して、パトロンは二者間関係における一方の当事者であり、提供する物資への支配を基にしてクライアントに対する影響力を行使することができる。また、ブローカーという用語は他の行為主体に対する比較優位を示す言葉ではないが、パトロンは本質的にクライアントに対する優位を示す言葉であるという。ボスについては、その地域において最も影響力のある人を意味するが、その影響力の根拠は、パトロンのようなその地位や個人への敬意よりも、報酬や制裁に大きく依存しているという。その意味で、ボスはパトロンより世俗的な指導者といえる。両者の違いはさらに、パトロンが農業という定住環境において、広く認知された階層的な地位を背景としているのに対し、ボスはより流動的で平等な社会環境を背景としていることも指摘されている。

本書において、私貿易を主に取り仕切った人々も当時「ブローカー」と呼ばれていたことは既述のとおりである。しかし、本書で論じているブローカーは、スコットの定義におけるブローカーとは異なり、むしろパトロンに近いものであった。即ち本文で示したように、私貿易ネットワークにおけるブローカーはスコットの議論におけるパトロンに、またその下で働く船員や地元の農家などの協力者達にはクライアントに近似した役割を見出すことができる。私貿易ネットワークにおけるブローカーは、漁船や資金、そして他のブローカーとのネットワークの保持者であり、それらの資源を基に他のブローカーと取引を行うが、このとき農家や基地労働者等から取引のための物資を買い取り、また取引後には船員などに配当を渡すことによって、協力者への報酬を提供した。取引のための物資をブローカーが初めから所有していることはほとんどなく、協力者から購入している。しかし協力者達は船舶や資金、ネットワークといった要素のいずれか、あるいは全てが欠けていたため、自ら私貿易を行うことはなく、ブローカーに委託する形になった。その点から、スコットの定義におけるブローカーとは異なり、移動する物資を支配することが可能であった。そのため私貿易ネットワークにおけるブローカーは、協力者よりも相対的に優位に立っていると考えられる。そしてパトロン―クライアントに比べ、ブローカー―協力者関係がより水平的な関係といえるのは、パトロンの権力資源が主に物質的な報酬と、しばしば世襲される社会的に高い地位であるのに対し、ブローカーの権力資源は物質的、または金銭による報酬と、さらに重要なことは取引の安全を保証する他のブローカーや協力者との信頼関係を中心としたネットワークそのものにあるためである。そのため権力資源としてはパトロンの資源よりも流動的であり、そのためパトロンに比べ協力者に対する優位は固定的なものではなかったと考えられる。そのことによってブローカーという地位も流動的なものとなり、優位が長く続き、より地位を高めていく者もいれば、取引の不成功等の要因によって活動の時間が比較的短く、地位の低いブローカーもいた。しかしパトロンよりもブローカーの方が地位の入れ替わりが激しいため、私貿易が盛んに行われていた時期は、ブローカーの数や活動する地理的規模が拡大していった。それがいわゆる「大密貿易時代」を形成した、この地域の経済社会における共同体間の主要な連携構造であったと考えられる。即ち、パトロン―クライアント関係とは異なる水平的、可変的な権力関係としての共同体間の社会結合（social bond）が琉球列島において形成されていたといえる。このような社会結合が政治構造における単位として、琉球列島の政治社会にどのような影響を及ぼしているのかについては、今後の分析課題としたい。（Scott, 1972）を参照。

［3］さらに、市場化の過程におけるバリ社会の特徴をジャワとの比較によって論じたものとして、（Geertz 1963）を参照。

［4］特に先史時代から古琉球の時代まで約二〇〇〇年にわたって続いたゴホウラ貝やイモ貝、ヤコウ貝などの交易が顕著である（財団法人沖縄県文化振興会史料編集室編 二〇一〇：六六―八五）。

［5］特に言語については現在ユネスコがその絶滅を危惧し、警鐘を鳴らすほどの危機に瀕している（朝日新聞 二〇〇九）。

［6］あるいは、こうしたかつての共生と自治の時代を想起させる行動様式は、琉球列島の住民がもつ一種の「エートス」とも考えうる（Weber 1920=1989）。また戦後の沖縄では社会思想上においても、例えば宮古島出身の川満信一による「琉球共和社会憲

法」のように、近代国家による人々の空間的囲い込みを排除した形での自立構想が、日本復帰後に、国民として国家へ精神的に従属することへの批判という形で提起された（川満 二〇一〇）。こうした思想的背景にも琉球文化圏的な特徴が存在すると考えられるが、本書で提示した民衆の行動様式との関連について所見を披露できる段階にはないため、今後の課題としたい。

［7］政治学において非国家的行為主体による国際関係の変容という問題については、（Keohane and Nye eds. 1971）が先駆的研究であると考えられる。また、特に「帝国」に対する抵抗という文脈では、アントニオ・ネグリ、マイケル・ハートのマルチチュードを巡る議論が近年注目を集めている（Hardt and Negri 2000=2003）。

［8］現段階では、戦後復興のために自治体などが私貿易による物資輸送を利用する、といった断片的なデータが存在するものの、私貿易と島嶼内の政治社会との関係を包括的に議論する段階ではないため、稿を改めて論じることとする。

参考文献・資料一覧

＊邦文文献は編著者の五〇音順に、英文文献はアルファベット順に配列した。

［政府未公刊資料］

Entry 164B（A1）: General Correspondence 1949-1951　沖縄県公文書館〔00014-009〕

RG554 164A FEC RMGS B06 F07 smuggling, National Archives, College Park

RG554 FEC RMGS B31（TS631）PARTIAL-Contraband, National Archives, College Park

［政府公刊資料］

United States Army Intelligence Center, April 1960, *CIC in the Occupation of Japan*〔*History of the Counter Intelligence Corps, Volume XXVIII*〕, Fort Holabird, Baltimore 19, Maryland（＝明田川融訳・解説　二〇〇四『占領軍対的諜報活動――第441対敵諜報支隊調書』、現代資料出版）

［大城光代提供資料］

（公刊）

沖縄弁護士会会史編纂特別委員会　一九九九『沖縄弁護士会会史』、沖縄弁護士会

琉球高等裁判所事務局編　一九七二『戦後沖縄司法史料』

（未公刊）

①大城光代作成「講和条約以前の裁判判決に関するレポート」

「島尻巡回　一、刑事第二審　沖縄巡回裁判所（島尻地区）」

1　一九五〇年（る）四号　布告三二号（密貿易）違反被告事件の糸満治安の判決に対する控訴審判決（一九五一年一月二二日判決

検事国場長昌　判事能山宗徳）

2　一九五〇年三号　密貿易ほう助控訴事件　一九五一年二月一三日判決　罰金七〇〇円　五〇円換算

65　ぞう物運搬　一九五〇年六月二〇日島尻巡回判決　能山判事　金城検事

67　布告三二号違反　罰金八〇〇円　四〇円換算　一九五〇年一二月一九日判決

68　布告三二号違反　罰金一五〇〇円　五〇円換算　一九五一年一月一九日判決

75　軍需品窃盗被告事件の免訴判決　押収物品は被害者還付　一九五一年二月二七日沖縄巡回裁判所島尻地区　能山判事

86　島尻区裁判所　一九四七年一月八日判決　渡久地政栄判事　呉我春正検事経済内令違反　罰金一〇〇〇円　一〇円換算

「中央巡回裁判所　一、刑事第二審判決原本」

1　軍需品窃盗控訴事件　一九四九年三月九日　玉城栄助判事　橋本盛広検事

7　窃盗　一九五一年二月九日　一九五〇年（控）第一五号　島袋書記

8　軍需品不当所持　一九五一年二月九日　一九五〇年（控）第四号

9　一九五〇年（控）第三号　軍需品窃盗未遂　一九五一年二月二三日　懲役二月（二年猶予）

10　一九五〇年（る）第一二・一三・一四号　軍需品窃盗　一九五一年一月三一日

11　一九五〇年（控）第二一号　軍財産窃盗　一九五一年三月七日

12　一九五〇年（刑控）第二三号　軍財産窃盗、ぞう物牙保　一九五一年三月七日

13　軍財産窃盗・ぞう物牙保　一九五一年三月七日　書記扇長武栄

14　一九五〇年（控）第二二号　軍財産窃盗　一九五一年三月九日

15　一九五〇年（控）第二四号　ぞう物運搬　一九五一年三月一九日　書記当間通弘

16　一九五一年（控）第一一号　軍財産窃盗　一九五一年三月三〇日

18　一九五一年（控）第七号　売淫媒介、ドル不当所持　一九五一年四月九日
35　一九五一年四六号　一九五一年九月二八日判決
「自一九四七年八月二七日至一九五一年一月一九日確定　塩谷治安裁判所」
77　一九四九年二三号　経済並びに財政政策違反　一二月二八日判決　女六〇才　罰金五〇円　一日五円換算　代理判事の署名押印なし
78　一九四九年二四号　同上　女二三才　罰金五〇円一日五円換算
80　一九五〇年四号　経済並びに財政政策に反する罪（密貿易）　一月一四日崎山警部補
98　一九五〇年三〇号　漁業法違反　神山巡査部長　一二月一九日判決
83　一九五〇年七号　地域的経済並びに財政政策に反する罪（漁業法違反）　四月一八日判決　裁判所書記　奥島憲次郎　代理判事平良宗淳　巡査部長神山才七
85　一九五〇年一三号　地域的経済並びに財政政策に反する罪（漁業法違反）　崎山警部補
89　一九五〇年一八号　地域的経済並びに財政政策に反する罪（漁業法違反）　八月二六日判決　崎山警部補立会
107　一九五〇年八号　公共の安全に反する罪（密渡航）　四月一八日判決金城才七巡査部長
108　一九五〇年九号　窃盗　四月一八日判決　神山才七巡査部長
1　一九五〇年八月二六日 立会原告官巡査部長　即決　科料一五〇円　一日二〇円換算

②判決謄本
一九五〇年一月一八日塩屋治安裁判所（謄本）
裁判原本一九四九年一月二二日　国頭巡回裁判所　判事比嘉利盛（謄本）

［福寛美提供資料］
「福寛美による金岳幸子（仮名）への電話インタビュー記録」（以下、日付のみ記載）
二〇一〇年七月二二日・八月三日・八月二四日・九月一四日・一〇月七日・一〇月二八日・一一月二九日・二〇一一年二月七日・三月二四日・四月二〇日・五月一一日・六月一三日

【筆者によるインタビュー】

池間苗、二〇〇八年九月一七日、沖縄県

大城正次、二〇一〇年六月二〇日、沖縄県

大穂重行、二〇一一年五月一九日、鹿児島県

金城毅、二〇〇九年一一月一三日、東京都

黄春生、二〇一〇年六月一九日・二一日・二四日、沖縄県／二〇一一年一月二日・三日、台湾宜蘭県

酒井卯作、二〇〇九年一一月二五日、東京都

佐渡山正吉、二〇一一年二月二八日、電話

下野敏見、二〇一〇年六月一〇日、電話

玉城正保、二〇〇九年七月四日、東京都

金岳大樹（仮名）、二〇一一年五月一五日・一六日、鹿児島県

金岳幸子（仮名）、二〇一一年五月一五日・一六日、鹿児島県

友利恵勇、二〇一一年三月一日、電話

仲宗根将二、二〇一一年二月二七日・二〇一二年八月二四日、沖縄県

仲間恵義、二〇一一年三月二日、沖縄県

仲間定雄、二〇一一年三月三日・四日、沖縄県

長浜一男、二〇一〇年六月二三日、沖縄県

南風原英育、二〇一〇年三月二一日・一〇月一七日、東京都

日高一春、二〇一一年五月一八日、鹿児島県

村田正範、二〇一一年五月一六日、鹿児島県

村田正枝、二〇一一年五月一六日、鹿児島県

渡辺一豊、二〇一一年五月五日、鹿児島県

【新聞】

「朝日新聞」二〇〇九年二月二〇日、夕刊
奄美ペン会議編　一九七四年九月一五日―一九七七年一二月一五日「道之島通信」（一―四〇）、松田清
不二出版　二〇〇八ａ『占領期・琉球諸島新聞集成』七
不二出版　二〇〇八ｂ『占領期・琉球諸島新聞集成』八
不二出版　二〇〇八ｃ『占領期・琉球諸島新聞集成』四
「八重山毎日新聞」二〇〇七年一〇月二九日
「与那国新聞」一九四九年一二月五日―一九五一年六月四日

【写真資料】

「那覇市歴史博物館所蔵、小野田正欣氏寄贈資料」（撮影者提供の以下の雑誌より転載）
『オキナワグラフ』二〇〇六年一〇月号、新星出版株式会社
『オキナワグラフ』二〇〇六年一一月号、新星出版株式会社
『オキナワグラフ』二〇〇六年一二月号、新星出版株式会社
『オキナワグラフ』二〇〇七年一月号、新星出版株式会社
「宮古島市総合博物館所蔵、サムエル・Ｈ・キタムラ氏寄贈資料」
No.18（13）「（1959年8月24日）佐良浜港」
No.128（91）「（1961年7月9日）伊良部島・佐良浜集落」
No.146（83）「（1961年3月）狩俣・池間」

【参考文献】

明田川融　二〇〇八『沖縄基地問題の歴史――非武の島、戦の島』、みすず書房
安里進　一九九〇『考古学からみた琉球史――古琉球世界の形成』上、ひるぎ社
安達征一郎　一九八二『祭りの海』、海風社
天川晃　一九九三「日本本土の占領と沖縄の占領」『横浜国際経済法学』一（二）

天城町役場編　一九七八『天城町誌』、天城町
網野善彦・森浩一　一九九九『馬・船・常民』、講談社
新川明　一九七一『反国家の兇区』、現代評論社
新崎盛暉　一九七六『戦後沖縄史』、日本評論社
蘭信三編著　二〇〇八『日本帝国をめぐる人口移動の国際社会学』、不二出版
池間栄三　一九五九『与那国の歴史』、池間苗
石垣市史編集委員会編　一九九五『八重山民俗関係文献目録』、石垣市
石垣市史編集委員会・石垣市総務部市史編集課編　二〇〇三『八重山関係文献目録――自然編』、石垣市
石原昌家　一九八二『大密貿易の時代――占領初期沖縄の民衆生活』、晩声社
石原昌家　一九九五『戦後沖縄の社会史――軍作業・戦果・大密貿易の時代』、ひるぎ社
石原昌家　二〇〇〇『空白の沖縄社会史』（『大密貿易の時代』改題）、晩声社
伊仙町誌編纂委員会編　一九七八『伊仙町誌』、伊仙町
伊波普猷　一九一一『古琉球』、郷土研究社
伊良皆高吉　二〇〇四『与那国沖　死の漂流――わが青春の戦い』、ボーダーインク
岩生成一　一九六六『南洋日本町の研究』、岩波書店
上田不二夫　一九九一『沖縄の海人――糸満漁民の歴史と生活』、沖縄タイムス社
梅棹忠夫　一九九〇『アフリカ研究』（梅棹忠夫著作集8）、中央公論社
浦崎成子　一九九四「日本植民地下台湾における女子労働――台湾出稼ぎ女中をめぐって」『沖縄・八重山文化研究会会報』三七
大浦太郎　二〇〇二『密貿易島――わが再生の回想』、沖縄タイムス社
大田静男　一九八五『八重山戦後史』、ひるぎ社
大田昌秀　一九七二『近代沖縄の政治構造』、勁草書房
沖縄タイムス社編　一九七一『沖縄の証言――激動の二五年誌』上、沖縄タイムス社
沖縄タイムス社編　一九九八『庶民がつづる沖縄戦後生活史』、沖縄タイムス社
奥野修司　二〇〇五『ナツコ――沖縄密貿易の女王』、文藝春秋社

奥野修司　二〇〇七『ナツコ――沖縄密貿易の女王』（文春文庫）、文藝春秋社
小熊英二　一九九八『日本人の境界――沖縄・アイヌ・台湾・朝鮮 植民地支配から復帰運動まで』、新曜社
小熊誠　一九八九「石垣島における台湾系移民の定着過程と民族的帰属意識の変化」『第二回琉中歴史関係国際学術会議　琉中歴史関係論文集』、琉中歴史関係国際学術会議実行委員会
鹿児島純心女子大学国際文化研究センター編　二〇〇四『新薩摩学――薩摩・奄美・琉球』、南方新社
加藤久子　一九八七「漁村・糸満における地域共同体としての『門』の形成と機能」法政大学沖縄文化研究所編『沖縄文化研究』一三
加藤久子　一九九〇『糸満アンマー――海人の妻たちの労働と生活』、ひるぎ社
加藤久子　二〇〇〇「八重山における糸満漁民の出漁と移住――石垣島の漁民集落形成と漁業活動を中心として」法政大学沖縄文化研究所沖縄八重山調査委員会編『沖縄八重山の研究』、相模書房
加藤久子　二〇一二『海の狩人　糸満漁民――糸満ウミンチュの歴史と生活誌』、現代書館
金戸幸子　二〇〇七「1930年前後の八重山女性の植民地台湾への移動を促したプル要因――台湾における植民地的近代と女性の職業の拡大をめぐって」『移民研究』三、琉球大学移民研究センター
我部政明　一九九六『日米関係の中の沖縄』、三一書房
我部政明　二〇〇七『戦後日米関係と安全保障』、吉川弘文館
我部政男　一九八一『近代日本と沖縄』、三一書房
上屋久町郷土史編集委員会編　一九八四『上屋久町郷土史』、上屋久町教育委員会
川越政則　一九五〇『南日本文化史』、北山書房
川満信一　二〇〇四『宮古歴史物語――英雄を育てた野崎の母たち』、沖縄タイムス社
川満信一　二〇一〇『沖縄発――復帰運動から40年』、世界書院
喜界町史編纂委員会編　二〇〇〇『喜界町誌』、喜界町
金城朝夫　一九八八『ドキュメント八重山開拓移民』、あ～まん企画
具志堅宗精著、琉鵬会編　一九七七『続続　なにくそやるぞ――具志堅宗精自伝』
グレン・D・フック著、栗林大訳　二〇〇六「グローバル化・地域化への応答――沖縄県および与那国町の場合」古城利明編著『リージョンの時代と島の自治』、中央大学出版部

月刊沖縄社編　一九八三『アメリカの沖縄統治関係法規総覧Ⅰ』
黄智慧　二〇一〇「『東台湾海』文化圏の視点から見た与那国の島際関係史」与那国町史編纂委員会事務局編『黒潮源流が刻んだ島・どぅなん――国境の西を限る世界の、生と死の位相』、与那国町役場
河野康子　一九九四『沖縄返還をめぐる政治と外交――日米関係史の文脈』、東京大学出版会
財団法人沖縄県文化振興会史料編集室編　二〇一〇『沖縄県史』各論編三・古琉球、沖縄県教育委員会
酒井卯作　二〇一〇『柳田国男と琉球――「海南小記」をよむ』、森話社
桜井厚　二〇〇三『インタビューの社会学――ライフストーリーの聞き方』、せりか書房
桜井厚・小林多寿子編著　二〇〇九『ライフストーリー・インタビュー――質的研究入門』、せりか書房
桜井清彦・菊池誠一　二〇〇二『近世日越交流史――日本町・陶磁器』、柏書房
佐竹京子編著　二〇〇三『軍政下奄美の密航・密貿易』、南方新社
佐野眞一　二〇〇八『沖縄――誰にも書かれたくなかった戦後史』、集英社インターナショナル
新城俊昭・沖縄歴史教育研究会　二〇〇一『高等学校琉球・沖縄史』、東洋企画
杉田敦　一九九八『権力の系譜学――フーコー以後の政治理論に向けて』、岩波書店
杉田敦　二〇〇五『境界線の政治学』、岩波書店
鈴木佑司　一九八二『東南アジアの危機の構造』、勁草書房
砂川恵敷伝刊行会編　一九八五『うやまい　したいて――砂川恵敷伝』、大永
砂川哲雄　二〇〇七『八重山から。八重山へ。――八重山文化論序説』、南山舎
瀬戸内町誌歴史編編纂委員会編　二〇〇七『瀬戸内町史』歴史編、瀬戸内町
尖閣諸島文献資料編纂会編　二〇一三『尖閣研究・尖閣諸島海域の漁業に関する調査報告――沖縄県の漁業関係者に対する聞き取り調査2012年』
平良市史編纂委員会編　一九七六『平良市史』五・資料編三、平良市
平良好利　二〇〇八「戦後沖縄と米軍基地――沖縄基地をめぐる沖米日関係」法政大学大学院社会科学研究科二〇〇七年度博士論文
平良好利　二〇〇九「戦後沖縄と米軍基地――沖縄基地をめぐる沖米日関係（三）」『法学志林』一〇七（二）
高木凜　二〇〇七『沖縄独立を夢見た伝説の女傑照屋敏子』、小学館

高良倉吉　一九八七『琉球王国の構造』、吉川弘文館
高良倉吉　一九八九『琉球王国史の課題』、ひるぎ社
田里千代基　二〇〇七「与那国島の国境交流と自治」『別冊「環」』三〇、藤原書店
玉城正保　二〇〇五『行き逢えば兄弟――沖縄の島には活力がある』、郵研社
玉野井芳郎著、鶴見和子・新崎盛暉編　一九九〇『地域主義からの出発』、学陽書房
知名町誌編纂委員会編　一九八二『知名町誌』、知名町
知名町教育委員会編　二〇一一『江戸期の奄美諸島――「琉球」から「薩摩」へ』、南方新社
堂前亮平　二〇〇八「第二次大戦前の与那国島における祖内の集落特性」沖縄国際大学南島文化研究所編『八重山、与那国島調査報告書（2）――地域研究シリーズ№35』
得能壽美　二〇〇七『近世八重山の民衆生活史――石西礁湖をめぐる海と島々のネットワーク』、榕樹書林
得能壽美　二〇一〇「近世八重山における島産品の利用と上納――陸産のアダンと海産の海人草」八重山歴史研究会編『八重山歴史研究会誌』創刊号
渡口真清　一九八二「島津領国の文禄検知と琉球の石高」法政大学沖縄文化研究所編『沖縄文化研究』九
徳之島町誌編纂委員会編　一九七〇『徳之島町誌』、徳之島町
富山一郎　一九九〇『近代日本社会と「沖縄人」』、日本経済評論社
豊見山和行　二〇〇四『琉球王国の王権と外交』、吉川弘文館
中楯興　一九八七『日本における海洋民の総合研究――糸満漁民を中心として』上、九州大学出版会
仲原善忠　一九七七「現代沖縄産業・経済史」『仲原善忠全集』一、沖縄タイムス社
仲間明典　二〇一二『宮古島市伊良部・佐良浜漁師たちの南方鰹漁の軌跡に関する調査――沖縄県における地域振興・島おこしの一助として』、宮古島市地域おこし研究所
仲間井佐六著、伊良部町漁業協同組合監修　二〇〇〇『伊良部町漁業史』
中村祐悦　二〇〇六『白団――台湾軍をつくった日本軍将校たち』、芙蓉書房出版
名瀬市誌編纂委員会編　一九七三『名瀬市誌』下、名瀬市
那覇市企画部市史編集室編　一九八一『那覇市史』資料編三（八）、那覇市

西里善行　二〇一一「『琉球処分』という負の遺産」『沖縄問題』とは何か——「琉球処分」から基地問題まで』、藤原書店
西村一之　二〇一四「台湾東海岸における漁撈技術の文化資源化——植民地経験・移動・境域」『東アジア近代史』一七
野入直美　二〇〇〇「石垣島の台湾人——生活史にみる民族関係の変容（一）」琉球大学法文学部人間科学科紀要『人間科学』五
野入直美　二〇〇一「石垣島の台湾人——生活史にみる民族関係の変容（二）」琉球大学法文学部人間科学科紀要『人間科学』八
南風原英育　一九八八『南の島の新聞人——資料にみるその変遷』、ひるぎ社
南風原英育『火風の歳月、海南時報の軌跡』（未発表、南風原英育提供）
濱下武志　一九九〇『近代中国の国際的契機』、東京大学出版会
濱下武志　一九九七『朝貢システムと近代アジア』、岩波書店
濱下武志　二〇〇〇『沖縄入門』、筑摩書房
濱下武志他編　二〇〇一『新版　アジア交易圏と日本工業化　1500–1900』、藤原書店
比嘉実　一九八二『古琉球の世界』、三一書房
比嘉康文　二〇〇四『「沖縄独立」の系譜——琉球国を夢見た六人』、琉球新報社
フェルナン・ブローデル著、浜名優美訳　一九九一『地中海Ｉ——環境の役割』、藤原書店
平本魯秋　一九七二「終戦と俳句と戒名と」『季刊郷土文学』一七、郷土文学社
藤田省三　二〇〇三『精神史的考察』、平凡社
古田和子　一九九四「アジアにおける交易・交流のネットワーク」平野健一郎編『講座現代アジア4——地域システムと国際関係』、東京大学出版会
法政大学沖縄文化研究所八重山調査委員会編　二〇〇〇『沖縄八重山の研究』、相模書房
星名宏修　二〇〇三「植民地は天国だったのか——沖縄人の台湾体験」西成彦他編『複数の沖縄——ディアスポラから希望へ』、人文書院
ボホロディチ・ベアタ　二〇〇〇「地域時代への模索——ポーランドにおけるユーロリージョンの視点からみた沖縄」石川捷治・平井一臣編『地域から問う国家・社会・世界——「九州・沖縄から何が見えるか」』ナカニシヤ出版
前橋松造　二〇〇四『金十丸、奄美の英雄伝説——戦火をくぐった疎開船の数奇な運命』、南方新社
真栄平房昭　二〇一〇「近代の台湾航路と沖縄——外来・在来をめぐる東アジア海運史の一視点」『史學研究』二六八
牧野清　一九七二『新八重山歴史』

牧野清　一九九五年六月一〇日―一三日「第3次台湾引揚総隊帰還業務始末記」『八重山毎日新聞』
桝田武宗　一九九〇『八重山共和国――八日間の夢』、筑摩書房
又吉盛清　一九九〇『日本植民地下の台湾と沖縄』、沖縄あき書房
又吉盛清　一九九四『台湾支配と日本人――日清戦争100年』、同時代社
マックス・ウェーバー著、阿閉吉男他訳　一九八七『官僚制』、厚生社厚生閣
マックス・ウェーバー著、大塚久雄訳　一九八九『プロテスタンティズムの精神と資本主義の倫理』、岩波書店
松島泰勝　二〇〇二『沖縄島嶼経済史――一二世紀から現在まで』、藤原書店
松島泰勝　二〇〇六『琉球の「自治」』、藤原書店
松田ヒロ子　二〇〇八「沖縄県八重山地方から植民地下台湾への人の移動」蘭信三編『日本帝国をめぐる人口移動の国際社会学』、不二出版
松田良孝　一九九八「沖縄県から台湾への移住――第二次世界大戦前における八重山郡出身者を中心として」関西大学文学部地理学教室編『地理学の諸相――「実証」の地平』、大明堂
松田良孝　二〇〇四『八重山の台湾人』、南山舎
松田良孝　二〇一〇『台湾疎開――「琉球難民」の1年11カ月』、南山舎
松田良孝　二〇一三『与那国台湾往来記――「国境」に暮らす人々』、南山舎
丸山真男　一九六四「超国家主義の倫理と論理」『現代政治の思想と行動』、未来社
三上絢子　二〇〇五「戦後米国統治下の奄美経済――『自立経済の展開』とその背景」『国学院大学大学院　経済論集』三三
三上絢子　二〇〇九「戦後米軍統治下の奄美における交易の展開――北緯30度線を中心として」法政大学沖縄文化研究所編『法政大学沖縄文化研究所所報』六五
三上絢子　二〇一三『米国軍政下の奄美・沖縄経済』、南方新社
三木健　二〇〇〇『八重山を読む――島々の本の事典』、南山舎
三木健　二〇〇三『八重山研究の歴史』、南山舎
三木健　二〇一〇『八重山合衆国の系譜』、南山舎
御厨貴　二〇〇七『オーラル・ヒストリー入門』、岩波書店

水田憲志　二〇〇三「日本植民地下の台北における沖縄出身『女中』」『史泉』九八
水田憲志　二〇一〇「1930年代の石垣島における台湾人農業移民の入植過程」野間晴雄編『文化システムの磁場――16～20世紀アジアの交流史』、関西大学出版部
宮城営昌　一九七七『琉球の歴史』、吉川弘文館
宮城文　一九七二『八重山生活史』
宮城政八郎　一九九三『与那国物語』、ニライ社
宮古島市史編さん委員会　二〇一二『宮古島市史』第一巻通史編・みやこの歴史、宮古島市教育委員会
宮里政玄　一九六六『アメリカの沖縄統治』、岩波書店
宮里政玄　一九七五「アメリカの対沖縄政策の形成と展開」宮里政玄編『戦後沖縄の政治と法1945―72年』
宮里政玄　一九八一『アメリカの対外政策決定過程』、三一書房
宮里政玄　一九八六『アメリカの沖縄政策』、ニライ社
宮里政玄　二〇〇〇『日米関係と沖縄　1945―1972』、岩波書店
宮良作　二〇〇八『国境の島・与那国島誌――その近代を掘る』、あけぼの出版
望月雅彦　二〇〇七『ボルネオに渡った沖縄の漁夫と女工』、ヤシの実ブックス
百瀬恵夫・前泊博盛　二〇〇二『検証「沖縄問題」』、東洋経済新報社
八重山人頭税廃止百年記念事業期成会記念誌部会編　二〇〇三『あさぱな』、南山舎
八尾祥平　二〇一〇「中華民国にとっての『琉球』――日華断交までの対「琉球」工作を中心に」『琉球・沖縄研究』三、早稲田大学琉球・沖縄研究所
屋嘉比収　一九九〇「『海を歩く』人々の思想――糸満漁民考」『新沖縄文学』春号、沖縄タイムス社
屋嘉比収　二〇〇九『沖縄戦、米軍占領史を学びなおす――記憶をいかに継承するか』、世織書房
安本千夏　二〇〇三『潮を開く船　サバニ――船大工・新城康弘の世界』、南山舎
山本弘文　一九九九『南島経済史の研究』、法政大学出版局
弓削政己　二〇一二年一一月二日「米軍政府下（～一九五一年一二月一四日）、奄美諸島の『闇船・密貿易』と九州以北のルートと仕組み――メリーランド大学プランゲ文庫蔵新聞資料による覚書メモ」復帰を語る会、奄美博物館（弓削政己提供）

吉川博也　一九八四『与那国――島の人類生態学』、三省堂
与那国町史編纂委員会事務局編　二〇一〇『黒潮源流が刻んだ島・どぅなん――国境の西を限る世界の、生と死の位相』、与那国町役場
与那国町史編纂委員会事務局編　二〇一三『黒潮の衝撃波――西の国境・どぅなんの足跡』、与那国役場
与那国町老人クラブ連合会編　一九九一『創立25周年記念誌』
与那原恵　二〇一〇『美麗島まで――沖縄、台湾、家族をめぐる物語』、ちくま文庫
与論町誌編集委員会編　一九八八『与論町誌』、与論町教育委員会
琉球銀行調査部編　一九八四『戦後沖縄経済史』、琉球銀行
琉球新報社編　一九九二『ことばに見る沖縄戦後史』、ニライ社
林泉忠　二〇〇五『「辺境東アジア」のアイデンティティ・ポリティクス――沖縄・台湾・香港』、明石書店
林発　一九八四『沖縄パイン産業史』、沖縄パイン産業史刊行会
ロバート・D・エルドリッヂ　二〇〇三a『奄美返還と日米関係――戦後アメリカの奄美・沖縄占領とアジア戦略』、南方新社
ロバート・D・エルドリッヂ　二〇〇三b『沖縄問題の起源――戦後日米関係における沖縄１９４５―１９５２』、名古屋大学出版会
和泊町誌編集委員会編　一九八五『和泊町誌』歴史編、和泊町教育委員会

[英文書籍、論文]

Alagappa, Muthiah ed.　2004　*Civil Society and Democratic Change in Asia: Expanding and Contracting Democratic Space*, Stanford University Press.
Anderson, Benedict　1991　*Imagined Communities: Reflects on the Origin and Spread of Nationalism*, London and New York: Verso, Revised Edition.（＝白石隆・白石さや訳　二〇〇七『定本　想像の共同体――ナショナリズムの起源と流行』、書籍工房早山）
Fisch, Arnold G.　1988　*Military Government in the Ryukyu Islands: 1945-50*, Center of Military History.（＝宮里政玄訳、財団法人沖縄県文化振興会公文書管理部資料編集室編　二〇〇二『沖縄県史資料編14――琉球列島の軍政１９４５―１９５０　現代２（和訳編）』）
Geertz, Clifford　1963　“The Integrative Revolution-Primordial Sentiments and Civil Politics in the New States”, Clifford Geertz ed., *Old Societies and New States*, The Free Press, New York.
Geertz, Clifford　1963　*Peddlers and Princes: Social Change and Economic Modernization in Two Indonesian Towns*, The University of Chicago

Press.

Geertz, Clifford 1973 *The Interpretation of Cultures*, Basic Books.（＝吉田禎吾他訳 一九八七『文化の解釈学Ⅱ』、岩波書店）

Geertz, Clifford 1980 *Negara: The Theatre State in Nineteenth-Century Bali*, Princeton, New Jersey: Princeton University Press.（＝小泉潤二訳 一九九〇『ヌガラ――19世紀バリの劇場国家』、みすず書房）

Hardt, Michel and Antonio Negri 2000 *Empire*, Harvard University Press.（＝水嶋一憲他訳 二〇〇三『帝国――グローバル化の世界秩序とマルチチュードの可能性』、以文社）

Ikenberry, G. John 2001 *After Victory: Institutions, Strategic Restraint, and the Rebuilding of Order after Major Wars*, Princeton University Press.（＝鈴木康雄訳 二〇〇四『アフター・ヴィクトリー――戦後構築の論理と行動』、NTT出版）

Ikenberry, G. John and Michel Mastanduno eds. 2003 *International Relations Theory and theAsia-Pacific*, Colombia University Press.

Keohane, Robert O., and Joseph S. Nye, Jr. eds. 1971 *Transnational Relations and World Politics*, Harvard University Press.

Kerr, George H. 2000 *Okinawa: The History of an Island People*, Tuttle Publishing.

Matuda, Hiroko September 2008 "Yaeyama: From Periphery of the Ryukyus to Frontier of Japan", *Japanese Studies*, 28（2）.

Matuda, Hiroko December 2008 "Moving out from the'Margin': Imperialism and Migrations from Japan, the Ryukyu Islands and Taiwan", *Asian Studies Review*, 32, Routledge.

Radmir, Compel 2008 "Territoriality and Governance in the Early Postwar Japan and Okinawa, 1945-1946", *HIF Foreign Scholar Fellowship, Final Report*, Hosei University.

Scott, James C. 1972 "Patron-client politics in Southeast Asia", *The American Political Science Review*, 66-1.

Scott, James C. 1976 *The Moral Economy of the Peasant: Rebellion and Subsistence in Southeast Asia*, New Haven and London: Yale University Press.（＝高橋彰訳 一九九九『モーラル・エコノミー――東南アジアの叛乱と生存維持』、勁草書房）

Wallerstein, Immanuel 1974 *The Modern World System: Capitalist Aguriculture and the Origins of the European World Economy in the Sixteenth Century*, Academic Press, Inc..（＝川北稔訳 一九八一『近代世界システム――農業資本主義と「ヨーロッパ世界経済」の成立』Ⅰ・Ⅱ、岩波書店）

あとがき

本書は、二〇一二年三月に法政大学大学院政治学専攻へ提出した博士論文「『境界線』の変動と民衆――琉球列島における『密航・密貿易』(1949-1951年)の政治社会学的考察」、及び既発表論文に加筆・修正を加えたものである。本書各章のもとになった既発表論文は次の通りである。

序章・終章「琉球列島の『境界』をめぐる社会権力――第二次大戦後『密航・密貿易』を事例として」(『法政大学大学院紀要』六八、法政大学大学院紀要編集委員会、二〇一二年)

序章「『境界線』の変動と民衆(1)――琉球列島における『密航・密貿易』(1949-1951年)の政治社会学的考察(序章)」(『法学志林』一一一(二)、法政大学法学志林協会、二〇一三年)

第一章「〈インタビュー〉終戦直後における台湾人漁業者の『密貿易』と国境認識――黄春生氏インタビュー記録」(『政治をめぐって』三〇、法政大学大学院政治学研究科政治学専攻委員会、二〇一一年)

第三章「〈研究ノート〉占領下の帰郷――玉城正保インタビュー記録」（『政治をめぐって』二九、法政大学大学院政治学研究科政治学専攻委員会、二〇一〇年）

第四章「私貿易における拠点の島――鹿児島県口永良部島（1949―1950年）を事例として」（『島嶼コミュニティ研究』二、島嶼コミュニティ学会、二〇一三年）

本書の主な関心は、終戦直後の琉球列島において国家から切り離され、自活するしかない状況に追い込まれた人々の経済活動から、逆に島嶼社会が自立するためのモデルを見出そうとするものである。しかしそのような大それた目論見とは裏腹に、この研究は資料整理を含めまだまだ端緒についたばかりである。それでも諸先輩や友人たちの激励やご支援によって、このたび出版の機会に恵まれた。特に指導教授の鈴木佑司先生、また学部時代からご指導頂いている安江孝司先生や所長の屋嘉宗彦先生をはじめとする法政大学沖縄文化研究所の皆さんのご指導・ご支援がなければ、まず博士論文としてまとめることすらできなかったであろう。そして今回出版を請け負ってくださった森話社の西村篤さんからの細部に亘る的確なご指摘を受け、ようやく本という形で世に出すことができた。ご厚意、ご支援に感謝申し上げるとともに、内容については読者諸氏からのご批判、ご教示をお待ちしたい。

そして調査に訪れた現地においても、インフォーマントをはじめ多くの方々にご協力頂いた。その中には二〇一五年現在で既に故人となってしまった方、ご存命でももうお会いすることが難しくなってしまった方がおられる。お一人お一人のお名前を挙げることは控えるが、改めて心からの感謝を申し上げたい。

ところで、私事だが、二〇一四年一一月より著者は与那国町役場の嘱託員として奉職の機会を頂き、島の自立に向けた行政の取り組みに実際に携わることになった。そのため島の人々の模索を目の当たりにしながら勉強不足を日々痛感しているところだが、これまでインフォーマントをはじめ島の人々から頂いたご恩に報いることができるよう、微力を尽くしたいと考えている。そして本書もまた、琉球列島などの島嶼社会をめぐる議論の中で少しでも役立つことがあれば幸いである。

最後に、本書は二〇一四年度法政大学大学院博士論文出版助成の採択を受けて刊行されたものである。記して感謝申し上げる。

二〇一五年二月二二日

著　者

緑嶼 45

[わ]
若津大川 297
和平島 45, 110

名瀬 128, 282, 309
南方澳 15, 35, 45, 84, 86, 90〜98, 100, 102, 110, 122, 128, 133, 141, 179, 181, 182
南洋群島 139, 140, 157, 214, 216, 238
西浦 284, 285, 287, 303, 306
西牟田町 296

[は]
博多港 262
幡多郡小筑紫村 262
馬天港 19, 90, 116, 117, 133, 134, 209, 212, 214, 241, 244
パラオ 139, 140, 148
バリ 14, 23, 24, 318, 320, 324
番屋ヶ峰 284, 285
日置郡串木野港 261
東牟婁郡初浦町 261
比川 82, 120
平良 138, 140, 149〜152, 155, 159, 161〜163, 165〜167, 178, 179, 182, 183
福州 29, 73
福建 27, 30
プラタス諸島 77, 142, 143, 257
別府 111, 251, 252, 262
辺土名 202, 211, 250, 253
飽託郡百貫石港 278
坊津 284
ポナペ 157, 158
ボルネオ 30, 140, 148, 149, 182
香港 12, 16, 17, 18, 29, 33, 49, 50, 51, 53〜56, 58〜68, 70, 71, 73, 77, 86, 88, 113, 119, 122, 142, 143, 147, 185, 208, 227, 238, 239, 245, 257, 273, 316
本村 283〜292, 298, 303, 306, 307

[ま]
前田 286, 290, 292
マカオ 12, 30, 33, 54
枕崎 104, 231, 232, 273, 278, 279, 292
満州 62, 71, 172, 293
南大東島 19, 78, 209, 241
南高来郡 261
南那珂郡油津町 259
南松浦郡有川町 261
宮古諸島 15, 18, 27, 38, 136, 137, 238
宮崎 91, 94, 138, 139, 172, 183, 252, 259, 263
向江浜 284, 286〜291, 298
室戸岬 275
門司 158, 172, 261
本部半島 16, 240, 297, 300, 301

[や]
八重山群島 37〜40, 42, 43, 46, 56, 57, 135, 146
屋久島 20, 247, 248, 259, 265〜268, 273, 279, 285, 287〜289, 291, 292, 299, 302〜304, 313
易井町 232, 260
八代郡鏡町 262
山川 230, 231, 242, 276, 277, 287
八女郡岡山村 277
湯向 284, 287, 292, 293, 303
横須賀 214〜216, 233, 261
横浜 215, 233, 262, 263, 306
四日市 218〜221, 224, 262, 263
与論島 40, 47, 88, 200, 202, 203, 240, 293

[ら]
蘭嶼 45

～163, 178～181, 185, 240, 243
熊毛郡 248, 259, 260, 265～271
熊本 215, 261, 262, 278, 280, 297
久米村 30
来間島 157, 163, 164
久留米 21, 295～302, 310～313
慶良間諸島 117, 159, 179
高知港 277
紅頭嶼 45, 91
神戸 85, 89, 173, 261
五島列島 301
古仁屋 221, 282

[さ]

佐賀 296, 298, 302, 308, 312
佐世保港 261
佐良浜 15, 18, 35, 137～143, 148～152, 154～164, 178～180, 182, 183, 240
三島村 286
潮岬 220, 221
石垣島 13, 18, 37, 38, 41, 43～46, 51, 52, 56, 58, 84, 88, 89, 95, 97, 111, 121, 124, 126, 127, 130, 131, 136, 239
七島灘 221
十島村 286, 308
志布志 111, 221, 260
島尻 194
下関 261, 263
社寮町 110, 116, 131
重慶 60, 62, 64, 73, 92
シンガポール 29, 136, 186, 189
石西礁湖 38, 41, 42
蘇澳南方 45, 87, 104, 128, 153
祖納 136

[た]

大陳島 51
台東県 45
平良地区 250～253
台湾 12, 13, 15～18, 22, 30, 32～35, 37, 39, 40, 42～47, 49～53, 56～58, 60～76, 79, 83～116, 118～133, 140～143, 146～148, 151～154, 156, 157, 159～163, 171, 172, 177, 179, 180, 182～184, 186, 194, 209, 228, 229, 239, 240, 242, 243, 255～257, 272, 273, 288, 316, 319, 321
高雄 85, 94, 99, 131, 143, 148
高嶺村 214, 217, 221
宝島 289
多紀郡古市村 261
嵩田 44, 131
竹富町 38, 123
種子島 247, 248, 252, 259, 260, 265, 268～273, 284, 289～291, 306, 307
多良間島 39, 136, 137, 142, 163
中華人民共和国 48, 61
中華民国 13, 50～53, 60～62, 66, 70, 73, 87, 94, 98, 132, 142, 163, 182, 184
朝鮮半島 23, 25, 186
トカラ列島 9, 23, 38, 49, 123, 221, 230, 249, 259, 265, 273, 286, 289
徳之島 88, 100, 128, 203, 293
徳山市西船町 261
泊港 166, 180

[な]

中之島 230, 284, 286, 287, 297, 301
今帰仁村湧川海岸 251
名蔵 44
名護 251～253, 297

地名索引

［あ］
安芸郡 262, 276
芦北郡水俣町 261
安謝港 152, 178, 179
阿多地 282, 309, 310
奄美大島 20, 86, 88, 100, 105, 123, 202, 203, 221, 248, 252, 254, 256, 257, 263, 265～274, 276, 279, 280, 282, 283, 286, 293, 302, 307, 309
アモイ 62
安房郡船形海岸 248, 262
硫黄島 19, 229, 230, 242, 286
池間島 138～140, 151, 163, 238
石垣市 38, 194, 211
石川 119, 200, 250, 251, 253
出水郡三笠村 260, 276
伊仙町 100, 128
伊東 218, 261
糸満市 185, 214, 221, 223
指宿市摺ヶ浜 276
伊平屋島 297, 300, 301
岩屋泊 287
宇土郡大嶽村 262
大阪 37, 172, 243, 251, 262, 279, 287, 293, 299, 313
大島郡喜界島早町 209
沖ノ島 282

［か］
海南島 66～68
加計呂麻島 237, 281, 282, 309
鹿児島郡 259, 261
鹿児島市 259～261, 275, 276, 278, 279, 281～283
笠利 282, 283
臥蛇島 123
火焼嶼 45
鹿屋市 279
川平湾 126, 127
花蓮県 45
川辺郡笠砂 259
広東 59～63, 73, 147
紀伊大島 220
基隆 44, 45, 51, 68, 85, 86, 90～92, 94, 104～106, 108, 110, 116, 127, 131, 132, 141, 171, 182
喜界島 19, 88, 123, 209, 241, 244
木曾 218
北朝鮮 73, 74, 281
宜野座 250, 251, 253
肝属郡 275, 277
喜屋武岬 117
旧糸満町 221
清川 297, 301
金門島 63, 73
久高島 45, 187, 238
口永良部島 15, 18, 20, 21, 35, 123, 247, 248, 265, 268, 279, 280, 282～284, 286, 287, 289, 290, 292, 294, 295, 297～304, 306～314
口之島 19, 35, 47, 49, 86, 212, 229, 230, 242, 247, 273, 284, 286～289, 291, 297, 301, 303, 314
久部良 12, 13, 15～17, 35, 39, 45, 79～87, 90, 91, 94～97, 102～110, 112～118, 120, 125, 126, 133, 152, 153, 159

宮良作 34, 88, 133
村田正範 281, 282, 306, 309

［や］

屋嘉比収 47, 48, 57, 86, 87, 128, 189, 243, 280
柳田国男 40
山本弘文 30
弓削政己 307, 314
吉野高善 127
米城惠 88
与那覇勢頭豊見親 135

［ら］

林発 114, 124, 127, 133
ローズ中尉 144, 167, 183

［わ］

渡辺一豊 283〜286, 288, 289, 292, 293, 295, 298, 302, 303, 306, 308

［さ］
酒井卯作 40
笹森儀助 39
佐竹京子 88, 253, 309
佐野眞一 34, 89
鮫島幸兵衛 138, 139
サンアイ・イソバ 34, 38, 136
島津重豪 34, 123
島津斉彬 124, 307
謝花昇 33
蔣介石 13, 58～62, 69, 71, 73, 98, 99, 102
尚敬 187
尚巴志 31
スコット, ジェームズ 317, 318, 322～324
砂川恵敷 145, 146, 182～184

［た］
高木凛 89, 128, 131, 133
高良倉吉 24, 28
玉城正保 185, 191, 192, 213, 214, 216～239, 241～245, 274, 275, 302, 305, 306
玉野井芳郎 322
中山王察度 187
陳書生 142, 143
照屋敏子 89, 115, 128, 133, 189, 191, 192
照屋林蔚 128
得能壽美 34, 38, 41, 124
友利恵勇 144, 145, 183
トルーマン, ハリー・S 63, 64, 67, 69, 71

［な］
中江寛孝 309
仲宗根将二 28, 123, 127, 145, 146, 183, 184
仲宗根豊見親 38, 42, 135, 136
中楯興 186
長浜一男 87, 90, 104～110, 131～133, 243
仲間恵義 148～156, 178～180
仲間定雄 140, 156～160, 162, 163, 178～180
西村一之 45, 87
ネグリ, アントニオ 325
根本博 70, 127, 128
野底武彦 128

［は］
ハート, マイケル 325
南風原英育 58, 79, 83～85, 126, 127, 147
濱下武志 29, 243
比嘉実 28
日高一春 283～293, 295, 306, 308, 312, 313
平本実一 146, 147, 184
フィッシュ, アーノルド 12, 48, 192, 193
福寛美 214, 236～239, 306～313
福山平一 309
星名宏修 45, 124

［ま］
牧野清 17, 27, 39, 123, 127, 135～137
又吉盛清 39, 40, 44, 45
マッカーサー, ダグラス 59, 66, 71, 73
松島泰勝 124, 321, 322
松田ヒロ子 123, 124
丸山眞男 23
三上絢子 88, 128
宮良長詳 46

人名索引

[あ]
安里進 25～28, 36, 38
安里積千代 127
安里徳次郎 95, 130
新川明 23, 321
アンダーソン, ベネディクト 23, 318, 319
池間栄三 14, 40, 41, 81
池間苗 79, 84, 85, 128
石原昌家 12, 16, 33～35, 48, 53, 54, 56, 86, 88, 97, 115, 125, 127, 128, 131, 140, 167, 177, 182, 183, 185, 191, 196, 199, 201, 208, 214, 219, 238, 239, 244, 245, 253, 258, 259, 275, 305, 314, 319
石原雅太郎 140
伊波普猷 28, 32, 33, 245
伊良皆高吉 133, 245
岩生成一 31
上田不二夫 35, 186, 188
ウェッカリング, ジョン 76, 249, 263, 264
ウォーラーステイン, イマニュエル 23, 318
鬼虎 34, 38, 42, 135, 137
土原春源 136
大浦太郎 13, 34, 68, 70, 78, 82, 88～90, 112, 115, 127, 128, 133
大城正次 90, 110～117, 119, 120, 124, 125, 132, 192, 240
大城光代 192, 194, 243～245
大田静男 13, 44, 46
大田昌秀 32
大穂重行 283, 285, 287, 290, 306
大舛久雄 46
奥野修司 16, 34, 54, 77, 88, 128, 131, 133, 142, 185, 190, 257
小熊英二 32, 33
小野田正欣 117, 133, 134, 198, 228
オヤケアカハチ 40, 42, 124, 135, 136

[か]
加藤久子 35, 131, 190, 191, 214, 243, 246
金岳大樹（仮名） 295～303, 306, 307, 310～313
金岳幸子（仮名） 295～299, 301, 306～308, 310～313
我部政明 33, 305
我部政男 32
河上肇 33
川越政則 283, 306, 307
川満信一 17, 27, 35, 39, 42, 136, 137, 324, 325
ギアツ, クリフォード 14, 23～25, 34, 316～318, 320～322, 324
喜友名嗣正 104, 107, 132, 133, 142, 182
金城毅 164～181, 280, 306
金城朝生 43, 44
金城夏子（ナツコ） 16, 77, 88, 89, 114, 133, 143, 185, 189, 191, 192, 239
具志堅宗精 143～145, 147, 183
慶来慶田城祖納当 136
黄智慧 40
黄春生 90～104, 110, 124, 128～133
黄来成（阿毛） 90～95, 102, 110, 129, 130, 133
號禮 108, 116, 132

237, 318
琉球処分 9, 11, 12, 23, 32, 33
琉球人 45, 54, 55, 74, 76, 133, 134, 263, 277, 278
琉球政府 33, 35, 128, 154, 173, 319
琉球文化圏 14, 21, 26, 34, 38, 123, 318, 319, 325
琉球貿易庁 48, 233, 245, 264, 305, 319
琉台貿易協定 79
離陸違反 208, 209
ルース台風 289, 308, 309
連合国軍最高司令官総司令部（ＧＨＱ） 48, 76, 125, 245, 248, 303, 304

［わ］

倭寇 20, 29, 30, 137, 283, 285, 304
ワタクサー 191

[A–Z]

Ｂ型軍票 78, 125
ＣＩＣ 49〜51, 53, 54, 57, 74
ＬＣ貿易 120
ＬＳＴ 35, 127, 251, 257, 264, 265, 273, 274

二・二八事件 94, 100, 108, 116, 128, 132
日本復帰 23, 33, 115, 154, 263, 319, 325
ネットワーク 11〜21, 24, 25, 29, 30, 34, 35, 37, 41, 42, 120〜123, 178, 180〜182, 185, 190, 191, 240〜243, 247, 288, 300〜304, 313, 315, 316, 318〜324
農奴制 12, 30

[は]
売淫媒介 199
爆発物不当所持 208
パトロン―クライアント 317, 322〜324
反復帰論 23, 321
引揚 42, 66, 74, 125, 127, 128, 140, 182, 217, 251, 281, 282, 289, 293, 309, 310
非鉄金属 19, 77, 209, 241, 279, 280
非鉄金属不法所持 209
復員 16, 112, 114, 141, 147, 171, 172, 177, 216, 282, 295, 300
布告一号（ニミッツ布告） 47, 192
布告四号 244
布告一七号 209, 210
布告三二号 194, 195, 198, 210
武装難民 51, 53, 57, 74
布令一四四号 244
ブローカー 15, 16, 18〜21, 121, 144, 145, 147, 151, 152, 154, 159〜162, 178〜183, 185, 189, 191, 192, 240〜243, 247, 287〜290, 295, 300〜304, 308, 315, 316, 323, 324
分村 43, 124, 292
分村運動 20, 292, 304
米軍政府 9, 22, 53, 87, 101, 208, 314
米国民政府 54, 305
米国陸軍連絡将校 54〜56
防犯協会 78, 81〜83, 122, 132, 133, 181
ポストモダン 11, 320

[ま]
間切り 26, 186
マラリア 41, 43〜46, 124, 171, 172
宮古軍政府 52, 143, 144
宮古群島議会 146
宮古民政府 143, 145
無許可地域間旅行 209

[や]
八重山共和国 46
八重山自治会 13, 46
八重山支庁 13, 46, 127
薬莢 77, 105, 113, 119, 209, 227, 274
雇い子 189, 190, 316
闇景気時代 290, 293, 295, 312
闇商売 48, 114, 144, 162, 163, 179, 192, 195, 199, 286, 288〜291, 296, 298, 300, 308, 309, 311
闇船 45, 85, 128, 144, 163, 287, 314
抑圧移譲 11, 23
与那国警察署 50〜52, 57, 78, 81, 82
与那国新聞 56, 57, 72, 74, 79, 81, 83, 85, 126
与那国町議会 13

[ら]
琉球軍司令部 48〜51, 53〜55, 198, 245, 248, 249, 305
琉球軍政局 49, 50, 125, 248〜250, 254, 263, 305
琉球警察 33, 48, 87, 263, 264, 305
琉球国 9, 11〜14, 22, 24〜28, 30〜32, 38, 40, 41, 43, 135〜137, 186, 187,

90, 97〜99, 103, 109, 114, 152, 171, 177, 237〜239, 247, 286, 293, 304, 308, 309
国共内戦 48, 57, 58, 60〜63, 65, 72, 74
古琉球 11, 24, 28, 324

[さ]
冊封体制 24
薩摩 9〜12, 20, 24, 25, 28, 30, 34, 41, 123, 124, 187, 283〜285, 304, 306, 307, 318, 319
サトウキビ 156, 164, 175〜177, 206, 214, 309
サバニ 41, 96, 100, 102, 131, 249
三山 25〜27, 31
サンパン 95, 96, 151, 152, 178, 180
自警団 13, 16, 17, 86, 90, 107, 113, 115, 132, 133, 161
市民的アイデンティティ 316〜318, 321
ジャンク船 53, 55, 65
商業及び財政取引違反 205〜209
上訴裁判所 193
植民地 16, 22, 35, 44, 47, 103, 110, 122, 123, 323
地割制 30, 186, 187
信託統治 70, 71
人頭税 12, 28, 30, 41, 138, 186
新日本円 125
税関規定違反 207
税関支署 248, 249, 261, 265〜271, 275〜278, 303
青年会 20, 292, 304
窃盗 77, 78, 193〜202, 212, 244, 311
戦果 78, 105, 108, 151, 193, 194, 196〜202, 204, 207, 208, 244, 257
疎開者 42, 46, 140, 141, 171, 172, 177, 182

[た]
第一尚氏 26, 27, 31
第二尚氏 12, 24, 27, 31, 318
太平洋同盟 60, 61, 65
大陸国家論 317, 318, 320
台湾紙幣 84
多島海国家像 320
治安裁判所 192〜194, 200, 210
地域主義 317, 321
地縁集団 16, 17, 19〜21, 242, 302, 315, 319
地先の海 187, 188
中心ー周辺 11, 23, 320
朝貢貿易 11, 24〜27, 29〜31, 186, 187
朝鮮戦争 48, 49, 69, 70, 72〜74, 87, 134, 173, 227, 280, 319
通貨改定 48, 75, 125
巡回裁判所 192〜194, 196, 199, 212, 213
通耕 34, 41, 42
通行禁止区域 195
突き船 35, 91, 126, 141, 148, 153, 157, 163
銃砲火薬類取締法 204, 207
銃砲火薬類取締法施行規則 207, 208, 213
伝馬船 106, 119
テンマンコ 289, 303
統合参謀本部 65〜67
ドル不当所持 199

[な]
南部琉球軍政府 46, 74
南部琉球宮古臨時政府 52

事項索引

[あ]
アギヤー漁法 35, 157, 188
奄美諸島に関する日本協定 47
奄美返還 9, 23
一次的アイデンティティ 316〜318, 321, 322
糸満漁民 35, 131, 185, 186, 188〜190, 214, 237, 238, 240
海方切 187, 188
沖縄県人会 104, 107, 133, 142, 172, 241, 245
沖縄民政府 77, 143, 193, 253
親方 108, 139, 189, 190, 315, 316

[か]
海禁政策 12, 30, 31
海南時報 56〜58, 69, 72, 74, 81, 83, 126, 143, 147
海人草 75〜79, 142, 143, 194, 255, 257, 258, 264, 275
華僑 29
カジキ漁 12, 142, 148, 163
家族的類推 34
鰹船 35, 139, 141, 151, 155, 157, 163, 164, 179
鰹漁業 83, 126, 138, 139
簡易裁判 43, 219, 240, 243, 291
境界線 10, 14, 20〜22, 47, 49, 86, 90, 172, 175, 248, 304, 315, 319〜321
教科書 127, 145, 149, 225, 235, 253
共産主義者 12, 49, 50, 51, 56, 74, 120, 319
漁業法違反 201, 207, 208, 213
極東軍司令官 50, 51, 53
漁労組織 189〜191
近世琉球 11, 186
近代化 12, 32, 33, 37, 316〜321
クリ舟 19, 138, 159, 240, 241
グローバル化 10, 23, 316, 320
軍財産窃盗 198, 244
軍作業 33, 116, 117, 166, 170, 174, 197, 198, 240, 244, 309
軍需品窃盗 77, 196, 197, 199, 200
軍需品不当所持 197
景気時代 84, 85, 119, 120, 290, 319
経済内令 192, 196, 204, 205, 207
経済並びに財政政策違反 200
警備艇 33, 83, 113, 114, 282, 291
劇場国家論 23, 24
検察庁 262, 263
県人連盟 216, 218, 245
交易 11, 12, 14, 22, 24〜30, 34, 40, 88, 133, 136, 137, 186, 318, 319, 324
講和条約 22, 47, 65, 72, 76, 194, 203
黒(砂)糖 43, 139, 152, 164〜168, 170, 174, 176〜179, 184, 192, 196, 200, 204, 249, 254, 255, 264〜267, 269〜273, 277, 280, 289, 290, 295, 303, 308
黒糖商売 164〜166, 177
国府 58, 59, 66, 68, 69, 71, 73, 100, 104, 107, 133, 184
国民国家 10, 23
国民党 50, 51, 59
国務省 60, 61, 63, 65, 66
国連総会 58, 71, 72
国境 10, 13, 22, 23, 45, 62, 71, 86, 87,

[著者略歴]
小池 康仁（こいけ・やすひと）
1980年、千葉県生まれ。2012年、法政大学大学院政治学研究科政治学専攻博士後期課程修了（政治学博士）。現在、与那国町役場総務財政課台湾交流記録整理業務嘱託員、法政大学沖縄文化研究所国内研究員、沖縄大学地域研究所特別研究員。
主な論文に、「私貿易における拠点の島――鹿児島県口永良部島（1949−1950年）を事例として」（『島嶼コミュニティ研究』2、島嶼コミュニティ学会、2013年）、「『境界線』の変動と民衆（1）――琉球列島における『密航・密貿易』（1949−1951年）の政治社会学的考察（序章）」（『法学志林』111（2）、法政大学法学志林協会、2013年）など。

琉球列島の「密貿易」と境界線 1949−51

発行日……………………2015年3月20日・初版第1刷発行

著者………………………小池康仁
発行者……………………大石良則
発行所……………………株式会社森話社
〒101-0064 東京都千代田区猿楽町1-2-3
Tel 03-3292-2636
Fax 03-3292-2638
振替 00130-2-149068
印刷………………………株式会社シナノ
製本………………………榎本製本株式会社

ISBN 978-4-86405-075-3 C1021

日琉交易の黎明——ヤマトからの衝撃

谷川健一編　日琉交易を日宋貿易の分流としてとらえ、琉球を東アジア史の大きな流れの中に位置づける。喜界島城久遺跡をはじめ、カムィヤキ・ヤコウガイ・石鍋・中国製陶磁など、今まさに「発見の時代」を迎えている琉球弧の考古学の現場からの報告。四六判 392 頁／本体 3400 円＋税

琉球王国と倭寇——おもろの語る歴史

吉成直樹・福寛美著　「琉球文学の聖典」として神聖視されてきた『おもろさうし』を「歴史史料」として読み直し、史料のほとんどない三山鼎立時代から琉球王国成立までの歴史を復元する。四六判 320 頁／本体 3300 円＋税

『おもろさうし』と群雄の世紀——三山時代の王たち

福寛美著　王朝成立以前の琉球に割拠し、文字資料を残さなかった三山の王たちの息吹を、おもろはどのように伝えているのか。おもろにまといつく「古代」「神秘」といった神話をはぎとり、そこに残存する歴史の断片を発見する。
四六判 296 頁／本体 3200 円＋税

沖縄文化はどこから来たか——グスク時代という画期

高梨修・阿部美菜子・中本謙・吉成直樹著　考古遺物・オモロ・琉球方言・神話・ＤＮＡなど、多角的なアプローチで沖縄文化の出自を探り、グスク時代開始期（12 世紀頃）の日本文化南漸を提起する。四六判 312 頁／本体 3200 円＋税

琉球宮廷歌謡論——首里城の時空から

末次智著　地域も時代も越えて広がっていくうたは、琉球の「宮廷」ではどのように響いたのか。本州弧の宮廷歌謡との比較を織り混ぜつつ、首里城という祭祀空間を読み解く。A5 判 464 頁／本体 8200 円＋税

石垣島川平の宗教儀礼——人・ことば・神

澤井真代著　石垣島の「信心深いシマ」川平で、現在も執り行われる豊穣儀礼やマユンガナシ儀礼。女性神役を中心とする川平の人々の儀礼実践から、人と神をつなぐ「ことば」の存在とその性質を明らかにする。
四六判 456 頁／本体 6800 円＋税